즐거운 소설 읽기

이중재

새미

| 책머리에 |

돌이켜 보니, 『문학과 창작』과 인연을 맺은 지 벌써 10년이 되어 간다. 10년이면 강산도 변한다는데, 필자는 변함없이 소설평을 써 왔다. 그 원고를 모아 2002년, 2003년에 책을 냈고 이제 또 한 권의 책을 만들게 되었다.

그동안 참으로 수많은 중·단편 소설을 읽어 왔다. 소설평 원고 집필이라는 목적의식을 지닌 소설 읽기는 때로는 괴로웠지만, 그래도 즐거웠다. 재미있고 흥미로운 소설 작품을 발견하여 이를 해석하고 분석하는 작업 또한 고단했지만, 즐거웠다. 나아가 이와 같은 작품들을 학생들과 같이 읽고 토론하는 시간도 즐거웠다. 그래서 이 책의 제목을 '즐거운 소설 읽기'라고 소박하게 명명한 것도 이러한 사정과 무관하지 않다.

독자들이 이 책을 읽고 우리의 작가들과 우리의 소설들을 더 아끼고 사랑하게 된다면, 필자로서는 비로소 이 책을 만들게 된 보람을 찾을 수 있으리라 본다.

항상 변함없이 많은 도움을 주시고 있는 문학아카데미 박제천 선생님, 국학자료원의 정찬용 사장님, 동국대학교 한용환 선생님, 김혜숙, 고재석 선배님께 감사의 말씀을 드린다. 이 책은 이 분들의 깊은 후의와 배려에 의해 출간될 수 있었다. 또한 늘 옆에서 원고 정리와 컴퓨터 작업을 해주고 있는 아내에게도 고마움을 전한다.

아울러 독자 여러분들의 질정(叱正)을 부탁드린다.

2007년, 꽃눈이 난분분하는 봄에
지은이 씀

| 목 차 |

Ⅰ. 2003년의 소설

리얼리즘 소설을 읽는 즐거움 · · · · · · · · · · · · · 17

　한승원, 「잠수거미」
　방현석, 「존재의 형식」
　공선옥, 「비정(非情)」
　박정애, 「술마시는 집」

삶의 뿌리 찾기 · · · · · · · · · · · · · · · · 37

　최일남, 「석류」
　문순태, 「늙은 어머니의 향기」
　조성기, 「고향 점묘 – 잃어버린 공간을 찾아서 · 1」
　나대곤, 「실종」
　정도상, 「가을 실상사」

소설 담론의 다양한 변주(變奏) · · · · · · · · · · · · 51

　서정인, 「몽둥이」
　박경철, 「함박에 내리는 눈」
　김영하, 「너의 의미」
　양준석, 「지평리」
　이치은, 「책 정리」

곤고(困苦)한 삶의 기록 · · · · · · · · · · · · · · · 69

　양선미, 「호출」
　이호경, 「수류탄과 회충」
　김　숨, 「투견」

여성소설 단상(斷想) · · · · · · · · · · · · · 81

　박완서, 「마흔아홉 살」
　천운영, 「명랑」

남성소설 단상(斷想) · · · · · · · · · · · · · 95

　김병언, 「회생(回生)」
　박상우, 「마천야록」

우리 시대의 이야기꾼들 · · · · · · · · · · · · · · · 113

　박완서, 「후남아, 밥먹어라」
　한창훈, 「청춘가를 불러요」
　이기호, 「최순덕 성령충만기」

인간적인, 너무나 인간적인 · · · · · · · · · · · · · 131

　김　훈, 「화장(火葬)」

　이나미, 「푸른 등불의 요코하마」

신인 작가들의 패기와 참신함 · · · · · · · · · · · · · 143

　한차현, 「염오는 상상한다 상상을」

　박지나, 「레일」

　정이현, 「소녀시대」

　이　형, 「탈출」

　백가흠, 「에어컨」

반전(反轉)의 미학 · · · · · · · · · · · · · · · · · 165

　정길연, 「쇠꽃」

　박정규, 「작은 방 Zelle」

　조용호, 「천상유희」

숙명적인 삶, 삶의 숙명성 · · · · · · · · · · · · · · · · 185

　김연혜, 「회향(回鄕)·3」

　정지아, 「행복」

　이봉순, 「어머니의 이사」

다양한 소설, 소설의 다양성 · · · · · · · · · · · · · · 207

　-2003년 소설 총평-

Ⅱ. 2004년의 소설

소설에 있어서의 특수성과 보편성 · · · · · · · · · · · · · 229

　한승원, 「그 벌이 왜 나를 쏘았을까」
　안정효, 「뗏장집 김 노인의 마지막 하루」
　이현수, 「신 기생뎐 2 - 오 마담 편」
　박정애, 「죽죽선녀(竹竹仙女)」
　백가흠, 「귀뚜라미가 온다」

소설이란 결국 무엇인가? · · · · · · · · · · · · · · · · 249

　이승우, 「오토바이」
　김성금, 「고둥의 외출」
　한창훈, 「사랑」
　김연수, 「부넝쒀[不能說]」
　김애란, 「그녀가 잠 못 드는 이유가 있다」

다양한 삶의 기록으로서의 소설 · · · · · · · · · · · · · 269

　김원일, 「한의정과 그의 시대」
　한승원, 「추석달 그림자」
　신경숙, 「그가 지금 풀숲에서」

한창훈, 「주유남해(舟流南海)」
윤용호, 「그녀, 그리고 나」
김이정, 「태내 여행(胎內旅行)」
양선미, 「조서」
이봉순, 「당나귀 등짐」

소설적 진실, 또는 리얼리티 · · · · · · · · · · · · · · · 299
한　강, 「몽고반점」
김영하, 「은하철도 999」
김도언, 「잔혹―악취미들·2」
정미경, 「무화과나무 아래」
한수영, 「스프링벅」

Ⅲ. 2005년의 소설

인간의 실존적 의미 · · · · · · · · · · · · · · · 335

　김　훈, 「고향의 그림자」

　정미경, 「무언가(無言歌)」

　편혜영, 「시체들」

　심윤경, 「헹가래」

읽는 소설과 읽히는 소설 · · · · · · · · · · · · · · · 353

　정　찬, 「야윈 몸」

　구효서, 「소금 가마니」

　박상우, 「기구한 운명에 관한 리포트」

　백가흠, 「구두」

　박선희, 「김재이 보고서」

　한수영, 「피뢰침」

다양한 이야기의 성찬(盛饌) · · · · · · · · · · · · · 377

　김　훈, 「언니의 폐경」

　한창훈, 「올 라인 네코」

　이현수, 「부용각 ─ 신 기생뎐 7」

현대인들의 우울한 초상화 · · · · · · · · · · · · · · · 395
　이나미, 「지상에서의 마지막 방 한 칸」
　김중혁, 「멍청한 유비쿼터스」
　한지혜, 「소리는 어디에서 피어나는가」

Ⅳ. 2006년의 소설

인간의 오묘(奧妙)한 정(情) · · · · · · · · · · · · · 411
　김원일, 「오마니별」
　한창훈, 「밤눈」

삶의 비의성(秘意性)과 비루함 · · · · · · · · · · · · · 419
　정미경, 「시그널 레드」
　김서령, 「바람아 너는 알고 있나」
　김이설, 「순애보」

이야기의 특수성과 보편성 · · · · · · · · · · · · · · 431
　정지아, 「봄빛」
　이기호, 「갈팡질팡하다가 내 이럴 줄 알았지」
　김재영, 「십오만 원 프로젝트」

신인 작가들의 새로운 소설 · · · · · · · · · · · · · 447
　김윤영, 「내게 아주 특별한 연인」
　박형서, 「〈사랑손님과 어머니〉의 음란성 연구 ― 달걀을 중심으로」

Ⅰ. 2003년의 소설

리얼리즘 소설을 읽는 즐거움

◦ 한승원, 「잠수거미」(『동서문학』, 2002년 겨울호)
◦ 방현석, 「존재의 형식」(『창작과 비평』, 2002년 겨울호)
◦ 공선옥, 「비정(非情)」(『현대문학』, 2002년 12월호)
◦ 박정애, 「술마시는 집」(『창작과 비평』, 2002년 겨울호)

1.

사실주의(寫實主義, realism)라는 용어를 말 그대로 풀이하자면 '현실을 있는 그대로 묘사하려는 주의나 주장' 정도가 될 터인데, 주지하다시피 문학에서의 사실주의는 문예사조적인 개념에서부터 출발되었다. 그래서 사실주의를 단순한 문예사조적인 개념만으로 한정시켜서 말하자면 프랑스의 발자크나 스탕달, 영국의 조지 엘리어트 등의 소설과 관련하여 19세기 전반에 걸쳐 일어난 문학 운동을 지칭한다. 일반적으로 낭만주의와 상반되는 문예사조로서의 사실주의는, 낭만주의 문학 양식들이 이상화된 현실 곧 우리가 꿈꾸는 현실을 그리는 데 비하여, 있는 그대로의 현실 곧 우리가 처해 있는 현실을 그려내고자 한다. 따라서 사실주의는 '눈으로 본 것이 그대로 펜으로 내려와 글자가 된다'라는 샹플뢰리의 말에도 함축되어 있는 것처럼, 가치중립적인 객관성과 현실에 대한 정확한 모사(模寫)를 무엇보다도 중요시한다.

이와 같은 사실주의의 문학적 개념은, 사실 따지고 보자면 플라톤과 아리스토텔레스에서부터 비롯된 것이다. 문학이 가시적이며 현실적으로 존재한다고 믿어지는 어떤 것 — 삶·현실·풍경·사물 등 — 을 재현 (再現, representation) 한다는 생각은 플라톤과 아리스토텔레스가 제시한 문학 이론의 핵심을 이루고 있기 때문이다. 플라톤은 문학 작품에 재현되는 것이 이데아의 가상(假像)이라고 보았고 아리스토텔레스는 사물의 보편적 원리라고 보았다는 점에서 차이가 있을 뿐, 양자는 모두 재현이라는 기능 속에 문학의 본질이 있다고 믿었다. 이러한 재현의 개념은 오늘날의 모방, 반영, 모사 등의 개념으로 이어져 사실주의 문학 이론이 구축되는 데 있어서 핵심적인 요소의 하나로 기능하였다.

사실주의 작가는 소설이 일반 독자의 그것과 다름없는 인생을 재현하고 반영하고 있다는 점을 보여주기 위해 매우 세속적인 유형의 인물들을 주인공으로 내세운다. 다시 말하자면 사실주의 작가들은 진리란 평범한 개인을 통해서 발견될 수 있다는 관점에 그 기본 토대를 두어, 보통 일을 하는 보통 사람들의 보통 행위를 그려내고자 한다. 따라서 이들은 평범한 개인들이 뒤섞여 사는 사회를 자세히 관찰하여 있는 그대로 묘사해 내고자 하는 것이다. 이러한 세계관과 문학관을 지닌 사실주의 작가들은 그러므로 언어 사용에 있어서도 아름다움, 감동성 등을 배제하고 실제로 보통 사람들이 사용하는 말을 그대로 옮겨 놓고자 노력한다.

사실주의라는 용어에 담긴 문학적 의미에 대하여 설명하자면 그야말로 한도끝도 없을 것이나, 대체적으로 리얼리즘 소설들은 전술한 바와 같은 문학적 특성들을 지니게 된다고 보는데, 올 겨울에 쏟아져 나온 작품들 중에서도 필자는 유독 이러한 리얼리즘 소설들에 주목하게 되었다.

2.

한승원의 「**잠수거미**」는 작가 자신이 겪은 한 에피소드를 그대로 옮겨 놓은 작품인 듯하다. 한승원은 현재 고향인 장흥의 한 바닷가에 작업실을 마련하고 그곳에서 소설을 쓰고 있는데, 이러한 사실이 작품 속에 그대로 드러나 있을 뿐더러, 이 소설의 배경이 또한 그곳이기 때문이다. 따라서 이 소설은 매우 사실적(事實的)이지만, 어느 한 평범한 칠십 노인네의 삶을 있는 그대로 보여주고 있다는 점에서 또한 사실적(寫實的)이다.

「잠수거미」의 스토리는 간단하다. 화자이자 실제 작가인 한승원은 장흥에서 혼자 기거하면서 소설을 쓰고 있다. 작업을 하다가 지루할라치면 '문절이'(망둑어, 또는 망둥이) 낚시질을 하면서 숨통을 틔운다. 그런데 어느 날 자기도 글쟁이라고 밝힌 어떤 사내가 나타나 같이 낚시를 하자며 접근을 하고는 자신의 동네에 살고 있는 한 칠십대 노인네의 이야기를 들려준다. 그리고는 표표히 사라진다. 이 작품의 이야기는 이것뿐이다. 그런데 이러한 간단한 이야기가 결코 간단한 의미를 띠고 있지 않다. 실제 작가 한승원과 또 다른 작가라는 어느 사내, 그리고 칠십 중반의 노인네의 삶이 '잠수거미'라는 희귀한 수중 생물과 연관되어 있기 때문이다.

「잠수거미」는 1, 2, 3장으로 나뉘어져 있다. 1, 3장은 한승원이 소설을 쓰다가 머리를 식히려고 '문절이' 낚시를 나갔다가 어떤 사내와 만났다가 헤어지는 이야기이고, 2장은 그 사내가 들려주는 한 노인의 이야기이다. 그러니까 이 작품은 액자소설적인 구성 방식으로 되어 있다. 즉 1, 3장이 겉이야기이고 2장이 속이야기에 해당되는 셈인데, 액자소설이 늘 그러하듯이 속이야기가 중심을 이루고 있다.

두 명의 아들을 월남전과 광주사태로 잃어버리고, 아내까지 일찍 보낸 일흔다섯의 영감은 혼자 살고 있으나 재산은 많다. 그래서 영감은 '여자하고 술하고 화투하고 없으면은 못 사'는 삶을 영위하고 있다.

　　"그래! 나는 이 나이가 되었지만 적어도 열흘 만에 한번씩은 질퍽질퍽한데 안 들어가면은 팍팍해서 못 살어. 거그 그렇게 안 들어가면은 진탕 마시고 한 번씩 이것을 해야 돼."
　　한 손으로 화투장 조이는 시늉을 해 보였다. (59쪽)

이렇게 '시큰거리는 재미'로 살아가던 홀아비 영감은 어느날 술에 취해 일흔다섯 동갑내기인, 과부 노파 '교동댁'을 겁탈하려다가 실패한다. 노파는 외지에 나가 살고 있는 두 아들에게 이 사실을 알리고, 두 아들들은 교대로 달려와 영감을 무지막지하게 두들겨 팬다. 한 달이 지나고 상처가 아물자 영감은 또 '나'의 작업실로 술이 취한 채로 찾아와 화투 한 판하자고 졸라댄다.

　　영감은 호주머니에서 돈 한 뭉텅이를 꺼내서 반으로 나누더니 한 쪽 것을 내 앞으로 내밀었다. 나는 계속 웃기만 했다. 눈에서 눈물이 나오도록. 그러나 영감은 진정으로 말했다.
　　"죽은 사람 소원도 풀어주는디 산 사람 소원 안 풀어줄란가? 잉? 그리고 꾀꼬리 같은 가락 딱 한 개만 가르쳐주소. 잉?"
　　나에게 속임수를 가르쳐달라는 것이었다. 계속 웃고 있을 수밖에 없는 내 가슴 속에 땅거미 같은 슬픔이 기어들었다.
　　"나 오늘 누구하고든지 한판 안 붙으면은 숨막혀 죽을 것 같네이. 속에서 이런 주먹 같은 불덩어리 한나가 이리 뒹굴 저리 뒹굴 하네이. 딱 한판만 붙어뿔세. 나 이 돈을 단판에 다 잃어뿔더라도 두 말 않고 그냥 뿔딱 이러서뿔랑께. 잉?" (67쪽)

'문절이' 낚시를 하다가 소주를 마시면서 이러한 이야기를 들은 '나'
는 '그'의 정체에 대하여 묻는다. 그러자 '그'는 "시방 나보고 누구냐고
묻고 있는 선생은 그럼 누구시요?"(69쪽)라고 되묻고는 '회흑색의 잠수
거미가 주머니에 공기를 담아지듯이 낚시장구를 챙겨 짊어지'고는 말없
이 사라진다.

이처럼 특별한 것도 없는 겉이야기와 속이야기를 지니고 있는 이 작
품의 주제 의식은 결코 특별하지 않은 것이 아니다.

우선 이 작품의 제목인 '잠수거미'가 의미하는 것이 무엇일까?

> 공기로 가득 찬 너른 세상 다 젖혀놓고 하필 물 속에서 사는 거
> 미. 그놈은 산소통을 등에 짊어진 잠수부처럼 공기방울 주머니를
> 차고 물 속을 헤엄쳐 다니면서 사냥을 하기 때문에 잠수거미라고
> 불리게 되었다. 물 속에서 숨이 막히면 공기 주머니에 머리를 쳐박
> 고 숨을 쉰다. 심호흡을 몇 번하여 피 속에 산소를 퍼지게 하고는
> 또 숨을 참으면서 사냥을 한다. 잠자리의 애벌레들을 주로 사냥해
> 서 먹고 산다. 그놈은 제주도 해녀 같다. 하루에 이승과 저승을 몇
> 백번씩 드나든다. 어떤 이유인가로 말미암아 숨을 쉬지 못하게 된
> 다면 그곳은 곧 저승이 되는 것인데, 해녀들은 그곳이 저승인 줄
> 알면서도 목숨을 걸고 전복과 소라와 미역을 딴다. 그들은 숨이 가
> 쁘면 물 위로 올라와서 확을 보듬고 휘파람 소리를 내면서 숨을 쉰
> 다. (53쪽)

자신을 작가라고 밝힌 사내는 '잠수거미'에 대한 이야기를 이렇게 들
려주고는 "선생의 이 문절이 낚시질이란 것이 사실은 잠수거미란 놈의
공기주머니 속에 얼굴 쳐박고 숨쉬기하고 똑같을 겁니다이."(53쪽)라고
말한다. 이 시점에서 미리 밝혀 두자면, 이 사내는 곧 작가 자신인 한
승원이다. 그러니까 이 작품의 표면 구조는 사내가 낚시질을 하는 작가
에게 말을 건네고 같이 소주도 마시면서 어떤 노인네에 대한 이야기를

들려주는 것으로 되어 있지만, 기실은 한승원 자신이 소설을 쓰다가 머리를 식히기 위해서 혼자 낚시질을 하고 혼자 소주를 마시며 혼자 생각해내는 이야기이다. 요컨대 이 작품은 실제 작가인 한승원이 장흥에 있는 작업실에서 소설을 쓰면서 생활하다가 겪은, 한 노인에 관한 일화를 자신의 글쓰기 그리고 낚시질과 연관시켜 펼쳐낸 이야기인 것이다. 이와 같은 사실은 앞에서 인용한, 69쪽의 사내의 대사를 통해 유추해볼 수 있다.

어쨌거나 작가는 「잠수거미」를 통해서 문절이 낚시질과 잠수거미의 숨쉬기가 같은 행위인 것을 말하고 있는데, 이는 곧 영감의 '술, 여자, 화투'와도 통한다. 다시 말하자면 이 삼자(三者)는 모두 같은 성격의 것으로서 우리가 흔히 말하는 '스트레스 해소책'이라고나 할까? 아무튼 우리 인간들은 먹고 살기 위해서 각자에게 맡겨진 일들을 하지만, 그 일 이외에 자신들이 좋아하는 취미생활·여가 선용·레저생활을 하게 되는데, 바로 이에 해당되는 것이 위에서 말한 세 가지라는 것이다. 요컨대 우리 인간들이 먹고 살기 위해 행하는 일도 중요하지만, 그 일에서 파생되는 이른바 스트레스를 해소하기 위해 행하는 행위들도 중요하다는 것이다. 작가는 이러한 메시지를 독자들에게 전달하기 위해 이 작품을 쓴 것이 아닐까?

문절이 낚시질과 잠수거미의 숨쉬기가 같은 행위라면, 역으로 작가 한승원의 소설 쓰기와 잠수거미의 수중에서의 사냥 행위 또한 동격이라고 할 수 있다. 이는 다음과 같은 사내의 말을 통해서도 확인할 수 있다.

> "선생의 글쓰기는 계속 긴장한 채로 해야 하는 고된 작업이잖아
> 요? 잠수거미가 물 속에서 숨을 참으면서 사냥하는 일하고 똑 같잖
> 아요오? 그런데 이 문저리 낚시질만으로 숨쉬기가 제대로 되겠어
> 요? 선생께서는 이것 말고 또 어디다가 고개 처넣고 숨을 쉬곤 하

는 은밀한 게 있지 않아요? 어떤 기호 식품 같은 것. 또 가령 어떤 여자하고 깊이 만나는 것……." (54쪽)

지금까지의 논의를 정리하자면 '문절이 낚시질=잠수거미의 숨쉬기=영감의 술, 여자, 화투', '작가 한승원의 소설 쓰기=잠수거미가 물 속에서 숨을 참으면서 사냥하는 일' 이라는 등식이 성립된다. 여기에서 혹시 영감의 '술, 여자, 화투'가 어떻게 '잠수거미의 숨쉬기'와 같이 절박한 행위로 치환될 수 있는가라는 의문점을 가질 수도 있을지 모르겠다. 그러나 이러한 의문은 아래와 같은 인용문을 통해 쉽게 해소되리라 본다.

> 영감은 일 년에 돈이 최소한 천만 원은 생긴다고 했다. 논 스무 마지기를 비닐하우스 하겠다는 사람에게 주었는데 일 년이면 손끝 까딱 하지 않고 한 마지기에 세 가마니씩을 받는다는 것이었다. 거기다가 한우 키워 팔고 흑염소하고 개하고 키워서 판 돈을 다 쓰지 못한다고 했다. 돈만 보듬고 살면 숨이 막힌다는 것이었다. 돈 그것 모아두었다가 죽을 때 널 속에 넣어갈 것도 아니지 않은가. 가끔씩 그것으로 숨통을 터주면서 살아야 하는 것이 아닌가. (59쪽)

> 영감은 적막강산에서 혼자 살아오고 있었다. 큰아들은 진즉 월남에 가서 돌아오지 않았고, 작은아들은 광주에서 죽었다. 할멈은 광주의 작은아들네 집에 가서 손자들하고 함께 살다가 며느리가 보상금을 받아 가지고 어느 놈하고 배가 맞아서 잠적하는 바람에 홧병이 도져서 죽었다.
> "나, 이놈의 세상 쏵 불을 쳐질러뿔라네이. 너도 죽고 나도 죽고 다 죽어뿔게 말이여. 이 더런 놈의 세상!" (66쪽)

> 나 오늘 누구하고든지 한판 안 붙으면은 숨막혀 죽을 것 같네이. 속에서 이런 주먹 같은 불덩어리 하나가 이리 뒹굴 저리 뒹굴하네이. (67쪽)

먹고 살만한 돈은 충분한데, 아무 피붙이도 없이 '적막강산'에서 홀로 살아가는 일흔다섯의 영감은 숨이 막혀 죽을 것 같아서, 숨통을 틔우기 위해 가끔 '읍내의 중년 창녀를 만나러 가'거나 술과 화투로써 시름을 달래며 살아가고 있는 것이다.

작가 한승원은 이와 같은 평범한 영감의 삶의 이야기를 통해 귀양살이같이 고통스러운 자신의 글쓰기 작업을 돌아보고, 나아가 우리 보통 사람들의 삶의 모습을 '잠수거미'에 비유하여 담담히 그려내고 있다. 따라서 「잠수거미」는 하나의 전형적인 리얼리즘 소설로 읽힐 수 있는데, 그 읽는 즐거움이 참으로 쏠쏠하다. 인생을 얼마만큼 살고, 살아온 인생을 여유 있게 관조할 수 있는 노작가에게서나 나올만한 작품이라고 생각된다.

마지막으로 이 작품은 모두(冒頭)에 시 한 편을 제시해 놓고 이야기를 시작하고 있다는 점을 지적하지 않을 수가 없다. 이 시의 내용은 소설 속의 배경, 스토리와 자연스럽게 연결된다.

> 여름이거나 가을이거나 겨울이거나 봄이거나
> 옷을 벗으려고 그 여자에게 간다
> 그 여자 만나면 싱싱해진다
> 극락이나 천국이 따로 있나
> 맨살 맨몸으로 싱싱하게 사는 것이 극락이나 천국이지
> 한데 그 여자와 헤어지면서 그 옷을 다시 입는다.
>
> — 시집 『열애일기』중의 「바다」

이 시에서 여자는 여자 그 자체일 수도 있지만 바다를 의미하기도 한다. 제목이 '바다'이기 때문이다. 그러나 이 시는 열애의 대상을 여자로 보아도 그것 자체로 훌륭하게 해석된다. 바다도 마찬가지이다. 일흔다섯의 노인이 여전히 여자를 탐하고, 작가 한승원이 바닷가에 작업실

을 마련하고 바다와 벗하며 고행의 글쓰기를 계속해 나간다는 「잠수거미」의 스토리와 잘 어울리는 시편이라 아니할 수 없다.

3.

방현석의 「**존재의 형식**」은 흔치 않은 내용의 소설이다. 베트남의 과거와 현실을 다룬 작품이기 때문이다. 최근에 한국 문인들과 베트남 문인들의 교류가 활발해지면서 우리 문단에서도 베트남을 배경으로, 베트남의 현실을 소재로 다룬 작품들이 가끔 발표되고 있다. 이 작품 역시 베트남에서 생활해나가는 유학생, 기업가, 여행가이드, 회사원 등의 한국인들의 생활담을 통해 베트남의 과거와 현재 실정에 대하여 이야기하고 있다. 더군다나 「존재의 형식」은 '베트남을 이해하려는 젊은 작가들의 모임'의 대표로 활동해 온 작가 자신의 사회적 관심사와 맞물려 있어 한층 더 흥미를 끌고 있다.

이 작품은 꽤 묵직한 분량의 중편소설이긴 하나, 스토리 구조는 비교적 단순하다.

'베트남에서 거의 유일하게 베트남이라는 나라의 역사와 현재를 있는 그대로 이해하고 있는' 또한 '사회주의 이념과 이론을 체계적으로 학습하고, 그것이 베트남에서 어떻게 작동하는지를 이해하고 있는' 유일한 한국 사람인 '강재우'는 주로 번역, 통역일을 통해 베트남에 진출하는 기업들을 도와주면서 생활한다. 그러던 중에 그는 보름 동안 흔치 않은 아르바이트를 하게 된다. 서울에서 온 '희은이'라는 조감독, '레지투어'라는 베트남 영화 감독과 함께 베트남의 역사를 다룬 한국 영화 시나리오를 베트남어로 번역하는 작업을 하게 된 것이다. 그러니까 그는 한국어를 베트남어로 중개하는 통역 역할을 맡은 것이다. 어쨌든 이 과정에서 1980년대의 민주화 운동 체험을 지닌 '강재우'는, '레지투이'가 '반협정 인민'('호치민 루트'를 타고 내려와 남부의 게릴라전에 참여하고 있던 전사들을 가리키는 호칭) 즉 '남베트남 해방전사'였다는 사실을 감지하고 같은 사회주의자로서의 동질감을 느낀다. 그래서 「존재의 형식」은 '레지투이'의 투쟁적 삶에 초점을 맞추면서 베트남의 과거와 현재에 대해 이야기한다. 이러한 베트남의 역사적 이야기와 함께 중요하게 다루어지는 것은 주인물 '강재우'의 대학시절 민주화 운동이다. 따라서 이 작품은 1980년대의 민주화 운동 체험과 베트남에 대한 이야기가 수시로 교차하는 서사구조를 지닌다. 「존재의 형식」에서 또 하나의 비중있는 서사는 대학시절 같이 민주화 운동에 참여했던 동지 '창은'과 '문태'에 관한 이야기이다. '창은'은 '함께 공장으로 갔던 셋 중에서 끝까지 공장에 남'아 밑바닥 공장 근로자들과 똑같은 삶을 영위하다가 팔 한 쪽을 잃는다. 그래도 그는 여전히 '대중주의 노선'을 견지하면서 현재 '이주 노동자의 집' 소장직을 맡아 명동 성당에서 농성을 벌이는 등 활발한 노동운동을 전개하고 있다. 반면에 '문태'는 변호사가 되어 하노이에서 열리는 심포지엄에 참가하던 중 '재우'와 숙소, 통역 문제로 전화 통화를 하고 또 직접 만나보게 된다. 이 과정에서 한가로운 자본가의 행렬에 끼어 베트남에 놀러온 여행객으로 '문태'를 오해했던 '재우'는, 게릴라 투쟁을 통해 동지애를 절절히 경험한 바 있는 '레지투이'의 충고에 따라 늦게나마 화해의 손길을 내민다.

이와 같은 중심 이야기 이외에도 흥미로운 몇 개의 곁가지 이야기가 우리들의 관심을 끈다. 현재 우리 사회에서 진행되고 있는 민주화 운동 관련자 명예회복과 보상에 관한 문제, 경제적으로 열악한 베트남인들에게 천박한 자본가의 횡포를 가하는 동포들의 부끄러운 모습, 목숨을 건

저항과 투쟁으로 베트남의 통일을 가져온 해방전사들의 치열하고도 비참한 전쟁 이야기 등이 그것이다. 예를 들자면 아래와 같은 것들이다.

구치는 사이공 시내에서 한시간 반 거리 떨어져 있는 마을이었다. 해방전선은 그곳을 중심으로 총연장 250㎞의 땅굴을 파고, 사이공 시내를 드나들며 미국과 싸웠다. 3층으로 거미줄처럼 뚫린 구치의 터널을 따라 들어가다보면 세계 최강의 미국을 베트남이 어떻게 이길 수 있었는지를 알 수가 있다. '원 달러'를 외치며 달려드는 관광지의 아이들과 10불의 팁에 손목을 내 맡기는 술집아가씨들을 보고 베트남을 알았다고 생각했던 사람들조차 구치에 가면, 가서 단돈 1원도 받지 않고 오로지 호미와 망태기만으로 24년에 걸쳐 파놓은 250㎞의 땅굴을 보면 전혀 다른 베트남이 있다는 사실을 소스라치게 깨닫게 된다. (228쪽)

「존재의 형식」에는 여러 유형의 인물들이 등장하지만, '레지투이'라는 인물의 형상화는 특히 뛰어나다. 베트남 해방전사로서의 한 전형(典型)을 보여주고 있기 때문이다.

"그는 죽어간 친구들을 대신해서 자신이 산다고 생각하는 것 같아요. 나중에 친해졌을 때 이런 말을 하더군요. 내 앞에 걸어가던 친구가 지뢰를 밟고 죽었기 때문에 내가 살았지, 함께 싸웠던 그들이 아니라면 내가 어떻게 지금 이렇게 살아 있을 수가 있겠어, 라고." (232 – 233쪽)

"이런 날은 너무 슬퍼…… 난 저 비를 보면 호치민 루트에서 죽은 동지들이 생각나. 죽은 채로 정글 가운데서 고스란히 쏟아지는 비를 맞던 동지들이 생각나…… 그들을 묻으며 함께 울었던 동지들도…… 그들도 다 죽었지…… 난 어떻게 살아남았을까" (235쪽)

"우리가 원했던 것은 대단한 것이 아니었어요. 굶주리지 않고,

외국의 군대가 베트남 사람과 대지를 유린하지 않는 세상을 바랐을 뿐이예요……" (236쪽)

"우리는 공산주의를 위해서 싸운 것이 아니고 공산주의를 살았어요. 자본주의가 지배하는 남쪽에서 우리는 십년을 싸웠지만, 최소한 그 십년 동안 나와 내 친구들은 공산주의의 삶을 살았어요. 자기가 살지 않은 것을 남에게 요구할 수 있겠어요? 나의 삶을 지탱해 온 것은 거창한 이념이 아니라 어머니가 우리 형제들을 기르면서 가르쳐준 사소한 것들이었어요. 내가 군대에 지원해서 전쟁터로 떠나던 날 어머니는 말했어요. '아들아, 그 모든 사람들로부터 좋은 말을 들을 수는 없다. 사람들이 너를 미워하고 욕할 수는 있다. 그것은 어쩔 수 없다. 그러나 누구한테서도 경멸받을 삶을 살아서는 안된다.' 어머니의 그 말이 지금도 내 머릿속에 남아 있지요." (237쪽)

외세를 몰아내고 조국 통일을 위해 목숨을 바친, 수많은 베트남의 해방전사들을 대표하는 '레지투이'는 개별적인 인물이지만 보편성을 지니고 있다. 곧 '전형적인 인물'(typical character)인 것이다. '리얼리즘이란 세부 묘사의 충실성 이외에 전형적인 상황 속에서 전형적인 인물을 창조하는 것이다'라는 프리드리히 엥겔스의 유명한 명제나, 전형의 실체를 '개별과 보편의 변증법적 통일체'라고 한 마디로 압축한 루카치의 명제에 부합하는 인물 설정이라고 하겠다.

요컨대 「존재의 형식」은 우리가 쉽게 접할 수 없는 베트남의 과거와 현재 이야기, 이와 교차하는 80년대 민주화 운동과 그 핵심 인물들에 대한 이야기, 이러한 이야기들을 통해 우리네 보통 사람들의 삶을 되돌아 보게 하는 서사적인 힘, 전형적 인물의 뛰어난 형상화, 물 흐르는 듯이 담담한 문체 등으로 인하여 매우 흥미롭게 읽힌다. 리얼리즘 소설을 읽는 즐거움을 한껏 맛볼 수 있는 작품인 것이다.

사족을 하나 붙이자면 제목에 관한 문제이다. '존재의 형식'이란 무엇을 의미하는가? 주인물인 '재우' 그리고 그의 이념적 동지들이었던 '창은'과 '문태'의 현재의 '존재의 형식'은 다르다. '레지투이'는 물론이고, 무식하지만 늘 바른 삶을 강조했던 그의 어머니 등도 마찬가지이다. 그러나 이들의 '존재의 형식'은 모두 다 다른 만큼, 이들 인생들은 그것들 나름대로의 개별적인 의미가 있는 것이 아닐까? "무언가를 꿈꾸려는 자는 그 꿈대로 살아가야 하지 않을까"라는 결말 부분의 '창은'의 대사를 통해서 '존재의 형식'이라는 제목의 의미를 이와 같이 해석한다면 이는 필자의 오독일까? 독자의 판단에 맡겨둘 일이다.

4.

공선옥의 「**비정**(非情)」은 작가가 지금도 여전히 고수하고 있는 견고한 리얼리즘을 바탕으로 한 작품이다. 그의 모든 소설들이 그러하듯이 이 작품 역시 비정한 현실을 이야기하되, 줄곧 차갑고 냉정한 시선을 유지한다. 작가나 인물의 감정을 철저히 배제한 채, 있는 그대로의 현실을 객관적이면서도 사실적으로 그려내고 있는 것이다.

「비정」은 내용적인 측면에서 살펴볼 때 이전의 「홀로어멈」과 「술 먹고 담배 피우는 엄마」의 연장선상에 있는 작품이라고 할 수 있다. 남편 없이 혼자 힘겹게 아이들을 키우며 살아가는 여성의 이야기이기 때문이다. 아버지와 남편이 집에 없는, 모계 중심의 가정은 그간 공선옥이 형상화해 온 작품들의 핵심적 주제이다. 갖가지 이유들로 가정을 버린, 혹은 가족을 부양할 책임을 회피하는 남편들에 대하여 주인물인 여성들은 시종 냉소적인 태도를 취한다. 그리고는 억척스럽게 자식들을 키워낸다. 피곤함과 외로움에 지쳐 도피를 꿈꾸는 엄마가 간혹 등장하기도 하지만 무책임한 남편처럼 사라져버리지는 않는다. 「비정」에 등장하는 '홀로어멈'도 마찬가지이다.

첫남편과 사별하고 재혼한 남자에게 이혼 당한 '나'는, 월간 교양 잡지의 주부리포터 일을 하면서 고등학교 1학년 남자 아이와 다섯 살짜리 여자 아이를 키우며 살아간다. '결혼과 재혼, 사별과 이혼을 모두 겪고 난 지금 내게 남은 건 이십 평 아파트와 성이 다른 두 아이뿐'(91쪽)이라고 말하는 이 여성을 둘러싼 주위의 인물들은, 그러나 모두 비정하다. 이혼한 두 번째 남편, 그 남편의 시어머니, 학교를 가지 않는 아들을 무관심하게 내버려 두는 담임교사, 같이 취재 나간 '나'를 버리고 자신의 차로 혼자 돌아간 사진기자 '최', 심지어 '엄마 노릇도 제대로 못한 주제에'라는 말을 서슴없이 내뱉으며 방문을 걸어 잠그고 한 달 넘게 학교를 가지 않는 첫아이까지도.

> 취재지로 떠나는 버스 안에서 차창 밖을 멍하니 바라보고 있자니, 멋모르고 할랄라부지라고 했다가, 큰 곤욕을 치른 정아가 잔뜩 주눅이 든 채로 제 할머니 손을 잡고 제 아비 사는 곳으로 가는 버스에 오르는 모습이 떠올라와 콧잔등이 시큰해진다. 아들손주를 바라는 노모의 성화에 밀려서든, 스스로의 판단에 의해서든 정아아버지는 곧 결혼을 할 것이다. 정호는 제 핏줄이 아니기 때문에, 정아는 아들 손주가 아니기 때문에, 그애들은 내게 남겨졌다. 정 없는 남의 핏줄, 욕심나지 않는 딸손주라서 나하고 살 수밖에 없다. 그런데도 한 번 씩 만나면, 내가 아이 할머니요, 내가 아이 아버지요, 위세를 부린다. 위세를 부림으로써 자신들의 비정(非情)을 위장한다. (93−94쪽)

> 최는 갔다. 나를 떨구고서. 다툼이 있을 때마다 있던 일이다. 나도 굳이 그의 차를 얻어타진 않는다. 아이를 데리러 간다는 말을 못하고 딴 지방에 볼 일이 좀 있다고 했더니 최는 두말 않고 떠났다. 빈말이라도 그곳이 어디냐고, 가까운 곳이면 태워주겠다는 말

한 마디가 없었다. 몰인정한 인간사에 이력이 붙을만도 하건만, 나는 도통 그래지지가 않는다. (96쪽)

"정호 어머니, 전화 끊고 나서 마음이 걸려서 다시 전화했습니다. 저희 학교를 너무 비정하다고 생각하실까봐."
"아니에요, 선생님. 걱정하지 마세요."
아이가 전화를 받는 나를 빤히 바라보았다. 담임은 좀전과 다름없는 깍듯하고 예의바르고 거기다 이번에는 인정 어린 말투까지를 가미하여 아이 교육에 대한 몇 가지의 조언과 그리고 위로의 말을 건네주고 전화를 끊었다. (101쪽)

이처럼 '나'를 둘러싼 현실 상황은 절망적이다. 어느 한 구석도 희망이 보이지 않는다. 그런데도 '나'는 울거나 짜지 않는다. 아니 탄식조차도 하지 않는다. 그저 담담하게 현실을 받아들이고 생활해 나갈 뿐이다. 차갑고 비정한 현실 속에서도 눈물 한 방울 보이지 않는 냉정한 인물을 만들어 내는 것은, 물론 작가일 터인데 이는 작가의 철저한 리얼리즘적인 창작 태도에서 비롯된 것이다.

우리 인생살이의 비정하면서도 비참한 삶의 모습은 '나'가 '잃어버린 고향을 찾아서'라는 제목의 글을 쓰기 위해 취재를 나간 '잃어버린 고향의 정취를 가장 잘 간직하고 있는 마을'에서도 찾아볼 수 있다.

"이런 데 뭐 찍을 게 있다고요."
할머니는 주섬주섬 마루를 치운다. 손녀와 단둘이 사는 할머니다. 아들은 죽고 며느리는 집을 나갔다. 그 다음 집에 가 본다.
"이런 데 뭐 찍을 게 있다고요."
앞집하고 똑같은 말을 한다. 늙은 아들이 필리핀 며느리를 본 집이다. 그 다음 집으로 가 본다.
"우리 사는 거는 사는 게 아니지요."
노인 혼자 외로이 산다. 외양간도 텅 비고 개 두 마리가 빈 밥그

릇을 핥고 있다. (94쪽)

　　필리핀 며느리의 눈에 담긴 헤아릴 길 없는 막막함. 부모 없이
귀먹은 할머니하고 지지거리는 텔레비전 앞에 멍하니 앉은 일곱 살
어린아이의 무표정. 금 좋은 소 한 마리 사야겠는데, 지금 키우는
개금이 오르지 않아 애가 타는 노인의 한숨 소리. (96쪽)

　　자기집에서 머무르라고 필리핀 며느리가 어눌하게 말했다. 나는
정말 그러려고 했다. 그래서 차려주는 밥도 그집 식구들과 한상에
둘러앉아 먹었다. 밥을 먹다가 필리핀 며느리가 비명을 질렀다. 머
리를 할래할래 흔들었다. 서까래에서 작은 도마뱀 한 마리가 필리
핀 며느리 머리 위로 툭 떨어진 것이다. 밥숟가락을 입에 넣은 채
로 할머니가 파리채를 추켜세워 뭔가를 휙 내리쳤다. 지네였다. 나
는 밥을 마저 먹을 수가 없었다. (96－97쪽)

공선옥의 소설이 대개 그러하듯이 「비정」 또한 절망적인 현실을 극
히 사실적인 어조로 이야기하고 있다. 비정한 이야기를 실감나게 그려
내기 위해서인가, 작가는 작품 속의 현실을 시종일관 비정하게 그려내
고 있다. 작가는 이처럼 더럽고 추한 현실을 냉정한 시선으로 포착하여
있는 그대로 진술할 뿐이다. 그러한 현실을 부정하든가 긍정하는 것은
독자의 몫이다.

　이와 같은 공선옥 소설의 특성은 특장(特長)이 될 수도 있으나 또
그만한 한계를 지니고 있다. 간결하면서도 건조한, 그리고 사실적인 문
체로 눈에 보이는 현실을 아무런 가감없이 있는 그대로 그려내는, 이른
바 '공선옥표'의 소설들. 그러나 그것뿐이다. 공선옥 소설에는 능률적인
서사 기법이라든가 기발한 소설적 장치를 찾아볼 수 없다. 고통스럽고
지난한 인생살이에 대한 스토리텔링(story－telling)적인 이야기만 존재
할 뿐이다. 「비정」 또한 마찬가지이다. 공선옥은 이제 '공선옥표의 소

설'에서 벗어날 때가 되지 않았을까?

5.

박정애의 「**술마시는 집**」 역시 앞에서 살펴본 작품들과 같이 전형적인 리얼리즘을 바탕으로 하고 있다. 경상도 어느 작은 시골 마을에서 티격태격하면서도 알콩달콩 살아가는 칠십 줄의 노부부와 그 이웃들의 이야기를 건강하게, 해학적으로 그려내고 있기 때문이다.

이 작품이 건강한 해학성을 유지하면서 재미있게 읽히는 까닭은 전적으로 작가의 능수능란한 경상도 사투리의 구사와 지칠 줄 모르는 구수한 입담에서 비롯된다. 말하자면 이런 식이다.

"뜨신 밥 묵고 머슨 지랄로 온 세상을 전시이 만시이 난리판으로 맨들라카는공. 순 미친갱이 대통령 아이가."

"이 마느래야, 부시가 머슨 뜨신 밥을 묵겠노. 빵 묵고 쑤프 먹고 괴기 처묵지를."

"밥이나 빵이나."

"그기 우예 똑같노. 삼시 세끼 뜨신 밥을 묵으믄 암만 겉모양은 양코배기라도 대가빠리는 조선사람이 된다 카이. 자야 오마이 자네도 이 대가리를 좀 씨거라. 호랑이한테 잽히가도 사람이라 카는 거는 이 대가리를 써야 사람인 기라." (241쪽)

"살기도 헛살았데이. 문디이 지랄삥 내보다 더 못 내미, 더 호랑 말코 겉은 지집도 다 즈그 사나아가 끼고 물고 빨고 해쌓으미 사진 찍고 칸다마는 이 녀려 서방은 넘 카마도 몬한 기라. 참말 넘 겉애도 저카지는 안할 끼라. 사진사 아저씨요. 우리는 마 놔뚜고 딴집 영감 할마이나 많이 찍어주세이. (250쪽)

"형님은 정 없다 정 없다 캐쌓아도 맨 정이 있었건대 아들 딸을 그마이 많이 맨들었지예. 정 없이 그기 됩니꺼 어데."

"말도 말어라. 정도 오는 정이 있어야 가는 정도 있는 기라. 지 그카는데 내라꼬 무슨 정이 있겠노. 그래도 우예 삼신이 틀었는지 자는데 똑 도둑고내이 밤마실 댕기느 거매로 몰리 들어와갖고는 껍 죽껍죽 씨루고 가마 고마 얼라 들어서고, 그 얼라 낳아서 젖 믹 이가 쪼매 키아 놓으만 또 들어서고 그카대. 그카다보이 육남맨 동 팔남맨 동 태있는 기지. 그기 뭐 정이 있어가 그랬나." (253쪽)

경상도 사투리로 뒤범벅이 된, 익살맞은 이러한 문장들을 읽는 재미가 제법 쏠쏠한데, 문단에 얼굴을 내민지 얼마 되지 않는 새내기 소설가로서는 주목해 볼만한, 탁월한 작가적 역량이라 아니할 수 없다. '짜고 치는 고스톱 같은 민방위 훈련용 공습경보' '잘 말린 태양초처럼 시뻘건 119구급차' '내남없이 꿀같은 새벽잠을 냠냠거리던 판국' '뾰주리 감마냥 뾰조록한 대가리'와 같은 독특한 표현들도 마찬가지이다.

앞으로의 그의 작품 활동에 기대를 걸게 하는 소이(所以)가 바로 이와 같은 그의 작가적 역량에 있다.

6.

일반적으로 리얼리즘 소설이 내용, 즉 이야기(story)에 중점을 둔다면 모더니즘 소설은 형식, 즉 이야기하기(discourse)에 무게 중심을 둔다고 할 수 있다. 그렇다고 해서 리얼리즘 소설이 내용에만 치중하고 형식적인 문제는 도외시해 버린다는 것은 아니다. 모더니즘 소설로 이야기하자면 형식적인 문제에만 신경을 쓰고 스토리는 제쳐놓는다는 뜻이 아니다. 다시 말하자면 리얼리즘 소설이나 모더니즘 소설은 내용이나 형식, 양자를 모두 염두에 두어야 한다는 것이다. 소설의 구조 자체가 내용과 형식의 유기적인 결합체이기 때문이다. 다만 내용과 형식 중에 어느 것이 더 선차적(先次的)이고 본질적인가에 따라 두 가지 유형의 소설이 대립될 수는 있다. 요컨대 소설에 있어서 내용과 형식의 진정한 관계는 상호유기적이며 변증법적인 관계라고 할 수 있다.

이러한 의미에서 살펴본다면 지금까지 논의해 온 네 작품들은 리얼리즘 소설이긴 하지만, 어떻게 이야기를 전개해 나갈 것인가라는, 이야기하기의 문제 즉 형식적인 측면에서도 적지 않은 노력을 기울였다고 보인다. 「잠수거미」의 액자소설적 구성 방식, 「존재의 형식」에 드러나 있는 현재와 과거의 교차 서술방식(소설비평 용어로는 제라르 쥬네뜨가 창안해 낸 '시간변조 기법' anachrony이 이에 해당한다) 「비정」에서 시종일관 유지하고 있는 객관적이며 사실적인 작가 특유의 문체, 「술 마시는 집」에 현란하게 나타나 있는, 해학적인 경상도 사투리와 구수한 입담 등이 그것이다.

삶의 뿌리 찾기

○ 최일남, 「석류」(『현대문학』, 2003년 1월호)
○ 문순태, 「늙은 어머니의 향기」(『문학사상』, 2003년 1월호)
○ 조성기, 「고향 점묘 – 잃어버린 공간을 찾아서 · 1」(『현대문학』, 2003년 1월호)
○ 나대곤, 「실종」(『문학과 창작』, 2003년 1월호)
○ 정도상, 「가을 실상사」(『문학동네』, 2002년 겨울호)

1.

최일남의 최근의 관심사는 노인의 삶인 듯하다. 이는 작가가 노년기에 들어섰다는 생물학적인 사실과 직접적인 연관이 있겠지만, 어쨌거나 그는 요즈음 노인들을 주인물로 내세워 노인들의 삶의 문제를 천착하고 있다. 노인들의 느릿느릿한 일상의 모습을 그려낸 최근의 소설집 『아주 느린 시간』(문학동네, 2000년)의 출간도 이러한 사정과 무관하지 않다. **「석류」**도 이와 같은 작품이다.

「석류」의 이야기 구조는 실로 간단하다. 화자인 '나'는 '팔십이 내일모레인 노친네'를 모시고 산다. 어느 날 '칠십 초립동이'의 '사촌 동생 길수 아버지, 즉 작은아버지'가 방문한다. '당신이 손수 끓인 아욱국을 달게 자신' 작은아버지가 '형수님'의 음식 솜씨를 칭찬하면서 '어머니와 작은아버지의 삭은 수작'이 또 시작된다. 밤늦게까지 한바탕 이야기판을 벌인 작은아버지가 집으로 돌아가고 어머니와 '나' 그리고 아내는 비로소 잠자리에 든다.

어머니와 작은아버지가 오랜만에 만나 '파한의 입담'을 나눈다는 이 야기 구조는 이처럼 간명하지만, 여기에 담겨진 이야기는 간단하지가 않다.

우선 두 인물이 나누는 각종 음식에 관한 이야기기가 범상치 않다. '늦여름 입맛을 돋우는 별식'인 아욱죽과 '사위만 준다'는 '가을 아욱 국'을 끓이는 방법, 보통 사람들은 먹어 보지도 못한 '고추김치'와 '굴 비포'를 만드는 방법을 자세히 이야기하는 부분은 특히 압권이다. 이밖 에도 열무김치를 담그는 방법에 대한 이야기나 '쉰 밥'과 '신 열무김 치'를 빨아서 먹는 이야기, 또한 '턱밑에 준치 가시 같은 하얀 수염' '고양이도 가시에 학질을 떼어 선하품을 한다' 등과 같은 준치에 대한 이야기도 흥미롭다. 그러니까 「석류」는 옛날 사람들이 마주 앉아, 옛날 에 고향에서 해먹던 음식에 대하여 이런저런 이야기를 나눈다는 것을 기본 골격으로 삼고 있는 작품이다. 돌이켜 보자면 한국문학사에 있어 서 우리 고유 음식을 주요 모티프로 삼아 음식 이야기를 다룬 소설 작 품이 거의 전무하지 않나 싶다. 더군다나 '음식 소설'(?)이 여성 작가가 아닌 남성 작가에 의해 씌어진 점도 이채롭다. 따라서 지금은 거의 맛 볼 수 없는, 우리 고유 음식에 대한 이야기를 최일남 특유의 구수한 입담으로 맛깔스럽게 펼쳐놓은 「석류」의 특이성과 희귀성은 아무리 상 찬을 해도 모자람이 없다고 본다. 요컨대 여성들이 주도하는 요리나 음 식에 관한 이야기를 주요 테마로 삼는 '음식소설'은 앞으로 우리 작가 들이 얼마든지 개척할 수 있는 미지의 분야라고 판단된다.

음식 이야기 다음으로 「석류」에서 결코 간과할 수 없는 주요 모티 프는 죽음이다. 어머니와 작은아버지가 나누는 음식 이야기 속에 드문

드문 끼어드는 '사자'(死者)들에 대한 이야기가 그것인데, 사실 이 작품의 주제 의식은 바로 여기에 담겨져 있다.

화자인 '나'의 기준으로 말하자면 사자는 아버지, 고모님, 고모부, '길수 어머니'인 작은어머니 이외에도 어릴 때 비명횡사한 여동생 '숙진이' 고모님 아들 '필수' 등 모두 여섯 명이다. 이 중에서도 열한 살 때 세상을 달리한 '숙진이'의 죽음에 초점을 맞추고 있다.

장티푸스를 앓다가 폐렴과 장출혈이 악화되어 끝내 죽고 만 '숙진이' 는 죽기 며칠 전 돌연 '석류'가 먹고 싶다고 한다.

> 그러나 죽기 며칠 전, 어머니가 건넨 탕약 대접을 본체만체 '석류가 먹고 싶네' 했을 때는 눈물부터 훔쳤다. '이 한겨울에 어디 가서' 했을지언정 어머니는 그 걸음으로 당장 대문을 나섰다. 그날은 허탕을 쳐 빈손으로 돌아왔으나 다음 날은 어디를 어떻게 뒤졌는지 검붉게 말라비틀어진 석류 두 알을, 말라빠지기는 매한가지인 누이 손에 쥐어주었다. 숙진이는 고맙다고 힘없이 웃고, 어머니는 목이 메는가, 침을 꿀꺽 삼켰다. 그뿐이었다. 둘다 석류 껍질 벗길 염을 내지 못했다. 손톱마저 안 들어갈 정도로 굳은 것을 한눈에 뻔히 알아차렸기 때문일 게다. 아마도 한약방 약재로나 쓰던 걸 사왔으리라. (51쪽)

열한 살짜리 어린 계집아이를 이렇게 졸지에 보낸 어머니의 쓰라린 한 은, 몇 십 년의 세월이 흘렀건만 아직도 가슴 속에 또아리를 틀고 있다.

> "어머니 뭐 하세요."
> 댓바람에 묻고 벽시계를 얼른 쳐다본다. 새벽 두 시를 지난 시각 이다.
> "보면 모르냐. 석류 먹는다."
> 고개를 돌려 정면으로 나를 바라보는 어머니의 얼굴이 섬짓하다.

형광등 빛에 반사된 창백하고 쪼글쪼글 바스러진 모습에 스친 데스 마스크의 전율 못지않게, 떼낸 석류 조각의 시뻘건 더미와 씹어 뱉은 알맹이 찌꺼기가 깊은 밤의 적요를 마구 흩뜨려 가슴이 오싹했다.

"세상 참 좋아졌더구나. 이 겨울에 석류가 어디냐. 크기는 또 얼마나 크다고. 칠렌가 찔렌가 하는 나라에서 수입한 거라는데 맛도 괜찮다. 너도 와서 먹어."

"그렇다고 한밤중에 자실 건 없잖아요."

"아무 때 먹으면 어때. 잠도 안 오고……. 나라도 대신 먹고 가야 숙진이 고것한테 할 말이 있지."

기어이 저승의 소리 같은 말씀을 뇌신다. 그게 그토록 절실했던가. 석류 한 알의 회한이. (60-61쪽)

팔순의 어머니가 새벽 두 시에 시뻘건 석류 덩어리를 씹고 있는 그 로테스크한 모습이 돋보이는 장면인데, 바로 이 부분 때문에 이 작품이 하나의 훌륭한 단편소설로 자리매김할 수가 있는 것이라고 생각된다. 오랜만에 만난 어머니와 작은아버지가 옛날 고향에서 해먹던 음식 이야기나 먼저 간 사자들에 대한 이야기만을 늘어놓았다면, 「석류」는 그저 그런 신변잡기나 될지언정 소설이 되지 못했을 것이다. 결말 부분의 이와 같은 반전(反轉)이 있기에 가능했다는 말이다.

「석류」를 읽는 재미는 이밖에도 몇 가지를 더 꼽을 수 있다. 의고체(擬古體)에 기댄 듯한 최일남 특유의 문체를 읽는 즐거움은 어느 작품에서도 찾아 볼 수 없는 그만의 것이다. 김윤식은 이를 가리켜 '서사성과 묘사의 절묘한 균형감각을 갖춘 문체' '최일남식 글쓰기의 균형감각'이라고 지적한 바 있다.

사전 속에 숨어 있는 순수한 고유어의 적절한 사용(저냐, 생목 오르다, 운두, 도나캐나, 골마지, 고래기, 가년스럽다, 시들방귀, 언죽번죽한……) 지금은 잘 쓰이지 않지만, 엄연한 국어인 한자어의 사용(박래

품: 舶來品, 내포: 內包－내장, 염장: 鹽藏－소금과 간장, 구첩 칠첩
반상: 飯床, 부전: 附箋－무슨 서류에 무엇을 표하거나 무슨 의견을
적어 덧붙이는 쪽지, 가사: 假使－가령, 발명: 發明－발뺌, 무렴: 無廉
－염치가 없음을 느껴 마음에 겸연쩍음, 흑임자죽: 黑荏子죽－검은깨
로 만든 죽, 감불생심: 敢不生心－언감생심) 등도 다른 소설에서는 찾
아볼 수 없는 최일남 소설의 특성 중의 하나이다. 이런 단어들은 사전
을 찾지 않고서는 결코 그 뜻을 알 수가 없다. 독자들로 하여금 국어
사전이나 옥편을 뒤적거리게 만드는 소설을 요즈음 어디 손쉽게 대할
수가 있는가? 쉽게쉽게 작품을 양산해 내는 현대의 젊은 작가들이 본
받아야 하지 않을까 싶다.

지금까지 서술한 모든 정황으로 볼 때 「석류」는 '삶의 뿌리 찾기'라
는 이 글의 대전제에 합당한 작품이라고 보인다. 죽음을 앞두고 있는
두 노인네의 고향 음식에 대한 이야기, 먼저 세상을 떠난 혈육들에 대
한 이야기, 이러한 이야기를 그 옛날에는 사용했지만 지금은 쓰이지 않
는 우리 고유어·한자어를 통해 그려내었다는 점 등이 그것이다. 따라
서 「석류」는 칠십 줄에 들어선, 지나온 삶을 담담히 회고하고 정리해
볼 수 있는 노작가에게서나 나올 법한, 소중한 작품임에 틀림없다.

2.

문순태의 「**늙은 어머니의 향기**」 역시 화자인 '나'의 어머니가 자신
이 뿌리박고 살아온 고향을 잊지 못하고 그리워한다는 점에서 볼 때,
'삶의 뿌리 찾기'와 동궤의 작품이라고 할 수 있다.

'나'와 아내는 '팔십이 넘었지만 아직 생의 욕망이 왕성'한 어머니를

모시고 십 년이 넘게 살고 있다. 그러나 이들은 '소금에 전 간고등어처럼 온통 어머니 냄새에 푹 절어 있'는 집을 못견뎌 한다. 그래서 아내는 일주일째 '이혼하고 혼자 사는 언니' 집에 가 있다. '나'는 '질식할 것만 같은 어머니의 냄새를 약화시키'기 위해 아내를 집으로 데려 온다. 며칠이 지나자 어머니의 냄새가 줄어든다. 이때 '나'는 '어머니의 냄새를 완전히 소멸시켜 버릴 생각을' 하고는 동생에게 한 달 동안 어머니를 맡겨 버린다. 어머니가 떠난 다음 날부터 '나와 아내는 본격적으로 어머니의 냄새 제거 작업을' 하다가 어머니 반닫이 속에서 녹슨 호미, 오래된 손저울, 함석 젓 주걱, 때에 절은 돈주머니·앞치마 등을 발견한다. '첩질이나 하면서 세월을 보냈던 반거충이 아버지가 세상을 뜨자' '병든 시아버지와 어린 두 자식'의 생계를 떠맡았던 어머니가 '도부 장사'와 새우젓 장사를 하던 때의 물건을 발견하고 '나'는 어머니의 신산한 삶을 회상한다. 그 때 어머니가 없어졌다는 동생의 전화를 받는다. '나'는 자동차를 타고 무작정 고향으로 달린다. 어머니가 거기에 계실 것이라는 믿음을 갖고.

> (……) 그 냄새는 몸에서 나는 것이 아니라 당신이 살아온 쓰디쓴 세월의 냄새라는 말이 벌겋게 달궈진 부젓가락처럼 오목가슴을 뜨겁게 파고들었다. 젊어서 남편을 잃고 병든 시아버지와 어린 두 자식을 위해 짐승처럼 살아온 어머니. 그것은 어머니가 살아온 신산한 세월이 발효(醱酵)하면서 풍겨져나온 짙은 사람의 향기였다. 고통스러웠던 긴 세월의 더께같은 것. 어머니의 냄새는 팔십 평생 동안 푹 곰삭은 삶의 냄새이며, 희로애락의 기나긴 시간에 의해 분해되는 유기체의 냄새가 분명했다. 나는 갑자기 어머니의 냄새가 내 몸의 모든 핏줄 속에서 꿈틀거리는 것을 느꼈다.
> 도시를 빠져나온 나는 무작정 고향으로 가는 국도를 타고 달렸다. 황금빛 들판에는 벼들끼리 온몸으로 서로에게 부대끼며 물결치

고 있었다. 땅의 혼령들로 가득한 그곳에서 어머니의 냄새가 바람
처럼 훅 덮쳐왔다. 나는 국도 변에 차를 세우고 길게 숨을 들이켰
다. 어머니의 향기로운 냄새가 아우성치며 온몸의 핏줄 속으로 빨
려들어왔다. 어머니의 향기가 사무치게 그리웠다. (166쪽)

이렇게 끝나는 이 작품은 냄새를 둘러싼 고부간의 갈등에 초점을 맞
추고 있지만, 작가가 결국 이야기하고자 하는 것은 지난한 고통의 세월
을 보낸 어머니의 삶이며, 그러한 삶의 뿌리를 잃어버리지 않고 되찾고
자 애쓰는 어머니의 모습이다. 이러한 어머니의 모습은 도시에서의 이
층집 양옥 생활을 하면서도 보리 이삭을 주워와 말리고 빻아서 미숫가
루를 만들거나, 시멘트로 된 마당 한 귀퉁이에 가지와 고추·호박을
심어 반찬을 해 먹는 데에서 찾아볼 수 있다.

요컨대 「늙은 어머니의 향기」는 지금의 6, 70대 이상의 시골 출신의
어머니들이라면 누구나 겪었을 법한, 신산한 삶의 과정과 그러한 삶의
뿌리를 지켜내고자 하는 늙은 어머니들의 모습을 그리고 있다는 점에
서 보편적인 감동을 불러일으키는 작품이라고 하겠다.

3.

조성기의 「고향 점묘 - 잃어버린 공간을 찾아서 · 1」은 제목 그대로
화자인 '나'가 어렸을 적에 살았던 고향에 대한 이야기이다. 그러므로
이 작품은 자전적인 성격이 짙다. 작가의 실제 고향이 경남 고성인데,
작품의 배경 또한 이와 같다. 아버지가 고성초등학교 교사인 관계로 하
여 '다섯 살 무렵 정식 입학을 하지 않고 고성국민학교에 다니'다가 '1
학년 청강을 마칠 무렵 아버지가 부산으로 전근을 가게 되'기까지의

이야기를 담고 있다. 그러니까 이 작품은 화자가 여섯 살까지 고성에서 살았던 기억을 더듬고 있다. 부제를 통해서 알 수 있듯이, 다음 작품은 제2의 고향인 부산에서 살았던 이야기를 연작소설 형태로 이어갈 것으로 보인다.

굳이 '점묘'라는 단어를 제목에 집어넣었다시피 이 작품은 고향에 대한 짧은 이야기, 즉 소품이다. 어린 '나'의 눈에 비친 고향 풍경과 '나'를 둘러싼 가족들－아버지, 어머니, 조모, 외조모에 대한 일화적(逸話的) 이야기가 전부이다. 따라서 사실은 이야기라고까지 할 것도 없다. 그 때의 기억들을 현재의 작가의 시점에서 담담히 서술할 뿐이다. 그러나 화자의 상념 중간에 간간이 끼어드는, 독자들로 하여금 그 의미를 되새겨 읽게 만드는 잠언적(箴言的)인 진술들이 빛을 발하고 있다.

> 어머니의 자궁 속에 고향이 들어 있다. 내가 고향에서 태어난 것이 아니라 고향이 나에게서 태어났다. 내가 어머니에게서 태어난 때, 다시 말해, 어머니는 나를 창조하였고 나는 고향을 창조하였다. (84쪽)

> 내 유년의 맨 처음 기억은 내가 떠올리는 기억이 아니라, 아버지나 어머니 둘 중 한 사람이 내 머릿속에 심어준 기억이다. 아버지와 어머니 외에 조모와 외조모가 끼어들었을 수도 있다. 우리는 남들이 심어준 기억을 자기가 떠올린다고 착각하며 살아간다. 아니면 꿈이 심어준 기억을 현실 기억으로 착각하며 살아간다. (86쪽)

> (……) 내가 보기에 산은 오줌싸개였다. 위에서 누가 물을 붓지도 않는데 산은 자꾸만 물을 싸내어 주변이 늘 질펀하였다. 잠자리 이불에 오줌을 누는 아이처럼 산은 밤에도 물을 싸내었다. 산 안에는 온통 물이 그득한 모양이었다. (90쪽)

그런가 하면 다음과 같이 재미있는 대목도 돋보인다.

여동생이 태어나자 내 잠자리는 어머니 뒤로 밀리고 여동생이
조모와 어머니 가운데 자리잡았다. 여동생이 어머니 앞을 차지한
셈이어서 나는 어머니 뒤에 내 앞을 밀착시키는 것으로 은근히 시
위를 벌였다. 유아성욕론을 주장한 프로이드가 보았다면 내가 변태
적으로 어머니를 '프로타지frottage' 하는 것으로 여겼을 것이다. 프
로타지는 원래 올록볼록한 표면에 종이를 놓고 그 위를 흑연, 초크,
목탄 따위로 문질러서 표면 모양을 박아내는 미술 기법을 말한다.
그것이 다른 사람의 몸에 자신의 몸을 문지름으로써 쾌감을 얻는
변태성욕을 가리키는 용어로도 쓰이게 되었다. 프로타지하는 변태성
욕자를 프로튜어frotteur라고 하고, 그런 증상을 프로튜리즘frotteurism
이라고 한다. (88쪽)

사람들은 나이를 먹어 갈수록 점점 더 고향을 그리워한다고들 한다.
죽음이 가까워올수록 자신이 태어난 곳, 그 뿌리를 향해서 돌아가고 싶
어하는 것이 인지상정인 모양이다. 여우도 죽을 때에 제가 살던 언덕이
있는 쪽으로 머리를 두고 죽는다고 하는데(수구초심, 首丘初心), 하물
며 인간에 있어서랴!
작가들이 작품을 쓸 때 어렸을 적의 고향에 대한 이야기, 즉 자신의
삶의 뿌리를 캐는 이야기를 쓰지 않은 작가가 있을까? 아마도 없으리
라고 본다. 「고향 점묘」는 바로 이러한 입각점에 서 있는 작품이다.

4.

나대곤의 「실종」에는 다소 비현실적인 인물과 이야기가 등장한다.
그러나 주인물이 '현실이 싫어서 과거로 실종'되어, 자신의 삶의 뿌리
인 고향을 찾아 내려간다는 점에서 볼 때 앞의 작품들과 일맥상통한다.

육십이 된 '나'에게 어느 날 갑자기 40년 전, 고등학교 때 몰래 짝사랑한 '순임이'라는 여인이 찾아온다. 가출한 남편을 찾기 위해서이다. 그녀의 남편은 고등학교 동창인 '성규'인데, '나'는 그들이 결혼했다는 사실도 오늘에서야 알게 된다. '성규'는 '오 년 전 추석 다음날 갑자기 나타났다가 금년에도 다녀' 간 적이 있지만, 그는 이 여인과 결혼했다는 사실을 밝히지 않았다. 그런데 그가 '지난 추석에 고향에 성묘를 간다고 나간 후 소식이 끊겼'다는 것이다. 그러니까 그는 '나'의 집에 나타난 후 집에 돌아가지 않고 잠적해 버린 셈이 된다. 그녀를 보내고 난 후 '나'는 고등학교 때 단짝 친구로 지내던 '성규'와 그를 통해 알게 된 그녀를 회상한다. 그리고 이어서 '삼십년이나 지난 오 년 전 추석 다음날에 홀연히 나타난' '성규'와의 첫 만남, 그 다음 해와 올해 추석에 이어진 방문, 그의 옛날이야기에 대한 병적인 집착과 술주정에 대하여 생각한다. 그가 '유년의 과거에 유난히 집착을 하고 있'다는 사실에 착안한 '나'는 그 길로 '고향인 만경의 능제 방죽'으로 달려간다. '아주 오래 전에 그의 집을 들락거릴 때 하룻밤을 녀석과 함께' 지낸 그 움막에 과연 그는 있었다.

바닥에 깔린 가마니까지 옛날과 변한 것이 없다.
"여기서 뭐하냐?"
"남식아?"
녀석이 갑자기 아주 큰 소리로 내 이름을 불렀다. 내가 어리둥절하는 사이에 밖에 있던 멍멍이가 번개같이 거적문을 밀치고 들어와 녀석의 품에 안겼다.
"네가 보고 싶으면 이놈 이름을 부른다. 네 이름을 붙인 이 녀석과 함께 이곳에 있으면 외롭지 않다. 이 남식이란 놈은 배신할 줄도 모르고 세월이 가는 줄도 모른다."
웬지 등이 스물거려 온다. 찾아올 때의 생각은 간 곳이 없고 녀석과 이곳에 더 있고 싶지가 않다. 녀석이 끝까지 꺼내지 않는 순임이의 이름을 내가 먼저 들먹이고 싶지도 않다. 일어서는 내 등 뒤에 녀석이 말했다.

"누가 날 찾거든 모른다고 해라. 꼭 말하고 싶다면 현실이 싫어서 과거로 실종되었다고 해줘라." (93쪽)

'성규'가 가출한 이유에 대하여, 그의 아내는 '어린애 같은 투정'이라고 일축하고 또한 '나'는 '철없는 우정을 고집하고 어릴 적 환상에 꿈꾸듯 매달리는 것을 보면 마치 열아홉 그쯤에서 성장이 멈추어 버린 듯' 하다고 생각하지만, 어쨌거나 이 부분에 대한 개연성이 부족하다. 다시 말하자면 그가 가출해서 고향인 움막에 기거하게 된 배경이라든가 전후 설명에 있어서 설득력이 없다는 것이다. '성규'를 아예 오래된 과거로 돌아가고 싶어하는 일종의 정신질환자로 그렸다면 몰라도, 정상인으로서 이러한 행동을 보인다는 것은 아무래도 무리이다. 그렇지만 있을 수 있는, 있을 법한 이야기이다. 육십이 다 된 초로의 사내가 갑자기 고등학교 동창생을 찾아와 옛날이야기를 즐기다가 끝내는 자신의 뿌리인 고향으로 내려가 그곳에서 기거한다는 이야기는 누구나 한 번쯤은 꿈꾸어 본 희망 사항이 아닐까? 세파에 시달리면서 살다보면, 자식이고 가정이고 다 때려치우고 고향으로 훌쩍 떠나버리고 싶은 생각을 이 땅의 중년 남성들이라면 누구나 한 번쯤은 해 보지 않았을까? 이러한 측면에서 본다면 이 작품은 나름대로의 보편성을 획득하고 있다고 보인다.

5.

정도상의 「**가을 실상사**」는 서정적인 소설일 것이라는 느낌을 갖게 한다. 시적인 분위기가 물씬 풍기는 제목 때문이다. 그러나 스토리는 매우 충격적이며 극적이다.

「가을 실상사」는 간단하게 말하면, 시골에서 농사짓고 살던 한 젊은 이가 서울에 와서 생활하다가 미쳐 버려 해괴한 짓을 반복하다 결국은 자살하게 된다는 이야기이다. 그런데 그 사건 전개가 속도감 있게 펼쳐 져 마치 장면 전환이 빠른, 스릴 넘치는 한 편의 영화를 보는 듯한 착 각에 빠지게 한다. 이는 순전히 작가의 스피디한 문체의 구사에서 비롯 된다고 보이는데, 뛰어난 소설가적 역량이라 하지 않을 수 없다.

화자인 '나'는 잘 나가는 대기업 부장이었으나, 어느 날 불현듯 '지 금 제일 하고 싶은 일이 무엇인가'라는 의문에 사로잡혀 마침내 사표 를 쓴다. 개인 사업을 하려다가 자금난에 부딪친 '나'는, 동생과 어머니 가 살고 있는 고향의 집과 논을 처분하고 그들을 서울로 데려 온다. 바로 이것이 훗날 동생이 미쳐 버리는 화근이 된다. '땅은 정직해. 땀 흘린 만큼 줘!'라고 항변하는 동생을 어머니와 설득해 억지로 서울로 데려 왔기 때문이다. 어쨌든 보석 세공공장을 차린 '나'는 동생 '현우' 를 공장장에 앉힌다. 그러나 '감옥살이가 따로 없구만 이거 형 혼자 해. 나는 지리산으로 도로 내려갈래'라는 말을 뇌까리던 동생은 마침내 정신을 놓아 버린다. 일주일 동안 잠을 자지 않고 봉두난발이 되어 '송 곳 하나 꽂을 틈이 없을 정도로 촛불을 빽빽하게 세워 놓고 그 가운데 에 가부좌를 틀고 앉아' 자신을 달마대사라고 하면서 그 흉내를 내게 된 것이다. 어머니는 동생을 고향의 '실상사'로 데려가자고 한다. 동생 이 '실상사'의 '도법 스님'을 매우 따랐기 때문이다. '나'는 정신 병원 에 입원시키고자 한다. 결국 입원시켰다가 일주일만에 퇴원시켰으나 하 룻밤을 지내자마자 병이 도진다. 이젠 '실상사'로 내려가기로 한다. 내 려가는 고속도로에서 발작을 일으킨 동생 때문에 죽을 뻔한 고비를 넘 긴 '나'와 어머니는 다시 서울로 올라가 입원시키기로 한다. 그런데 그날 밤 동생은 또 다시 가출, 하루만에 자살한 시체로 그들 앞에 나타난다. '나'는 동생을 화장시켜 '영가'를 들고 '실상사'에 들렀다가 폐가가 된 고향집 감나무 밑에 묻는다.

> 어디선가 쓰르라미가 울었다. 나는 눈을 감은 채 소리를 따라 고개를 돌리고 귀를 활짝 열었다. 외양간에서 소방울 소리가 딸랑딸랑, 변소에서 똥돼지가 꿀꿀꿀꿀, 울타리 아래서 병아리들이 삐약삐약 하는 소리가 내 귓전에서 아련하게 뒤섞였다. 그 소리와 함께 아버지가 지게를 지고 마당으로 들어섰고, 이어서 어머니가 뽕잎이 담긴 바구니를 머리에 이고 뒤를 따랐고, 두 살짜리 현우가 뒤뚱거리며 마중을 나가는 풍경이, 떠올랐고…… 곧 스러졌다. (123쪽)

타의에 의해 고향을 떠나 살던 한 젊은이가 고향으로 내려오고 싶어하다가 마침내 정신병에 걸려 자살한다는 이야기를 통해, 작가는 우리 인간들에게 있어서 삶의 뿌리가 얼마나 중요한 것인가를 일깨우고 있다. 이러한 비참한 이야기를, 그러나 작가는 매우 흥미진진하게 전달하고 있다. 독자들은 이 작품을 읽으면서 정말로 미친, 한 젊은이를 생생하게 만날 수 있을 것이다. 그만큼 인물과 사건 전개의 묘사력이 탁월하다. 탄탄한 리얼리즘의 기반 위에 서 있는 정도상의 소설에 기대를 걸게 되는 소이(所以)가 바로 여기에 있다.

소설 담론의 다양한 변주(變奏)

- 서정인, 「몽둥이」(『동서문학』, 2002년 겨울호)
- 박경철, 「함박에 내리는 눈」(『현대문학』, 2003년 2월호)
- 김영하, 「너의 의미」(『문학과 사회』, 2002년 겨울호)
- 양준석, 「지평리」(『현대문학』, 2003년 2월호)
- 이치은, 「책 정리」(『세계의 문학』, 2002년 겨울호)

1. 소설에 있어서의 이야기와 담론

소설에 있어서 가장 중요한 요소가 이야기라는 사실을 부정할 사람은 아무도 없다고 본다. 옛날에는 소설책이 곧 이야기책이었다. 조선 후기에는 청중을 앞에 두고 소설을 구연(口演)하던 전문적인 이야기꾼, 즉 '전기수'(傳奇叟)라는 직업인도 있었다. 이러한 사실(史實)들은 소설이 바로 이야기에서 비롯되었다는 사실(事實)을 극명하게 드러내주고 있다. 문명이 발달하면서 사정이 조금 달라지긴 하였지만, 지금도 마찬가지이다. 종이책을 통해서든 전자책을 통해서든 간에 소설 읽기란 곧 남의 이야기를 듣는 것과 다를 바가 없기 때문이다. 여기에서 소설이란 곧 어떤 사람이 자신이 살아오면서 경험한 이야기를 남에게 들려주는, 하나의 이야기 양식이라는 정의가 성립된다. 그래서 소설에서는 이야기를 하는 사람과 그 이야기를 듣는(읽는) 사람이 존재하기 마련이다. 이 지점에서 생각해 볼 하나의 문제는, 이야기를 하는 사람이나 듣는 사람이 서로 흥미를 느껴야 한다는 점이다. 통상 이야기를 하는 사람은, 자기 딴에는 흥미 있는 이야기를 재미있게 한다고 떠들어댄다. 그러나 문제는 듣는 사람 쪽이다. 듣는 사람의 입장에서 볼 때 그 이야기가 재미없다거나, 지루하다거나, 장황하다거나, 황당하다면 듣는 사람은 아예 들으려 하지 않는다. 우리네 보통 사람들이 나누는 일상적인 이야기도 마찬가지이지만 소설의 이야기도 이와 다르지 않다. 작가는 자신의 생각에 제법 흥미 있는 이야기를 펼친다고 하나, 독자가 흥미를 느끼지 못할 때, 독자는 조금의 주저함도 없이 책읽기를 중단한다. 따라서 작가는 작품을 쓰기 전에, 우선 자신의 이야기가 독자들이 들을 만한 이야기인가, 독자들에게 재미와 감동을 제공할만한 이야기인가를 검토해 볼 필요가 있다.

모든 이야기가 곧바로 소설의 이야기가 될 수는 없다. 소설의 이야기는 정제된 내용과 잘 다듬어진 형식을 필요로 한다. 즉 어떤 흥미로운 이야기가 있다 하더라도, 그것은 작가의 의도에 따라 취사선택되고 그 이야기 순서가 재배치되어 독창적인 내용과 형식으로 다시 태어나지 않으면 안 된다. 앞서 말한 조선 시대의 '전기수'조차 청중들의 관심과 흥미를 끌어 모으는 특별한 구연 기술과 방법을 터득하여야 했다. 단순히 소설의 내용을 전달하는 차원에서 그치는 것이 아니라, 그것을 실감나게 들려줌으로써 청중의 시선을 집중시킬 수 있어야 했던 것이다. 요컨대 소설에서는 흥미로운 이야기 못지않게, 그 이야기를 보다 재미있게 전달하고자 하는 이야기하기의 문제도 중요하다. 그래서 현대의 소설 이론에서는 하나의 소설 작품을 '이야기'(story)와 '이야기하기'(담론, discourse)의 양측면으로 나누어 살펴보려는 경향을 지닌다.

'담론'이라는 용어를 소설 비평적인 측면에서 엄격하게 제한하여 사용하자면, 이와 같이 스토리와 대립되는 개념으로 써야 할 것이다. 그러나 최근의 우리 문화계에서는 '성담론' '몸에 대한 담론' 등과 같이, 항용 어떤 것에 대한 이야기나 논의 정도의 의미로 쓰이고 있다. 이 글에서는 담론을 넓은 범위에서의, 일반적인 개념으로 사용하기도 하고 또 때에 따라서는 좁은 범위에서의, 스토리와 대립되는 개념으로 쓰기로 한다.

2. 기존 소설 담론의 과감한 파괴

서정인의 「**몽둥이**」는 유별난 담론 체계를 지니고 있는, 특이한 소설이다. 우선 이 작품은 처음서부터 끝까지, 누구인지도 모르는 어떤 사람 둘이서, 계속 밑도 끝도 없는 대화를 나누는 형식으로 되어 있다. 그러니까 어떤 특정한 이야기가 없다. 한 사람이 한 마디 말을 툭 던지면 다른 한 사람은 그 말꼬리를 잡아 이야기를 하고, 상대방은 또 그 말꼬리를 잡고 이야기를 이어나가는 식이다. 그런데 그들의 이야기가 가관이다. 이런 이야기를 했다가 저런 이야기를 하고, 그야말로 중구난방이다. 그럼에도 불구하고 두 사람의 대화에는 풍자, 해학, 역설, 반어, 대구, 대조, 말장난, 너스레 떨기, 시치미 떼기, 야유, 조롱 등 현란한 말솜씨와 각종 수사 기법이 총동원되어 있다. 「몽둥이」가 기존의 보통 소설들처럼 어떤 재미있는 이야기가 시종일관 전개되어 나가지 않음에도 불구하고, 독자들의 관심과 흥미를 끌어당기는 이유가 바로 여기에 있다.

"몰래?"
"몰래. 불란서 대통령이 나중 죽었을 때 감춰둔 여인이 딸과 함께 나타났다. 미국 대통령은 현직에 있을 때 여자들을 집무실로 불러들였다. 옛날 교황이 교황청으로 창녀들을 끌어들인 것과 같다."

"그런데 어떻게 알았소? 남들이 알았으면 몰래 한 것이 아니요."

"몰래 해도 안다. 알아도 몰래 한다."

"십일 계명이 무엇인지 아쇼?"

"간통하지 마라, 도둑질하지 마라, 그런 거 아니냐?"

"그런 건 열 손가락들로 꼽고, 그 다음 말이요. 열한 번 째 말이요."

"이신을 숭배하지 마라, 나는 질투심이 많다."

"들키지 마라."

"맞어. 없는 데서는 상감 욕도 헌다."

"도둑을 앞으로 잡지, 뒤로 못 잡소."

"안 들키면 죄가 안 되냐? 들키면 죄냐? 그러면 죄가 죄가 아니고 들킨 것이 죄구나."

"들키면 벌을 받고, 안 들키면 벌을 안 받소. 벌받으면 죄인 아니요?"

"벌받으면 다 죄인이냐? 벌 안 받으면 다 죄인 아니냐? 혹 죄를 안지었더라도 벌받으면 죄인이고, 혹 죄를 지었더라도 벌 안 받으면 죄인이 아니냐?" (25 – 26쪽)

「몽둥이」의 서두이다. 첫머리부터 이 작품의 특성이 잘 드러나 있다. 한 사람이 "몰래?"라는 화두를 던지자 다른 사람이 말꼬리를 잡고 어떤 말을 한다. 상대방은 또 그 말꼬리를 잡고 다른 말을 한다. 그런데 그 말들이 이상야릇하다. 말이 되는 것도 같고 되지 않는 것도 같다. 한 번 읽으면 도대체 무슨 말인지 모르지만, 두 번 세 번 반복해 읽어 보면 그 뜻이 통한다. 대부분의 독자들은 몇 쪽 읽다말고 골치 아프다면서 내팽개칠 것이다. 그러나 소수나마 어떤 독자들은 흥미를 느끼면서, 각 문장들을 몇 번씩이나 되풀이 읽어 가면서 통독을 할 것이다. 소설을 읽는 재미란 본디 그러하다. 상대적이라는 말이다. 마치 '박상륭 소설' 마니아가 있는가 하면, 그의 소설들을 기피하는 사람들도 있는 것처럼. 어쨌거나 서정인의 「몽둥이」는 소중하다. 희귀한 이야기하기의 방식, 즉 흔치 않은 담론 체계를 지니고 있기 때문이다. 이와 유사한 소설들을 굳이 찾아보자면 없는 것도 아니다. '정영문 소설'들이 그것이다. 정영문의 대부분의 소설들에도 두 사람이 등장하여 시종일관 밑도 끝도 없는, 이상한 대화들을 나눈다. 이러한 작품 구조는 양자가 같다. 그러나 정영문 소설의 등장인물이 나누는 대화는 거의 말장난이나 반복, 대구, 대조 등 수사 기법이 제한되어 있다. 그리고 그의 소설에는 미약하나마 일관된 이야기가 존재한다. 죽음이나 권태, 무료함, 정신분열증 등에 대한 이야기가 그것이다. 그렇지만 서정인의 「몽둥이」는 이와 다르다. 두 사람의 대화는 마치 어디로 튈지 알 수 없는 벼룩처럼 여기저기로 마구 옮겨 다닌다. 우리나라 정치 현실을 야유하고 조롱하는가 하면 남녀 사이의 은밀한 불륜 관계를 비꼬기도 한다. 또는 「주홍글씨」나 「춘향전」 같은 고전 작품들에 대한 기존의 평가를 난도질하기도 한다. 한 마디로 정신이 없다. 독자들은 헷갈릴 수밖에 없다. 그런데도 되풀이 읽다 보면 이해가 가고 독특한 재미도 느껴진다. 백과사전적인 잡다한 지식 및 정보가 능수능란한 말솜씨와 각종의 현란한 수사법에 의해 유창하게 진술되어 있기 때문이다. 다음과 같은 3·4조, 4·4조의 판소리 문체도 돋보인다.

> "밥이 될라면 죽이 죽도 밥도 아닌 단계를 거쳐야 하는 것 아니요? 서마지기 천둥지기 이밥 한 번 먹을라고 오뉴월 뙤약볕에 비지땀을 흘렸소. 입쌀을 안쳤으면 부글부글 끓다가 죽이 되든 밥이 되든 양단 간에 결판이요. 지가 설마 밥이 되지 풀떼기야 되겠소. 받아놓은 밥상이니 참은 짐에 버티시오." (38쪽)

문체뿐만이 아니다. 작품 구조까지 판소리와 닮아 있다. 두 인물간의 대화를 전면에 부각시키고 있기 때문이다. 대화가 구성에 종속되는 것이 아니라 대화 자체가 작품의 이야기이고 주제인 셈이다.

「몽둥이」와 바로 연결되는 작품을 같은 계절에, 동시에 발표한 점도 이채롭다. 「피난 섬」(『문학과 사회』, 2002년 겨울호)이 그것이다.

> "일찍 죽을수록 좋소?"
> "새끼가 세 살이 된 다음에는 언제 죽어도 좋다. 부모가 자식한 테 도움이 되기보다 방해가 되는 경우가 더 많을까 걱정이다."
> "걱정도 팔자요. 서른 살로 합시다. 대학 마치고, 군대 갔다오고, 취직하고, 장가들고 하면, 서러운 서른 후딱이요."
> "왜 서럽냐, 무장하고 싸움터에 나가는 판에? 스물다섯으로 하자."
> "왜 하필 스물다섯이요? 그때 부친상 당했소?"
> "너는 서른에 당했냐?" (43–44쪽)

> "서른이면 미국 상원의원 최연소요?"
> "당연하지. 그 이전에는 출마할 수가 없다."
> "상원이면 원로원인데, 서른에 한 나라의 장로라. 너무 이르요. 예순에 양로원 가면 라면 심부름밖에 못 허요.
> "나폴레옹은 스물일곱에 이탈리아 원정을 했고, 서른에 정변을 일으켰고, 서른여섯에 황제가 되었다. 열일곱에 대주교가 되고, 열여 덟에 추기경이 된 사람도 있었다. 단종은 열한 살에 왕이 되었다."
> "부의는 두 살 때 마지막 제국의 마지막 황제가 되었소." (1382쪽)

「몽둥이」의 끝부분이고, 「피난 섬」의 첫 부분이다. 대화가 바로 연결이 된다. 필자의 최근의 독서 경험이 부족하여 「몽둥이」이전에 어떠한 소설이 발표되었는지 모르겠으나, 「몽둥이」와 「피난 섬」은 서정인의 대표작인 「달궁」의 연장선상에 있는 듯하다. 주인공은 물론이고 일정한 줄거리도 없이 단편적인 조각조각의 이야기들이 요설체의 문장 속에 무질서하게 배열되어 있는, 관습적인 소설 형식을 완전히 무시한 「달궁」을 읽어 본 독자라면, 「몽둥이」와 「피난 섬」의 형식 파괴적인 담론 체계를 헤아릴 수 있으리라 본다.

인간들의 삶은 한 마디로 설명할 수 없다. 복잡다기하고 불분명하며 불가해하다. 불합리하고 중층적이다. 모호하고 비의적(秘意的)이다. 우리는 이렇듯이 다층적이고 다중적(多重的)인 우리네 인간 군상들의 삶의 모습을, 「몽둥이」와 「피난 섬」의 두 사람의 한없이 이어지는 대화 속에서 찾아 볼 수 있다. 이러한 측면에서도 서정인의 소설은 값지고 소중하다.

3. '19세기식 사냥꾼'에 대한 진기한 담론

박경철의 「**함박에 내리는 눈**」은 흔치 않은 소설이다. 깊은 산 속에서 오로지 사냥만을 해서 먹고 사는 사냥꾼의 삶을 그려냈기 때문이다. 그런데 요즘 세상에도 이렇게 살아가는 사람이 있을까 싶을 정도로 그 이야기가 생생하게 살아 있다. 사방이 온통 눈으로 덮인 오지의 풍경과 그 곳에서 산짐승을 상대로 사냥하는 모습, 사냥꾼의 사냥 수칙 및 생활상 등을 세밀하게 묘사한 문장들을 읽을라치면, 작가는 어떻게 이러한 희귀한 이야기를 쓸 수 있었을까라는 감탄이 저절로 나온다. 직접 사냥꾼 생활을 해보지는 않았더라도, 적어도 몇 년을 옆에서 지켜보아야 나올만한 작품이라는 생각도 하게 된다. 그만큼 리얼리티가 있다.

화자인 '나'는 자신의 부모나 출생 과정도 모른 채, 어릴 때부터 사냥꾼인 '그'의 밑에서 '그'를 아버지로 여기고 같이 살고 있다. 얼마 동안은 마을이 있는 '천수리'에서 여름에는 물고기를, 겨울에는 산짐승을 잡아먹고 살아간다. 몇 년 후 그 곳에서 더 이상 잡을 짐승이 없다고 판단한 '그'는, '나'를 데리고 사흘 밤낮을 걸어 '함박'에 도착한다.

'일년에 고작 서너차례 사람들과 마주치는 경우가 있'고, 겨울이면 '겁이 나도록 무서운 함박눈'이 계속 내린다는 함박에서 이들은 4년 동안이나 사냥을 하면서 살아간다. 그러던 어느 겨울, 한번 사냥을 나가면 일주일이나 열흘 만에 돌아오던 '그'가 보름이 지나도 돌아오지 않자, '나'는 눈 속에 고립될 것을 두려워하여 서른일곱 시간을 걸어 세상에 닿는다. 봄이 되어 수색대를 조직해 '그'를 찾아보았지만, 일 년 내내 눈이 녹지 않는 함박에서는 불가능한 일이었다. '나'는 '그가 마지막으로 사냥을 나서던 그날 아침, 그의 모습에서, 내 기억과 함께 시간을 멈춰버렸다'고 생각하면서 그의 모습을 회고한다.

모든 바람과 눈에는 결이 있다고 했다. 눈과 바람이 어울려 만들어내는 결도 있지만 바람 없이 쌓이는 눈에도, 또 눈 없는 하늘에 부는 바람에도 결이 있는 법이어서 짐승을 쫓을 때는 항상 바람을 앞에 두라고 했다. 눈의 결에 따라 짐승 발자국이 찍힌 시간을 알 수 있을 거라고. 바람과 눈의 소리에 귀기울일 줄 안다면 진정한 사냥꾼이 된 거라고도 했다. 나는 몇 번이나 그에게 곰과 벌인 사투에 대해 물어보았지만 그는 끝내 입을 열지 않았다. (94쪽)

"날씨가 고약해서리 길을 잃었는데 새로 쌓인 눈 밑으로 새겨진 발자국. 그거이 내 거라. 이틀이나 길을 찾아 헤매다가 발견한 발자국이 내 거였단 말이지. 영물은 발자국으로 사냥꾼을 홀린다고 했어. 저 아랫녘 살 때. 우리 부락에 결국은 제자리로 돌아와개지구 자기 뒷모습을 발견하는 건 죽음이 멀리 있지 않다는 매우 기분 나쁜 징조라고 말하던 노친네가 있었지." (99쪽)

눈으로 가득 쌓인 그런 숲속에서 길을 찾아 헤매는 동안 무슨 생각이 들었느냐고 내가 다시 한 번 묻자 그는 아무 생각도 하지 않았다고 말했다.
"……사람이구 짐승이구 그런 데선 듣기만 할 뿐이라."
바람의 소리와 눈의 소리와 오래된 나무들의 제 살 비비는 소리를 듣기만 할 뿐이라고. 한 번 잠이 들면 다시는 일어날 수 없을 것 같아 지난 사흘 동안은 잠도 자지 않았다고 했다. 나는 그 고통의 시간들이 그의 수염에 남아 파르르 떨리는 모습을 보았다. 그는 여전히 거기 숲에서 길을 찾아 눈과 바람의 소리를 놓치지 않으려는 사람처럼 고통스럽게 몸을 뒤척이다 잠들었다. 그는 하루 밤과 낮을 꼬박 잤다. 나는 그의 허벅지 상처에 고약을 붙였고, 아주 오래전, 동상에 걸렸을 때 그가 내게 했던 것처럼 잎담배를 푼 찬물에 적신 수건으로 그의 발가락이 썩어들어가지 않도록 감싸주었다. (99-100쪽)

진정한 사냥꾼의 모습이 생생하게 드러나 있는 대목이다. 작가는 이처럼 진기한 이야기를 시종일관 서정적인 분위기를 유지하면서 서정적인 문체로 그려내고 있다. 21세기에 첨단의 문명을 구가하면서 살아가고 있는 우리 앞에, 19세기적인 사냥꾼의 삶을 온전하게 복원시켜 놓은 작가의 역량은 시적인 문체와 더불어 더욱 빛을 발하고 있다.

자신의 좁고 한정된 경험을 토대로 고만고만한 작품들을 양산해내는 대다수의 현대 작가들의 작품과 비교해 볼 때, 박경철의 「함박에 내리는 눈」은 실로 귀중하다. 현재 우리 작단(作壇)의 소설 작품들에서 보이는, 소재의 빈곤성에서 벗어나 진기하고도 풍성한 소설 담론을 보여주었기 때문이다.

4. 유니크한 소설 담론을 읽는 재미

김영하의 「**너의 의미**」는 무엇보다도 재미있게 읽힌다. 이 작가는 확실히 이른바 '쓰레기 인생'을 우스꽝스럽게 그리는 데에 특별한 재능이 있는 것 같다. 이전의 작품 「비상구」를 재미있게 읽은 독자라면 「너의 의미」 역시 그러할 것이다. 따라서 양자는 유사한 점이 많다. 정신적으로 미성숙한 인물들이 자기만의 세계관에 따라 제멋대로 살아가는 모습을 희화화시킨다든가, 천박하고 퇴폐적이긴 하지만 엄연히 존재하는 우리 사회의 한 단면을 확대시켜 이를 흥미롭게 형상화시킨다든가, 이러한 인물들과 상황을 배경으로 하여 극적인 사건을 전개시키되 단문으로 이루어진 속도감 있는 문체를 구사하여 읽는 재미를 배가시키고 있다는 점 등이 그것이다. 다만 차이점이 있다면 「비상구」가 철부지 아이들이 주인물인데 비하여, 「너의 의미」는 어엿한 직업을 가지고 있는 30대 후반의 사내가 주인물이라는 것이다. 그렇지만 이 사내도 철부지 아이들과 다를 바 없다.

이 작품의 주인물인 '나'는 영화판에서 한 번 뜨고 싶어 안달이 난 삼류 감독으로 주로 뮤직 비디오를 찍고 있다. '나'는 모델이나 영화배우로 뜨고 싶어 똑같이 안달이 난 젊은 여자들과 놀아난다. 어느 날 시나리오 작가를 물색하러 도서관에 갔다가 신인 작가가 쓴 소설에 매료된 '나'는 그녀를 호텔로 불러낸다. 자신이 찍고자 하는 영화의 시나리오를 써달라고 하면서 '작업'을 벌인 '나'는 그날 밤 그녀를 호텔 방으로 유인한다. 그녀를 자기 것으로 만든 '나'는 그녀와 같이 시나리오 작업을 하는 한편, 새로운 하나의 섹스 파트너로서 그녀를 대한다. 그러나 그녀는 '나'가 전혀 생각지도 못한, 진실한 사랑을 고백한다. 자신을 '쓰레기'라고 강변하면서 그녀를 떼어 놓으려고 했지만, 그녀의 눈에 비친 '나'는 '보헤미안적 예술가의 현신'이었다. '가늘고 길게 세상의 온갖 향락을 최대한 즐겨볼 작정'이었던 '나'는, 의외의 복병에게 덜미를 잡힌 것이다.

단적으로 말하자면 '제 눈에 안경'이라든가 '눈에 콩깍지가 끼었다'는 시쳇말이 주제인 듯 싶다. 그래서 제목도 '너의 의미'가 아닌가. 어떤 갑남을녀가 서로 사랑에 빠지면 아무 것도 눈에 보이지 않는, 오로지 '너' 아니면 안 된다는 '바보 같은 사랑'에 빠지게 됨을 우리는 직접 경험하기도 했고 또 주위에서 많이 보아온 터이다. 어쨌거나 「너의 의미」는 재미있게 읽힌다. 소설을 읽는 첫 번째의 목적이 재미의 추구에 있다면 「너의 의미」는 그 기대에 충실히 부응하는 작품이다.

> 그날 밤 아이스크림 광고 모델의 배 위에서 나는 다시 그 소설을 생각하고 있었다. 그러자 갑자기 단 것이 먹고 싶어졌다. 냉장고를 뒤져 하겐다즈 아이스크림을 꺼냈다. 그걸 모델의 배 위에 숟가락으로 퍼 얹어 놓았다. 녹아내린 크림이 배꼽에 고였다. 그 크림을 혀로 핥아먹기 시작하자 모델은 교미하는 뱀처럼 몸을 뒤틀었다. 다 드셨어요, 감독님? 모델이 제 배꼽 쪽을 내려다보며 물었다. 응. 맛있어. 너도 먹을래? 대답 대신 그녀는 내 머리통을 제 사타구니에 처박았다. 배꼽에서 흘러내린 아이스크림이 정수리를 적셨다. 아이스크림 모델의 사타구니는 달콤하지 않았다. 나는 끔찍한 공포에 사로잡혀 온 힘을 다해 소리를 질렀다. 이제 그만해!
> 모델과 나는 한 침대 속에서 사이좋게 남은 아이스크림을 퍼먹었다. 처음 만나던 날, 그녀는 내 성기에 요플레를 붓고는 입으로 그것을 빨아 먹었다. 아무래도 그것만은 잊을 수가 없어서 다시 그녀에게 전화를 했다. 이번에는 요플레가 없었다. 대신 하겐다즈 아이스크림을 준비해두었다. 그것은 한쪽에는 차가움을, 다른 한쪽에는 달콤함을 선사한다. 차가운 성기와 달콤한 입은 곧 달콤한 성기와 차가운 입으로 변한다. 차가워진 그 입으로 그녀는 묻는다. 감독님, 다음 작품 언제 들어가세요? 이번에 내가 그녀의 머리통을 내 사타구니에 처박는다. 곧 들어가, 스케줄 비워놔. (1404-1405쪽)

'나'가 수많은 섹스 파트너 중의 한 명과 노골적인 정사를 나누는 장면이다. 「비상구」에서도 이와 유사한 장면이 나오지만, 남녀의 섹스 장면을 이처럼 생생하게 그려내는 작가가 또 있을까 싶을 정도로 감각적이며 사실감이 넘친다. 이러한 점에서 김영하의 묘사력이 뛰어난, 특유의 문체는 압권이다. 우리 소설에 있어서 또 하나의 유니크한 소설 담론을 구축해 낸 작가라고 해도 과언이 아닐 듯싶다.

5. 6.25 전투에 대한 사실적(寫實的)인 담론

양준석의 「**지평리**」는 6.25 전쟁 당시 '지평리'에서 벌어진, 중공군과 미군의 한 전투를 깔끔하게 그려낸 수작이다. 전투 장면을 묘사한 작품 인 만큼 팽팽한 긴장감과 긴박감도 느껴진다. 전쟁을 경험해 보지 못한 30대 초반의 작가가, 전투를 소재로 한 소설을 이만큼이나마 사실적으 로 그려냈다는 점에서 그 소설가적인 역량에 우선 찬사를 보내지 않을 수 없다. 아울러 「지평리」 역시 앞서 논의한 「함박에 내리는 눈」과 같 이, 일상적이고 상투적인 소재에서 탈피하여 소설 담론의 다양한 변주 를 보여주었다는 점에서 주목에 값한다.

미군의 폭격에 지리멸렬하여 낙오된 중공군 부대가 계속 내리는 눈 을 맞으면서 이틀 밤낮을 쉬지 않고 북으로 후퇴하고 있다. 미군은 탱 크를 앞세우고 이들을 뒤쫓고 있다. 궁지에 몰린 중공군 지휘관은 한가 지 고육지책을 짜낸다. '첸, 랴오, 유엔, 뤄' 네 명의 병사에게 부상당 한 미군 포로 1명과 박격포, 수류탄, 기관총 등의 무기를 건네 주면서 추격하는 미군 부대를 저지하라는 명령을 내린다. 이들로 하여금 탱크 를 폭파시켜 후퇴할 시간을 벌자는 것이다. 네 병사는 논두렁에 볏짚으 로 임시 진지를 구축하고 무기를 설치한 다음, 탱크가 지나갈 큰 길에 미군 포로의 사지를 묶어 놓는다. 탱크 부대가 아군이 묶여 있는 모습 을 보고 정지할 때에, 이들은 각종 무기로 탱크를 격파시키고 미군들을 사살시키려는 것이다. 모든 준비는 끝났다. 주인물인 첸과 랴오가 같은 진지에 대기하면서 대화를 나눈다. 랴오는 이 작전을 성공리에 수행하고 지휘관의 말대로 '1등 영웅 훈장'을 받고자 한다. 첸은 '싸우긴하되 살기 위해 싸'우다가 실패할 경우 도망을 가서 목숨을 보전하고자 한다. 옥시각신 할 때 탱크 소리가 점차 가까워오고 이들의 작전은 성공한다. 유엔과 뤄는 전사했으나 탱크 두 대를 격파시켰고 미군들 수십 명이 죽었다. 첸은 이제 후퇴하자고 한다. 그러나 랴오는 수류탄을 들고 돌격하여 남은 탱크 안에 까 넣자고 한다. 첸이 주저할 사이에 랴오는 수류탄을 들고 전쟁 영웅을 꿈꾸면서 돌격을 한다. 첸은 돌격하는 그의 뒷모습을 보면서 북쪽으로 발길을 돌린다.

작가는 죽음에 직면한 두 인물의 전투 상황과 내면 심리를 이처럼 사실적으로 그려내고 있을 뿐, 이에 대하여 이러쿵저러쿵 말을 하지 않고 있다. 다시 말하자면 인물이 처한 외부 상황과 내부 심리를 객관적으로 제시만 할 뿐, 판단은 독자에게 맡겨두고 있다는 것이다. 그렇다면 이와 같은 명재경각(命在頃刻)의 상황에서 두 인물 중 누구 편을 들 것인가? 랴오는 영웅이고 첸은 비겁자인가? 아니면 첸은 평화주의자이고 랴오는 전쟁광인가? 랴오는 애국자이고 첸은 변절자인가? 이에 대하여 누구라도 올바른 판단을 내릴 수는 없을 듯하다. 어쨌든 작가는 목숨이 왔다갔다하는 전투 상황에 처한, 상반된 두 인물의 심리를 사실적이고 객관적으로 묘사함으로써 독자들로 하여금 소설 읽기의 색다른 맛을 느끼게 해주었다. 나아가 「지평리」는 소재의 빈곤에 허덕이는 우리 소설계에 하나의 자극제 역할을 하였다고 판단된다.

6. '책'을 모티프로 한 흥미로운 담론

이치은의 「**책 정리**」는 제목 그대로 책을 정리하면서 일어나는 갖가지 상념들을 형상화한 작품인데, 소재라든가 발상 그 자체가 매혹적이다. 책을 좋아하고 아껴서 많은 책을 가지고 있는 사람이라면 누구나 한 번쯤은 이러한 책 정리를 하고 싶어하지 않을까 한다.

주인물인 '나'는 바둑 교실 선생이다. 보잘 것 없는 '나'의 경제력 때문에 불만이 많은 아내가 딸을 데리고 말도 없이 처갓집으로 가버리자, 할 일이 없어진 '나'는 책 정리를 하겠다고 마음을 먹는다. '나'는 '나'의 방에 있는 책장 네 개를 방 가운데로 이동시킨 다음 한꺼번에 책을 쏟아 붓는다. '책들의 무덤, 책들의 산, 책들의 쓰레기 하치장'에서 책을 하나씩 골라내어 작가별로 구분하기로 하고, 되는 대로 한 권의 책을 집어든다. '나'는 곧 그 책에 씌어진 메모, 밑줄 친 문장들을 보고 한없는 상념에 빠져든다. 캔 맥주를 마시면서 이처럼 책 정리를 한 것이 겨우 다섯 권. 맥주가 떨어지자 가게로 가서 캔을 사 가지고 오다가 혼자 집으로 돌아오는 아내의 뒷모습을 본다. 그런데 딸 아이가 없다. '딸 아이는 어디로 갔을까'라는 의문을 품으면서 '나'는 멍하니 서 있다.

이 작품의 스토리는 이것뿐이다. 아무런 사건도 일어나지 않는다. 책 정리를 한답시고 다섯 권의 책을 세밀히 살펴보다가 생각나는 잡다한 연상, 상념, 의식의 흐름이 이야기의 전부이다. 그런데도 약 40쪽의, 중편에 해당되는 분량이다. 이렇다할 사건도 없이 주인물의 머리 속에 떠오르는 갖가지의 상념만으로 중편 분량의 소설을 만들어낸다는 사실은, 이제 막 등단한 새내기 작가(1998년 「권태로운 자들, 소파 씨의 아파트에 모이다」로 '오늘의 작가상'을 수상함으로써 등단함)로서는 주목할 만한 서술 능력이 아닐 수 없다.

'나'가 손에 잡히는 대로 뽑아낸 책의 제목과 내용은 구구각색이다.

1) <海外傑作文人選 (獨)>, 뼈의 山, 귄터그라스 作, 安仁吉 譯
2) 레이먼드 챈들러 추리 소설, 필립 마로우의 우수, Farewell My Lovely, 박종원 옮김
3) 나카라구아 혁명 연구, 편집부 엮음
4) 『Introduction to Solid State Physics』
5) Stock Book

'나'는 이러한 다섯 권의 책을 세심하게 살펴본다. 그런데 이 작품 속에는 '나'가 보고 읽은 '譯者의 말', '책 표지 뒷면 하단에 짧게 기록된 책 소개', 밑줄이 그어진 문장 및 단락, 책에 소개되어 있는 각종의 도표, 영문으로 된 공식과 그에 대한 설명, 심지어 그림까지 그대로 제시되어 있다. '나'는 이러한 것들을 읽어 보면서 머리 속에 떠오르는 잡다한 생각들을 의식이 흘러가는 대로 주워 섬기고 있는데, 그것들 또한 혼란스럽고 복잡하나 재미있기도 하다.

마침내 지루한 활자들의 행렬 사이에서 물에 불은 것처럼 희미해진 연필 자국 하나를 발견할 수 있었다. 그 연필 자국은 하나의 완전한 문장─마침표의 뒤를 따르며 뻔뻔스럽게 나타나는 여백에서 시작하여 다시금 마침표로 끝나는─을 따라 아래로 아래로 그어져 있었다. 신나는 노래에 맞춰 몸을 뒤흔들며 악기를 연주하는 사람처럼, 연필 자국은 너무나 자연스럽게 자신의 두께를 조절해 가며 활자들의 곁을 천천히 흘러내리고 있었다. 이 자국을 만든 건 누구란 말인가? 연필 자국은, 과거의 연필 자국은, 내가 바라는 그 어떤 것도 연상시켜 줄 수가 없었다. 뿌리 없는 자유, 홀가분함, 연상과

연상의 단절, 그럼으로 해서 더욱 단단해지는 그 형상의 신비로움 또는 서글픔. (72쪽)

연필로 밑줄이 그어진 문장이 있는 페이지 위쪽 공란에 또 다른 연필 자국이 있었다.

"멋진 문장!!!"이라는 짤막한 문구, 그리고 하나의 화살표.

그 화살표는 책장의 뒤쪽 싯누런 여백에서, "도대체 무엇이라는 것과 아무것도 아닌 것은 무슨 까닭으로 없는가?"와 그 옆을 흘러 내리는 연필 자국을 향해 안타까운 손짓을 하고 있었다. 화살표의 끝-화살촉의 뾰족함, 그 뾰족함, 무언가를 간절히 지시하는, 나누는, 가리키는, 파괴하는, 뜻밖에도 그건 나의 글씨였다. 의심할 바가 없었다. 그렇다. 책 표지에 '스크랩'이라고 쓴 사람은 나의 아버지였고, 그 책 안의 특정 페이지 특정 문장에, 줄을 친 사람은, "멋진 문장!!!"이라고 쓴 사람은, 뾰족한 화살표로 "멋진 문장!!!"과 "도대체 무엇이라는 것과 아무것도 아닌 것은 무슨 까닭으로 없는가?"를 억지로 연결시키려고 했던 사람은 바로 나였다. 과거의 나. 그 문장을, 활자와 활자 사이를 찢어내고, 무장 해제시키고, 그 속에서 발견한 허접쓰레기에 열광하고 무엇인가를 덧붙이지 않고는 못 배긴 -이 경박한 느낌표 세 개라니!!!-그 사람은 나였다. 하지만 난 아무것도 기억할 수가 없었다. 난 물리적 현상에 의존할 마음으로 다시 한 번 소리 내어 그 문장을 읽었다. 하지만 정말로 아무것도 기억할 수가 없었다. 이번의 내 목소리는 더욱 싸늘하게 들렸다. 이것이 정말 나의 목소리인가 하고 반문할 지경이었다. (73쪽)

책의 무덤 속에서, 다른 책 한 권을 역시, 무작정, 뽑아 들었다. 한 무더기 쌓인 경품 현상 엽서들 속에 손을 쑥 집어넣고 이리저리 뒤지다가 당첨 엽서 한 장을 뽑아내는 예쁜 여자 도우미가 된 듯한 기분이었다. (76쪽)

「책 정리」는 과거에 자신이 읽었던 책을 정리하면서 생각하게 되는 복잡한 상념들을 의식의 흐름 기법, 혹은 자유연상 기법에 기대어 서술한 작품이다. 주인물의 복잡하고 혼란스러운 내면세계를 의식의 흐름이나 자유 연상 기법에 의해 서술한 기존의 작품들은 얼마든지 많다. 그러나 '책'을 주요 모티프로 삼아 이러한 서술 기법으로 쓰여진 작품은 거의 없는 듯하다. 바로 이것이 독창적이면서도 흥미로운 소설 담론을 보여준 신인 작가에게 찬사를 보내지 않을 수 없는 이유이다.

곤고(困苦)한 삶의 기록

- 양선미, 「호출」(『현대문학』, 2003년 3월호)
- 이호경, 「수류탄과 회충」(『문학과 경계』, 2003년 봄호)
- 김 숨, 「투견」(『문학동네』, 2003년 봄호)

1.

사람들은 인생을 살아가면서 별의별 일을 다 겪기 마련이다. '어떻게 이런 일이 일어날 수 있을까'라는 의문을 품을 만한 일들이 여기저기에서 터져 나온다. 멀쩡하던 한강 다리 한 가운데가 주저앉아 버리는가 하면, 높은 백화점 건물이 한 순간에 무너져 내리기도 하였다. 최근에는 한 정신질환자의 방화로 수많은 사람들이 졸지에 목숨을 잃기도 했다. 허긴 비행기가 초고층 빌딩을 뚫고 나가는 시대에 살고 있는 우리들로서는 이젠 웬만한 일로는 놀라지도 않는다. 지구촌 한 구석에는 지금 한창 전쟁이 터져 멀쩡한 사람들이 죽어가지만, 우리들로서는 강 건너 불구경하는 식이다.

깜짝 놀랄만한, 희한한 일들은 불과 몇 사람이 모여 사는 조그만 가정 내에서도 얼마든지 일어난다. 한 가정이라는 것이 집안 내력이나 성장 과정, 성격이 판이한 두 남녀가 결혼을 하면서 만들어내는 하나의 공동체이다 보니 보통 사람들이 생각지도 못할 일들이 간혹 벌어지

곤 하는 것이다. 그만큼 우리네 삶이란 근본적으로 곤고할 수밖에 없
다. 오죽하면 부처가 인생살이를 '고해'(苦海)에 비유하였겠는가?

소설은 이와 같은 우리네 인생살이의 모습을 고스란히 담아내기도 하
거니와, 이는 소설이 지니고 있는 훌륭한 기능 중의 하나가 될 터이다.

2.

양선미의 「호출」에서 그려지는 이야기는 가히 충격적이다. 어느 소
설 작품에서도 접해 보지 못한 기이한 이야기이기 때문이다.

먼저 이야기구조부터 살펴보자. 「호출」은 모두 14장으로 구성되어
있다. 1장은 프롤로그이고 14장은 에필로그인 셈인데, 현재의 이야기에
해당된다. 그러니까 2장부터 13장까지는 과거의 이야기이다. 화자인
'나'는 악몽을 꾸다가 새벽에 깨어난다. 아무 일도 없었지만 혹시나 싶
어 중풍으로 와병중인, 친정어머니가 기거하는 방문을 열어본다. 음산
한 신음 소리와 함께 어머니는 아들과 손자를 찾는다. '나'는 '호출 벨'
을 누른다. '사이렌과도 같은 벨소리'가 울리자 남편이 뛰어오고, 남편
은 심상치 않은 사태를 파악하고 처남 부부에게 전화를 한다. 오빠 내
외가 오기를 기다리면서 '나'는 지난 1년간의 끔찍했던 과거사를 떠올
린다. 어느덧 시간이 흘러가고 달게 물을 많이 마신 어머니가 흥건하게
오줌을 싸면서 저 세상으로 갈 무렵, 두 내외가 들이닥친다. 그렇지만
어머니는 이미 숨을 놓았다. 이러한 이야기 구조를 지닌 이 작품의 주
된 사건은 2장부터 13장까지, 즉 과거의 이야기에 등장한다.

과거의 이야기의 요지는 한 마디로 말하자면 어머니의 피맺힌 한풀
이라고 할 수 있다. 어머니는 '여성성이라는 것과는 거리가 멀어 보'이

는, 체구가 큰 여자였다. 더구나 지독한 '인내'(사람에게서 나는 냄새—필자 주)의 소유자였다. 그에 비해 아버지는 천상 약골이었다. 피부도 희고 체격도 작았다. 건강도 부실해서 약을 몸 안에 지니고 살았다. 사정이 이러하다보니 당연히 부부 사이가 좋지 못했다. 아버지는 공공연하게 두 집 살림을 하였다. 어머니는 이 사실을 알았지만 아무 말도 하지 못했다. 그러다가 아버지가 갑자기 돌아가자 어머니는 아버지의 흔적을 말끔히 없애 버렸다. 그러는 사이에 오빠가 뒤늦은 결혼을 했다. 결혼 전에 올케가 처음 집에 방문하던 어느 여름날, 어머니의 지독한 냄새 때문에 먹던 음식을 다 토해내는 난리도 부렸지만, 올케는 어머니와 사이가 좋았다. 문제는 올케가 3년만에 어렵게 아기를 가지고 난 이후부터 터져 나오기 시작했다. 입덧을 하면서 올케는 참고 참아오던 어머니의 냄새를 못 견뎌했다. 할 수 없어 친정으로 갔다. 올케가 없는 사이 어머니는 이상한 행동을 하기 시작했다. 해산 후 올케에게 먹일 미역국을 끓여 '흡사 당신이 아기를 낳기라도 한 것처럼' 아귀처럼 먹어대다가 급체로 병원에 실려가는가 하면, 오빠가 사다 준 '요란한 레이스의 자주색 속치마'를 입고 짙은 화장을 한 채 올케 방 화장대에 앉아 있거나 하는 등의 행동이 그것이었다. 이러한 어머니의 괴이한 행동은 올케가 퇴원하여 아기를 안고 '나'와 함께 오빠 집으로 가던 날 절정에 이른다.

"애기한테 우리방을 보여 주고 싶어요."
다시 뭐라 말할 틈이 없었다. 생각보다 일이 크게 어긋나고 있다는 것을 나는 올케의 방문이 열리는 순간 느꼈다. 그리고 더 이상 움직이지 않은 채 문 앞에 그대로 서 있는 올케의 표정을 보고 알았다.
올케의 눈이 둥글게 팽창되고 있었다. 올케의 얼굴과 귀가 점점 더 붉어지고 있었다. 그리고 그것은 서둘러 문 앞으로 달려간 나도 마찬가지였다. 내 눈 역시 터질 듯 팽창되고 있었고, 금방이라도 허물어질 것처럼 어깨와 다리가 심하게 떨리기 시작했다.

붉은 이불을 덮고 두 사람이 침대에 있었다. 한 사람은 반듯하게 누운 채 천장을 향하고 있었고 또 한 사람은 반듯하게 누운 사람의 팔을 벤 채 그를 향해 몸을 비스듬히 하고 있었다. 반듯하게 누운 사람은 오빠였고, 오빠를 향해 비스듬히 누워 있는 사람은 엄마였다. 거실을 떠돌던 불온하고 들척지근한 땀냄새는 그것, 두 사람을 덮고 있는 붉은 이불로부터 비롯되는 것 같았다. (147쪽)

이러한 황당한 광경을 목격한 올케와 '나'가 넋을 놓고 있는 사이, 일어난 어머니는 아기가 누워있는 자신의 방으로 가 아기를 죽이려 한다.

"아악, 아가씨, 아가씨."

절박한 올케의 부름을 듣고서야 나는 휘청거리는 다리를 짚고 간신히 엄마 방쪽으로 걸어갔다.

올케는 방문 쪽에 쓰러지듯 주저앉아 있었고 오빠는 두 손을 내민 채 절박한 표정으로 엄마를 바라보고 있었다. 엄마는 방구석에 최대한 몸을 밀착한 채 올케와 오빠를 노려보고 있었다. 방문 쪽을 다가가 그 눈빛과 마주하는 순간 나도 모르게 몸이 떨렸다. 그것은 엄마의 눈빛이 아니었다. 알지 못할 열기에 휩싸여 있는, 차마 표현할 수조차 없는 증오와 노여움을 가득 품고 있는, 분명 낯선 것이었다.

"엄마, 아기예요. 엄마 손자예요."

오빠가 한 발자국 안으로 들어가며 최대한 낮은 음성으로 말했다.

"이게 요물이야. 이게 귀신이라고."

엄마는 알 수 없는 소리를 뇌까렸다.

"엄마, 아기 얼굴 좀 보세요. 꼭 엄마를 닮았잖아요. 엄마가 그렇게 기다리던 우리 아기예요."

"이것만 없으면 돼. 이것만 없으면 모든 것이 편해. 내가 잘 할게. 정말 잘 할게."

엄마는 우리를 보고 있지 않았다. 엄마는 오빠와 이야기하고 있는 것이 아니었다. 프릴이 달린 브라우스를 끊임없이 여미는 초조

한 손끝에서 나는 엄마가 겹겹이 쌓인 시간의 적층을 투과해 그 옛
날, 내가 열 살 적으로 달려가버렸다는 것을 깨달았다. (150−151쪽)

이렇게 피말리는 실랑이를 벌이다가 올케가 어머니의 팔목을 물어
뜯는 사이 오빠가 달려들어 어머니를 밀치고 아기를 구해 낸다. 그 서
슬에 벽에 머리를 부딪친 어머니는 그 때의 충격으로 풍을 맞는다. 자
리보전을 하게 된 어머니는 오빠집이 아니라 '나'의 집에 머물기를 원
한다. 그 이유를 '나'는 뒤늦게 깨닫는다.

> 왜 하필이면 나였을까. 가끔 엄마를 원망한 적이 있었다. 나는
> 엄마와 특별히 마음을 열고 이야기를 한 적도 없었고, 한 번도 같
> 은 편이 되어본 적도 없었고, 엄마를 이해해보려고 노력을 하지도
> 않았다. 그런데 왜 하필이면 오빠가 아니고 나였을까. 그러나 나여
> 야 했던 이유를 찾는 데는 그리 오랜 시간이 필요하지 않았다. 엄
> 마는 꼭 나여야 되는 것이 아니라 반드시 오빠가 아니어야 했던 것
> 이다. (153쪽)

평생 남편의 살가운 사랑을 받아보지 못한 남자 같은 여자, 게다가
지독한 몸 냄새까지 나는 한 여자의 꼭꼭 숨겨 두었던 한이 남편이 죽
자마자 터져 나왔던 것이다. 그 대상은 아버지를 닮은 오빠였다. 그러
니까 어머니는 며느리가 없는 동안, 오빠를 남편같이 여기면서 남편의
사랑을 듬뿍 받는 아내처럼 행동한 것이고, 또한 오빠는 피맺힌 어머니
의 한을 헤아리면서 기꺼이 아버지 역을 대신했던 것이다. 이처럼 사건
의 앞뒤 사정을 살펴보면 마치 자기가 임신한 것인 양 미역국을 며칠
씩이나 퍼먹고, 아들의 관심이 그 자신에게서 아기에게로 옮겨갈 것을
두려워한 나머지 아기를 죽이려 한 괴이한 어머니의 일련의 행동들이
이해가 된다.

한 가정의 식구들에 얽힌, 이와 같은 끔찍한 이야기가 급박하게 전개되는 이 작품은, 그러므로 빠르게 읽힌다. 숨 가쁘게 읽히는 대로 한번 읽다보면 어머니와 오빠의 행동이 잘 헤아려지지 않는다. 그러나 다시 찬찬히 읽고 나면 그럴 수도 있겠구나 싶은 느낌이 든다. 그리고는 우리들의 인생살이란 참으로 곤고하고 팍팍한 것이라는 생각을 하지 않을 수가 없게 된다. 아울러 문단의 새내기(1998년 문화일보 신춘문예로 등단)라고 할 수 있는 작가가 비의적(秘意的)인 삶에 대한 무게 있는 이야기를 흥미로우면서도 속도감 있게 펼쳐 놓은, 주목할 만한 성과에 찬사를 보내지 않을 수 없다.

3.

이호경의 「**수류탄과 회충**」은 우선 무엇보다도 제목부터가 관심을 끈다. 수류탄과 회충이라니? 양자는 도무지 아무런 연관성이 없어 보인다. 그러나 작품을 끝까지 읽고 나면 그제서야 양자가 이 작품에서 지니는 의미와 함께 둘 사이의 관련성도 파악할 수가 있게 된다.

화자인 '나'는 1남6녀의 넷째 딸이다. 바로 아래가 남동생이다. 아버지가 삼대독자이니까 남동생은 사대 독자인 셈이다. 집안의 귀한 아들이 아닐 수 없다. 그런데 그 아이가 '나'의 과실치사로 인해 죽는다. '철길에 귀를 대고, 멀리서 기차가 오는지 알아 보'는 놀이를 하다가 참변을 당한 것이다. '야산을 돌아오는 기차머리'를 발견한 '나'가 동생을 밀쳐내고 자신은 다리를 치인 채 기차 아래와 자갈 사이의 공간에 몸을 숨긴다. 기차가 지나간 후 동생을 찾았으나 동생은 '튀어나온 날카로운 돌부리에 찍'혀 뇌진탕으로 이미 죽어 있었다. '부모 형제와 친

지들과 동네 사람들에게 완벽한 살인자였'던 '나'는 끝없이 밀려오는
죄책감에 사로잡혀 골방에 몸을 숨긴 채 바깥출입을 삼간다. 며칠이 지
난 후 정신을 잃은 '나'는 병원에서 깨어나고 자신의 왼쪽 종아리가 잘
려 나간 것을 알게 된다. 다리의 상처를 치료하지 않아 괴사를 일으킨
것이었다. 몇 년을 고통 속에서 지내던 '나'는 '차라리 그 때 같이 돼
져버릴 일이지 왜 살아가지고 날마다 내 가슴을 인두로 지져대냐, 지져
대길' 이라는 술 취한 엄마의 넋두리를 듣고는 집을 나와 버린다. '객
지 생활 이십 년 만에' 화장품 가게를 마련하여 안정된 생활을 해나가
는 '나'에게 '아이들이 둘 딸린 홀아비인 창기'가 '우리 아이들이 엄마
가 되어 달라고 전해 달래'는 내용의 편지를 보내면서 구혼을 청한다.
'틈만 나면 신문과 책을 보는' '따뜻하고 사려 깊은' 그를 좋아하던
'나'는 그의 청혼을 받아들이면서 할아버지의 '수류탄 파편'과 자신의
'회충'을 떠올린다.

　　나는 편지를 읽다가 사레가 들려 재채기를 했다. 나도 그의 두
아들을 좋아했다. 그의 편지를 보자 나는 내 안의 무언가가, 할아버
지 발바닥에 오십 년 동안 박혀 있다가 튀어나온 수류탄 파편같은
그 무엇인가가 밖으로 빠져나간 것 같은 기분이 들었다. 내가 무척
좋아했던 할아버지는 내가 열 살 때 돌아가셨다. 할아버지는 오른
쪽 엄지발가락이 없었다. 일제 시대 때 징용에 끌려가지 않으려고,
할아버지 손으로 직접 도끼를 들고 내리쳤다고 했다. 할아버지 발
바닥에는 뭔가 딱딱한 것이 항상 있었다. (…중략…) 발바닥의 딱딱
한 것은 세월이 갈수록 약간씩 고통을 더해 주었기 때문에, 할아버
지는 결국 병원에 가셨다. 엑스레이를 찍고 가벼운 처치로 꺼낸 그
것은 뜻밖에도, 가로세로 일 센티미터쯤 되는 수류탄 파편이었다.
빼내고 나니 이렇게 좋은 것을 오십 년 동안이나 지니고 살았구나
…하고 웃으시던 할아버지는 여섯 달 후에 돌아가셨다.
　　나도 할아버지의 수류탄 파편 같은 것을 빼낸 적이 있었다. 중학

교 때 아주 심한 횟배앓이를 한 적이 있었던 것이다. 버스를 타고 가다가 배가 너무 아프고 어지럽고 구토가 날 것 같아서 도중에 내렸다. 나를 내려놓은 버스가 출발하면서 내놓은 검은 연기가 코끝을 스치자, 울컥 속엣 것들이 쏟아져 나왔다. 처음엔 뭔지 몰랐다. 아주 이상한 것이었다. 정신을 차리고 들여다보니 어린애 주먹만한 크기로 뭉친 회충이었다. 마치 지렁이처럼 길고 통통하고 하얀 그것들은 서로 엉켜 있던 몸을 풀고 꿈틀거렸다. 그것들을 토해 버리자 한 달 동안 나를 괴롭히던 어지럼증과 울렁증이 사라졌었다. (225 – 226쪽)

집안의 사대 독자인 남동생을 자기 손으로 죽였다는 죄책감에 시달리면서 반평생을 살아온 불구의 여인이, 자신이 좋아하는 남자의 청혼을 받아들이면서 그 모든 것을 잊어버리겠다고 다짐하는 대목이다. 다시 말하자면 늘 자신을 괴롭히던 그 무거운 중압감에서 홀가분하게 벗어나는 느낌을 할아버지의 '수류탄 파편'과 '나'의 '회충'에 빗대어 서술한 부분이다. 이렇게 말한 '나'는 그제서야 앞으로 '행복해질 수 있을지도 모른다'는 생각을 하고 또한 '고향에 가서 가족들을 만나볼지도 모르겠다'는 생각까지 하게 된다. 자신을 학대하고 다리까지 잘라내게 만든 가족들을 비로소 용서하고 나아가 자신의 죄책감에서 벗어나기까지의 '나'의 곤고한 삶의 과정이 이 작품의 주된 스토리라고 볼 때, '수류탄과 회충'이라는 제목은 자못 파격적이다. 그렇지만, 이러한 생경한 제목은 이 작품의 주제 의식과 자연스럽게 어울리면서 독특한 뉘앙스를 풍기고 있다.

소설에 있어서의 제목의 중요성 또는 작품 속의 이야기와 제목이 어떤 상관성을 지니게 되는가 라는 문제를 논의할 때에 「수류탄과 회충」은 하나의 훌륭한 예로서 제시될 수 있으리라 본다.

4.

　김 숨의 「투견」 역시 예사롭지 않은 이야기를 담고 있으며, 등장인물들 역시 곤고한 삶을 영위하는 사람들이다. 지금도 이렇게 살아가는 사람들이 있을까 싶은 생각이 들기도 하지만, 이야기는 그럴 듯하다. 그만큼 리얼리티가 있다.

　산 속에서 식용 개를 키우고 개를 잡아 그 고기를 식당에 공급하면서 먹고 사는 사람들 이야기이다. 화자인 '나'는 어려서 엄마를 잃고 아빠 밑에서 성장하는데, 아빠는 건달 생활을 하다가 산 속에 터전을 잡고 개를 키우고 있다. 같이 사는 식구로는 아빠가 어디서 데려온, 밥일하는 여자와 역시 어렸을 때 데려다 키운 '영식'이라는 남자가 있다. '성길'이라고 이름 붙인 늙은 투견도 있다. 아빠는 여자와 '영식'을 두들겨 패면서 그들 위에 군림한다. 그런데 어려서부터 개잡는 광경을 보는 등, 끔찍한 경험을 많이 해서인지 '나'는 초경이 끝난 직후부터 발작 증세를 보인다. 간질병을 갖게 된 것이다. 그렇게 살아가던 어느 날 아빠에게 복수라도 하듯이 '영식'이 투견을 데리고 사라진다. 눈에 불을 켜고 찾아다니던 아빠는 며칠 후 한 줌의 재가 되어 돌아온다. 술을 먹고 트럭을 운전하다가 교통사고를 내고 즉사한 것이다. 때에 맞추어 여자는 종적을 감춘다. 아빠의 죽음을 알게 된 '영식'은 투견 도박을 하여 벌어들인 돈다발을 가지고 산 속으로 돌아온다. 비로소 둘은 안정을 찾고 결합한다.

　문명의 혜택을 받지 못하고 그늘진 곳에서 원시적인 삶을 살아가는 사람들의 이야기이나, 꽤 흥미롭게 읽힌다. 그로테스크한 인물들의 모습이나 범상치 않은 그들의 삶의 이야기가 생생하게 느껴지기 때문이다.

내 의식이 돌아온다. 아빠는 수돗가에서 개고기를 손질하고 있다. 장갑도 끼지 않은 손으로 개의 배를 가르고 내장을 긁어내고 있다. 온몸이 까맣게 그슬린 개는 배가 갈린 채 네 다리를 어정쩡하게 벌리며 만세를 부르고 있다. 배 속에서 위를 들어내는 손놀림이 자못 거칠다. 위 속에서 채 소화되지 못한 밥 알갱이들이 쏟아진다. 아빠는 물을 한 바가지 떠서 밥 알갱이들을 하수구 구멍 속으로 흘려넣는다. 까맣게 그슬린 개의 몸은 부위별로 나누어진다. 칼을 내려칠 때마다 우지직 소리와 함께 핏물이 튄다. 머리, 목살, 갈비, 다리, 배받이, 그리고 투구를 연상시키는 머리와 불알.

아빠는 토막낸 덩어리들을 물에 대충 헹구어 씻은 후, 자주색 쌀자루에 집어넣는다. (118쪽)

그러나 정작 아빠 자신은 여간해서 개고기를 먹지 않는다. 개를 잡는 동안 이미 개고기를 배부르게 먹은 것처럼 포만감을 느끼는지도 모른다. 음식을 만드는 동안 냄새에 취해 포만감을 느끼는 것처럼 말이다. 그 대신 아빠가 즐겨 먹는 것은 개의 피다. 온기가 채 가시지 않은 피를 아빠는 냉수 마시듯 들이켠다. 아빠의 몸 속 혈관에는 어쩌면 사람의 피가 아니라 개의 피가 흐르고 있는지도 모르겠다. (119쪽)

여자가 아궁이 앞에 쪼그리고 앉아 무엇인가를 이빨로 물어뜯고 있다. 개고기가 틀림없다. 부엌 공기 중에 퍼져 있는 냄새만으로도 그것을 알 수 있다. 개고기 특유의 노린내. 그것은 어떤 양념을 한다 해도 완전히 없어지지 않는다. 생강과 마늘을 짓이겨 된장을 아무리 처발라도 개 노린내는 감춰지지 않는다. 여자는 주먹만한 개고기를 덩어리째 움켜쥐고 걸신들린 사람처럼 우악스럽게 뜯어먹고 있다. 오직 개고기를 먹는 것에만 여자의 온 정신이 집중되어 있다. 평소 여자가 내게 보여주던 모자란 듯하면서도 어수룩한 모습과는 사뭇 다르다. 실뱀이 기어가듯 등골이 서늘하다. 천장에 매달아놓은 전구 불빛 때문일까. 여자의 눈빛이 섬뜩하면서도 날카로운 광채를 발한다. 여자는 낮에 아빠 몰래 개고기 한 덩어리를 숨겨둔 것이 분명하다. (121 – 122쪽)

"마음은 한없이 평화로워지고 싶다. 그래야 내 뱃속의 아기도 평화로울 것이다. 내 뱃속에서는 지금 영식의 아기가 자라고 있다. 세상 빛도 쬐어보지 못한 채 어미의 뱃속에서 죽은 개 새끼들은 검은 비닐봉지에 둘둘 말린 채 장독 속에 들어 있었다. 간혹 물을 받아두곤 하던 장독이었다. 내가 발견했을 때는 이미 푹푹 썩는 냄새를 풍기며 형체를 알아볼 수 없을 정도로 구더기들이 들끓고 있었다. 나는 그것들을 영식 몰래 불에 태웠다. 죽은 개 새끼들을 태울 때 내 뱃속에서는 이미 영식의 아기가 자라고 있었을 것이다. (136-137쪽)

「투견」은 이처럼 섬뜩한 이야기로 일관되어 있는 작품이다. 원시적인 강한 생명력이 느껴지기도 한다. 이것이 다른 기존의 소설들과의 차별성을 가지게 되는 이유이다.

여성소설 단상(斷想)

∘ 박완서, 「마흔아홉 살」(『문학동네』, 2003년 봄호)
∘ 천운영, 「명랑」(『창작과 비평』, 2003년 봄호)

1. 여성작가와 여성소설

'여성작가들이 몰려오고 있다'라는 90년대 초의 저널리즘적인 표제는 10년이 지난 지금에도 여전히 유효한 듯하다. 월간지나 계간지의 소설란을 거의 대부분 여성작가가 차지하고 있다는 사실은 이젠 놀랄만한 일도 못된다. 그래서 어느 평자는 소설평에서 '여성작가 일색이던 다른 철의 경향과는 달리 남성작가와 여성작가의 비중이 거의 반반으로 균형을 맞추'(『문학사상』, 2003년 4월호, 264쪽) 었다고 하면서 감탄하고 있는 것이다. 게다가 더욱 특기할 만한 사실은, 올해 일곱 개의 주요 일간지의 신춘문예를 통해 등단한 소설가가 한결같이 여성이라는 점이다.(『현대문학』, 2003년 4월호, 2003년 신춘문예 당선자 특집 참고) 혹자에 따라서는 이러한 문학적 양상에 대하여 별로 대수롭지 않게 여길 수도 있겠지만, 현재 우리 작단(作壇)의 한 특징으로서 반드시 한 번은 짚고 넘어가야 할 현상이 아닌가 한다.

'80년대/90년대'라는 이분법적 담론이 이미 상투화되어 버린 바대로, 90년대 문학의 특징은 탈이데올로기로 인한 거대 서사의 실종, 개인의 내밀한 실존적 욕망을 그린 미시적 담론의 범람, 이에 따른 여성작가 · 여성성 · 여성적 글쓰기 · 여성소설이라는 용어들의 확산 등으로 요약된다. 역사, 정치, 사회에 관련된 거시적인 문제보다 존재론적인 측면에서 한 개인의 복잡한 내면세계를 섬세하게 그려내는 데 있어서는, 작가적 기질이나 자질로 볼 때, 아무래도 남성작가들보다 여성작가들이 더 유리한 조건을 지니고 있다고 보인다. 그렇다면 '여성작가들의 급부상'이라는 90년대적인 특이한 문학적 양상은 자연스럽게 대두된 현상의 하나로 이해될 수 있으리라고 생각된다. 문제는 90년대 문학의 이러한 양태가 10년이 지난 지금에도 변하지 않고 있다는 점이다. 오히려 현재에는 이와 같은 양상을 당연한 것으로 받아들이고 있는 실정이다.

그렇지만 우리는 이 시점에서 다음과 같은 의문을 품지 않을 수 없다. 하나의 커다란 집단으로 응집될 수 있을 정도로 양적인 면에서 우세를 보이고 있는 여성작가들이 그에 상응할만한, 질적인 문학적 성과를 거두고 있는가라는 의문이 그것이다. 이러한 문제를 짚어 보자면 90년대부터 지금까지 활발하게 작품 활동을 펼치고 있는 여러 여성작가들의 작품을 세세히 살펴보아야 하겠지만, 월평의 성격상 여기에서는 다만 발제하는 수준에서 그치기로 한다. 그 대신 이 글에서는 이 계절에 발표된 여성작가들의 여성소설들 중에서도 대선배 작가인 박완서의 단편과, 현재 주목할만한 작품을 계속 발표하고 있는 천운영의 단편소설을 살펴봄으로써 현재 우리 여성소설의 한 단면을 엿보고자 한다.

'여성소설'이라는 용어에 대한 정의나 개념은 아직 확고하게 정립되어 있지 않지만, 이 용어가 우리 문학계에서 빈번하게 쓰이고 있는 것은 사실이다. 독일의 비평가들은 '여성문학'(Frauenliteratur)을 다음과 같이 정의하고 있다.

여성의 편에 서서 그들의 관심사를 의식적으로 지지하고 나서는 문학은 ─ 허구적이든 사실을 폭로하는 성격을 띠었든 간에 ─ 여성문학이라고 지칭되고 있다. 이러한 유형의 문학은 여성의 차별 대우 및 여성을 성적인 대상으로 보는 것에 반대하는 한편, 남성 중심적 사고로부터 비롯된 강요로부터 여성 해방을 지향하고, 예외 없이 여성에 의해서 씌어졌다는 특징을 갖는다. (『현대문학의 근본 개념 사전』, 솔출판사, 1996, 326쪽)

여성문학의 이와 같은 개념은 다분히 페미니즘적인 성격을 띠고 있다. 이를 참고로 하여 여성소설을 다소 소박하게 정의해 본다면 '여성에 의해 씌어졌으되, 여성의 관심사와 여성문제에 초점을 맞춘 소설'이라고 할 수 있겠다. 이 글에서는 여성소설을 이러한 관점에서 바라보면서 두 편의 여성소설을 살펴보고자 한다.

2. 인생에 있어서의 마흔아홉 살의 의미

박완서의 최근의 소설은 어느 작품에서나 구수한 냄새가 짙게 풍겨 나온다. 이 구수한 냄새란 인생을 살만큼 살아온 70대 노작가에서나 나올 법한 소설의 향기라고 할 수 있을 터인데, 남성작가로서는 최일남이 이에 해당되리라 싶다. 두 작가는 요즈음 인생의 황혼기에 접어든 노인들의 삶을 주로 그리고 있기 때문이다. 그런데 박완서는 「마흔아홉 살」에서는, 다소 예외이다 싶게, 쉰을 바라보는 마흔아홉 살의 중년 여인의 삶의 모습을 그려내고 있다. 그렇지만 박완서의 여느 작품들처럼 읽는 재미가 참으로 구수하기도 하려니와, 삶의 연륜이 문장들 곳곳에 배어 있어 인생의 의미를 되새겨 보게 한다.

작품의 줄거리는 이렇다 할 것이 없을 정도로 아주 단순하다. 주인물인 마흔아홉 살의 한 중년 여성을 둘러싼 또래 여인들의 수다, 그리고 주인물과 그녀의 동창생이 나누는 대화가 스토리의 전부이다. 주인공인 '그 여자'는 성당에서 만난 같은 나이 또래의 여자들과 '효부회'라는, 홀로 된 남자 노인들을 목욕시키는 봉사활동 단체를 조직하고 그 회장직을 맡고 있다. 어느 날 그녀는 한 회원 집에서 모임이 있어 먹을 것을 양손에 들고 그 집 현관을 들어선다. 그러다가 열린 안방 문틈으로 10여 명의 회원들이 자신의 과거의 특정한 행동을 두고 한바탕 흉을 늘어놓으면서 찧고 까부는 것을 듣게 된다. '그 여자'가 '이따만하게 기다란 집게 끝으로 시아버지 팬티를 집어가지고' '죽은 쥐 취급을 하면서 다용도실까지 뻗쳐들고 가더니 세탁기 안으로 냅다 뿌리치'더라는 것이다. 남자 노인들을 대상으로 목욕 봉사를 하는 모임의, 명색이 회장이라는 여자가 어떻게 그런 위선적이며 이중적인 행동을 할 수 있느냐, '그 여자'에겐 '성적 욕구불만 아니면 왜곡된 성폭행이나, 그런 어두운 과거가 분명 있을 거'라는 등의 수다를 듣고 있던 그녀는, 늦게 오는 그녀를 마중하기 위해 현관으로 나오던 고등학교 동창생 '동숙이'하고 마주친다. 둘은 동네의 찻집에 가서 이 문제를 두고 대화를 나누면서 서로간의 오해를 푼다.

줄거리는 이처럼 극히 간단하지만, 이러한 이야기 속에 내포되어 있는 이 작품의 의미는 실로 간단하지가 않다. 작가는 쉰 안팎의 중년 여인들의 수다와 대화를 통하여 사람들이 살아가면서 부딪치게 되는 여러 가지 보편적인 삶의 문제를 은근슬쩍 던지고 있기 때문이다.

우선, 결혼한 여자들이라면 누구나 겪게 되는 고부간의 갈등에 대한 문제와 '황혼 별거'에 대한 문제이다. '그 여자'의 시부모들은 여지껏 그들대로 잘 살아 오다가 갑자기 별거에 들어간다. '이기적, 독선적, 가

부장적 등등으로 요약할 수 있는' 시아버지에 대한 시어머니의 평생의 불만이 마침내 터진 것이다. '마지막 소원'이라는 시어머니의 고집에 시아버지와 자식들은 손을 든다. 그래서 시어머니는 시누이 집에서, 시아버지는 그녀의 집에서 생활한다. 시아버지는 그녀가 불편해 할까봐 '숟가락 하나만 더 놓는 정도밖에 며느리에게 폐를 안' 끼친다. 그럼에도 불구하고 그녀는 '시어머니에 대해 참을 수 없는 적의에 사로잡히곤' 한다.

> 두 분의 왕래가 시어머니가 딱 자른 대로 전혀 없었다. 그 대신 아들네 식구가 어머니를 뵈러 가고, 딸네 식구가 아버지를 뵈러 오는 일이 너무 뜸하지 않도록 양가에서 신경을 썼기 때문에 제 살기 바빠 명절 때나 만나도 그만인 중년의 남매간이 그 어느 때보다도 친밀해졌다. 모두모두 행복했다. 시어머니의 결단은 그야말로 모두모두의 행복을 위한 탁월한 선택이었다. 그런데도 시누이가 어머니가 와 계시니 얼마나 좋은지 모른다고 야비다리를 치는 소리를 들으면 울컥 부아가 치밀면서 시어머니에 대해 참을 수 없는 적의에 사로잡히곤 했다. 시아버지 팬티는 자동적으로 시어머니 얼굴을 떠올리게 했다. 될 수 있는 대로 간략하게 말했는데도 동숙이는 충분히 알아먹은 표정으로 고개를 주억거렸다.
> "원죄는 성적 스캔들이 아니라 고부간의 갈등이었구나. 시시껄렁하게."
> "사람 마음 그렇게 간단하게 아니다, 너. 내가 하는 이상한 짓은 시어머니와 완벽하게 한편이 되어 시아버지를, 아니 그분의 남성성을 구박하는 의식일 수도 있다는 생각이 들어." (64쪽)

시어머니에 대해 적의를 품었던 그녀가 역설적으로 시어머니와 한편이 되어 남성인 시아버지를 구박하는 감정을 갖게 된다는, 인간의 미묘한 이중적인 심리를 적확하게 집어낸 이 장면은 압권이다. 아무 탈 없이 잘 살아오던 부부가 말년에 아내의 갑작스러운 제의에 의해 이혼을 하거나 별거를 한다는, 이른바 '황혼 이혼' '황혼 별거'에 대한 이야기도 흥미롭다. 그런가하면 '동숙이'의 고부간의 갈등에 대한 이야기 또한 재미있다.

"그래봤댔자 결국은 고부간의 문제야. 이건 내 얘긴데, 요전 대통령 선거 때 있잖니. 난 일찌거니 이회창 찍어야지 정하고 있었지. 이유야 간단하지. 김대중 정권에 대한 싫증이 절정에 달했을 때니까 그 의사표시는 마땅히 반대 당을 지지하는 거라고 생각했지. 근데 투표 전날 시어머니가 전화해서 이회창 찍어야 한다. 명령조로 그러시는 거야. 네, 그러려고 해요. 이러면 되는 것을 왜요? 하고 물었지. 그랬더니 반듯한 집안 출신 아니냐, 이러시는 거야. 그때 속에서 불끈 뭐가 치밀더라. 아버지 일찍 돌아가시고 홀로 된 우리 엄마가 경양식집 해서 우리들 키웠잖니. 결혼하고 시집의 반듯한 가풍에 따라 삼년이나 시집살이를 했는데, 그때 제일 자주 들은 소리가 반듯한 집안 타령이었다. 내가 한 것은 뭐든지 다 반듯한 집안에서는 이렇게 안 한다고 타박을 했으니까. 하다못해 돼지고기도 상에 올리면 반듯한 집안에서 누가 이런 걸 먹냐고 남까지 못 먹게 했다면 말 다 했지. 지금은 장수식품이라고 잘만 잡숫더라만. 다음 날 투표하러 가는데 어쨌는 줄 알아? 가랑이에 마구 신바람을 내면서 투표장에 달려가서 노무현을 콱 찍는데 그렇게 기분 좋을 수가 없는 거야. 엑스터시까지는 안 가도 오래간만에 스트레스가 확 풀리는 기분이더라. 마치 복수라도 한 것처럼. 혼자서 괜히 실실 웃으면서 집에 와서 생각하니 내가 겨우 이것밖에 안 되나 비참해지더라구." (64-65쪽)

읽는 이로 하여금 슬며시 미소를 짓게 만드는 대목이다.

고부간의 갈등과 황혼 별거의 문제 외에도 작가는 '386세대'와 '칠십년대 학번' 세대 사이에 존재하는 차별성과 갈등 의식, 40대의 마지막 해를 보내면서 갖게 되는 낭만적인 사랑에 대한 망상적인 기대감 등의 인생의 문제를 제기하고 있다. 그러나 이 작품을 통해 작가가 결국 독자들에게 하고 싶은 이야기는 쉰을 바라보는 마흔아홉 살 여인의 절망감, 위기의식이 아닌가 싶다. 이러한 주제 의식은 작품 말미에 잘 나타나 있다.

> 올해는 일부종사의 따분한 팔자를 교란시킬 수 있는 불꽃같은 사랑을 기다려보기로 한 마지막 해가 아닌가. 세월이 빠져나간 자리의 허망함이여. 그 여자는 요새 부쩍 더해진 식탐이 걷잡을 수 없이 도지는 걸 느꼈다. 조금씩 같이 먹은 줄 알았는데 김밥과 순대는 거의 그냥 남아 있었다. 그 여자는 그 소박하고도 느글느글한 것들을 짐승 같은 식욕으로 먹어치우고 인삼차를 한잔 더 시켰다. 금년부터 치수를 28로 늘려 입었는데도 바지 허리는 만복을 이기지 못해 짤록하게 뱃살과 허릿살을 갈라놓고 있었다. 명치가 등에 붙을 듯이 날씬하다가도 생명만 잉태했다 하면 보름달처럼 둥글게 부풀어오른던 배는 이제 두꺼운 비계층으로 낙타 등처럼 확실한 두 개의 구릉을 이루고 이었다. 허리의 후크를 풀자 역겨운 트림이 올라왔다. 자신이 비곗덩어리에 불과한 것처럼 느껴지면서 메마른 설움이 복받쳤다. 위선도 용기도 둘 다 자신이 없었다. 울고 싶은 갈망과는 동떨어진 여자들이 짖고 까불고 비웃는 소리가 귓전에서 잉잉댔다. (67~68쪽)

남편과 아이들 치다꺼리에 휘둘리다 보니 어느 새 쉰 살이 코앞에 다가 왔다. 남편은 자기 세계 안에서 생활하고 있고, 아이들은 하나 둘 대학을 가서 제 앞가림에 바쁘다. 일찍 시집간 친구들은 손주까지 보고 있다. 여자로서의 마지막 보루인 월경도 끊어진다. 더구나 자신의 몸은 흉측하게 점점 더 망가져 가고 있다. 자신의 삶이 허망하지 않을 수 없으며 또한 위기의식, 절망감을 느끼지 않을 수 없다. 옛말에 '아홉 수를 넘기기가 어렵다'고 했던가. 아홉 수 중에 마흔아홉 살이 가장 힘들 것 같다. 40대라면 그래도 육체적으로나 정신적으로 어느 정도 자신감을 갖게 되는데, 나이가 50대에 접어든다면? 쉰 살! '쉰'이라는 어감 자체도 왠지 기운 없어 보이고 늙어 보인다. '신세대와 쉰세대'라는 우스개 소리도 있지 않은가? 그야말로 쉬어 버린 밥처럼, 인생이 쉬어 버린 50대의 진입. 마흔아홉 살이라면 남자든 여자든 누구나 다 인생의 나락으로 떨어지는 듯한 절박감, 두려움을 가지게 될 것이다. 그렇다고 한다면 박완서의 「마흔아홉 살」이라는 소설이 보편성을 획득하는 지점은 바로 여기이다. 작가는 이 작품을 통해 마흔아홉 살 여성들의 삶의 위기 의식·절망감을 그리고 있지만, 이는 여성들에게만 국한되는 이야기가 아닌 것이다. 이제 곧 쉰을 맞이하는 남성들도 똑같은 통과의례적인 고통, 아픔을 겪게 될 테니까 말이다. 따라서 「마흔아홉 살」이라는 작품이 지니고 있는 참된 문학적 의미는, 마흔아홉 살에 도달한 사람이라면 누구나 경험하게 되는 삶의 문제의식을 제기했다는 점에서 찾아야 할 것이라 본다. 개인의 특수한 이야기를 통해서 인간 전체의 보편성을 건드리는 문학 작품이 훌륭한 것이라고 한다면, 「마흔아홉 살」은 이에 해당되는 전형적인 작품의 하나라고 생각한다.

3. 여성 삼대(三代) 이야기

천운영의 「**명랑**」은 할머니, 며느리인 엄마, 그리고 딸인 삼대(三代) 여성이 한 지붕 아래서 살아가는 이야기이다. 남자는 아무도 없다. 노쇠하여 거동이 불편한 할머니는 며느리가 운영하는 식당의 곁방에서 하루 종일 지낸다. 엄마는 미장일을 하다가 사고로 죽은 아버지 때문에 어느 시골 유원지에서 식당을 운영하면서 근근히 살아가고 있다. 딸은

'발관리사'로 취직하기 위해 그저 여기저기 돌아다니고 있다. 앞날에 대한 아무런 전망 없이 그날그날 하루를 때우며 살아가는 세 여성에 대한 이야기가 펼쳐지다가 어이없는 할머니의 죽음으로 이들의 이야기는 끝이 난다. 폭우가 쏟아지는 밤 모녀가 어찌어찌하다가 찜질방에 들어가 하룻밤을 보내고 아침에 집으로 돌아오자, 불어난 계곡물로 하여 식당집이 무너져 내린 것이다.

이 작품의 스토리는 이것뿐이다. 할머니의 죽음 이외에는 별다른 사건이 없이 세 여성의 일상적인 삶의 이야기에 초점을 맞추고 있다. 그런데 그 이야기가 잔잔한 울림을 지니고 독자들에게 다가온다. 이는 순전히 작가의 정교하면서도 안정된 문체, 또는 탄탄하게 짜여진 이야기 구조에서 비롯된다고 보인다.

우선 이 작품의 제목인 '명랑'의 이미지가 이야기 전체를 아우르고 있다는 점을 지적하지 않을 수 없다. 지금의 40대 후반 이상의 사람들이나 알고 있을, 6·70년대 한 때에 많은 사람들에 의해 널리 복용되던, 하얀 가루약 명랑을 할머니는 매일 수시로 상복하고 있다.

우두커니 앉아 있던 그녀가 치마춤으로 손을 집어넣는다. 그녀의 손에 공단으로 만들어진 작은 주머니가 달려나온다. 그녀는 처진 눈꺼풀을 치켜올리며 조심스럽게 약봉지를 펼친다. 오각형으로 접힌 약종이를 한겹 한겹 펼칠 때마다 하얀 가루가 하늘하늘 피어오른다. 방안에는 종이 바스락거리는 소리와 그녀의 가릉거리는 숨소리만 나직하다. 나는 움직이지 않고 그녀를 훔쳐본다. 그녀의 눈은 개구리나 고양이의 것처럼 움직임에 반응한다. 내가 움직이지 않는 한 그녀에게 나는 그저 풍경의 일부일 뿐이다. 그녀는 다 펼쳐진 종이를 대각선으로 접어 가루를 한데 모아 입에 털어넣는다. 약종이를 손톱 끝으로 탁탁, 치는 소리를 들으면 내 눈은 저절로 찡그려지고 입안에는 쓴 침이 고인다.

그녀가 먹은 가루는 명랑이다. 명랑은 진통제다. 명랑 백포들이 상자 겉면에는 두통을 비롯한 관절통, 인후통 등 열여섯 가지 통증과 오한, 발열시 효능이 있다고 적혀 있다. 하루 2회, 복용간격은 여섯 시간 이상으로 한도를 두고 있지만 그녀는 명랑이 설탕가루라고 되는 것처럼 시도때도 없이 털어넣는다. 그녀가 먹은 것은 약이 아니라 방부제인지도 모른다. 그녀 몸은 이미 부패가 시작되었고 부패의 냄새를 감추기 위해 끊임없이 방부제를 투여하고 있는 것이 아닐까. 그녀에게서 나는 늙은이 냄새 또한 죽음을 위장하는 방부제 냄새가 분명하다. 그녀의 몸 구석구석에는 채 녹지 않은 명랑가루가 그대로 쌓여가고 있을 것이다. 그리하여 그녀는 죽어도 썩지 않으리라. 나무뿌리가 관뚜껑의 틈을 벌리고 그 틈새로 떨어진 흙이 그녀의 몸을 덮치는 동안에도 그녀의 머리칼은 잔뿌리처럼 쑥쑥 자라날 것이다. (212-213쪽)

약종이에 접혀져 있는 명랑을 먹는 할머니의 모습을 눈에 잡힐 듯이 그려내고 있다. 나아가 명랑에 대한 설명도 덧붙이고 있다. 그리고 명랑이 할머니의 몸 속에 차곡차곡 쌓이면서 방부제의 역할을 할지도 모른다고 이야기하고 있다. 즉 명랑은 이 작품에서 할머니 그 자체의 이미지를 가지고 있는데, 이는 결말 부분의 할머니의 죽음으로 구체화된다.

할머니를 땅에 묻을 수는 없었다. 그녀의 몸을 짓눌렀을 흙더미와 돌멩이로도 충분했다. 엄마는 인부에게 웃돈을 얹어주며 곱게 빨아달라고 부탁했다. 할머니의 유골상자를 받아든 엄마는 폭우처럼 눈물을 쏟아냈다. 곱게 빨아진 그녀의 뼈는 꼭 흰 명랑가루 같았다. 납골당에 넣기 전, 나는 그녀의 뼛가루를 조금 덜어내 작은 상자 안에 담아두었다. 그리고 그녀의 발이 생각날 때마다 손가락에 침을 묻혀 그녀의 뼛가루를 찍어 혓바닥으로 조금씩 맛보곤 했다.
내 내부에는 언제나 나를 바라보며 침묵하는 그녀가 있다. 그녀는 내 속에서 숨 쉬고 내 속에서 잠을 잔다. 그녀는 가끔 내 속에서 버선 발을 내밀기도 한다. 나는 그녀를 위해 명랑을 먹는다. 설

탕처럼 하얗고 반짝이는 명랑가루에서는 그녀 냄새가 난다. (228쪽)

'발'에 대한 이미지 또한 이 작품에서 주요한 의미를 지니고 있는데, 특히 할머니의 발에 대한 묘사가 두드러지게 나타나 있다.

> 그녀의 발은 전족(纏足)을 한 것처럼 작고 위태롭다. 14문 버선을 벗기면 아기처럼 보드랍고 작은 발이 숨겨져 있다. 굳은살 없는 뒤꿈치는 땅 한번 디뎌보지 않은 살처럼 동그랗고 야들야들하다. 흰 버선조차 그녀의 발에 비하면 옥수수 껍질처럼 뻣뻣하고 거칠게 느껴진다. 곧고 가지런한 발가락 끝마다 살포시 앉은 발톱 하나하나는 채 여물지 않은 옥수수의 작은 알갱이 같다. 그녀가 버선을 벗고 발을 씻을 때면 그녀의 발에서는 달짝지근하면서도 비린 풋내가 풍기는 듯하다. (215쪽)

그 옛날 중국 여자들의 전족한 발을 떠올리게 하는 대목이다. 당시의 남정네들은 전족한 발, 즉 '아기처럼 보드랍고 작은 발'만 보아도 강한 성충동을 느꼈다고 하는데, 할머니의 발이 바로 그러하다. '평생 일이라는 걸 모르고 살았'기 때문에 할머니는 늘그막까지 이러한 발을 유지할 수 있었지만, 아버지와 엄마의 발은 정반대였다.

> 얼마나 돌아다녔는지 샌들 앞으로 나온 발가락은 빗물에 퉁퉁 불어 있다. 나는 횟독으로 빵빵하게 부푼 아버지 발을 생각한다. 아버지의 발은 회를 뭉개놓은 듯 딱딱하고 울퉁불퉁했다. 저녁마다 찬물에 담그고 연고를 발랐지만 부기는 도통 빠지지 않았다. 밤새도록 허리를 구부리고 부푼 발을 긁어대는 소리에 식구들은 밤잠을 설치곤 했다. 나는 아버지의 발을 만져 본 적이 없다. 허옇게 독 오른 발에 손을 대면 내 손도 괴물처럼 흉악하게 변할 것 같았다. 나는 혹시라도 아버지의 발이 몸에 닿을까봐 잠결에도 이불 속으로 발을 집어넣는데 신경을 곤두세우곤 했다. (223쪽)

버선에 단단히 싸매진 그녀의 발은 어딘가 보호본능을 자극하는 구석이 있다. 노인네는 평생 일이라는 걸 모르고 살았다. 시골에서 그 흔한 밭일조차 안 해 보았단다. 타고난 사주나 관상처럼 발에도 족상이 있다면, 그녀의 보드라운 발에는 복록이 있어 평생 일을 모르고 살 상이 들어 있을 것이다. 나는 노인데 발을 쓰다듬다가 내 벗은 발을 보고 말았다. 짧고 뭉툭한 발가락과 갈라질 대로 갈라진 틈으로 때가 깊숙이 앉은 험악한 뒤꿈치. 발가락 사이사이에는 무좀과 습진으로 발갛게 생채기가 나 있다. (219쪽)

미상일을 하던 아버지와 식당일을 하는 엄마는 먹고 살기 바빴으므로 할머니와 대조되는 흉한 발을 지니게 될 수밖에 없었는데, 딸은 공교롭게도 발관리사로 일을 하게 된다. 할머니가 평생 고운 발을 지니고 살다가 막상 죽을 때는 흉한 모습을 보인다는 것 또한 아니러니칼하다.

발관리실에 나오기 시작한 지 한달이 되어가지만 나는 아직까지 그녀의 발처럼 작고 아름다운 발을 본 적이 없다. 눈을 감아도 검은 망막 위에 곧바로 새겨지는 버선발. 나는 사람들이 양말을 벗고 맨발을 보일 때마다 그녀의 버선발을 생각한다. 무너진 집에서 발견된 할머니는 맨발이었다. 그녀가 벗은 것인지 아니면 발굴 작업을 하는 인부들의 거친 손에 끌려나오면서 벗겨진 것인지, 할머니는 맨발인 채로 들것 위에 누워 있었다. 나는 차마 그녀의 얼굴을 볼 수 없었다. 진흙으로 더럽혀진 그녀의 맨발만 바라보았다. 할머니의 발은 꼭 횟독 오른 아버지의 발 같았다. (228쪽)

「명랑」은 이처럼 작품의 첫머리부터 끝까지 발을 모티프로 한 이야기를 펼쳐 나가고 있는, 이색적인 소설이다.

이 작품은 이와 같이 이채로운 이야기를 흥미롭게 들려주고 있는데, 그 이야기를 전달하는 이야기하기의 방식도 이채롭다. 화자를 바꾸어가면서 이야기하고 있기 때문이다. 「명랑」은 모두 다섯 단락으로 이루어져 있다. 홀수 단락은 화자가 딸인 '나'로 되어 있고, 짝수 단락은 화자가 엄마인 '나'로 되어 있다. 이처럼 화자를 교체하면서 이야기를 해 나가는 서술 방식은 다른 소설에서도 간혹 찾아 볼 수 있기는 하다. 이 작품에서의 이와 같은 서술 구조는 주인물이라고 할 수 있는 할머니를, 부수적 인물인 엄마와 딸의 시점에서 바라봄으로써 보다 더 다면적으로 생생하게 그려내는 효과를 창출하게 되었다.

요컨대 「명랑」은 주로 옛 노인들이 즐겨 상복하였으나 지금은 거의 사라진 '명랑'이라는 희귀한 약을 주요 모티프로 하여, 할머니의 독특한 캐릭터를 중심으로 여성 삼대가 살아가는, 흔치 않은 흥미로운 이야기를 들려주고 있다. 또한 문체나 짜임새 등 이야기하기의 방식도 치밀하고 개성적이어서 읽는 재미를 배가시키고 있다.

4. 여성소설의 위기

90년대부터 지금까지 태평성대(?)를 구가해 온 여성소설은 최근에 들어 그 위기를 맞이하고 있는 것으로 보인다. 이 문제는 몇몇의 평자들에 의해 진즉부터 다각도로 분석되어 왔는데, 요점은 여성소설이 양에 비하여 질이 떨어지는, 이른바 외화내빈(外華內貧)의 양상을 보이고 있다는 것이다.

주지하다시피 90년대 이후의 여성소설은 여성의 일상성에 주목하면서 여성의 문제를 소설의 주요 테마로 삼음으로써 소설의 새로운 영역을 확장시켜 왔다. 여성 특유의 복잡미묘한 내면세계를 섬세하고 치밀한 문체를 통해 형상화시킴으로써, 여성으로서의 정체성을 정립하고 아울러 여성의 실존적 의미를 탐구한 여성소설은 독자들에게도 열띤 호응을 받아 왔다. 그러나 요즈음 들어서서 여성작가에 의한, 여성적 글쓰기로 잉태된 여성소설들이 극히 상투화되어 가고 있다는 지적이 여기저기에서 제기되고 있다. 가족이라는 한정된 공간에서 사소한 여성의 일상에만 자족하여 그 수준에 머물러 있다거나, 남성과 여성의 성적 차별을 넘어서 인간의 보편적 해방을 향한 서사를 모색해야 한다거나(고명철, 「삶에 새겨진 고통스러운 장식」, 『문학과 창작』, 2002년 2월호 참고), 여성적 글쓰기가 삶의 현장과 접속하면서 개별적 존재로서의 여성에서 보편적 존재로서의 여성의 문제를 치열하게 탐구하는 방향으로 입장 선회를 해야 한다(양진오, 「여성문학의 위기, 어디에서 오는 걸까?」, 『실천문학』, 2003년 봄호 참고)는 지적들이 그것이다. 이러한 논의는 90년대 여성소설의 만개를 주도하였던 신경숙, 은희경, 공지영, 전경린의 작품들이 최근에 그 한계성을 드러내고 있다는 사실과 무관하지 않다고 본다. 그렇지만 이 글에서 살펴본 박완서의 「마흔아홉 살」과 천운영의 「명랑」과 같은, 보편적인 감동을 던져주는 여성소설들이 간단없이 쓰여진다면, 여성작가들의 독특한 여성적 글쓰기는 계속 독자들의 관심과 환영을 받아 나갈 것이라고 생각된다.

남성소설 단상(斷想)

◦ 김병언, 「회생(回生)」(『현대문학』, 2003년 5월호)
◦ 박상우, 「마천야록」(『문학인』, 2003년 봄호)

1. 남성 작가와 남성소설

여성소설이라는 용어에 대한 개념이 확고하게 정립된 것은 아니지만, 여성소설이라는 비평적 용어는 현재 우리 문학계에서 빈번히 사용되고 있다. 그래서 여성성·여성작가·여성적 글쓰기라는 용어와 함께 여성소설이라는 말은 웬만큼 자리를 잡고 있는 듯이 보인다. 대체적으로 보아 여성소설은 여성작가에 의해 씌어지고, 여성의 관심사와 여성 문제에 초점을 맞춘 소설이라는 개념으로 폭넓게 쓰이고 있기 때문이다.

그러나 남성소설이라는 용어는 그렇지 않다. 남성소설이라는 말을 굳이 사용하자면 사용할 수도 있겠지만, 이에 대한 보편적인 개념은 없는 것으로 보인다. 남성소설을 여성소설의 개념에 적용하여 남성작가에 의해 씌어졌으되, 남성의 관심사와 남성 문제에 초점을 맞춘 소설이라고 정의하지는 않기 때문이다.

주지하다시피 여성소설이라는 말이 독자적인 의미를 지니고 하나의 비평적인 용어로 등장하게 된 것은 90년대 '여성작가들이 몰려 온' 이후부터이다. '여성소설 단상'(『문학과 창작』, 2003년 5월호)이라는 지난 달 월평에서 언급한 대로, 여성작가 · 여성소설 · 여성적 글쓰기라는 용어는 아직도 그 위력을 지닌 채 평자들의 입에 빈번히 오르내리고 있다. 10여 년의 세월이 흐른 지금에도 여성작가들은 여전히 남성작가들보다 적어도 양적인 면에서는 우위에 서 있기 때문이다. 이러한 시점에서, 필자는 남성작가들에 의해 씌어진 요즈음의 남성소설들은 어떠한 양상과 특징을 지니고 있는가라는 문제를 한 번쯤은 짚어볼 필요가 있다는 생각을 하게 되었다.

필자는 올해 3월부터 쏟아져 나온 월간지와 계간지 10여 권을 통해, 남성작가들이 발표한 중편과 단편소설을 30여 편 읽었다. 필자가 미처 읽지 못한 작품까지 합하면, 올 봄에 선보인 남성작가들의 작품은 40여 편쯤 되리라고 생각한다. 이 숫자는 다른 계절에 비한다면 많은 편이다. 다시 말하자면 통상 남성작가들보다 여성작가들의 작품이 훨씬 많이 발표되어 왔는데, 올 봄엔 그래도 남성작가들의 작품이 다른 때에 비해서 풍성하다는 것이다. 그래서 어느 평자는 소설평에서 '남성작가와 여성작가의 비중이 거의 반반'이었다는 지적을 하고 있다.

필자가 읽은 30여 편의 남성작가들의 작품 중에서 눈여겨 볼만한 것은 7편 정도였다. 7편을 추려낸다는 선정 과정에는 작품을 바라보는 시각이 필자만의 주관성에 치우칠 수밖에 없다는 근본적이 문제점이 물론 개재해 있기는 하다. 그러나 여러 소설평들에서 다루어지는 작품들이 대개 거의 비슷하다는 점을 살펴본다면, 작품을 바라보는 평자들의 시선 또한 거의 비슷하다고 보아야 할 것이다. 남성작가들이 선보인 작품들 중에서 2/3가 버려지고 1/3이 추려진다면, 이는 작품의 질적인 측면에서 볼 때, 문제성을 지니고 있다고 간주할 수밖에 없다. 그렇다고 해서 수적으로 우세한 여성작가들의 작품들이 남성작가들의 작품들보다 반드시 질적인 면에서 우수하다는 것은 아니다. 요컨대 여성작가들이나 남성작가들이나 비록 발표 작품 수가 적다고 하더라도, 문학성과 작품성이 뛰어난 작품들을 선보여야 할 것이다. 그러한 면에서 살펴볼 때, 이 글에서 다루고자 하는 두 편의 소설들은 전형적인 모범성을 지니고 있다고 생각된다.

2. 살아 있는 개를 파묻는 이야기

김병언은 과작의 작가이다. 어쩌다 한 편씩 작품을 발표하기 때문이다. 그렇지만, 그 어쩌다 하나씩 선보이는 작품들이 하나같이 재미있다. 또한 독자들로 하여금 무엇인가 생각하게 하는 여운을 남긴다. 오랜만에 발표한 단편소설 「회생」도 마찬가지이다.

「회생」은 괴이한 소재의 이야기이다. 살아 있는 개를 죽여서 땅에 파묻는다는 이야기이기 때문이다. 이처럼 흔치않으면서도 흥미로운 이야기이기 때문에 독자들은 긴장의 끈을 늦추지 않고 단숨에 읽게 되리라 본다. 따라서 이 작품은 무엇보다도 가독성(可讀性, readability)이 뛰어나다. 그만큼 처음부터 끝까지 재미있게 읽힌다.

화자인 '나'는 3월 중순의 어느 일요일 오전에, '김의규'라는 고등학교 동창생으로부터 느닷없이 산행을 하자는 전화를 받는다. 진눈깨비가 오락가락하는 궂은 날씨지만, 오랜만에 얼굴도 볼 겸 약속을 한다. 그런데 그 친구가 '꽃삽'을 가져오라고 한다. '나'는 의아해하면서도 꽃삽을 챙긴다. 북한산을 목적지로 정하고 지하철을 탄 '나'는, 뜻밖에도 그에게서 '개를 파묻으러 간다'는 말을 듣고 깜짝 놀란다. 그래서 꽃삽을 가져오게 한 것이었다. 그런데 '나'는 그의 '배낭 겉면의 보일락 말락한 들썩임'도 보고 '거기에 더해 끙끙거리는 신음 소리까지' 듣게 된다. 죽은 개가 아니라 살아있는 개인 것이다. 개는 '마르치스'라는 애완견으로 고약한 피부병을 앓고 있어서 가축병원에서도 포기했다고 한다. 아무도 없는 산중에 도착한 그들은 배낭에서 '쉴새 없이 바들바들 떨고 있는', 피부병으로 해서 '등허리의 속살이 벌그스름하게 드러나' 있는 개를 꺼낸다. '나'가 그의 행동을 지켜보자, 머쓱해진 그는 '혼자 처리하고 온'다고 하면서 으슥한 곳으로 숨어든다. 십 분쯤의 시간이 흘러 다시 나타난 그는 말없이 산을 내려간다. 등산로 입구까지 내려온 그들은 간이 식당의 파라솔 밑에서 소주를 마시다가 소스라치게 놀란다. 그 개가 살아 돌아온 것이다.

　　뭘 갖고 저리 호들갑인가 여기면서 무심코 나는 아낙이 주시하고 있는 인도 쪽으로 고개를 돌렸다. 정말 거기에 흙탕물이 묻어 지저분하고도 작은 동물 하나가 웅크리고 앉아 이쪽을 기웃거리고 있었다. 처음엔 털이 하나도 없는 것처럼 보여 간 태어난 노루새끼 같기도 하고 유전자 조작으로 몸을 커다랗게 불린 쥐가 그럴 성싶기도 했다. 그런데 좀 유심히 살펴보니 아낙이 바로 짚은 대로 개로 보아야 옳았다. 털이 없는 게 아니었다. 금방 물에 빠졌다 나온 것처럼 흠뻑 젖어 온몸의 털들이 죄다 착 달라붙어버린 데에 기인한 오해가 틀림없었다. 거짓말 같지만 나는 그런 판단을 내리면서도 그 개의 정체를 즉각 알아차리지 못했다. 개는 저만치 떨어져 있어도 확연히 눈에 띄도록 온몸을 떨고 있었다. 그 모습을 보면서도 설마 했는데 이윽고 꼬리까지 살랑살랑 흔들면서 비틀걸음으로 다가오는 그 개의 눈을 보았을 땐, 나는 그만 손에 쥐고 있던 술잔을 떨어뜨릴 뻔했다. 늙고 말라빠진 그 개는 눈치를 살피듯 머뭇거리며 한 걸음 한 걸음 우리가 앉아 있는 곳으로, 정확히 말해 그의 발치로 접근해 왔다. (105쪽)

'얼굴이 흙빛이 된' 그는 '허둥지둥 개를 물건처럼 배낭에 쑤셔 넣곤 도망치듯' 내뺐다. 그로부터 보름이 지나서 그에게서 개의 피부병이 말끔히 나았다는 전화가 온다. '모르긴 해도 사람한테 효과가 있는 약이면 개에게도 통하지 않을 리 없을 것 같아서' '집구석에 굴러다니는 피부 연고를 다 끌어모'아 발라주었다는 것이다.

이와 같이 다소 기이한 이야기를 통해 작가가 독자들에게 들려주고자 하는 것은, 개의 회생은 곧 친구의 회생이라는 점이다. 건설업체를 다니다 명퇴를 한 그는 건축업에 손을 댔다가 실패하여 파산을 한다. 서울에서도 쫓겨나 인근 도시로 이주한 그는 한껏 풀이 죽어 있었다. 풀이 죽은 친구의 모습은 거의 죽어가는 개의 모습과 동일시된다. 따라서 죽음의 문턱에 갔다가 살아난 개는, 물질적·경제적 파산으로 하여 위축되었던 친구의 정신적·심리적 회생을 의미한다. 이는 다음과 같은 대목을 통해 유추해 볼 수 있다.

> 그는 가슴께에 놓인 개한테로 눈길을 돌려 한동안 지그시 내려다보았다.
> "야, 볼록이!" 이윽고 그는 자못 엄숙한, 어찌 들으면 비통하기까지 한, 어조로 개에게 말하는 것이었다. "…… 넌 이제 죽는다. 사람이건 개건 너처럼 늙고 병들면 버림받는 법이다. 다시 말해 강하지 못하면 도태된다는 것, 그게 이 세상의 법이다. 이 세상은 그처럼 냉정하단 말이다. …… 그러니 추호도 날 원망하지 마라."
> 희화적인, 그러나 동시에 비극적인 광경이 아닐 수 없었다. 웃을 수도, 울 수도 없다는 말은 바로 이런 경우에 합당한 표현일 터였다. 그가 방금 볼록이라고 호명했던 개는, 이름 그대로 볼록하고 슬픈 눈으로 내 쪽을 흘끔거리고 있었는데 미리부터 자신의 운명을 예감하곤 그토록 떨며 눈물을 내비치고 있는 것처럼 느껴졌다. 형의 집행을 선언한 마당이라 이제 곧 그의 손이 개의 목을 조르고 저 까만 눈빛도 가뭇없이 스러질 것이라 예상한 나는 다소 초조한

마음으로 그의 다음 행동을 기다렸다. 너무나 허약해 뵈는 개의 상태로 미루어 그가 장담했던 대로 닭을 잡는 것만큼 간단히 끝날 일이 틀림없었다. (102-103쪽)

"약도 약이지만 볼록이가 내 말을 알아들어서 효과를 본 것 같애. 너도 그날 봤다시피 여간 영리한 놈이 아니거든."
"또 무슨 말을 했길래?"
그날 산속에서 그가 개에게 말을 하던 장면을 떠올리며 나는 소리 없이 웃었다.
"약을 발라주기 전에 내가 선언했지. '이게 니에게 해줄 수 있는 마지막 치료다. 내가 발라주는 약으로도 네가 낫지 못하면 정말 끝장이다. 죽기 싫으면 제발 좀 나아라' 하고……. 놈이 그 말을 새겨듣고 분발한 게 아닐까? 개에게도 정신력이 없진 않을 테니까."
"그건 말이다, 의규야…… 볼록이를 낫게 만드는 데 만약 정신력이 작용했다면, 그건 볼록이의 정신력이 아니라 너의 정신력일 게야. 네가 그만큼 볼록이한테 정성을 쏟은 결과겠지. …… 그러고보니 넌 아직 정신력이 대단하구나. 그게 그동안 어디 숨어 있은 거야?"
대답 대신 유쾌한 웃음소리가 내 귀를 가득 메워왔다. 그 소리를 듣고 있자니 왠지 나는 눈물이 핑 도는 느낌이었다. (106-107쪽)

희생과 관련된 아래와 같은 부분도 흥미롭다.

나는 내 친구가 아직 명이 붙어 있는 자기 집 개를 성급하게 죽은 것으로 간주했는지도 모른다고 생각했다. 그런 류의 불상사는 드물긴 하지만 사람을 두고도 일어난다 하지 않았던가. 초상집에서 병풍 뒤에 안치해둔 시체가 제 발로 걸어나옴으로써 상주며 조문객들이 놀라 뒤로 나자빠지게 만들었다는 건 비교적 흔한 얘기이고 영국에서 도로를 신설하느라 한 세기쯤 전에 조성된 공동묘지를 파헤쳐 보니 내부가 손톱자국들로 어지러이 패인 관들이 수두룩하게 나왔다는 사실도 언젠가 해외토픽으로 보도되었으니만치 믿어도 좋을 것이다. (90-91쪽)

「회생」은 이처럼 우리 주위에서 얼마든지 일어날 법 하지만, 결코 흔치 않은, 흥미로운 이야기를 들려줌으로써 독자들로 하여금 소설 읽는 재미를 만끽하게 하고 있다. 이 작품이 재미있게 읽혀지는 요인은 여러 가지가 있으나, 그 중에서도 물 흐르듯이 자연스럽게 서술되어 나가는, 안정된 문체가 커다란 역할을 하고 있다고 보인다. 주로 '나'와 '그'의 대화로 이루어진 이 작품의 문장은, 이른바 '보여주기'(showing)의 서술 기법을 취하고 있어, 독자들은 그들의 대화를 통해 사건의 앞뒤 맥락을 짚어내고 거기에 숨겨진 의미를 찾아낸다. 그런데 그들의 대화가 극히 자연스러우면서도 재미있다. 마치 살아있는 두 인물이 나누는 대화 같다는 느낌이 든다. 부연하자면 문장을 서술해나가는 작가의 독특한 문체가 돋보인다는 말이다.

「회생」은 지극히 단순하고 평이한 구조를 지니고 있지만, 작가의 치밀한 소설적 장치가 곳곳에 숨겨져 있다는 점 또한 예사롭지 않다. 가느다란 눈과 비, 그리고 진눈깨비가 뒤섞여 내리는 음침한 배경은 음산한 사건 전개의 암시 역할을 톡톡히 수행해내고 있다든가, 살아있는 개를 죽여서 파묻는다는 다소 엽기적인 이야기를 통해, 우리 인간들의 세속적인 삶의 모습을 새삼스럽게 되돌아보게 하는 것 등이 그것이다.

「회생」은 그의 또 다른 작품인 「지존(至尊)－황야·3」(『동서문학』, 2000년 여름호)과 여러 가지 면에서 유사하다. 극적인 사건이 전개되어 나가다가 독자들이 전혀 생각지 못했던 반전(反轉)이 나타나고 결국은 '놀라운 결말'(surprise ending)을 보여주기 때문이다. 주제 의식 또한 만만치 않다. 요컨대 두 작품은 정통적인 단편소설의 기법에 의해 쓰어진, 단편소설의 정수(精髓)를 보여주는 작품이다. (이중재, 「단편, 혹은 엽편소설을 읽는 참맛」, 『문학과 창작』, 2000년 9월호, 184－187쪽 참고)

어쩌다 간혹 발표하는 작품들이 이처럼 발군이라면, 김병언은 주목할

만한 작가가 아닐 수 없다. 이른바, 잘 나가는 인기작가는 아니지만 그
의 완성도 높은 작품들은 어디에서든 읽힐 것이며, 그 가치를 온전히
인정받게 될 것이다.

3. 마천동 야화(夜話)

박상우의 「**마천야록**」은 약 350매에 달하는 분량의, 꽤 묵직한 중편
소설이다. 스토리를 요약하자면 폭설이 내리던 어느 겨울밤에 마천동의
한 교회 마당에서 룸살롱 종업원이 얼어 죽은 사건에 대한 이야기이다.
작가는 이러한 이야기를 두고 '마천야록'이라는 그럴듯한 제목을 붙였
으나 이를 좀더 알기 쉽게 풀이하자면 '마천동 야화'쯤이 될 것이다.
제목이 이처럼 그럴싸하니 그 이야기도 예사롭지가 않다. 한 마디로
말하자면 흥미진진하다. 「마천야록」의 스토리 자체가 일단 재미있기도
하지만, 그 이야기가 실로 흥미진진하게 읽히는 이유는 이야기하기, 즉
이야기를 전달하는 방식이 또한 예사롭지 않기 때문이다. 오랜만에, 참
으로 오랜만에 소설 읽는 재미에 푹 빠져볼 수 있는 작품이다.
작가는 다음과 같은 신문기사를 제사(題辭)로 제시하고는 본격적인
이야기를 펼쳐 나간다.

> 폭설이 내린 29일 오전 일곱시경, 서울 송파구 마천동 갈보리 교
> 회 마당에 눈에 덮힌 채 숨겨 있는 윤 모(26, 여) 양을 이 교회 신
> 도인 김 모(57세, 여) 씨가 새벽 기도를 마치고 나오다 발견, 경찰에
> 신고했다. 경찰은 숨진 윤 양이 교회 뒤쪽의 다세대 주택 2층에 여
> 동생과 함께 세들어 사는 룸살롱 접대부라는 사실을 확인하고 사인
> 을 규명 중이다. 일단 술에 만취한 채 동사했을 가능성이 높은 것

으로 보이나 얼굴에 말라붙은 코피와 멍 등으로 미루어 다른 의혹
의 소지도 있어 보인다. 경찰은 우범자들의 소행일 가능성도 배제
하지 않고 인근 주민을 상대로 목격자를 찾고 있다.

(서울=연합뉴스 오영도 기자) (97쪽)

이러한 사건에 대한 본격적인 이야기는 물론 이 호스테스가 어떻게
해서 얼어죽었을까라는 미스터리를 풀어나가는 과정이 될 터인데, 그
이야기를 풀어나가는 방식이 독특하고 기발하다. 이 사건과 관련된 다
섯 명의 인물이 경찰 앞에서 그날 밤 자신들의 행적을 소상하게 진술
하는 형식으로 되어 있기 때문이다. 그 다섯 명은 그날 밤 죽은 그녀
와 '2차'를 나갔던 회사원, 그녀와 예전에 한 방을 썼던, 동생뻘의 또
다른 룸살롱 접대부, 택시기사가 그녀를 파출소로 데려왔을 때 근무하
던 경찰, 술 취한 그녀를 태운 택시기사, 그녀의 여동생 등이다. 그러니
까 이들은 이 사건의 용의자 혹은 참고인으로 경찰에 불려와 진술하게
된 것이다. 따라서 이 작품은 다음과 같이 모두 5장으로 되어 있다.

1. 남상필 / 36세 / 인터넷 쇼핑몰 상무이사
2. 정아영 / 23세 / 룸살롱 접대부
3. 노정석 / 38세 / 경찰
4. 방인철 / 55세 / 택시기사
5. 윤인애 / 23세 / ○○극장 매표원

이 다섯 인물의 진술을 따라 읽다 보면 그녀가 피를 흘리고 멍이 든
채 동사하게 된 과정이 자세히 밝혀진다. 결론은 타살이 아니다. 강제
로 '2차'를 나간 회사원에게 따귀를 얻어맞고, 경찰서에서 만취한 상태
로 취객에게 얼굴을 맞았으며 또한 택시기사가 차 안에서 겁탈을 하는

과정에서 얼굴을 때려 피를 흘리고 멍이 든 것이다. 그러니까 이러한 인물들은 그녀로 하여금 얼어 죽게 만든 간접적인 원인을 제공하였지만, 그녀를 직접 죽인 것은 아니라는 말이다. 따라서 이들은 살인자들은 아니다. 그렇기 때문에 이들은 모두 자신의 무죄를 항변한다. 말하자면 이런 식이다.

여자가 교회 마당에서 얼어 죽은 것과 내가 무슨 상관 있소이까. 처음부터 말했다시피 나는 문제의 속성은 말할 수 있어도 문제의 본질은 말할 수 없소이다. 왜냐하면 문제의 본질이 뭔지 내가 모르고 있기 때문이오. 즐기고 사는 게 내 인생관이라고 말했다시피, 난 골치 아픈 걸 체질적으로 싫어하는 인간이오. 이리저리 몸뚱이 굴리고 사는 여자, 술에 곯아떨어졌을 때 내가 좀 탐했기로서니 그게 뭐 그리 대수겠소. 내가 주먹으로 여자를 때린 건 미안한 일이지만 그것 때문에 여자가 죽은 것도 아닌데 왜 이리 사람을 고약하게 만드는가 말이오. 갈보리가 뭔지는 몰라도 제 발로 그곳으로 가서 얼어 죽었다면 나름대로 원하던 길을 간 거 아뇨? (152 - 153쪽)

택시기사의 뻔뻔한 진술이다. 택시 기사도 그렇지만, 이 작품에 등장하는 인물들은 모두 하나같이 험난한 세파에 찌들대로 찌들고, 삶에 지쳐, 자신의 삶을 포기한 인물들이다.

얼어 죽은 26살의 룸살롱 접대부, 윤소진. 어머니를 일찍 여의고 노름과 술타령으로 파산한 아버지의 빚 6천만원을 탕감하기 위해 60대 영감과 3년을 산다. 각종 병을 얻은 아버지가 죽는다. 먹고 살기 위해 룸살롱에서 일한다. 얼어 죽은 그 날은 아버지의 기일이다. 제사를 지내기 위해 일터에서 일찍 집으로 돌아오려 했지만, 지배인의 명령으로 손님을 받고 '2차'까지 가게 되어 갖은 수모를 당한다. 제사를 지내지 못하게 된 그녀는, 포장마차에서 혼자 술을 마시기 시작한다. 그러다가 예전에 그녀와 동거하던, 동생뻘의 또 다른 룸살롱 종업원을 불러내 같이 마신다. 몸을 가누지 못할 정도로 취하자 동생은 언니와 함께 택시를 잡는다. 마천동 집에 데려다 주기 위해. 그러나 그녀는 택시 안에서 오랫동안 헤어져 있던 애인의 전화를 받는다. 마음이 다급해진 그녀는 택시비를 지불하고 언니를 택시기사에게 맡긴다. 집이 어디인지 말도 제대로 못하는 그 여자를 기사는 경찰서에 맡긴다. 경찰서에서 그녀는 인사불성인 채로 취객에게 얻어맞고 근무하던 경찰에게 숙직실에서 겁탈을 당한다. 그리고는 다시 자신을 데리러 온 택시기사에게 차 안에서 또 겁탈을 당한다. 차 안에서 정신을 차린 그녀는 비틀거리며 맨발로 걸어 나가고 택시는 쏜살같이 내뺀다. 눈 속을 헤매던 그녀는 평소에 그토록 다니고 싶어하던 동네 교회에 가서 '눈사람 같은 형상'으로 얼어 죽는다.

그녀를 데리고 '2차'를 가서 '온갖 변태적인 행위를 다'한 인터넷 쇼핑몰 상무이사, 남상필. 그는 술, 여자, 도박, 마약으로 부모의 재산을 탕진하고 '개털'이 된 36살의 중년 사내이다. 당연하게 그는 마누라에게 인간 취급을 받지 못한다. 그러던 중 인터넷 쇼핑몰 사업을 하는 대학동창과 연결이 되어 그의 밑에서 일을 한다. 그러다가 결국은 '가짜 명품 밀거래'의 하수인 노릇까지 하게 된다. 문제의 그날 밤, 그는 밀거래 업자와 불법 계약을 하고 향응을 받게 되어 룸살롱에서 바로 그녀를 만나게 된 것이다.

죽은 그녀와 예전에 동거했던 룸살롱 접대부, 정아영. 그녀는 '정부였던 여자가 어머니를 내쫓고 아버지의 정식 아내가 되었다는' 사실을 알고는 집을 나온다. 고등학교 2학년 때이다. 그 후 술집을 전전하던 그녀는 역시 일찌감치 가출한 남자애를 만나 동거한다. 남자애를 만나기 전까지 죽은 그녀와 같이 동거하면서 친언니처럼 지낸 사이였다. 그런데 그 남자애와는 툭하면 싸움을 하고는 또 화해를 하고 그러던 중에 몇 달 동안 헤어져 있다가 문제의 그날 밤, 언니를 데려다 주는 택시 안에서 그 남자애의 전화를 받고는 택시기사에게 언니를 맡기고 부랴부랴 달려가게 된 것이다.

38세의 평범한 경찰, 노정석. 그의 아내는 바람이 나서 애까지 팽개쳐 버리고 집을 나갔다. '지구 끝까지라도 쫓아가서 갈가리 찢어 죽이고 싶'을 정도로 복수심에 불타는 그는 세상 모두에게 분노를 품는다. 그는 한 때 세상을 떠들썩하게 했던 살인 집단 '지존파'에 빠지면서 자신의 '지존(至尊)의식'을 키워 나간다. 그녀가 그날 밤 만취하여 몸을 가누지 못한 채로 파출소에 들어와 취객에게 봉변을 당하자 그는 숙직실로 그녀를 옮겨 놓은 다음 '지존으로 바뀌어' 그녀를 범한다.

55세의 택시기사, 방인철. '누군가 나의 팔자를 간단히 요약하라고 하면 나는 노래=여자=택시라고 말'하는 속물 중의 속물이다. '달리며 즐기는 인생, 즐기며 달리는 인생, 나는야 노래하는 꽃마차'라고 주절대는 그는 노래하며 택시를 몰고, 여자 승객을 유인하여 '물총질'을 한다. 문제의 그날 밤도 파출소에서 그녀를 데리고 나와 집으로 태우고 가던 중, 예전의 버릇대로 차 안에서 주먹을 휘두르며 겁탈을 하게 된 것이다.

죽은 그녀의 동생인 극장 매표원, 윤인애. 언니와는 달리 아버지를 원수로 생각하는 그녀는 언니를 '아무한테나 무조건 잘해주'어서 '똥개'라고 부른다. 그녀는 또한 언니를 향해 '무조건 착한 일을 해야 한다는 강박감에 시달리며 자신이 살아온 어두운 과거를 은폐하기 위해 위선적인 행동을 일삼는 신경증 환자', 즉 '말기 천사증 환자'라고 냉소를 보낸다. 그날 밤도 그녀는 일찍 집에 오라는 언니의 종용에도 불구하고 밖에서 시간을 보내다가 일부러 늦게 귀가한다. 언니가 차려놓은 아버지의 제사상을 거들떠보지도 않고 잠을 자다가 언니의 죽음을 알게 된다.

다섯 명의 이러한 진술을 듣다 보면 참으로 우리가 지금 살고 있는 이 세상은 요지경 속이라는 생각이 든다. '세상은 요지경, 요지경 속이다'라는 대중가요가 저절로 떠오르게 된다.

다음과 같은 대목들이 그러하다.

이군의 휴대폰 번호는 01*-240-5288이에요. 자신이 원해서 부여받은 번호를 입에 올리며 그는 때마다 자기 오이가 팔팔하다고 자랑해요. 그가 걸어온 전화를 받으면 나, 팔팔한 오이, 하고 말하는 거죠. 오이가 성기를 상징한다나 어쨌다나. 아무튼 나는 그놈의 팔팔한 오이 때문에 무진장 속을 썩고 살죠. 밴드 한답시고 돌아치면 가는 곳마다 골빈 기집애들이 몰려와 끼악끼악, 오빠! 하면서 난리 블루스 친다는 거 안 봐도 다 알고 있어요. 나도 그런 장소에서 이군을 만났으니 두말할 필요 없죠. 곱살스럽게 생긴 자식이 머리까지 뒤로 묶고 기타를 쳐대면 끼악끼악, 기집애들이 까마귀 같은 소리를 내며 오줌을 질질 싸는 거예요. 그렇게 난리를 쳐대니 그놈이 팔팔한 오이를 닥치는 대로 휘두르며 여자들을 마구 무찌르고 다니는 거죠. 5288 군번을 지닌 이 대책 없는 군바리를 도대체 어쩌면 좋을까요. (114쪽)

내가 집을 나온 건 고등학교 이 학년 여름방학 때였죠. 아버지와 엄마가 성격차이를 내세워 이혼한 지 이 년이 지난 뒤였어요. 이혼하고 일 년 이 개월이 지난 뒤에 아버지는 재혼을 하더군요. 그래, 그럴 수도 있겠구나, 하고 참았죠. 하지만 진짜 문제는 스물여덟의 처녀가 새엄마라는 이름으로 우리 집에 들어온 뒤부터 생겨나기 시작했죠. 난 새엄마로 들어온 여자가 미쳤다고 생각했어요. 처녀의 몸으로 마흔아홉씩이나 된 남자와 결혼을 하다니, 그걸 어떻게 제정신이라고 하겠어요. 하지만 얼마 지나지 않아 나는 아버지와 그녀 사이에 숨겨져 있던 놀라운 내막을 알게 됐어요. 그녀가 아버지 회사의 일반 직원이었다는 것, 이미 아버지와 엄마가 이혼하기 훨씬 전부터 은밀한 관계를 지속해 오고 있었다는 걸 알게 된 거죠. 그녀의 앨범에는 아버지와 곳곳에서 찍은 사진들이 가득 들어차 있었어요. 정부였던 여자가 아버지의 정식 아내가 되었다는 걸 알게 된 거죠. 그날 밤 나는 가방 하나만 싸들고 미련 없이 집을 나와 버렸죠. (117 - 118쪽)

문제의 그날 밤, 나는 손님 테이블에 들어가 있었어요. 구청 공무원과 건설업자가 술을 마시는 자리였죠. 보아하니 건설업자가 공무원에게 뇌물을 먹이고 접대를 하는 자리 같았어요. 난 공무원 옆자리에 앉아 술시중을 들고 있었는데 그 인간의 손이 뱀처럼 이곳저곳을 기어다녀서 죽는 줄 알았죠. 내 팬티 속에 휴대폰이 들어있는데, 그 인간의 손이 자꾸만 그곳으로 다가오잖아요. 반질거리는 대머리를 후려치며 정신이 번쩍 나게 욕을 해 주고 싶었지만 어금니를 악물고 참았죠. 씹새야, 여기가 구청인 줄 아니?

소진 언니의 전화를 받은 건 팬티에서 휴대폰을 꺼낸 뒤였어요. 술자리가 끝난 뒤, 건설업자가 나더러 파트너와 함께 이차를 나가라지 뭐예요. 이제나저제나 이군에게서 전화가 걸려오지 않을까 기다리다가 열두시가 넘자 자포자기 심정이 되어 에라 모르겠다, 돈이나 벌자, 하는 심정이 되더군요. 결국 이차를 나가 팬티에서 휴대폰을 꺼냈죠. 하지만 밥맛 떨어지는 인간들하고 이차 나갈 때마다 써먹는 수법을 썼죠. 오빠, 나 샤워하고 올 테니 냉장고에 있는 맥주 꺼내 마시고 있어, 하면 십중팔구는 샤워하는 동안 곯아떨어져 버리니까요.

나는 느긋하게 시간을 끌며 샤워를 했어요. 잠이 들었나 안 들었나, 욕실에서 나오기 전에 살그머니 문을 열고 밖을 내다보았죠. 그런데 이게 무슨 터미네이터인가요. 개기름으로 번질거리는 얼굴의 뇌물 공무원이 알몸으로 의자에 앉아 만면에 웃음을 짓고 있었어요. 빨리 자기에게 와 안기라는 시늉으로 양팔을 벌리고 어여 온나, 어여, 그러는 거예요. 우 씨팔, 정말 되는 일이 없네, 인상을 쓰며 밖으로 나갔죠. 그리곤 곧장 침대로 가 몸을 눕히고 빨랑 해요, 하고 김빼기 작전에 들어갔죠. 심성이 나약한 인간들은 여자가 불친절하게 굴면 오이가 죽어버린다는 거, 오이팔팔한테 들어서 잘 알고 있거든요. 하지만 이 빌어먹을 뇌물 공무원은 그런 게 도무지 통하지 않았어요. 나를 뇌물로 착각하는 건가, 세상만사를 뇌물로 보는 건가. 그 인간은 입가에 침을 질질 흘리며 야금야금 나를 먹어치웠어요. 아, 와 이래 존노…… 니도 존나? (121-122쪽)

아무튼 확실하게 프로가 된 뒤부터 나는 손님들에게 노래를 들려주지 않았소. 노래 없이도 얼마든지 여자를 꼬실 수 있는 직관과 기술이 발달한 때문이었소. 기술이랄 것도 없이 슬슬 이야기의 실마리만 풀어주면 스스로 실타래를 풀어낸다는 걸 터득한 것이었소. 내가 겪은 숱한 여자 경험 중 최고령은 내 나이 서른여덟이었을 때 육십대 중반의 여자와 관계를 했던 것이오. 그 여자는 동대문 시장에서 꽤 큰 포목상을 경영하는 여자였는데 나를 만난 뒤부터 며칠에 한 번씩 정기적으로 육체적인 관계를 하자고 했소. 돈을 알아서 준다, 다만 육체가 늙었다고 멸시하지는 말라. 그것이 그녀가 원하는 조건이었소. 이미 눈치를 챈 사람도 있겠지만, 그녀에게 육체적으로 봉사한 대가로 나는 개인택시 구입 자금을 마련할 수 있었소. (144쪽)

어느 날, 육십대의 영감이 아버지를 찾아왔다. 하지만 무슨 이유 때문인지 영감이 나타나자 아버지는 슬그머니 자리를 피했다. 영감은 언니에게 네가 소진이냐? 하고 음충맞은 표정으로 물었다. 언니가 네, 하고 대답하자 그래, 아주 실하게 생겼구나, 하며 언니의 몸을 훑어보았다. 언니가 무슨 일이죠? 하고 묻자 아니, 별일 아니다, 하며 영감을 딴청을 부렸다. 잠시 그렇게 서서 방안을 힐끔거리던 영감이 다시 언니에게 말했다. 내가 내일 널 데리러 올 테니 준비하고 있거라.

자리를 피했던 아버지는 저녁 무렵에 술에 취해 집으로 돌아왔다. 언니와 내가 영감의 정체를 물었다. 방 한가운데 죄인처럼 죽치고 앉은 아버지는 고개를 떨군 채 아무 말도 하지 못했다. 언니가 아버지의 손을 잡으며 괜찮으니 말씀해 보세요, 하고 말하자 고개를 숙인 채 내가 죽일 놈이다, 내가 죽일 놈이야, 하고 탄식하는 어조로 말을 뱉었다. 또 무슨 일을 저질렀는데요? 하고 내가 소리치

자 아버지가 고개를 옆으로 돌려 우리를 외면하며 노름빚이 육천이
다, 하고 말했다. 나는 그때 노름빚 육천 원 때문에 그 영감이 이
높은 산동네까지 찾아왔단 말인가, 하고 어처구니없다는 생각을 했
다. 하지만 아버지가 언니의 손을 잡으며 한 삼년 좋은 집에 가서
살다오너라, 하고 말했을 때 비로소 아버지가 졌다는 노름빚이 육
천 원은 아닌 것 같다는 생각을 했다. 육천 원이 아니라 육천만 원
이었던 것이다. (157쪽)

어쨌거나 작가는 이 작품을 통해 썩을 대로 썩은 우리 현대 사회의
한 단면을 적나라하게 까발리고 있는데, 그럴 듯하다. 리얼리티가 있다
는 말이다. 작가가 제사로 삼은 신문기사는 우리가 신문의 사회면을 통
해 늘상 접하는 평범한 기사에 지나지 않는다. 이 신문기사가 실제의 것
인지 아니든지 간에 어쨌든 작가는 이 기사를 근간으로 하여 재미있는
한 편의 세태소설을 만들어 내었다. 작가의 기발한 상상력이 돋보인다.
「마천야록」은 그동안의 박상우의 작품 경향과는 완전히 다른 소설이
다. 문체도 많이 달라졌다. 예전의 그의 소설들은 심각한 주제 의식을
지닌, 무거운 느낌이 드는 작품들이었다. 따라서 잘 읽히지가 않았다.
그러나 「마천야록」은 재미있게 읽힌다. 박상우가 이런 소설을, 이렇게
재미있게 쓸 수 있는 능력을 지니고 있다는 사실을 확인케 한다는 점
에서 볼 때 「마천야록」은 주목할 만한 작품이라고 하겠다.
사족 하나. 제목 '마천야록'은 어떻게 지어졌을까라는 문제이다. 혹시
「매천야록(梅泉夜錄)」을 본뜬 것은 아닐까? 경술국치 당시, 자결한 우
국지사 시인 황매천(黃梅泉)이 지은 책 말이다. 물론 '마천야록'은 한
자가 병기되어 있지 않지만, 작품의 스토리로 미루어 볼 때 '어느 날
밤 마천동에서 일어난 한 사건의 기록'이라는 뜻을 담고 있을 것이다.
그러니까 '야록'은 한자로 '夜錄'이라고 써야 할 듯싶다. 어쨌든 작가
는 '매천야록'을 본떠 제목을 '마천야록'이라고 붙임으로써 독자들로

하여금 호기심을 불러일으키려 하지 않았을까? 제목만 보아서는 꽤 거창한 역사의 기록물일 것이라는 생각이 든다. 이러한 필자의 생각은 그야말로 아무 쓰잘 데 없는 사족일까 모르겠다. 요컨대, '마천야록'은 작품의 스토리를 암시하면서도 아주 그럴듯한, 멋이 배어 있는 제목이라고 생각된다.

4. 여성소설과 남성소설

지금까지 올 봄에 발표되었던 남성작가들의 작품들 중에서 읽는 재미로 보나 작품의 완성도로 볼 때 뛰어나다고 생각하는 두 편의 중·단편을 살펴보았다. 그 결과 남성작가들이 쓴 작품은 여성작가들이 쓴 작품과는 확실히 다른 특징을 하나 발견하였다. 여성작가들이 쓴, 이른바 여성소설에서는 주로 여성의 관심사와 여성 문제에 초점을 맞추고 있으나(「문학과 창작」4월, 5월호에 실린 필자의 소설평은 모두 다섯 명의 여성작가들이 쓴 여성소설을 다루고 있는데, 이들은 한결같이 여성의 관심사와 여성의 문제에 초점을 맞추고 있다.) 남성작가들이 쓴 작품들은 그렇지 않다는 점이다. 다시 말하자면 남성작가들이 쓴 남성소설이라고 해서 남성의 관심사와 남성 문제에 초점을 맞추고 있지는 않다는 것이다. 남성소설에서는 여성소설과 달리 남성·여성 모두의 문제, 즉 '우리 인생살이의 전반적인 문제'를 다루고 있다. 여성소설이라는 용어가 널리 통용되고 있는데 비하여 남성소설이 그렇지 않은 까닭은 바로 이와 같은 근본적인 차이점에서부터 비롯된 것이 아닌가 한다.

여성소설의 주된 화제가 복잡미묘한 여성의 내면세계 혹은 시시콜콜한 가정사에 치우쳐, 소설의 기본 요소라고 할 수 있는 서사성이 현저히 약화되어 있는데 반하여, 남성소설은 그렇지 않다는 점도 지적해두고 싶다. 그래서 여성소설은 남성소설에 비하여 소설 읽는 재미가 덜한 편이다. 서사성, 즉 탄탄한 이야기 구조가 결여되어 있기 때문이다. 이러한 관점에서 본다면 김병언, 박상우의 소설은 튼실한 서사적 구조를 지니고 있다. 따라서 무엇보다도 재미있게, 흥미롭게 읽힌다. 차제에 남성작가들은 현재 우리 작단(作壇)이 잃어버린 서사성을 다시 복원시키는 데에 온 힘을 기울여야 하리라 본다. 바로 이러한 면에 창작의 초점을 맞춘다면, 지금 우리가 당면하고 있는 소설의 위기 상황을 슬기롭게 극복할 수 있으리라고 생각한다.

우리 시대의 이야기꾼들

∘ 박완서, 「후남아, 밥먹어라」(『창작과 비평』, 2003년 여름호)
∘ 한창훈, 「청춘가를 불러요」(『실천문학』, 2003년 여름호)
∘ 이기호, 「최순덕 성령충만기」(『현대문학』, 2003년 6월호)

1.

박완서는 일흔이 넘은 고령임에도 불구하고 간단없이 작품을 발표함으로써 왕성한 필력을 자랑하고 있다. 그런데 그 선보이는 작품들마다 하나같이 잔잔한 감동을 불러일으키고 있다. 칠십여 년이라는 물리적 시간을 살아온 삶의 연륜이 이야기 속에 자연스럽게 녹아 있기 때문이다.

박완서가 작품을 통해 들려주는 이야기는 마치 어떤 할머니가 나직한 목소리로 수다를 떨고 있는 듯한 느낌을 갖게 한다. 인생을 살만큼 살아온, 나이 지긋한 할머니가 특유의 달변으로 우리네 인생살이의 한 모습을 맛깔나게 이야기하듯이 말이다. **「후남아, 밥먹어라」**가 그러하다. 이 작품 역시 마치 작가 박완서가 우리들 옆에서 조용조용 수다를 떨면서 어떤 재미있는 이야기를 들려주고 있는 듯하다. 그만큼 이야기가 자연스럽게 전개되고 또한 흥미로우며 나아가 평범하게 살아가는 사람들의 삶의 의미를 되새겨 보게 하고 있다.

「후남아, 밥먹어라」는 일단 제목이 색다른데, 작품을 다 읽고 나면 그 의미를 비로소 알 수 있게 된다. 주인공인 '앤'은 '오남매의 가운데여서 위로 언니가 둘 아래로 남동생이 둘'인 여인이다. 일찍이 미국 교포와 결혼하여 미국에서 30년이 넘게 살아왔다. '앤'이라는 미국식 이름은 그녀의 친정 성인 '안'을 따온 것이다. 결혼하자마자 남편을 따라 미국으로 가서 정신 없이 살던 '앤'은, 아버지의 부음을 듣고 '미국으로 시집간 지 30년만에 처음 친정 나들이'를 한다. '누구 팔에 먼저 안겨야 좋을지 모를 만큼 많은 일가친척들의 마중을 받은' 그녀는 아버지의 사십구재까지 치르면서 형제들, 친척들의 환대를 받고 미국으로 돌아간다. 그러나 그녀는 심한 우울증을 앓는다. 뒤늦게 불이 지펴진 향수병 때문이었다. 남편은 '한국하고도 서울을 마치 정숙한 아내의 마음을 빼앗은 외간남자처럼 인격화하면서 걷잡을 수 없는 적의를' 느낀다. 그렇게 지내던 중에 그녀가 다시 한번 귀국할 빌미가 생긴다. 어머니가 치매를 앓고 있다는 것이다. 어쩌다가 정신이 돌아오면 '우리 딸 막내 어디 가서 밥이나 안 굶나'라는 혼잣말을 한다는 큰언니의 말을 들은 그녀는 3년만에 또다시 한국 땅을 밟는다. 큰언니의 집에서 하룻밤을 보낸 그녀는 조카며느리의 안내로 어머니가 계신 여주로 내려간다. 어머니는 아들, 딸네집을 마다하고 어머니의 언니, 즉 이모가 사는 시골을 원했기 때문이었다. '앤'은 어머니와 마주하지만 어머니는 예의 별 반응이 없다.

> (……) 그러니까 혹시 집이 비어 있을지도 모른다고 했는데 인기 척에 두 노인이 안방에서 손을 잡고 나왔다. 처음엔 누가 어머니인지 앤이 분간을 못할 정도로 두 노인은 닮아 있었다. 한 노인이 다른 노인에게
> "네 미국딸 왔다. 너 보러 미국서 여기까지 왔대. 아는 척 좀 해봐, 이 등신아."

그제야 앤은 등신이라고 불린 노인을 얼싸안으며 목멘 소리를
질렀다.

"엄마, 나야 나. 딸막내. 엄마의 딸막내. 뭐라고 좀 그래봐. 미국
서 여기까지 엄마 보러 왔단 말야. 착한 딸막내가."

그러나 어머니의 표정에는 어떤 변화도 읽을 수 없었다. 세 사람
은 어둑한 안방에 들어앉고 조카며느리는 구경꾼처럼 조금 떨어져
서 있었다. 이윽고 어머니의 흐릿한 눈동자에 어떤 느낌이 들어오
는 듯하더니 밥먹고 가야지 하면서 일어서려고 했다.

"이모, 엄마가 날 알아봤어요, 밥먹고 가라지 않아요."

"야, 그건 누구한테든지 느이 엄마가 하는 소리야. 느이 엄마가
할 수 있는 소리는 밥, 똥 그런 것밖에 몇마디 안돼야."

이모는 흥분하는 앤에게 이렇게 찬물을 끼얹으면서 뭉그적거리
며 일어나서려는 동생의 어깨를 찍어눌렀다. 조카며느리도 맞아요,
그 소리는 저한테도 하시는 걸요, 라고 서늘한 목소리로 맞장구를
쳤다. 딸막내 왔다고 아무리 외쳐봐도 그 이상의 반응은 얻어내지
못했다. (112-113쪽)

실망한 그녀는 집을 나와 동네를 산책하다가 뜻밖에 어머니가 자기
를 부르는 소리에 깜짝 놀란다.

"후남아, 밥먹어라. 후남아, 밥먹어라."

어머니가 저만치 짧게 커트한 백발을 휘날리며 그녀를 부르며
달려오고 있었다. 아아 저 소리, 생전 녹슬 것 같지 않게 쇠되고 억
척스러운 저 목소리, 그녀는 그 목소리를 얼마나 지겨워했던가. 밖
에서 놀이에 정신이 팔려 있을 때나 동무 집에서 같이 숙제를 하고
있을 때도 온 동네를 악을 악을 쓰면서 찾아다니는 저 목소리가 들
리면 그녀는 어디론지 숨고 싶었다. 왜 그냥 이름만 불러도 되는
것을 꼭 밥먹어라는 붙이는지.

(…… 중략 ……)

"후남아, 밥먹어라, 후남아 밥먹어라"

백발의 어머니가 젊고 힘찬 목소리로 악을 악을 쓰고 있었다.

하여튼 우리 엄마 밥 좋아하는 건 알아줘야 해. 아들자식을 원할 때도 그런 마음이었겠지만 딸들 앞에서 아들을 특별대우할 때도 변명처럼 말하곤 했다. 야아는 제삿밥 떠놓을 애니까라고, 아아, 가엾은 우리 엄마. 그녀는 달려오는 엄마를 한길 한가운데서 맞이했다.

"어딜 갔었냐, 밥 뜸드는데. 야아는 꼭 끼니때면 싸돌아다닌다니까."

그것도 어려서 많이 듣던 소리였다.

"엄마 나 알아? 나 후남인 거, 알아보고 하는 소리야"

"야아가 에미를 놀리네. 밥 다 타겠다. 어여 가자."

아닌게아니라 집안에서 밥 뜸드는 냄새가 구수하고, 부뚜막 앞에 서 있던 이모와 조카며느리와 그밖의 낯선 여자들이 신기한 얼굴로 제각기 한 마디씩 했다.

"미국딸 보고 정신이 돌아오셨나봐요. 안 그래요? 아주머니."

"얼마나 보고 싶었으면 진작 오시지." (113 - 115쪽)

밥은 굶지 않고 잘 사는지, '딸막내'의 안위를 늘 궁금해 하던 어머니가 그 딸을 보자 정신을 차리고 잠시나마 그 옛날의 어머니로 다시 돌아가 직접 밥을 지은 것이다.

이러한 이야기를 통해 작가는 우리네 인생살이의 여러 풍경들을 제시하여 독자들로 하여금 삶의 의미를 곱씹어 보게 하고 있다. 미국 교포들의 삶과 한국인들의 삶에 대한 대비, 최근에 들어 심각한 사회 문제가 되고 있는 노인들의 치매, 우리들의 무의식 속에 깊숙이 자리한 어렸을 때의 원초적인 기억과 추억 등, 이 작품에는 평범한 사람들의 삶에 대한 이야기가 오붓하게 담겨 있다. 특히 '후남이'(작품 속에는 한자가 병기되어 있지 않지만, 군이 한자로 표기한다면 '후남'은 '後男' 이 될 것이다)라는 이름을 둘러싼 이야기가 재미있다.

어렸을 때는 밥먹어라 소리가 그리도 듣기 싫더니 자라면서 후남이라는 이름을 더 싫어하게 되었다. 학교 선생님이 출석을 부르다가

그녀를 한번 볼 거 두 번 보면서 이상하게 웃는 것도 기분 나빴는
데 너 사내동생 봤냐? 혹은 너 몇째딸이야? 이렇게 물어보는 어른도
있었다. 그녀의 동기간들은 다 병자돌림이었다. 언니들 이름에도 병
자를 넣어 지었는데 그녀의 이름만 얻어온 자식처럼 항렬자에서 제
외시켰다. 밑으로 사내 동생을 보라고 그렇게 지었다는 걸 나중에
알았다. 투박하기 이를 데 없는 어머니가 어쩌다 딸에게 애정표현을
할 때도, 밑으로 사내동생을 줄줄이 둘이나 본 신통한 내 새끼, 하
는 식이었다. 그럼 난 오직 사내동생을 보기 위해 태어났단 말인가.
처음부터 자식의 고유한 존재가치를 인정하지 않은 이름을 지은 부
모, 고유한 존재가치 없이 태어난 인생, 둘 다 싫었다. (114쪽)

최근에는 별로 그렇지 않지만, 예전에는 딸을 그만 낳고 아들을 보
려는 소망에서 비롯된 고만이·말자(末子)·끝순이·말숙이(末淑)·말
순이(末順) 등의 이름들이 실제로 지어졌던 것이다.

삶의 연륜으로부터 비롯된 깊은 통찰력으로 우리네 삶의 여러 편린들
을 소설로 형상화하여, 옛날 이야기하듯이 가만가만 이야기해주는 박완
서는 이 시대의 훌륭한 이야기꾼이 아닐 수 없다. 작가와 동시대에 살면
서 작가의 구수한 삶의 이야기를 들을 수 있다는 사실은, 소설을 향수
(享受)하는 우리 독자들로서는 커다란 행운이자 즐거움이라 할 것이다.

2.

한창훈의 「**청춘가를 불러요**」는 홀로 사는 시골 노인들의 삶의 한
단면을 잡아낸 작품이다. 그런데 주로 성적(性的)인 면에 초점을 맞추
어서 이야기를 전개시키고 있기 때문에 흥미롭긴 하지만, 좀 민망해 보
이는 부분도 없지 않아 있다.

「청춘가를 불러요」는 이렇다 할 사건이나 줄거리가 없을 정도로 단순하다. 한가롭게 느릿느릿 살아가는 농촌 노인들의 이야기이기 때문이다.

칠십이 다 된 손여사는 10년째 혼자 살고 있다. 어느 날 손여사가 방 안에서 화장을 하고 있는데 '죽은 남편 살아 있을 때부터 내남없이 너나들이로 가까운 사이'인 '이 영감'이 트랙터를 타고 찾아온다. '내일 모리 고추모하는디 좀 와' 달라는 이야기를 하러 온 것이다. 영감이 손여사에게 커피를 마시고 싶다고 하여 손여사가 주방에서 커피를 끓이는 동안, 영감은 리모콘을 무심코 누르게 되어 뜻밖에도 외국 포르노 비디오를 보게 된다. 아들이 '기특하게도' 혼자 사는 노모의 심심파적을 위해 갖다 준 것이다. 두 노인네는 포르노 비디오를 보면서 이런저런 이야기를 나눈다. 손여사가 우연히 신문을 보다가 노인들의 성생활을 담은 '죽어도 좋아'라는 영화 광고를 보고 아들에게 묻자, 아들이 어머니를 모시고 같이 영화관람을 한 이야기, 그 후에 또 아들이 포르노 테이프를 가져와 아들과 같이 그것을 본 이야기 등을 손여사가 하고 이 영감은 듣는다. 그리고 간간이 손여사는 죽은 남편 생각도 한다. 비디오가 끝나자 이 영감은 다시 트랙터를 타고 돌아간다.

> 식전부터 그악스럽게 울어대던 까치 떼가 갈아엎어놓은 논으로 밭으로 주전부리하러 날아가 조용해진 주변 공기를 느닷없이 울려대는 것은 다름 아닌 트랙터였다. (188쪽)

> 다시 골골거리는 트랙터 엔진이 살아났다가 점차 멀어졌다. 다시 조용해진 자리에 주전부리를 마치고 돌아온 까치 떼들이 깍깍 해를 보고 울어댔다. (208쪽)

「청춘가를 불러요」의 서두와 끝부분이다. 시끄럽게 울어대던 까치떼가 날아가고 대신 트랙터 소리가 울리면서 시작된 이 작품은, 트랙터 소리가 사라지고 다시 까치떼들의 소리가 들리면서 끝이 난다.

이처럼 이 작품은 매우 단순한 구조와 줄거리로 이루어져 있지만, 보기에 따라서는 낯이 붉어지는, 민망한 이야기를 담고 있는 것이 사실이다. 일흔이 다 되었으나, 서로 남남인 할머니 할아버지가 노골적인 성애 장면을 보여주는 포르노 테이프를 본다든가, 노모가 아들과 함께 '죽어도 좋아'라는 영화를 관람한다는 것은 그렇다 치더라도, 낯 뜨거운 장면이 연출되는 포르노 비디오를 같이 본다는 이야기의 설정은 좀 그렇지 않나 싶다. 그렇지만 작가는 아무렇지도 않은 듯이 천연덕스러운 어조로, 능청스럽게 이야기를 해내가고 있다.

> 남녀는 벗고 있었고, 그리고 하고 있었다. 하고 있는 것도 한국 삼류 영화처럼 어중간하게 벗고 어중간하게 붙어 어중간하게 신음 내는 그런 장면이 아니었다. 남자는 태양이 내리쬐는 바닷가 모래밭에 누워 물건을 잔뜩 세우고 있고, 젖통을 출렁거리며 막 물 속에서 나온 여자는 옴폭 들어간 곳에 몇 가닥 털을 달고 빙빙 돌며 뭐라고 씨부렁거리고 있었다.
> "그것 보시는규?"
> "이렇게 재미난 게 원제 또 생겼댜?"
> 이 노인은 약간 쑥스러운 얼굴로 찻잔을 맞이하면서도 눈은 사팔뜨기처럼 한쪽으로만 돌아갔다.
> "아들놈이 가져다준 거유."
> "성환이가? 거 기특허군."
> "기특하지."
> "아따, 그놈. 양놈은 좆도 크다더니 크기는 하군." (192쪽)

아들은 쑥스러운 얼굴로 테이프를 집어넣고 플레이 버튼을 눌렀다. 자막이 지나가고 서양 어느 고속도로 고가에 차가 나타났다. 차는 갓길에 섰다. 선글라스 쓴 사내가 차에 기대서서 오른쪽을 두리번거리고 있고 은발의 여자가 무릎을 꿇고 다가갔다.

"뭐하는 거다니?"

"해튼, 보시면 알유."

여자가 사내의 물건을 꺼내 입으로 빨기 시작했다. 사내의 것은 부풀어 오르고 여자 입은 밭일 새참에 배추쌈 하듯 미어터졌다.

"대낮에 저게 먼 지랄이랴."

"저런 영화는 원래 다 저런규."

흐음, 손 여사는 입을 다물었다. 사내가 일을 끝내자 화면은 무슨 파티 장소로 바뀌었다. 사내 여자 댓씩 뒤섞여 마시고 놀고 하는데 오래 가지 않아 한 쌍은 침대에 가서 반듯하게 하고 또 한 쌍은 부엌에 가서 뒤로 하고 또 한 쌍은 그냥 소파에 널부러진 채 서로 빨아댔다.

"좀 그렇쥬?"

"글쎄다." (202쪽)

아들과 같이 포르노를 보던 어머니는, 돌연히 아들에게 며느리에게 건너갈 것을 권하는데, 웃음이 나오지 않을 수 없다.

"생각 있으믄 건너가."

"아이구 엄니, 아니유."

"괜찮여, 윈지 내가 느이들한티 못되게 구니? 나도 그런 시엄시 되기 싫여."

"혹시 저 있어서 불편해서 그류?"

"아녀, 야. 나는 순전히 니 생각으루다가……."

"엄니두 한번 생각해 보유. 저거 보다가 내가 지금 건너가믄 좀 그렇잖유."

"그려, 니 말이 맞다. 좀 있다가 가, 그럼." (204쪽)

일혼이 다 된 두 노인네가, 또는 노모와 아들이 함께 낯 뜨거운 외국산 포르노 비디오테이프를 본다는 것은 우리 보통 사람들 생각으로는 언뜻 수긍이 가지 않는 행동이라고 생각되지만, 소설 속의 인물들은 그렇지 않은 모양이다.

 "글쎄, 그것이 이상한 눈으로다가 보믄 이상한 것인데, 세상 칠
십 가까이 살고 나니께 그런 것 따지는 것도 성가시지 않유?"
 "내 말이 그말이유."
 대답을 하며 이 영감은 새로 나타난 화면에 눈을 보냈다.
 "용서 못할 게 읎드라 이 말이지." (201쪽)

 "사실 제가 엄니랑 이것을 보믄 좀 이상할 것 같었슈, 근디."
 "근디?"
 "생각버딤 아무시랑토 않네유."
 "그려? 하긴 나두 그렇다. 저런 징그런 짓거리만 읎다면 말이다."
 "저두 그류. 이상해유. 아주 불편하구 서먹서먹할 것 같았었는
디……. 좀 징그럽기는 하쥬?" (205쪽)

 일찍이 두보는 인생칠십고래희(人生七十古來稀)라고 노래하였고, 공
자는 사람이 일흔 살에 이르면 어떠한 행동을 하더라도 법에 어긋나지
않는다(不踰矩)라고 하지 않았던가? 그러니 위의 인용문에 나타나 있다
시피, 사람이 70년 정도를 살고 나면 잡다한 세상사가 이상하게 보일
것도 없을 터이다. 또한 아들이 십년이 넘게 혼자 살아온 칠순의 노모
를 위해 심심파적으로 같이 포르노 비디오를 볼 수도 있는 일이 아닌
가? 그래서 아들은 어머니와 같이 포르노를 보다 말고 아래와 같이 근
심어린 말을 건네게 되는 것이다.

 "그러게 말유. 근디 엄니?"
 "왜?"
 "아무래도 쓸쓸하시쥬?"
 "쓸쓸? 쓸개 두 개를 쓸쓸이라고 하는겨. 아니믄 새로 나온 개

종자 이름인겨. (205쪽)

　이처럼 포르노 비디오라는 다소 엉뚱한 소재를 바탕으로 하여 걸쭉한 농담으로 농촌 노인네들의 이야기를 풀어내고 있는 작가의 필치는, 따라서 해학적일 수밖에 없다.

　　"얼른 들어오유. 풀렸다 해두 우리덜 나이에는 새 날아가는 소리두 추운 법이니께." (189쪽)

　　탁, 문 닫히고 흰색에 가까운 반백의 이 영감이 들어섰다. 죽은 남편 살아있을 때부터 내남없이 너나들이로 가까운 사이였는데 오는 백발 막지 못하는 건 힘 좋은 사내도 매일반이라, 세월 착실히 쌓여 있는 모습이다. (189쪽)

　　내려오는 말에, 밥 얻어먹으러 온 거지에게 아이를 잠깐만 봐주면 한상 잘 차려주겠다고 하자 그 길로 삼십 리를 내뺐다고 하지 않던가. 밭 매면 깨끗한 고랑 생기고 나물 캐면 반찬이 생기고 하다못해 마당을 쓸더라도 마을 훈장이 지나가다 한 번 더 돌아보는 법인데, 종일 아이 보는 것은 밑 빠진 독에 물 붓는 격의 대표 격으로 어디 백과사전에 올려놓아도 이견이 없을 거였다. (190쪽)

　　물론 손 여사는 아들과 대처로 시집 나간 딸 셋을 손수 키웠고 손자 또한 손과 눈이 저절로 가는 피붙이라 돌보는 게 괴롭지만은 않았다. (190쪽)

　　"초상화 다 끝났으니께(화장이 다 끝났으니: 필자 주) 금방 타 디리께유. 아닌게 아니라 내가 손님 앉혀두고 시절 피고 있었구먼." (191쪽)

　　그러는 사이에 두 사람은 들어가는 구멍을 나오는 구멍에 서로 대고 한참이나 시간을 보내다가 이윽고 맞춰졌다. (192 – 193쪽)

"그러실겨. 시골서는 소 몰다 경운기 몰구 그러다 트랙터 운전대라도 잡아보는 게 가장 큰 출세라 시내 극장 구경이라두 해봤남 몰라." (193쪽)

"오뉴월 염천 더위의 화롯불도 쬐다 물러나믄 섭섭헌디 저 재미난 것이 끝이니 더 섭하지." (193쪽)

"그럼 이것이라두 다시 돌려보유. 당최 씨암탉 잡아놓구 마늘쪽만 삼킨 것처럼 허전하구 밑 안 닦은 것처럼 불편해서 이거 원."
"아이구, 무슨 몸에 좋은 것이라구 탐해 싼디야."
"사서삼경 외구 나서두 가이 새끼들 담벼락에서 붙어먹는 것에 저절로 눈이 가는 것이 사람인디, 대놓구 보라고 떡 치는 것이야 말 다했지. 두고 느루 보는 사람도 있는디 뭐."
"사서는 사짜로 외구 삼경은 경치게 외우셨구먼. 일 때문에 바쁘잖유?"
"왜, 보다가 내가 워치께 할 것 같아서?"
"호호, 지나가는 경운기가 들으면 웃것슈." (194쪽)

대신 이야기의 시작과 끝이 하룻저녁에 모두 끝나는 영화가 더 나왔다. 어쩌면 그게 한 시절 살아보니 사람살이라는 게 영 싱겁기도 하고 제자리에서 뿌리내리고 평생 사는 나무처럼 지루한 것 같기도 해서 더욱 그랬다. (195쪽)

"꽃 보믄 흥나는 게 늙었다구 다르것슈?" (207쪽)

"그런다구 일 못할라구. 술 중에서는 외상술이 가장 맛나고 거시기 중에서는 통지기(서방질 잘 하는 계집종, 또는 음탕한 계집을 일컫는 말: 필자 주) 오입이 최고라더니 느닷없는 영화 한 편에 눈이 다 밝아졌네그랴." (207쪽)

「청춘가」라는 옛날 노래가 영화 '죽어도 좋아'의 시작부터 흘러나오는 것을 보고 손여사가 틈틈이 흥얼거리는데, 그래서 제목을 「청춘가를 불러요」로 삼은 듯하다.

어쨌거나 한창훈은 포르노 테이프라는 생뚱맞은 소재로 소외계층이라 할 수 있는 농촌 노인들의 삶의 한 모습을 질박한 입심으로 재미있게 그려내었다. 한창훈 역시 이 시대의 뛰어난 이야기꾼인 것이다. 실제로 작가는 농촌에 기거하면서 농민 또는 어민들의 소박한 삶의 모습을 해학적으로 그려낸 작품들을 지속적으로 발표하고 있다. 따라서 그의 이와 같은 소설들은 김유정·채만식으로부터 비롯되어 최근의 이문구·윤흥길에 이어 작가 자신에 이르기까지 건강한 해학과 골계 정신을 계승하고 있다는 점에서 볼 때, 우리 문학사에 있어서 소중한 작품들이라고 하지 않을 수 없다.

3.

이기호의 「**최순덕 성령충만기**」는 무엇보다도 서술 방식이 독특하다. 작품을 읽지 않아도 제목을 통해 '최순덕'이라는 작중인물이 하나님의 성령을 충만하게 받는 이야기라는 것쯤은 쉽게 추측할 수 있는데, 서술 구조 또한 기독교의 경전인 성경의 방식과 동일하다.

맨 앞에 큰 글씨체로 장수(章數)가 표시되고, 작은 크기의 숫자로 절을 표시하는 성경의 서술방식이 그대로 이 작품에 차용되어 나타난다. 문체도 마찬가지이다. 말하자면 이런 식이다.

> 1 하나님의 종 하나님의 의인 최순덕에게 내린 성령의 감화감동 이야기라 이곳에 하나의 보탬과 빠짐 없이 기록하노니

2 이는 대저 믿는 자에게 내린 성령충만의 산 역사요 증거더라

3 서울땅 아현동에 스물두 살 된 처녀가 한 명 살았으니 그 이름이 최순덕이더라

4 순덕은 이미 그 어미 뱃속에서부터 하나님의 규례대로 흠 없이 산 자이니 성경으로 글자를 배우고 회당을 놀이터 삼아 자라난 자이더라

5 순덕의 아비와 어미 역시 믿음이 신실한 자들이니 그 아비는 교회 버스 운전사요 그 어미는 교회 사찰집사이거늘 온 가족이 집에서 보는 시간보다 교회에서 접하는 시간이 더 많았더라

6 순덕의 어미는 언제나 딸에게 일러 가로되 순덕아 순덕아 하나밖에 없는 내 딸아 세상만물을 창조하신 분은 하늘에 계신 하나님이요 세상만사를 주재하시는 분 역시 하나님이시니 언제나 그분을 생각하고 찬양하거라 (122쪽)

이처럼 오로지 하나님의 뜻에 따라 태어나고 자라난 '순덕'은 초, 중, 고를 다니긴 하였으나 수업 시간에도 오직 성경 공부만을 하였다. 당연히 대학에 낙방한 그녀는 '어머니와 함께 교회에서 밥을 먹고 교회에서 기도하고 교회에서 찬양 드리고 늦은 밤이 다 되어서야 집으로 돌아가는' 생활을 반복하였다. 이를 지켜보던 전도사는 순덕을 불러 '하나님께서 너를 이 땅에 보내신 데에는 다 그만한 연유가 있고 따로 쓰심을 작정하셨을 터인데 네 어찌 그를 외면하고 교회 안에만 머물려 애쓰는가'라고 말하면서 간절히 기도하여 하나님이 자신을 세상에 보낸 의미를 깨달으라고 충고한다. 순덕은 이에 따라 교회는 주일에만 나가고 편의점, 주유소, 백화점, 패스트푸드점 등을 전전하며 사회적인 고행을 시작한다. 그러던 어느 날 순덕이 아르바이트를 마치고 동료 처녀와 함께 인적 드문 골목길을 걸어가다가, 이른바 '바바리맨'을 만난다. 알몸에다가 바바리코트만 입고 여자 앞에서 박쥐처럼 날개를 펼쳐 자신의 성기를 드러내 보이는 변태성욕자 말이다. 동료의 팔에 이끌려 그곳

을 벗어난 순덕은, 동료에게서 '저렇게 홀딱 벗는 자의 이름이 아담이다'라는 말을 듣고, 비로소 하나님이 자신을 세상에 보낸 의미를 깨닫게 된다. 그것은 바로 '아담을 전도하여 하나님의 의인으로 만'드는 것이었다. 그로부터 순덕은 그를 다시 만나기 위해 같은 장소에서 열흘간 잠복하다가 또 그 짓을 하는 그를 목격한다. 며칠 동안 그의 뒤를 밟은 그녀는 그의 신상에 관한 모든 정보를 수집한다.

1 그 후 순덕은 수 일 동안 아담의 뒤를 밟으며 그의 직업과 가족관계 친구관계 등을 알아냈으니

2 아담의 직업은 영등포에 자리잡은 한 간호조무사학원의 총무더라 그곳에서 수강생들의 출석 관리와 수강료 납부 외부강사 출강료 지불과 교보재 준비 졸업생들의 취업 알선 등의 업무를 보는지라

3 학원의 원장도 여자요 외부 강사들도 여자요 수강생들도 모두 처녀더라

4 아담 주위의 여자는 그뿐만 아니었으니 모시고 사는 어머니와 아내 그리고 초등학교 사학년과 일학년인 자식 모두 여자이더라

5 아담은 매일 아침 여섯 시 오십 분에 출근하여 저녁 여덟시쯤 집으로 돌아가니 자주 술잔을 기울이는 친구가 있는 것도 아니요 남다른 취미활동이나 여가활동을 즐기는 법도 없더라

6 담배를 끊으라는 아내의 잔소리가 듣기 싫어 집 밖에서 몰래 담배를 피우고 들어갔고 출근하기 전 학원 앞 약국에 들러 박카스를 사 마시는 습관이 있었으며 며느리와 사이가 좋지 않은 어머니의 하소연을 현관문 앞에서 묵묵히 듣는 날이 많았더라

7 아담의 아내는 목소리가 큰 여자이니 그 음성이 집 밖으로 새어나올 때가 종종 있었거늘

8 아내의 음성은 대부분 세속의 금전과 관계된 것들이더라 아이들의 학원비와 시어머니의 관절염 약값과 돌아오는 곗돈에 관한 것들이더라

9 이에 아담은 별다른 대꾸하는 법도 없었고 그럴수록 아내의

목소리는 더욱더 높게만 울려퍼지니 동네사람들이 한 목소리로 잠
좀 자자고 고함을 지르는 날이 잦더라 (134-35쪽)

이처럼 여자들에 둘러싸여 기를 못펴는, 나약한 소시민인 '아담'의
스트레스 해소책은 짧은 시간이나마 '바바리맨'이 되어 여자들을 놀라
게 하는 것이었다. 하여튼 순덕은 그를 매일 쫓아다니며 전도를 하였
으나 그는 미동도 하지 않는다. 그러나 '순덕의 간절한 기도에 하나님
께서 응답'을 한다. 그녀가 그날도 그의 집 근처에서 잠복하고 있을
때, 아내의 욕을 들으면서 쫓겨나오는 그를 발견한다. 그리고는 흥분한
다. 바바리가 들어있는 '낯 익은 검은 가방'이 그의 손에 들려 있었기
때문이다. 순덕은 그가 행하는 죄악을 자신이 돌아보게 함으로써, 회개
를 하여 하나님의 품 안으로 들어오게 하려는 계획으로 그 장소까지
미행을 하고는 숨는다. 그러나 여자들이 몇 번씩 지나가도 아무런 반
응을 보이지 않자, 오히려 그녀가 그에게 달려가 옷을 벗겨 낸다.

39 순덕이 거친 손길로 아담의 바지를 벗겨내고 마지막 남은 트
렁크 팬티마저 벗겨내니 아담의 작은 성기가 드러나는지라 그때까
지도 아담은 순덕이 하는 일을 막지 않고 힘없이 팔을 늘어뜨린 채
움직이지 않더라
40 이제 남은 것은 검은 가방 속 바라리코트를 입히는 일이오
바바리코트를 입은 아담을 제 눈으로 확인하는 일 뿐이었으니 그래
야만 저가 처음 본 죄악이 완성되는 것이더라
41 순덕은 거침없이 검은 가방의 지퍼를 열고 거꾸로 쏟아내었
더라
42 허나 보아라 검은 가방에서 떨어진 것은 무엇이뇨
43 잘 개켜진 수건 몇 장과 오래된 사진 몇 장 남루한 양복 한
벌과 속옷 몇 장 그리고 주택청약통장과 담배 두 갑 뿐이었거늘
44 순덕이 그를 보고 바닥에 털썩 주저앉으니

45 어디선가 아담의 나직한 목소리가 들려오는 것 같더라

46 도망갈 수만 있다면 도망가고 싶었어요

47 또 어디선가 무요 배추요 싱싱한 채소요 하는 소리도 들려오니

48 순덕은 저가 지금 듣고 있는 소리 중 어느 것이 세상의 소리인지 알 수 없어 적이 혼란스러워하더라

49 지옥에서라도

50 싸고 좋은 파요 마늘이요

51 천국으로

52 앗다 양파 (145쪽)

이러한 사건으로 하여 결국 둘은 맺어진다. 그 후 순덕은 교회의 부흥회에서 남편을 회개시켜 주님의 어린 양으로 만든 전도 과정에 대한 간증을 한다.

1 그로부터 일 년하고도 반 년이 더 지난 어느 날 교회 설교대 앞에 순덕이 서니 때는 부흥회 둘쨋날 신앙간증 시간이더라

2 마이크 앞에서 크게 심호흡을 한 번 한 순덕이 두 눈을 감고 입을 여니 그 첫마디가

3 하나님의 크신 은혜에 영광 돌릴지어다

4 이에 성도들이 아멘으로 화답하니 회당 내 분위기가 사뭇 엄숙해지더라

5 순덕이 이어 가로되 저가 믿음 없는 남편을 처음 만난 것은 하나님이 저를 세상에 보낸 의미를 알지 못해 방황할 때였으니

6 하나님께서 저를 가엾이 여겨 남편을 전도하라는 사명을 내려 주셨사오니 이 어찌 축복이 아니겠느뇨

7 이에 성도들이 회당 맨 좌측 끝에 앉아 있던 한 남자를 바라보니 그가 바로 아담이요 현재의 순덕의 남편이더라

8 순덕이 이어 가로되 저가 기도가 부족해 남편의 전도를 포기하려 할 적에 하나님의 부름을 받은 남편이 자청해서 짐을 싸들고 찾아와 진실로 회개하니 이 얼마나 큰 성령의 감화감동이던가

9 비록 우리 부부 아직 세속의 법률로는 완벽한 부부가 아닐지어도 하나님의 성전 앞에서 부부간의 예를 맺었으니

10 지금은 비록 우리 부부 트럭을 몰고 다니며 야채를 팔고 있어도

11 이제 우리 두 생명 저물어 하나님이 부르신다 할지어도 저희가 부끄럼없이 하나님의 우편에 가 앉을 수 있사오니

12 신실한 믿음으로 그날만 기다릴지어다

13 하며 눈물을 흘릴진대 전 성도가 일어나 찬양하더라

14 모두 하나 되어 하나님의 복을 받으며 기도드리더라

15 이를 성도석에 앉아 가만히 듣고 있던 아담이 두 눈을 지그시 감고 나직이 속삭이니

16 이는 곧 아멘 아멘이더라 (145 – 146쪽)

이러한 웃지못할 이야기는 맹목적인 기독교 신도들을 풍자하는 어조로도 읽힐 수가 있지만, 그럴 듯하기는 하다. 이 세상 어느 구석에선가 이렇게 희한한 인연으로 맺어지는 남녀가 없으리라는 법은 없기 때문이다. 요컨대 「최순덕 성령충만기」는 있을 수 있을 법한, 흥미로운 이야기를 독창적인 서술 방식에 의해 풀어놓은 작품이다. 그래서 단숨에 읽힌다. 이는 순전히 실험적인 서술 방식으로 재미있는 이야기를 펼쳐놓은, 이 시대의 새로운 이야기꾼인 이기호의 작가적 역량에서 비롯된 것이다.

인간적인, 너무나 인간적인

○ 김　훈, 「화장(火葬)」(『문학동네』, 2003년 여름호)
○ 이나미, 「푸른 등불의 요코하마」(『한국문학』, 2003년 여름호)

1.

　김 훈의 「화장(火葬)」은 화자인 '나'와 두 여인을 축으로 하여 이야기가 전개되는 작품이다. 뇌종양으로 투병하다 고통스럽게 죽어가는 '나'의 아내와, 그 와중에서도 '나'가 연정을 품은 '나'의 부하 직원이 그 두 여인이다.

　'나'는 55세로서 잘 나가는 화장품 회사의 상무이다. 그에겐 약혼한 딸이 하나 있다. 남부러울 것이 없는 유복한 생활을 하고 있으나, 아내가 뇌종양에 걸려 두 차례 수술 끝에 비참한 투병 생활을 몇 년간 계속하고 있다. 또한 화자 자신도 만성전립선염으로 고생하고 있다. 평소에 오줌을 누지 못하고, 방광이 가득 차면 병원에 가서 요도에 관을 꽂아 오줌을 뽑아내는 처치를 반복하면서 살아가는 형편이다. 그래도 '나'는 간병인, 딸과 교대로 병간호를 하고 또한 회사 중역으로서 자신의 맡은 일을 다 한다. 이렇게 정신없는 생활을 영위하면서도 '나'는 신입 사원인 '추은주'에 대한 사랑을 몰래 키워나간다. 멀찌감치서 그녀의 모습을 바라보기만 하고 상상의 세계 속에서 사랑을 한다. 그러다가 아내가 맥없이 죽어버리자 '나'는 딸과 함께 아내를 화장시킨다. 화장시키고 돌아오는 길에 회사 직원으로부터 그녀가 사직서를 제출했다는 보고를 받는다. 외무공무원인 남편이 워싱턴으로 발령을 받아 미국으로 떠난다는 것이다. '나'는 허허로운 마음에 휩싸였음에도 불구하고 일상적인 일을 차근차근 해 나간다. 다음날 회사로 출근하여 중역회의를 주재하고 그녀의 사직서를 수리한다. 퇴근길에 비뇨기과에 들러 성기에 도뇨관을 꽂고 두 시간 동안 누워서 오줌을 뽑아낸다. 아무도 없는 집에 돌아와서는 아내가 애지중지하던, 이젠 돌볼 사람이 없는 개를 동물병원으로 데리고 가서 안락사시킨다. 그제서야 '나'는 '모든 의식이 허물어져 내리고 증발해 버리는, 깊고 깊은 잠'에 빠진다.

이처럼 작품의 스토리는 단순하지만, 이러한 이야기 속에 담겨 있는 작가의 목소리는 결코 단순하지가 않다.

우선 작가는 이 작품을 통해 인간을 둘러싼 모든 관계맺음의 허망함, 허무함을 강조하려는 듯하다. 아내의 죽음과 비록 마음 속으로나마 연정을 품었던 여인의 떠남도 그러하지만, 사실 화자는 주위의 모든 것을 떠나보낸다. 딸도 '두 달 후에 결혼해서 유학 가는 신랑과 함께 뉴욕으로' 떠날 예정이다. 그래서 '나'는 심지어 집에서 기르던 개까지도 안락사시킴으로써 멀리 떠나보낸다. 철저하게 혼자가 된 것이다. 완벽하게 혼자가 된 '나'는 '모처럼 깊이 잠들' 수가 있게 된 것이다. 인간은 살아가면서 부모나 배우자, 자식 나아가 뭇사람들과 관계를 맺고 살아가지만, 그 관계맺음이라는 것은 죽음이나 이별 앞에서는 그야말로 허망한 것에 지나지 않는다.

단독자(單獨者)로서의 인간은 결국 혼자 살아갈 수밖에 없는 존재인 것이다. 우리는 바쁜 인생살이를 영위하면서 이러한 사실을 잊고 살지만, 친지들의 죽음이나 뜻하지 않은 이별을 겪고 나서는 인간 존재의 이와같은 본질적인 한계성을 새삼스럽게 깨닫게 된다.

뇌종양으로 투병하는 처절한 아내의 모습과 아내의 주검을 화장시키는 과정이 극히 사실적(寫實的)으로 그려져 있다는 점도 간과할 수 없다. 읽는 이로 하여금 작가가 직접 이러한 일을 겪었으리라고 추측을 하게 할 만큼 리얼하다.

> 이년에 걸친 투병의 고통과 가족들을 들볶던 짜증에 비하면, 아내의 임종은 편안했다. 숨이 끊어지는 자취가 없이 스스로 잦아들듯 멈추었고, 얼굴에는 고통의 표정이 없었다. 아내는 죽음을 향해 온순히 투항했다. 벌어진 입술 사이로 메말라 보이는 침이 한 줄기 흘러나왔다. 죽은 아내의 몸은 뼈와 가죽뿐이었다. 엉덩이 살이 모두 말라버려서 골반뼈 위로 헐렁한 피부가 늘어져서 매트리스 위에서 접혔다. 간병인이 아내를 목욕시킬 때 보니까, 성기 주변에도 살이 빠져서 치골이 가파르게 드러났고 대음순은 까맣게 타들어가듯 말라붙어 있었다. 나와 아내가 그 메마른 곳으로부터 딸을 낳았다는 사실은 믿을 수 없었다. 간병인이 사타구니의 물기를 수건으로 닦을 때마다 항암제 부작용으로 들뜬 음모가 부스러지듯이 빠져나왔다. 그때마다 간병인은 수건을 욕조 바닥에 탁탁 털어냈다. (142-143쪽)

> 아내는 두통 발작이 도지면 머리카락을 쥐어뜯고 시퍼런 위액까지 토해냈다. 검불처럼 늘어져 있던 아내는 아직도 저런 힘이 있을까 싶게 뼈만 남은 육신으로 몸부림을 치다가 실신했다. 실신하면 바로 똥을 쌌다. 항문 괄약근이 열려서, 아내의 똥은 오랫동안 비실비실 흘러나왔다. 마스크를 쓴 간병인이 기저귀로 아내의 사타구니를 막았다. 아내의 똥은 멀건 액즙이었다. 김 조각과 미음 속의 낱알과 달걀 흰자위까지도 소화되지 않은 채로 쏟아져나왔다. 삭다 만 배설물의 악취는 찌를 듯이 날카로웠다. 그 악취 속에서 아내가 매일 넘겨야 하는 다섯 종류의 약들의 냄새가 섞여서 겉돌았다. 주로 액즙에 불과했던 그 배설물은 흘러나오자마자 바로 기저귀에 스몄고, 양이래봐야 한 공기도 못되었지만 똥냄새와 약냄새가 섞이지

않고 제가끔 날뛰었다. (149쪽)

극심한 통증에 시달리면서도 '개밥'을 걱정하는 아내의 모습은 아이러니칼하지만 또한 그럴 듯하다. 아내 자신은 서서히 죽어가고 있으나, '내세에 사람으로 태어나라고, 아내가 지어준' '보리'라는 이름의 개는 살아야 되기 때문이다. 아내는 자신과 개를 동일시하고 있는 것이다.

> 아내의 두통은 발작이 시작되면 곧 극점으로 치달았다가 서서히 가라앉았다. 두통이 극점에 달했을 때 아내는 헛소리를 하면서 위액을 토했고, 두통이 가라앉을 때 아내는 식은땀을 흘리며 기진맥진하였다. 간병인이 뒤채는 아내의 팔다리를 벨트로 묶었다.
> "여보……개밥……개밥"
> 두통에서 겨우 벗어나기 시작했을 때 아내는 묶인 몸으로 가슴을 벌떡거리며 개밥을 걱정했다. 집에 파출부가 오지 않는 날 하루 종일 빈집에 묶여서 굶었다. 누런 털의 순종 진돗개였는데, 콩알처럼 마른 사료는 거들떠보지도 않았고 국에 말아주는 밥만 먹었다. 딸이 취직해서 출근을 시작하자 집 안이 썰렁하다고 아내가 얻어온 개였다. 아내가 입원한 뒤, 개는 하루 종일 혼자 묶여 있었다. 비 오는 날, 개는 개집 속에 엎드려 앞발을 내밀고 앞발에 떨어지는 빗방울을 혀로 핥았다. 개는 몇 시간이고 그러고 있었다.
> "여보……개밥 줘야지,……개밥"
> 간병인이 아내의 아랫도리를 벗기고, 두통 발작 때 흘린 사타구니 사이의 똥물을 닦아낼 때도 아내는 개밥을 못 잊어했다. (164−165쪽)

만성전립선염 환자인 '나'가 비뇨기과에서 오줌을 뽑아내는 장면도 매우 사실적이다.

> 간호사가 다가왔다. 간호사는 머리에 흰 두건을 뒤집어 쓰고 두 눈만 내놓고 있었다. 나는 누워서 두건 쓴 간호사를 올려다보았다.

밍밍한 향수냄새와 융기한 젖가슴이 아니라면, 그가 여자라는 것을 알아볼 수 없었다. 간호사는 내 성기를 주무르게 될 자신의 얼굴을 혹시라도 기억하게 될까봐 흰 두건을 뒤집어 쓴 모양이다.

"허리를 좀 드세요"

나는 허리를 들었다. 간호사가 바지와 팬티를 한꺼번에 끌어내렸다. 간호사는 고무장갑 낀 손으로 애무를 해 주듯 손을 움직여 내 성기를 키웠다. 고무장갑 낀 간호사의 손 안에서 내 성기는 부풀었다. 성기는 내 몸의 일부가 아닌 것처럼 낯설었지만, 내 몸이 아닌 내 성기가 나는 참담하게도 수치스러웠다. 간호사가 성기 쪽으로 고개를 숙이고 성기 끝 구멍을 두 손가락으로 벌렸다. 간호사는 그 구멍 안으로 긴 도뇨관을 밀어넣었다. 도뇨관은 한없이 몸 안으로 들어갔다. 요도가 쓰라렸고 방광 안에 갇혀 있던 오줌이 아우성을 쳤다. (146–147쪽)

그러나 「화장」에서 필자가 정작 주목하고자 하는 것은 '추은주'에 대한 '나'의 사랑이다. 그녀가 문상을 와서 "상심이 크시겠습니다. 너무 일찍 가시는군요. 저의 어머님하고 동갑이신데……"(160쪽)라고 말하는 것으로 보아 그녀는 '나'에게 있어서 딸과 같은 나이 또래의 여자이다. 그럼에도 불구하고 '나'는 마음 속으로나마 그녀를 절절히 사랑한다. 그녀에 대한 '나'의 진술은 3장과 5장에 서술되어 있는데, 각 장의 앞뒤가 다음과 같은 문장으로 똑같이 배치되어 있다.

당신의 이름은 추은주(秋殷周). 제가 당신의 이름을 부를 때 당신은 당신의 이름으로 불린 그 사람인가요. 당신에게 들리지 않는 당신의 이름이, 추은주, 당신의 이름인지요. (154, 159, 167, 171쪽)

이처럼 동일한 문장을 몇 번이나 반복하여 서술함으로써 '추은주'를 향한 나의 사랑이 그만큼 진실되고 절실하다는 것을 강조하고 있다.

'신입사원 공채'로 입사한 그녀를 본 순간부터 그녀에게 빠져든 '나'는, 그녀의 모습을 몰래 훔쳐 보면서 그녀의 육체를 상상해 내고 그녀와의 합일(合一)까지 꿈꾼다.

당신은 목둘레가 둥글게 파인 불라우스를 입고 있었고, 당신의 목 아래로 당신의 빗장뼈 한 쌍이 드러났습니다. 결재서류가 올라오기를 기다리던 나는 내 자리에서 일어서서 칸막이 너머로 당신을 바라보았습니다. 당신의 가슴의 융기가 시작되려는 그곳에서 당신의 빗장뼈는 당신의 가슴뼈에서 당신의 어깨뼈로 넘어가고 있었습니다. 그 빗장뼈 위로 드러난 당신의 푸른 정맥은 희미했고, 그리고 선명했습니다. 내 자리 칸막이 너머로 당신의 빗장뼈를 바라보면서 저는 저의 손으로 저의 빗장뼈를 더듬었지요. 그때, 당신의 몸을 생각했습니다. 당신의 몸속의 깊은 오지까지도 저의 눈에 보이는 듯 했습니다. (155쪽)

어쩌다가 회사 복도나 엘리베이터에서 당신과 마주칠 때, 당신의 몸에서는 젊은 어머니의 젖냄새가 풍겼습니다. 엷고도 비린 냄새였습니다. 가까운 냄새인지 먼 냄새인지 분간이 되지 않는 냄새였지요. 확실하고도 모호한 냄새였습니다. 당신의 몸 냄새는 저의 몸 속으로 흘러 들어왔고, 저는 어쩔 수 없이 당신의 몸을 생각했습니다. (157쪽)

그녀에 대한 '나'의 훔쳐보기는 아내의 혼령 앞에서도 여전히 진행된다.

추은주는 함께 온 여직원들과 나란히 서서 아내의 영정을 향해 두 번 절했다. 나는 두 손을 앞으로 모으고 바닥에 엎드린 추은주의 몸을 내려다보았다. 추은주는 블루진 바지에, 양말을 신지 않은 맨발이었다. 추은주의 머리가 바닥에 닿을 때 머리타래가 흘러내렸고 맨발의 뒤꿈치가 도드라졌다. 뒤꿈치의 각질과 엄지발가락 밑의 둥근 살도 보였다. 엎드린 추은주의 등과 엉덩이는 완연한 몸이었다. 세상 속으로 밀치고 나오는 듯한 몸이었다. 그리고 그 몸은 스스로 자족(自足)해 보였다. (160쪽)

그렇지만 그녀를 향한 이러한 연정은 순전히 '나'의 가슴 속에서만 이루어질 뿐이다. '나'는 한 마디의 사랑 고백도 하지 못한 채 5년 동안 그녀를 바라보기만 하다가 그녀를 조용히 떠나보낸다.

　「화장」이 보편성을 획득하게 되는 대목이 바로 여기가 아닐까 싶다. 4, 50대의 중년 남성이라면 누구나 이러한 '나 혼자만의 사랑'을 경험했을 것이라고 생각되기 때문이다. 아내는 암의 일종인 뇌종양으로 비참하게 죽어가고 있는데, '나'는 만성전립선염으로 가끔 오줌도 뽑아내는 처지이다. 회사일은 정신없이 바쁘다. 그럼에도 불구하고 젊은 여자에 대한 본능적인 욕구는 어쩔 수가 없다. 그렇지만 그녀에게 사랑의 고백을 할 자신이 없다. 그녀를 감당할 여력이 없는 것이다. 그러니 그저 멀리서 그녀의 모습을 지켜보고 훔쳐보면서 혼자 사랑의 열병에 시달릴 수밖에 없다.

　「화장」을 읽는 4, 50대의 독자들이라면 이와 같은 '훔쳐보기의 사랑'에 모두 공감할 수 있으리라고 본다. 그래서 「화장(火葬)」은 그럴듯하게, 재미있게 읽힌다. '인간적인, 너무나 인간적인' 이야기를 들려주고 있기 때문이다. 한 개인의 특수한 이야기를 통해 보편적인 인간의 진실, 감동을 보여주는 작품이 훌륭한 소설이라면 「화장」은 여기에 걸맞은 작품이라 할 것이다.

　2.

　이나미의 「**푸른 등불의 요코하마**」 역시 「화장」과 동일한 이야기 구조를 지니고 있다. 화자인 '나'와 두 여인을 축으로 이야기가 전개되기 때문이다. 또한 두 작품 모두 등장인물들간의 사랑의 문제를 주요 화제로 삼고 있다. 그런데 「화장」의 화자는 남자인데 비하여, 「푸른 등불의 요코하마」의 화자는 여자이다. 그렇다고 본다면 전자는 이성애(異性愛)를, 후자는 동성애(同性愛)를 다룬 이야기가 될 터이다. 따라서 「푸른 등불의 요코하마」는 희귀한 동성애자들, 즉 '레즈비언'에 관한 이야기이다. 우리의 문학사를 살펴보자면, 오정희의 「완구점 여인」(1968)을 시작으로 동성애를 소재로 한 작품들이 간혹 씌어지긴 하였으나, 이 문제를 정면으로 다루지는 못하였다. 그러나 이 작품은 다르다. 레즈비언의 생활 양태라든가, 동성에 대한 성적 욕구 등이 사실적으로, 노골적으로 드러나 있기 때문이다.

주인물인 '나'는 병원을 운영하고 있는, 어엿한 여의사이다. 그렇지만 알코올 중독자이며 불면증에 시달리고 있다. 오년 동안 같이 동거한 'C'가 결혼을 해서 나가버린 후 더욱 심하다. 아니 엄격하게 말하면 '나'가 일부러 결혼을 시켜 준 것이다. '언제부터인가 애 한번 낳아보는 것이 평생소원이라는 C의 말'을 듣고 '아이만큼은 죽었다 깨도 내 선에서 해결해 줄 수 없는 중대 사안이었'기에 '나'는 결심을 하고 결혼정보회사를 통하여 짝을 맺어준 것이다. 그러나 혼자 있게 된 '나'는 곧 극심한 혼란에 빠진다. 'C'가 도맡아 하던 밥 짓기며 빨래, 청소를 하지 못해 매일 술만 마시며 먼지와 쓰레기 더미 위에서 생활한다. 또한 외로움과 성적 욕구를 이기지 못해 더욱 알코올에 빠져 든다. 그러다가 '나'는 진료 중에 자신과 동갑이고 자신과 같이 알콜 중독과 불면증에 시달리는, 통풍 환자를 만난다. '나'는 '윤시은'이라는 그녀를 새로운 섹스파트너로 지목하고는 접근을 한다. 어느 날 둘은 의기투합하여 술을 마시다가 '나'는 그녀를 껴안고 키스를 퍼붓는다. 놀란 그녀는 뺨을 후려친다. 이러한 일이 일어난 이후에도 '나'는 그녀를 자신의 애인으로 삼기 위해 집요한 노력을 아끼지 않는다. 그러나 '시은'은 냉담하기만 할 뿐이다. '나'는 홀로 된 자신의 외로운 처지를 한탄하면서 점점 술에 탐닉하며 수면제에 의존하여 잠이 든다. 파멸의 길로 나아가고 있는 것이다.

이처럼 이 작품은 레즈비언으로 살아갈 수밖에 없는, 한 동성애자의 스산한 삶의 모습을 그리고 있다. 그렇다면 주인공인 '나'는 왜 동성애자가 될 수밖에 없었는가? 이에 대하여 '나'는 자신의 출생과 가정환경, 성장 과정에 대하여 이야기하고 있지만, 별로 설득력이 없다. 7녀 1남인 8남매의 막내딸, 딸이 많아 혹시 아들일까 하는 부모들의 기대감에서 세상에 나온 출생과정, 하나 있는 오빠와 친하게 지내면서 남자애들같이 커간 성장 과정 등은 우리 주위에서 흔히 볼 수 있는 '선머슴 같은' 여자애의 모습이다. 이러한 출생과 가정환경, 성장과정을 거쳤다고 하여 누구나 다 동성애자가 되는 것은 아니다. 그래서 '나'는 자신이 동성애자가 된 것에 대하여 '선택의 문제'가 아니라 '본능의 문제', '존재의 문제'라고 강변한다.

> 어려서부터 나는 유독 예쁜 여자애들을 좋아했다. 사춘기와 청소년기를 지나 대학에 입학하고부턴 더했다. 여자답고 귀엽거나 예쁘고 늘씬한 여자를 보면 괜히 마음이 설레고 신선한 느낌마저 들었다. 같은 여자라도 이왕이면 이쁜게 좋잖아? 남자애들과의 미팅은 관심 없고 이웃 학과의 여자애들에게만 시선이 갔다. 정서상의 단순한 끌림이 아니었다. 어느새 그들을 향한 갈망은 성적 욕망으로 바뀌어 있었고, 그들을 대상으로 불온한 상상을 하는 자신을 보면서 한편 혼란스러웠다. 그리고 문득 내 성적 관심이 한결같이 여자 지향적이었다는 사실을 깨닫자 두려워지기 시작했다. 남몰래 동성애에 관한 서적과 잡지, 영화, 인터넷 사이트를 뒤적이며 성 정체성에 대해 탐색했다. 선천적으로 타고난 것인지, 단순히 선택의 문제인지에 대해 오래 고민했다. 결론적으로 내 선택이나 의지와 상관없이 본능적으로 내부에 잠재하고 있던 끌림이라는 사실을 깨닫자

심각한 고민에 빠져들었다. 사회적 금기나 타인의 시선은 둘째치고 무엇보다도 전통적 사고방식을 가진 늙은 부모에 대한 죄의식, 자신에 대한 연민, 막막한 미래에 대한 두려움으로 갈피를 잡을 수 없었다.

한동안 나는 의도적으로 동성애에 대해 적의를 드러냈고, 레즈비언이라는 말만 들어도 고개를 흔들었다. 레즈비언은 에게해의 레스보스섬에 살았던 사포와 그녀의 여제자들에게나 해당되는 말인 줄 알았다. 오랫동안 즐겼던 운동 대신 정적인 취미를 가지려 애썼고, 일부러 남자들을 만나 스킨십이나 잠자리를 유도했다. (…… 중략 ……)

나도 몇 번 시도했지만 남자에게선 아무 느낌이 없었다. 남는 것은 지독한 수치심과 역겨움. 이성과의 신체적 접근을 통해 내부에 도사리고 있는 전염병과도 같은 기질을 바꿀 수 있지 않을까…… 결과는 참담했고, 모든 것이 명백해졌다. 이제 돌이켜 생각해보면 엄격한 가정교육과 제도권 사회 속에서 살아오는 동안 자연스레 체득한 동성애에 대한 선입견과 두려움, 혐오가 억압으로 작용하지 않았나 싶다. (87 - 88쪽)

보통 사람들은 동성애자들 스스로 좋아해서, 원해서 선택하는 줄 안다. 하지만 그건 절대 오해다. 중병 환자에게 내려진 사형선고처럼 평생 여자로서의 삶과 완전한 사회인으로서의 기득권을 포기하고 불확실하고 암담한 미래라는 부도수표를 내미는데, 좋아라 받아들 사람이 과연 있을까. 평생을 몰이해와 차가운 시선에 떠밀려 상처받은 짐승처럼 무리 지어 살아야 하는 고독한 삶을.

동성애와 동성연애는 엄밀히 따지면 다르다. 내가 타고난 동성애자가 아니었더라면 동성연애 같은 것은 애당초 관심도 갖지 않았을 것이다. 단순히 선택의 문제라면 말이다. 동성애는 doing이 아니라 being이다. 즉 행위의 문제가 아니라 존재의 문제라는 뜻이다. 타락한 인간들의 싫증난 섹스에 대한 대비책으로 변태적 욕구에서 빚어지는 일탈이나 정신 질환이 아니고, 소수이긴 하지만 그 동안 이성애와 함께 늘 존재했던 자연스러운 성의 한 형태일 뿐이라는 말이다.

비로소 나는 오랜 갈등 끝에 성 정체성을 인정하고 받아들이기로 마음먹었다. 체념이라 해도 좋고 새로운 삶을 개척해나가겠다는 의지의 소산이라 해도 괜찮다. 더 이상 원인을 캐려 들거나 거부 또는 치료가 가능한 병이 아닐까 하는 무식한 미련에 발목잡혀 자학하지 않겠다는 다짐이자 자기애(自己愛)의 발현이었다. 사실 동성애와 이성애는 다를 것이 하나도 없다. 다만 사랑하는 상대가 같은 성일 뿐. 이성애에 대한 연구나 원인은 캐지 않으면서 동성애에 대해선 가혹하리만치 냉담한 현실과 당당히 맞서리라 작정했다. (89쪽)

이 대목들은 자기 정체성에 대한 한 동성애자의 당당한 선언으로 읽힌다. 화자의 진술과 같이 자신의 본능대로, 자기애에 의해 동성을 사랑한다는 것은 지극히 인간적인 행위일 수밖에 없다. 생각하기에 따라서는 '인간적인, 너무나 인간적인' 사랑인 것이다.

최근에 이르러 동성애자들의 '커밍아웃' 선언이나 트랜스젠더의 사회 진출 등, 음지에서 소외 받고 있던 이들이 자신의 성적인 정체성을 당당히 밝히고 있다. 이러한 추세에 힘입어 이 작품은 이른바 '동성애 소설'의 포문을 여는 하나의 계기가 되지 않을까 싶다. 지금까지 이런 작품은 찾아볼 수 없었다. 다시 말하자면 동성애자를 모티프로 하여 어떤 막연한 이야기를 전개한 작품들은 다소 있었지만, 이 문제를 이렇게 직접적으로 전면에 내세워 다룬 작품은 없었다는 것이다.

사족 하나. 서두가 흥미롭다. 독자들의 호기심을 한껏 자극하기 때문이다.

푸켓에서 C가 전화를 걸어왔다. 잘 도착했다, 서울은 지금 몇 시냐, 비행기 멀미로 신랑한테 쪽팔려 죽는 줄 알았다, 밥은 잘 챙겨 먹느냐, 어제도 술 많이 마셨느냐, 미처 대답할 새 없이 퍼붓던 질문 끝에, 벌써 보고 싶다는 대목에서 약간 울먹였다. 다행히 그녀는 울음밑이 짧은 편이다. 지난 여름 휴가차 함께 홍콩 갔을 때 쓰고 남아서 쥐어준 국제전화카드를 들고 호텔 로비 공중전화 부스에서 징징거리고 있을 그녀 모습이 상상됐다. 적어도 내가 아는 C는 신랑이 보는 앞에서 천연덕스럽게 통화할 배짱은 없다. 뭐라고 핑계를 대고 호텔 방을 빠져나왔을까. 돌아가는 즉시 연락하겠다며 치대는 말 중간을 자르고 단호히 말했다.

"아니, 이젠 옛날처럼 너를 데려다 주거나 데려오는 일은 없을 거야." (79쪽)

이러한 서두를 읽고 독자들은 신혼여행을 간 신부가, 신랑 몰래 예전의 정부(情夫)에게 전화를 거는 장면으로 받아들일 것이다. 그런 생각을 가지고 몇 쪽을 계속 읽어가다가 아래 부분에 이르러서는 혼란에 빠지게 된다.

남자도 C가 마음에 든 모양이었다. 커플 매니저를 통해 피차의 의사를 확인하고 나자 그 다음은 일사천리였다. 결혼이 되려니 이렇게도 되는 모양이었다. 그녀의 어머니는 혼수며 예단을 내게 의논해왔다. 나는 그 순간만큼은 진짜 언니가 된 기분으로 기꺼이 머리를 맞대었다. (81쪽)

C가 전화를 건 상대는 '情夫'가 아니라 '情婦'인 것이다. 이제야 독자들은 비로소 이 소설이 동성애의 문제를 다루고 있는 작품이라는 것을 깨닫게 된다.

사족 둘. '푸른 등불의 요코하마'는 무엇을 의미하는가? '나'가 술이 취하면 부르는 일본 노래인데, 그 옛날 '나'의 엄마가 즐겨 부르던 노래이기도 하다. '나'의 '십팔번'인 이 노래를 '시은이' 또한 그럴싸하게 부르지 않는가? '나'가 그녀에게 빠지지 않을 수 없는 또 하나의 중요한 이유인 것이다.

신인 작가들의 패기와 참신함

◦ 한차현, 「염오는 상상한다 상상을」(『문학사상』, 2003년 8월호)
◦ 박지나, 「레일」(『문학과 창작』, 2003년 7월호)
◦ 정이현, 「소녀시대」(『문학과 사회』, 2003년 여름호)
◦ 이 형, 「탈출」(『문예중앙』, 2003년 여름호)
◦ 백가흠, 「에어컨」(『문학사상』, 2003년 8월호)

1. 소설 읽어 치우기

매달 소설평을 준비하는 필자의 입장에서 참으로 번거로우면서도 시간을 요하는 일은, 발표된 소설을 '읽어 치우는' 것이다.

요즈음은 IMF에 버금가는 불황기라는데, 문학잡지판은 그렇지 않은 모양이다. 아는 사람은 알고 있겠지만, 대형 서점에 나가보면 문학잡지가 그야말로 수십 종은 되는 것같다. 문학잡지는 물론이고 책이 도통 팔리지 않는다는데도 불구하고 새로운 문학잡지가 자꾸 등장하는 것을 보면 참으로 희한한 일이다. 하여튼 필자는 소설평 원고를 쓰기 위해 유수한 월간지 및 계간지에 실린 중·단편 소설을 거의 읽고자 노력한다. 모래알 속에 박혀 있는 진주와 같은, 발군의 작품을 혹시 그냥 지나치지 않을까 하는 우려에서 끈기와 인내심을 가지고 읽는다. 그러나 이러한 기대와 우려에서 비롯한 소설 읽기는 대개 도로(徒勞)에 지나지 않는다.

올 여름에 필자는 50여 편의 중·단편을 읽어 치웠다. 그 중에서 필자가 주목한 작품은 10여 편 정도이다. 나머지는 그저 그런 작품이었다. 이는 물론 순전히 필자의 문학적 취향이나 비평적 준거에 의한 판단이긴 하지만. 어쨌거나 이런 저런 이유로 해서 이번에는 갓 등단한, 신인 작가들의 작품에 주목하게 되었다. '장강(長江)의 뒷물결이 앞물결을 친다'는 정도는 아니더라도, 앞으로 우리 소설계를 떠받치고 나아갈 새내기 작가들의 새로운 면모를 살펴보는 것도 퍽 의미있는 작업이라고 생각했기 때문이다.

김성홍의 「코끼리방 ─ 침죽재여화(枕竹齋餘話)」(『문학과 사회』, 2003년 여름호), 이윤기의 「알타이아의 장작개비」(『세계의 문학』, 2003년 여름호), 최인석의 「그림자들이 사라지는 곳」(『현대문학』, 2003년 8월호), 성석제의 「내 고운 벗님」(『문학/판』, 2003년 여름호), 권지예의 「우렁각시는 어디로 갔나」(『한국문학』, 2003년 여름호), 김연수의 「南原古詞에 관한 세 개의 이야기와 한 개의 주석」(『문학/판』, 2003년 여름호) 등의 작품들은 이 글의 초점과 맞지 않아 여기에서는 다루지 못했지만, 논의의 여지가 충분한, 이 계절의 문제작이라는 점을 밝혀 둔다.

2. 상상의 상상

흔히 '꽁트'(conte)라고 불리는 엽편(葉篇)소설, 또 다른 말로 하자면 장편(掌篇)소설은 요즈음의 소설계에서는 거의 찾아보기 힘든, 희귀한 소설 장르가 되어 버렸다. 그나마 『문학사상』이 해마다 8월호에 특집란을 꾸미면서 몇 편의 엽편소설을 싣고 있어 그 명맥을 유지하고 있다. 올 여름에도 '70년대생 신예작가 9명의 엽기 엽편소설'이라는 타이틀 아래 9편의 엽편소설을 선보였으나, 별로 주목할만한 작품이 없었다. 편집자의 주문에 '엽기'라는 용어가 들어가서 그런지, 그야말로 선혈이 낭자하고 말도 안 되는, 엽기적인 이야기들이 대부분이었다. 이 중에서도 기발한 상상력과 반전이 뛰어난 두 편의 작품이 돋보였다. **한 차현**의 「염오는 상상한다 상상을」과 백가흠의 「에어컨」이 그것이다.

　「염오는 상상한다 상상을」은 어느 더운 여름날 '염오'라는 인물이 상상의 세계 속에 깊이 **빠지게** 되어, 상상의 세계를 또한 상상하는 지경에까지 이른다는 이야기이다.

　아내와 함께 휴가여행을 떠나기 전, 염오는 냉장고에서 두꺼운 오렌지 주스 병을 꺼내 들고 마신다. 그 때 '마침 그의 시선에 쪼그려 앉아 마룻바닥을 훔치는' 아내의 '뒤통수'가 잡힌다. 염오는 갑자기 상상의 세계로 **빠져든다.**

　　시큼쌉쌀한 주스 한 모금을 들이킨 염오는 잠시 병을 들어 살핀다. 유리는 제법 두껍고 병 입구는 넓으며 손잡이 부분은 오돌토돌하다. 짧은 순간 염오는 오렌지 주스 병으로부터 섬뜩한 낯설음을 경험한다. 이게 뭐지? 도대체 내 손에 왜 이런 물건이. 걸레질에 열중인 아내의, 1997년 개봉한 장윤현 감독의 <접속>에서 여배우 전도연이 선보였던 짧은 파마머리를 연상시키는 뒤통수, 를 향해, 들고 있던 것을 힘차게 내리친다. 성난 투수가 타석에 들어선 4번 타자의 안면을 향해 날래게 공을 뿌리듯. 퍼석! 혹은, 와작! 육중하고 단단한 물체가 삽시간에 부서지는, 머리통이 혹은 내용물 가득 담긴 유리병이 박살나는 소리가 잠깐 들린다. 아야 아파, 나한테 왜 이러는 거야? 주은은 원망 가득한 눈으로 염오를 올려다보지 못한다. 바닥에 풀썩 엎드린 채 이미 죽어버린 것이다. 쿨럭쿨럭. 뒤통수 혹은 유리병이 깨져 나간 자리에서 검붉은 피가 불규칙적으로 솟구치고 있다. 죽은 물건에 대고 염오는 중얼거린다. 미안해, 상상

이 날 그렇게 시켰어. 다른 뜻은 없었다고. (74-75쪽)

이처럼 끔찍한 상상을 하다가 현실로 돌아온 그는 아내에게 방금 전에 상상한 이야기를 들려준다.

"나 말이야, 방금, 되게 이상한 상상에 빠졌었어. 듣고 있어?"
"뭔데."
"유리병으로 당신 대갈통을 내려치는."
"너무해."
"뭐가."
"대갈통이 뭐야 대갈통이."
"그런가. 그럼 머리통."
"그런데 왜?"
"나도 몰라."
"그래서 어떻게 됐는데."
"당신 한 마디도 못하더군. 마룻바닥에 길게 뻗은 채 죽었으니까. 피를 쿨럭쿨럭 내뿜으면서 말이야."
마루에 주저앉은 주은은 벽에 등을 기댄다. 미간을 찌푸린다.
"어쩐지 아까부터 골치가 지끈지끈 아프더라. 그래서 그랬던 모양이네." (75-76쪽)

아내는 이렇게 그의 상상을 심드렁하게 받아들이지만, 그는 계속 상상의 세계 속을 헤엄친다. 그러다가 그는 여행에 필요한 짐을 싸고 있는데, 어떤 두 남자가 찾아온다. 문을 열자마자 그의 팔을 꺾고 수갑을 채운 그들은, 그를 살해용의자로 체포한다면서 반항하는 그에게 주먹을 날린다.

퍼석! 혹은 와작! 주먹인지 손바닥인지, 세차게 뺨을 얻어맞은 염오는 그 충격에 떠밀려 힘없이 자빠졌다. 키 큰 남자가 우울하게 중얼거렸다. 개새끼 미친 척하기는. 하긴 미쳤으니 지 마누라 쳐 죽이고 당당히 자수 전화를 했겠지. 벌러덩 자빠진 상태에서 두 손을 쓰지 않고 몸을 일으키기란 얼마나 수치스러운가. 버르적거리던 염오의 시선에 뜻밖의 물체가 들어왔다. 벽에 기대어 앉아 움직일 줄 모르는 아내다. 멍하게 치켜뜬 눈가에 검붉은 핏자국이 묻어 있다. 아니, 당신 지금 왜 이래? 염오는 그렇게 묻지 않았다. 멍하게 입 벌린 아내가 중얼거린다. 아이구 머리야, 어쩐지 아침부터 골치가 아프더라. 짧은 순간 거센 상상이 염오를 휘어잡는다. 천만에. 난 아내를 죽이지 않았어. 아니, 어떻게 그런 상상을 다? 그 순간 그냥 오렌지 주스를 마시고 있었을뿐이라고. 얻어맞은 뺨이 아직 얼얼한 이 순간이, 진짜 상상 속이란 말야. (79쪽)

이쯤 되면 어느 장면이 현실의 것이고 어느 장면의 상상의 것인지 헷갈린다. 허구와 현실의 호환(互換)인 것이다.

사람들은 누구나 살아가면서 한두 번쯤은 '염오'가 벌인 '충동적 행동에 의한 상상의 세계'를 유영해 보았으리라고 생각된다. 가령 엄숙하고 고요한 예배시간에 갑자기 괴성을 지르고 싶은 충동과 함께 그 이후에 일어날 일을 상상한다든가, 고급 호텔이나 백화점에 걸려 있는 대형 유리창을 박살내고 싶은 충동과 아울러 그 이후에 일어날 일을 상상한다는 것 등이 그것이다. 한차현의 「염오는 상상한다 상상을」의 이야기가 도대체 말도 안 되는, 엽기적인 이야기이면서도 독자들로 하여금 그럴듯함을 느끼게 하고 나아가 보편성을 획득하는 것은 바로 이러한 까닭에서이다. 상상의 세계 속을 상상하고, 허구와 현실을 호환케하여 독자들에게 엽편소설을 읽는 신선함과 짜릿함을 선사해 준, 참신한 신인작가 한차현은, 그러므로 앞으로의 작품 활동에 기대를 걸게 한다.

3. 지하철 풍속도

1974년 지하철 1호선이 개통된 이후, 현재 서울은 8개의 노선이 운영되고 있다. 서울의 땅 속은 그야말로 거미줄과 같이 얽혀 있는 것이다. 그래서 지하철은 서울 시민의 중요한 교통수단이 되고 있으며 하루 탑승객만 해도 수십만 명에 이르고 있다. 이처럼 서울의 지하철은 많은 사람들이 생활하는 하나의 새로운 공간으로 자리 잡아 지하철 특유의 고유한 문화까지 형성되기에 이르렀다.

이와 같이 많은 사람들이 생활하는 새로운 공간의 문화, 즉 지하철 풍속도에 일찍이 관심을 기울일 법도 하건만, 웬일인지 작가들은 별로 관심을 나타내지 않았다. 새벽부터 밤늦게까지 펼쳐지는 갖가지의 지하철 풍경은, 소설의 훌륭한 소재가 되었을 터인데도 말이다. 이러한 의미에서 본다면 **박지나**의 「레일」은 선구자적인 의미를 지니고 있다. 과문한 탓인지는 몰라도 지하철 풍경을 소재로 하여 거기에 얽힌 인간 군상들의 모습을 그려낸 소설 작품은, 「레일」이 처음이라고 생각되기 때문이다.

「레일」은 네 부분으로 나뉘어져 있는 단편소설인데, 각 부분의 화자와 주인물이 각각 다르다.

첫 번째 부분 '레이스'의 화자는 지하철을 운전하는 기관사이다. '나'는 '그린 페가수스'라고 이름붙인 기관차를 최고로 잘 달리는 말이라고 생각하면서 '레이스'를 즐긴다.

> 기관실 창문 밖으로 몸을 더 **뺀다**. 슬쩍 곡선을 이룬 승강장은 벌레들의 이동로 같다. 고만고만한 크기의 머리통들이 주르르 **빠져** 나가고 떼지어 몰려든다. 음지로 숨는 바퀴벌레들처럼, 열차의 터진

옆구리로 머리통들이 쏙쏙 사라져 들어간다. 쿨렁 비었던 지하마(地下馬) 2215번, 그린 페가수스의 뱃속이 금세 채워진다. (83쪽)

CRS 박스 위쪽의 재개폐 버튼을 누른다. 군청색 양복의 왼쪽 어깨에 걸렸던 문이 다시 열린다. 열린 구멍으로 그가 공처럼 튀어 들어간다. 그 사이 필사적으로 계단을 올라온 중년의 남자가 문틈을 파고든다. 운이 좋았군. 열차 안으로 들어간 그는 뿌듯한 마음에 올백으로 머리카락을 쓸어올리고 있을 것이다. 문이 닫히려는 순간 막 계단을 내려온 뚱보 아줌마가 열차로 달려들어 다리를 들이민다. 마이크에 입을 댄다. 다음 열차를 이용하십시요오. 다음 열차를 이용하십시요오. 재개폐 버튼을 또 한번 누른다. 뚱보 아줌마의 허벅지에 걸렸던 문이 다시 열린다. 그녀가 여유 있게 문턱을 넘자 드디어 문이 닫히고 출입문 표시등이 모두 꺼졌다. 문틈에 끼인 뚱보 아줌마의 팥죽색 재킷이 보인다. 마이크의 버튼이 닿은 엄지에 힘을 준다. 열차 출발합니다아. 열차 출발합니다아. 고개를 안으로 들이밀고 승무원간 연락 부저를 누른다. 뿌- CRS 박스에 마이크를 건다. 출발이다. 쉭-. 그린 페가수스의 심호흡 소리가 들린다. (85 - 86쪽)

지하철에서 흔히 볼 수 있는, 승·하차 하는 사람들의 모습을 비유적으로 또한 사실적으로 그려낸 대목이다.

두 번째 부분 '스카이 라인'의 주인물은 신문판매대에서 신문을 팔고 있는 'C'이다. 그러니까 이 부분은 C라는 주인물을 관찰하는 방식으로 서술되어 있다. 신문과 잡지를 파는 일 이외에 C가 전념하는 것은 오로지 복권이다.

C의 일과란 신문과 잡지를 파는 것 외에 즉석복권을 긁거나 타일 밑에 깔아둔 주택복권을 월요일마다 맞춰보는 게 고작이다. 요즘에야 너도나도 로또 복권에 정신에 팔려 야단들이지만 C는 오로지 주택복권에만 지조를 지켜 오고 있다. 그의 유일한 꿈은 복권이 당첨돼 20층에 집을 갖는 것이다.

C는 건너편 승강장 창문 너머 르네상스 스위트빌을 올려다 본다. 분양중인 호텔식 주거형 오피스텔이다. 맨 위층의 오른쪽 끝 방. 햇빛을 받은 유리창이 방사형 빛살을 뻗친다. 20층. C가 꿈꾸는 마이 빌이다. 입가에 엷은 미소가 번진다. 저런 곳에서라면 노총각 생활도 근사해 보일 것이다. 눈을 가느스름하게 뜬다. (90-91쪽)

'도심의 스카인 라인을 바꾼 20층 꼭대기'를 꿈꾸면서 열심히 복권을 긁고 있는 신문판매대의 어느 청년 역시 지하철에서라면 흔히 볼 수 있는 풍경의 하나이다.

세 번째 부분 '뺑뺑이 코스'는 지하철에서 청소하는 아줌마가 독백하는 형식으로 서술되어 있는데, 그 입담이 걸걸하여 재미있다.

징혀, 징혀, 또 워떤 손모가지여. 뚜껑만 올리구 끄내면 되는디 커피는 왜 쏟냔 말여. 터진 일복 꼬매주진 못할망정 더 틀어놀라고 작정들을 했나벼. 마포질만 하면 설렁설렁 끝낼 수 있는 일을 꼭 두 번 세 번 손이 가게 만든다니께. 하기사 이런 일 해 달라고 자판기 아줌씨가 매달 5만원씩 주는 것이제. 그걸로 쌀값 해결하잖여? 근디 왜 이렇게 안 닦이는겨. 바짝 말라붙은 꼴새가 엎질른 지 즉어두 서너 시간은 됐구만 그랴. (93쪽)

어라? 열차가 떠날라는갑네. 참말루, 원제 들어왔디야. 감쪽겉이 몰렀네. 하긴 열차가 들어오든지, 나가든지 나랑 뭔 상관이여. 청소나 허구 돈이나 벌믄 됐제. 저런 얌생이 같은 놈, 발 한 짝 집어넣고 그예 문을 열게 허네. 아예 대갈빡을 집어넣지, 참말루. 그라구 보니 지하철서 청소헌 지 볼써 다섯 달이 돼가는구먼. 어디 가서 나 지하철역서 청소합니다, 허구 말하기가 좀 뭣혀서 그렇지 그냥저냥 할 만은 허구먼. 순자씨는 그만둔단 말을 노상 입에 달구 살지만 이만한 일 찾기두 쉽들 않을 걸? 하루에 역사 두 바퀴만 돌믄 되는디. 화장실 휴지 비우고 걸레질 허고, 대합실 쓸고 걸레질 허고, 승강장 휴지 줍고 걸레질 허고. 볼써 뚝딱 한 바퀴잖여. 그라구 용역 대기실서 밥 해먹구 한숨 자는 거여. 그 담은 또 화장실 휴지 비우고 걸레질 허고, 대합실 쓸고 걸레질 허고, 승강장 휴지 줍고 걸레질 허고. 그람 뚝딱 두 바퀴. 서울 대전 부산 찍고여. (93쪽)

하루에 똑같은 '뺑뺑이 코스'를 돌면서 청소하는 어느 아줌마의 모습이 눈에 잡힐 듯이 그려져 있다.

네 번째 부분 '언더 마켓'은 제목 그대로 '지하 시장'인 지하철에서 물건을 파는 장사치가 화자이다.

내 파트너인 바람잡이 아줌마는 벌써부터 돈을 꺼내 놓고 있다. 그녀는 천 원짜리 두 장을 나에게 건네면서 한 개 더 줘요, 할 것이다. 살 거냐 말 거냐, 승객들에게 잠시 결정의 시간을 주면서 듣지도 않을 말을 몇 마디 더 늘어놓는다. 한국인의 구강구조에 따악 알맞도록 몇 차례의 실험 연구를 거친 칫솔이며, 연구비를 아끼지 않는 가난한 우리 회사가 도산 위기에 처해 언더 마켓으로 내려올 수밖에 없었다. 사 가면 돈 버는 거다. 눈썹 문신에 사발면 머리를 한 여인이 칫솔 케이스를 이리저리 뒤집어본다. 물론 나는 계속해서 사기를 치고 있다. 내 말대로라면 나는 도산 위기에 놓일 회사들만 찾아 1개월마다 직장을 옮기는 희귀한 인간이 된다. 그 물건들이 몽땅 가내공업을 겨우 벗어나는 공장의 지하철용 반짝 상품이라는 건 아는 사람만 안다. 지금 팔고 있는 칫솔은 실험 연구는커녕 플라스틱 막대에 값싼 나일론 털을 적당히 심은 것에 불과하다. (98쪽)

장사가 하루 종일 시원치 않을 때에는 차라리 모든 인연일랑 끊고 사이비 앵벌이로 나서고픈 유혹에 시달리기도 한다. 하모니카나 멜로디언을 연주하는 원맨밴드파들의 수입이 10량짜리 열차 한 대당 최소 만오천은 된다는 게 통설이다. 검은 안경을 쓰고 지팡이로 열차 바닥을 더듬어 나가면서 종교적 감성을 자극하며 펼치는 라이브. 그것은 좋은 일을 하며 살기 어려운 시민들에게 선행의 기회를 준다는 점에서는 조잡한 상행위를 하는 것보다 사기성이 덜할 수도 있다. 활동구역을 폭넓게 장악하고 있는 사이비 앵벌이 조직의 횡포가 아니라면 보다 적극적으로 그 세계를 고려해보았을지도 모른다. (99 - 100쪽)

이것 역시 어느 지하철에서든지 쉽게 찾아볼 수 있는 풍경의 하나이다. 「레일」은 이처럼 지하철에 몸을 담아 먹고 사는 사람들, 그리고 이를 이용하는 승객들의 모습까지 사실적으로, 재미있게 그려내고 있다. 이제 막 등단한(2002년 월간 『문학사상』으로 등단) 새내기 여류 작가가 독특한 서술방식과 걸쭉한 입담으로 이와 같은 흥미로운 이야기를 펼쳐 내기는 쉽지 않으리라 본다. 지금까지 어느 작가가 건드려 보지 못한, 지하철이라는 신선한 소재로 하여 이야기를 전개시켜 나갔다는 점도 주목할 만하다. 새롭게 등장한, 패기만만한 이야기꾼이 아닐 수 없다.

　사족 하나. 이 작품은 '뛰어'라는 단어로 시작하고 끝이 난다는 것이 이채롭다.

　　뛰어!
　　여자의 째지는 외침이 들린다. 계단을 뛰어 올라오는 하이힐 소리가 둔탁한 발짝 소리들을 앞지른다. (83쪽)

　　이제 아무도 없는 데서 마음껏 한숨을 쉬어볼 찰라, 계단을 날 듯이 뛰어올라오는 청년이 뒤따르는 청년에게 외친다.
　　뛰어! (101쪽)

'뛰어'라는 말은 지하철을 이용할 때 어디서나 쉽게 들을 수 있는 말이기도 하고, 또 누구나 한 번쯤은 여럿이 지하철을 탈 때 무심코 내뱉은 말이기도 하다. 이처럼 앞뒤에 배치된 이 단어는 읽는 이로 하여금 '우리 인간들은 이렇게 매일 바쁘게 뛰면서 무엇을 위해 살아가는가?' 라는 인간 본연의 모습을 되돌아보게 하는 효과를 지니고 있다.

4. 소녀의 천국, 소녀 시대

정이현의 「**소녀 시대**」는 강남(江南)의 어느 여고생에 대한 이야기인데, 매우 사실적이어서 요즘 여고생들의 생활 양태 및 의식 구조를 엿볼 수 있다.

'혜나'라는 '만 열여섯'의 여고생은, 부유하긴 하지만, 살벌하게 부부싸움을 벌이는 부모 밑에서 살아가고 있다. 그래서 '엄마 아빠가 죽었을 때 내가 스무 살이면 좋겠다'고 생각하는 그녀는, 10억 가까이 되는 아파트를 팔아서 '제일 먼저 도착하는 비행기를 타고' 떠나는 상상에 빠지곤 한다. 깜찍하고 영악한 아이인 것이다. 그녀가 벌이는 갖가지 행동들 또한 그녀의 상상 못지않게 영악하면서도 대담하다. 아빠 애인을 만나 '우리 아빠를 돌려줘요'라고 하면서 따지다가 아빠의 아이를 임신한 사실을 알아낸 것, 그 아이를 지울 수술비를 마련하기 위해 또한 자신의 남자 친구 '용이 오빠'에게 오토바이를 선물하기 위해 총 5백30만원의 거금을 마련한 것, 우연히 '길거리 캐스팅'을 당하자 겁도 없이 그곳을 찾아가 '미소녀 헤어누드'를 위한 '세일러복' 촬영을 하고 30만원을 받아낸 것, '용이 오빠'와 작당해서 자신이 유괴범에게 납치된 것처럼 꾸며 부모에게 5백만 원을 받아낸 것 등과 같은 행동들이다. 이러한 그녀의 행동은 다소 황당하고 작위적인 면이 없지는 않지만, 그럴 듯하게 읽힌다. 이러한 여고생이 서울 강남의 어느 구석에 존재할 수도 있다고 생각되기 때문이다.

그렇지만 우리는 「소녀 시대」를 통해 이와 같은 극적인 스토리의 전개보다는 주인물인 여고생이 구사하는 '요즘 아이들 언어'에 주목해야 할 듯싶다.

한 마디로 열라 쪽 팔리고 졸라 짱나는 일이다. (680쪽)

으, 재수없어. 졸추 열추! 졸라 추하고 열라 추하다. (681쪽)

'옵빠, 혜나 안 보고 시퍼여? 혜나는 이쁜 데또를 원츄해여~♡' (683쪽)

같이 갔던 딴 애들은, 오빠한테서 왠지 모를 강북 뻴이 나고 스타일도 구리다면서 날 마구 말렸지만 오직 한 명 민지만은 나를 응원해 주었다. (683쪽)

오늘 너 기분 캡 꿀꿀할 텐데 내가 옷 사줄게. (687쪽)

촌빨 날리는 딴 동네 애들과 눈이 마주치면 차갑게 쌩까준다. (688쪽)

사랑하는 사람과 헤어진 날 그리고 처음으로 길거리 캐스팅을 당한 날. 열라 캡숑 재수 황인 하루는 아니었다고 생각하니 약간 위로가 되는 것 같기도 했다. (689쪽)

아햏햏! 가스총 연발을 맞은 듯 정신이 몽롱해져왔다. (695쪽)

이런 것들이 요즘 중·고생 아이들이 즐겨 쓰는 언어들이다. 이와 같은 언어들을 접하고 생소해하는 독자들이 많으리라고 본다. 따라서 「소녀시대」는 현대의 한 풍속을 그대로 재현해 낸 세태소설로 읽힐 수 있다.

드라마작가·요리 연구가·요가 등을 한답시고 설쳐대는 '혜나'의 어머니의 모습을 통해 강남의 전형적인 유한마담의 행태를 엿볼 수 있다든가, '인터넷 채팅 전문 사이트에서 운명처럼 만나' 원조교제를 해 온 '혜나'의 아버지를 통해 최근의 중년 남성들의 엽색 행각을 엿볼 수 있다든가, 원색적이며 무지막지한 욕설을 주고받으면서 싸움을 벌이는 요즈음의 파행적인 부부관계의 모습을 살펴볼 수 있다든가, 이른바 '길거리 캐스팅'이랍시고 여고생을 꾀어 음란한 사진을 찍고 또 그에 응해 여고생이 옷을 벗어 쉽게 돈을 버는 이 시대의 세태풍속을 규지(窺知)할 수 있는 것이다.

얼마 전부터는 또 드라마 작가가 되겠다나 뭐라나. 일단 자기 특기를 발휘해 신문사 문화센터의 방송작가 강좌에 덜컥 등록부터 해놓고는 '드라마의 이해' '방송극은 이렇게 써라'같은 허접한 제목의 책들을 거실 탁자 위에 산더미만큼 쌓아놓은 채 주구장창 티브이 연속극만 보고 있었다. 요즘 엄마의 핸드폰 음성 사서함엔 (남자는 커녕) 고상한 척하는 목소리의 아줌마들이 남긴 메시지뿐이었다. 오늘도 마찬가지였다.

"정선생, 우리 이번 주 스터디 시간을 조정해야 될 것 같은데. 이번에 자기 작품인 거 알죠? 기대가 커요."

엄마의 딸로 16년 넘게 살아온 삘을 통해 나는 금방 깨달을 수 있었다. 엄마는 지금, 바로 저 '선생님' 과 '작품' 소리에 뽕 가 있는 상태라는 것을. (682쪽)

"니가 이뻐서 내가 이러고 사는 줄 아냐. 내가, 내가, 갈 데가 없어서 이러고 사는 줄 아냐. 다 애가 불쌍해서, 내가 내 눈깔 찌른 거, 그래, 철모를 때 애새끼 싸질러놓은 거 책임지려고 이 인간 김용진이가 이러고 산다. 에이 좆같아, 씨발."

"미친놈. 아주 쌩쑈를 하네. 니가 애 애비 노릇한 게 뭐 있는데? 너 같은 애비 놈은 없는 게 더 난 거 모르나. 잘됐다. 이 참에 나가라, 짐 싸줄까? 쫓아내기 전에 니 발로 걸어 나가라."

"시팔, 그래. 니 아버지가 사준 집이라 이거지. 그래 알았다. 내가 못 나갈 줄 아냐. 쌍, 그래 막말로 내가 당장이라도 갈 데가 많은데 애가 불쌍해서 못 나간다. 너같이 무식한 엄마 밑에서 쟤가 어떻게 교육받을지 불쌍해서 못 나간다." (692쪽)

약 한 달 전 그들, 그러니까 우리 아빠 K대 사회학과 부교수 45세 김용진씨(대화명: 슬픈 늑대)와 고졸 백조 20세 조영미양(대화명:

깜찍이)은 모 인터넷 채팅 전문 사이트에서 운명처럼! 만났다. 둘이 번개에서 만나는 순간 번개처럼! 불꽃이 파바박 튀었다. 들은 나이와 직업과 처지의 장벽을 모두 뛰어넘어 영화처럼! 뜨거운 사랑을 나누었다. 깜찍이는 슬픈 늑대의 처자식을 떠올리며 몇 번이나 관계를 청산하려 애써 보았으나 허사로 돌아갔다. 둘의 사랑은 그야말로 하늘만이 허락한 아주 특별하고 고귀한 사랑이라고, 우리가 살면 얼마나 살겠느냐고, 슬픈 늑대가 눈물로 치맛자락을 붙잡았기 때문이다. (695쪽)

나는 더 이상 철없는 어린아이가 아니었다. 비정한 세상의 슬픈 진실을 알아버린 고독한 한 영혼이었다. 더구나 나에겐 해결해야 할 무거운 짐이 있었다. 나는 묵묵히 촌스런 세일러복을 받아들었다.
"뭐 해? 안 갈아입고?
"아저씨가, 아니 실장님이 나가야 갈아입죠."
"뭐 어때? 내가 니 삼촌뻘인데. 삼촌이다, 생각하고 편하게 입어."
미친놈. 너는 이모 고모 앞에서 홀러덩홀러덩 다 벗고 사냐? 나는 이를 악물고 대머리 아저씨를 노려보았다. 아저씨가 음흉하게 웃더니 방을 나갔다. …… (중략) ……
"빤스를 벗어야지?"
"네?"
"미소녀 헤어누드가 최고 인기잖아. 아, 얼른."
크게 어렵지는 않았다. 그저 시키는 대로 세일러복 치마를 들춘 채 무표정하게 가만히만 있으면 되었다. 아저씨는 가능한 눈동자에 초점을 풀고 멍하니 딴 생각을 하라고 요구했다. (697-698쪽)

이러한 요지경 속의 이 세상을 '혜나'는 '소녀시대'라고 외친다.

그리고 이건 비밀인데, 소녀 시절도 살다보면 그다지 나쁘지만은 않다. 원하면 돈 벌 껀수도 얼마든지 널렸고 급할 땐 좀 치사하지만 울어버리면 된다. 아저씨 시대보다, 할머니 시대보다 솔직히 짱

멋지지 않은가? 그 이름도 찬란한 소·녀·시·대! (702쪽)

그렇다. 지금 우리가 살고 있는 이 시대는 '혜나'의 말처럼 소녀들이
원하는 것은 무엇이든지 얻을 수 있는 소녀의 천국, '소녀시대'인 것이
다.

「소녀 시대」는 한 여고생의 이야기를 통해 현대의 여고생들의 삶의
모습은 물론이고, 나아가 물욕적이고 관능적인 현대인들의 삶의 풍속까
지 해부한 작품이다. 따라서 새파란 신세대, 여고생의 이야기인 「소녀
시대」와 같은 소설은 '정이현'과 같이, 갓 등단한(2002년 『문학과 사회』
로 등단) 신인 작가가 아니면 쓸 수 없는 작품이라 하겠다. 요컨대 「소
녀 시대」는 신인 작가의 참신한 발상과 시각에서 배태된 작품인 것이다.

5. 소년의 지옥, 탈출의 몸부림

「소녀 시대」가 여유 있고 부유한 환경에서 자라나는 소녀의 천국과
같은 삶을 그렸다면, **이 형**의 「**탈출**」은 열악하고 가난한 환경에서 살
아가는 소년의 지옥과 같은 삶을 그리고 있다.

'만리장성집 철가방 오빠'인 '나'는, 창녀촌 근처에 위치해 있는 중국
음식점 배달부이다. 인근 당구장에서 일하는, 같은 또래의 '정기'와 친
구 사이이다. '정기'는 외제 오토바이 '아프릴리아 250시시'도 사고 또
목욕탕 때밀이로 일하는 '미경이'를 데리고 호텔에 가기 위해 자신의
콩팥 하나를 팔고 천만 원을 받는다. '나'는 입원해 있는 '정기'의 병문
안을 가서 창녀인 '떵녀'가 살해되었다는 사실을 알린다. '불어터진 면
발같'이 '떵하게 생긴 년' '떵한 년에서 발음상 떵'녀로 바뀐 그녀의

별명은 '정기'가 지었다. '떵녀'는 자장면을 좋아해 '나'가 일하는 음식점에서 먹거나 또는 자신의 몸을 파는 방으로 배달시켜 먹는다. 그렇게 자장면을 먹는 '떵녀'를 보고 '나'는 정박아인 여동생 '혜수'를 떠올린다. '혜수'도 자장면을 좋아했기 때문이다. 그러한 여동생을 두고 '나'가 가출한 데에는 말 못할 기구한 사연이 있다.

병으로 앓아 누워있던 아버지가 집을 나가자 어머니는 옆방에서 혼자 살고 있는, 돈 많은 '김씨'와 통정을 한다. '가끔씩 밤에 어머니는 말없이 나갔고 그 다음엔 벽 너머에서 쥐 울음이 들리곤 했'기 때문이다. 그런데 어느 여름날 밤 더위에 잠을 깬 '나'는 '벽 건너편에서 나는 소리가 보통 때와 다르다는 것'을 깨닫는다.

> 김씨의 거친 숨결은 그대로였지만, 거기에 반주를 맞추고 있는 것은 어머니의 빠르고 새된 신음 소리가 아니었다. 무너진 세상 아래 짓눌리고 있는 소리였다. 매몰된 영혼의 발버둥.
> 덩어리진 울음이 낮게 바닥을 박박 기어다니면서 나갈 곳을 찾다가 벽을 건너 내 팔을 붙들었다. 나는 팔을 부르르 떨면서 방 안을 둘러보았다. 어머니는 없었다. 그리고, 혜수도 없었다.
> 나는 방 밖으로 뛰쳐나갔다. 옥상방으로 올라가는 계단참에, 어머니가 앉아 있었다. 어머니는 나를 보고 깜짝 놀라서 일어섰다. 끈적끈적한 여름밤이 마당에 들어차 있었다. (231쪽)

아무 것도 모르는, 정박아인 '혜수'를 '김씨'의 성적 노리개로 제공한 어머니를 보고 그대로 집을 뛰쳐나온 '나'는, 뭇남자들 아래에서 짓밟히는 '떵녀'를 '혜수'와 동일시한다. 그래서 결국 '나'는 '떵녀'가 먹은 자장면 그릇을 찾으러 갔다가 '떵녀'를 목졸라 죽이게 된다.

> 그릇을 찾으러 갔을 때, 빈 그릇은 떵녀의 방문 앞에 얌전히 놓

여 있었다. 그릇에는 검고 질컥거리는 자장이 둥글게 남아 있었고, 몇 가닥 짧은 면발이 꿈틀거리며 검은 자장 속에 묻혀 있었다. 그 것을 보고 왜 그런 생각이 났는지 모르겠다. 갑자기 띵녀의 방문 손잡이를 돌려보고 싶다는 생각이 들었다. 그런데 예상 외로 방문 은 잠겨 있지 않았다. 나는 나도 모르게 방 안으로 들어갔다.

띵녀는 자고 있었다. 편한 긴 치마를 입고 있었는데, 치마가 말 려올라가 허벅지가 드러나 있었다. 퉁퉁하게 불은 속살. 그러나 허 벅지 살은 처연하게 희었다. 나는 잠시 띵녀를 내려다 보았다. 띵녀 는 약간 높고 거친 숨소리를 내뿜고 있었다. 입가에 검은 자장 자 국이 얼룩져 있었다. 똥이라도 주워 먹은 듯 지저분했다.

나는 그녀의 목을 보았다. 띵녀의 펑퍼짐한 얼굴과는 다르게, 그 녀의 목은 가늘었고, 그리고 무엇보다도 어린애처럼 순진무구한 선 을 그리고 있었다. 혜수는 이리저리 목을 돌렸다. 혜수의 주위에 는 신기하고 예쁘고 즐거운 것 투성이었다. 바퀴벌레가 벽에 붙어 있는 것을 보고 손뼉을 쳤다. 내가 바퀴벌레를 죽여버려도 그것대 로 고개를 들이대며 신기해했다. 멀리 가로등이 던지는 빛을 잡으 려고 목을 뻗었다. 그애는 눈만 돌리는 일이 없었다. 항상 온몸으로 보았다. 그때마다 혜수의 목은 즐겁게 움직이며 반짝거렸다. 띵녀의 목은 혜수의 목처럼 사랑스러웠고 순결했다. 금방이라도 깨어나 노 래를 부를듯이. 나는 띵녀의 옆에 꿇어앉았다. 손을 그녀의 목에 가 져갔다. 나는 그 목을 잡아보고 싶었다. 더 솔직하게 말하자면, 깨 어나지 않게 하고 싶었다. 잠든 띵녀는 환했다. (234－235쪽)

며칠 후 '나'는 '미경이'가 천만 원이 들어 있는 '정기'의 현금 카드 를 훔쳐 돈을 몽땅 찾아 도망갔다는 말을 듣고 그를 찾아간다. '정기' 의 '소 울음 같은 통곡 소리'를 듣고 가게로 온 '나'는 '낯선 남자들'에 게 둘러싸인다.

이처럼 「탈출」은 지옥과 같은 집안에서 탈출하여 새로운 삶을 살아 보려 했으나, 결국은 탈출하지 못하고 자유가 없는 또 다른 공간에 갇 혀 살아갈 수밖에 없는 비참한 어느 소년의 이야기를 다루고 있다.

「탈출」의 '나'는 '소녀시대'라고 외치면서 자기 멋대로 살아가는 「소녀시대」의 '혜나'와는 정반대의 삶을 걷고 있다. 흔한 말로 어떤 부모를 만나느냐에 따라 인생이 달라진다는, '환경결정론'을 들먹일 수도 있겠으나, 하여튼 「탈출」은 부모를 잘못 만나 자신의 인생을 망치는 어떤 소년의 이야기라고 할 수 있다.

'이 형'이라는 작가 역시 이제 막 문단에 얼굴을 내민(2002년 「천하루의 겨울」로 『문예중앙』을 통해 등단) 신인이긴 하지만, 탄탄한 서사와 진지한 주제의식으로 어우러진 「탈출」과 같은 작품을 발표하고 있으므로, 작품 활동의 귀추가 주목된다.

6. 여자의 몸값으로 산 에어컨

백가흠의 「**에어컨**」은 앞에서도 밝힌 바와 같이 『문학사상』에서 마련한 여름 특집에 실린 엽편소설이다. 어수룩한 '나'가 에어컨을 샀다가 도로 빼앗기는 이야기인데, 특히 반전(反轉)이 뛰어나다.

어느 폭염의 여름날 오후, '나'가 살고 있는 다세대주택 5층 옥탑방에 에어컨이 배달된다. 웬 두 남녀가 스탠딩 에어컨을 지고 올라온 것이다. 물론 잘못 배달된 물건이다. 그런데 남자의 말이 오락가락이다. 이 기회에 더운 옥탑방에 에어컨을 들여 놓으라느니, 실제 가격의 반값에 주겠다느니 횡설수설이다. 그러다가 여자가 날씨가 하도 더워 좀 씻을 수 있겠냐고 하면서 욕실로 들어간다. 남자는 확인을 하겠다며 계단을 내려간다. 그렇지 않아도 '나'는 여자의 미모에 넋이 나가 있던 터인데, 남자는 없어지고 여자는 안에서 씻고 있으니 가슴이 쿵쾅거리지 않을 수 없다. 순진한 '나'는 엉겁결에 일을 저지르고 만다.

여자의 콧잔등에 송골송골 땀이 맺혀 있었다. 여자는 에어컨을 세워놓고 손으로 부채질을 했다. 여자는 몸에 딱 달라붙은 탱크 탑을 입고 있었다. 땀에 젖어 딱 들러붙은 옷 밑으로 살짝 여자의 배꼽이 보였다. 여자에게 신경쓰지 않으려고 했지만, 내 눈은 자꾸 여자를 힐끔거렸다. 여자는 예뻤다. 에어컨 설치 기사 같은 일보다는 치어리더나 내레이터 모델 같은 일이 잘 어울릴 것 같았다. (100쪽)

아무 말 없이 평상에 앉아 있어서 나도 그냥 잠자코 있었다. 나는 여자의 뒷모습을 힐끔거렸다. 말려 올라간 짧은 탱크 탑 밑으로 여자의 속살을 보고 있었다. 등에서 떨어진 허리춤 사이로 여자의 팬티끈이 살짝 보였다. (102쪽)

에어컨 옆에 서니 간혹 철벅이는 물소리가 들려왔다. 떨어지는 물소리에 내 가슴도 쿵쾅쿵쾅 요동질 쳤다. 나는 살짝 문을 열었다. 시원한 보리차라도 여자에게 건넬 생각이었다. 한 1센티 정도 문이 열렸을까. 나는 그 문틈으로 너무 많은 것을 보아버렸다. 여자가 욕실 문을 열어놓은 채 쭈그려 앉자 물을 끼얹고 있었다. 여자의 얼굴은 보이지 않았다. 둥글게 휘어진 구릿빛 등선과 엉덩이가 꿀꺽, 내 목을 타고 가슴속으로 넘어가는 것 같았다. 나는 문틈으로 여자를 엿보고 있었다. 여자가 일어나자 나는 소리나지 않게 문을 살짝 닫았다. 그러나 다리는 움직이지 않았다. 나는 문 앞에 서 있었다.
남편이 오려면 10분도 안 걸릴걸요.
안에서 문이 열리고 나는 나체의 여자 앞에 정면으로 서 있었다.
여자와의 섹스는 5분도 걸리지 않았다. 아주 짧은 꿈 같았다. 여자의 몸을 탐할 새도 없이 나는 금방 사정을 하고 말았다. 나는 여자의 눈도 똑바로 보지 못했다. 남편이 곧 올 거란 생각 때문에 정신 없이 일을 서둘렀다. 여자는 나에 비하면 느긋했다. 나는 여자 위에 꼬꾸라졌다. 여자가 내 엉덩이를 가볍게 쳤다. 나는 욕실로 달려 가서 문을 잠갔다. 물을 틀어놓고 쭈그려 앉았다. 밖으로 나올 용기가 없었다. 속으로 나는 잘못한 게 없다고, 여자가 날 유혹한 것이라고 자위했지만, 남편을 볼 용기는 나지 않았다. 나는 겁이 나기 시작했다. (102−103쪽)

얼마 후에 남자는 실외기를 들고 와 당연하다는 듯이 망치질을 하면서 벽에 구멍을 뚫는다. 결국 '나'는 미인계에 넘어가 분에 넘치는 에어컨을 구입하게 된 것이다. '나'는 얼굴은 자세히 생각나지 않았지만, '짙은 갈색의 머리, 휘어진 허리와 탄력 있던 엉덩이' 등을 떠올리며 에어컨에서 쏟아져 나오는 시원한 바람을 만끽한다. 그러나 이러한 신선놀음도 '딱 삼 일, 만 이틀'만에 끝이 난다. 경찰들이 들이닥쳐 그 에어컨이 장물이었음을 알린다. 에어컨으로 가득 차 있던 '유명 쇼핑몰의 배달차가 통째로 도난당했다'는 것이다. 쇼핑몰 직원들은 '미안한 기색도 없이, 사과의 말 한마디도 없이' 에어컨을 가져가 버린다.

일반적으로 콩트(conte)는 서양에서 빌려온 용어이긴 하지만, 한국 문학에서는 이미 그 나름대로 고유한 장르 개념을 확보하고 있다. 통상적으로 콩트라 하면 부담 없이 가볍게 읽을 수 있는 200자 원고지 20매 내외의 분량으로서, 주위에서 흔히 찾아볼 수 있는 일상적인 이야기를 소재로 다룬다. 엽편 소설은 이처럼 짧은 이야기이긴 하나, 기상천외한 발상을 바탕으로 하여 재치와 기지를 그 주된 기법으로 삼아 예상을 뒤엎는 반전과 놀라운 결말을 보여주는 특성을 지니고 있다. 그래서 서양의 경우 작품의 길이보다는 오히려 이와 같은 장르의 특성 여부에 따라 콩트를 구분 짓고 있다. 예기치 않은 반전과 경이로운 결말을 보여주는 자신의 단편 소설들을 가리켜 모파상 자신이 콩트라고 지칭한 것도 이와 같은 근거에서 비롯된다. 따라서 엽편소설은 본디 이러한 장르적 특성을 지닌 것이라야 한다. 그렇지만 그렇지 않은 경우가 대부분이다. 독자들의 상식적인 독법의 허를 찌를 만한 반전과 의외로운 결말은커녕, 그저 신변잡기적인 수필류와 같은 무덤덤한 글들이 콩트 또는 엽편소설이라는 미명 아래 쒸어지고 있는 것이 요즈음의 실정이다.

엽편소설의 개념과 장르적 특성을 위와 같이 설명할 수 있다면, 백가흠의 「에어컨」은 발군의 문학성을 획득한 전형적인 콩트의 하나가 되리라 본다. 독자들이 미처 생각할 수 없는 반전과 놀라운 결말을 보여주기 때문이다. 여름철의 무더위를 한 방에 날려버릴 만한, 읽는 재미가 뛰어난 작품이라고 하지 않을 수 없다.

반전(反轉)의 미학

○ 정길연, 「쇠꽃」(『현대문학』, 2003년 9월호)
○ 박정규, 「작은 방 Zelle」(『현대문학』, 2003년 9월호)
○ 조용호, 「천상유희」(『현대문학』, 2003년 9월호)

1. 단편소설의 결말

  단편소설에 있어서 결말은 서두 못지 않게 중요하다. 독자들로 하여
금 호기심을 촉발케 하여 작품을 끝까지 읽게 만드는 역할을 서두가
수행한다면, 결말은 독자에게 하나의 선명한 인상을 갖게 하여 카타르
시스의 기쁨과 아울러 감동을 맛보게 하는 역할을 수행한다. 다시 말하
자면 결말은 소설 작품의 문학적 가치를 깨닫게 하는 결정적 계기가
되며, 이에 의해 독자들의 인생관·세계관의 변화가 이루어진다. 결말
이 이러한 미적 기능을 효과적으로 수행해내지 못할 때, 독자는 작품에
대한 뚜렷한 인상을 갖게 되지 못하고 나아가 소설에 대한 문학적 흥
미와 호기심을 잃어버리게 된다. 그래서 작가들은 결말이 지니는 효과
를 극대화하기 위해 순간적으로 짧게 끝내 버리는 놀라운 결말(surprise
ending)의 구조, 혹은 그 반대로 매우 정교하고 길게 확장된 결말 구조
를 이용하기도 한다. 요컨대 작가는 독자를 사로잡기 위하여 소설이 시
작되는 첫부분에 대해서 골몰하듯이, 독자에게 하나의 강렬한 인상을

남기기 위해 마지막 부분 또한 고심을 하게 되는 것이다.

토도로프(T. Todorov)는 한 서사의 플롯이 '평형 ― 비평형 ― 평형'의 구조를 지니고 있을 때, 뒤의 평형 상태가 결말에 해당된다고 하였다. 따라서 결말 부분에서는 앞에서 지속되어 왔던 긴장과 갈등이 해소된다. 이를 전통적인 플롯의 개념으로 설명한다면, 등장인물의 운명이 확인되는 순간이며 작품 전체의 의미가 해명되고 제시되는 지점이다. 총체적인 서사 구조와 플롯을 파괴하여 시작·중간·끝이 없이 무질서한 서사만이 존재하는, 최근의 현대소설에서는 결말 부분에 대한 이와 같은 교과서적인 의미가 물론 적용되지 않는다. 그렇지만 현재 쓰여지고 있는 우리나라의 대부분의 정통적인 단편소설은, 전통적인 결말 구조를 취하고 있다. 즉 서술의 초점을 극적인 사건의 전개와 경이로운 결말에 맞추어 치밀한 서술 전략을 보여준다. 단편소설에 대한 현대적인 이론을 처음으로 구축했다고 평가되는 포우(E.A.Poe)에 의하자면, 통일된 인상·단일한 효과를 얻어내기 위한 서사 전략인 것이다.

작가들은 독자에게 결말 부분에 대한 선명하고도 강렬한 인상, 카타르시스의 감동적인 기쁨을 선사하기 위해 반전(反轉)의 기법을 종종 사용한다. 결말 부분에 이르기까지 독자들이 읽어왔던 이야기의 기대와 예상을 여지없이 뒤엎어 버림으로써, 작가들은 독자들로 하여금 본격소설을 향수하는, 짜릿한 기쁨을 맛보게 하려는 것이다.

2. '쇠꽃'의 의미

정길연의 「쇠꽃」은 재미있으면서도 정치(精致)한 작품이다. 극적인 사건의 전개로 시작되는 흥미로운 스토리와 결말 부분에 이르러서야 비로소 이야기의 얼개가 드러나는, 치밀한 서사 구조를 보여주고 있기 때문이다. 특히 결말 부분은 독자들이 예상치 못한, 극적인 반전으로 하여 더욱 그 진가를 발휘하고 있다.

「쇠꽃」은 '주정차금지구역', '노블 팰리스', '산 253 - 1번지', '바다 여인숙'이라는 소제목의 네 부분으로 구성되어 있다. 첫 번째 부분은 이 작품의 서두에 해당되는 셈인데, 첫머리부터 독자들의 시선을 붙잡는 드라마틱한 사건으로 시작된다.

중인환시리에, 배기량 3천cc 뉴그랜저 승용차가 사라지고 있었다. 이른바 탈취였다. 그것도 운전자와 동승자가 차체에서 채 2미터도 떨어져 있지 않은 상태에서, 말하자면 바로 눈앞에서. 사라져가고 있는 승용차는 총 주행거리 4천 킬로미터를 막 넘겼을 뿐으로, 뽑은 지 6개월이 못되는 사양 선택 최상급의 2002년식이었다.

문제의 승용차를 도로변에 바싹 붙여세운 건 불과 수 분 전이었다. 선희는 차에서 내리기에 앞서 클랙슨을 짧게 두 번 눌렀다. 숍에다 도착을 알리는 신호였다. 그런 다음 트렁크에서 휠체어를 꺼내 인도에 펼쳤고, 뒷좌석의 조 여사를 부축해 휠체어로 옮겨앉혔다. 숍 매니저가 쇼윈도우 안에서 밖을 내다보며 손을 흔들었다. 선희는 잠깐이나마 가로수 그늘 아래로 휠체어를 이동시켰다. 매니저에게 조 여사를 맡기고 나서 자신은 주차타워에 차를 넣으러 가야 했다.

그때였다. 누군가 재빠르게 승용차의 운전석으로 뛰어들었다. 순식간에 일어난 일이라 선희는 그 돌발적인 사태에 얼른 대응하지 못했다. 선희뿐만 아니라 숍에서 걸어나오고 있던 매니저도 마찬가지였다. 등 뒤쪽의 일을 볼 수 없었던 조 여사는 두 사람의 허둥대는 태도에 얼마간 얼떨떨해하는 정도였다. 운전석으로 뛰어든 누군가가 급히 핸들을 꺾고 액셀레이터를 밟는 순간에야 선희가 이어 소리치며 몸을 틀었다. 그러나 그녀는 승용차로 즉각 되돌아갈 수 없었다. 그녀가 달려갈 태세를 취하느라 손잡이를 놓는 바람에 휠체어가 균형을 잃으며 기우뚱거렸고, 그러자 이번에는 휠체어에 앉아 있던 조 여사가 자지러지는 비명을 질렀기 때문이다. 휠체어는

브레이크가 풀려 있는 상태였으며, 인도는 도로 쪽으로 완만한 경사가 져 있었다. (45 – 46쪽)

'백주 대낮, 오가는 행인들이 적지 않은 시간에', 두 눈을 멀쩡하게 뜨고 지켜보는 사이에 고급 승용차를 도둑 맞는 장면이다. 영화 속의 한 장면처럼 보이지만, 현실에서 얼마든지 일어날 법한 일이다.

하반신을 쓰지 못해 휠체어에 의지하며 사는 75세의 '조여사'를, 고급 의상실까지 데려가다가 변을 당한 '말동무 겸 잔수발'을 드는, '이야기벗 도우미' '선희'는 경찰에게 진술을 한다.

> 워낙 갑작스러워서 인상착의를 살필 새가 없었어요. 기억나는 건 모자를 썼다는 거요. 푹 눌러쓰는 벙거지 말고 챙모자요. 하긴 챙모자를 푹 눌러쓰고 있었지만요. 그러고 보니까 항공점퍼 같은 걸 입었던 것 같은데…… 거 왜 갓길에 봉고차 세워놓고 조종사용 점퍼라며 파는 거 있잖아요. 그런 거 정비사용하고 뭔가 다른지는 난 잘 모르구요. 어쨌든 연한 국방색이었던 건 확실해요. (48쪽)

이러한 '선희'의 진술은 중요한 복선의 기능을 수행하는데, 물론 독자들은 알아차릴 수가 없다. 끝까지 읽은 다음에야 비로소 전후 맥락을 짚어낼 수 있게 된다.

두 번째 부분 '노블 팰리스'는, '선희'가 기분이 상한 '조여사'를 '노블 팰리스'로 모시고 와서 목욕을 시키고 집으로 돌아가기까지의 과정을 그리고 있다. '노블 팰리스'는 조여사가 기거하는 '특급 호텔급 실버타운'이다. 이른바 '노블'한 사람들이나 들어갈 수 있는 이곳을 드나드는 '선희'는 심한 위화감을 느낀다.

> 하루이틀 드나든 곳이 아닌데 선희는 신분증을 내밀 때마다 매

번 주눅이 들었다. 깊은 속을 들여다보면 박탈감에 열등감일 것이었다. 아무리 용을 써도 닿을 수 없는 높이를 소망하진 않더라도, 그 소망 불가를 번번이 주입당한다는 것은 조롱이었고 고문이었다. 태생이 다르고 이력이 다르고 안목이 다르고 규모가 다르다는 것이 다름의 문제가 아니라 인간의 질의 문제로 변환된다는 사실이 선희의 내재된 분노를 일깨웠다. 그녀는 관리부 직원이나 미화부 아주머니가 보이지 않는 틈을 타서 열쇠 같은 쇳조각으로 호화스럽기 그지없는 노블 팰리스의 기물들의 표면을 긁었다. 보안과 경호를 이유로 설치된 카메라의 위치를 잘 알고 있는 그녀로서는 그 은밀한 훼손을 들킬 염려가 없다는 점도 잘 알고 있었다. (50쪽)

이 대목에도 주요한 암시가 숨어 있다. '선희'가 쇳조각으로 '노블 팰리스'의 기물들의 표면을 긁는다는 부분이다. 이러한 암시는 물론 결말 부분과 긴밀한 관계를 맺고 있다.

세 번째 부분의 제목 '산253 - 1번지'는 '선희'의 유일한 혈육인 고모가 사는 동네를 말한다. 그야말로 산기슭에 위치한 달동네이다. 이 부분에는 '선희'의 가족사와 고모의 일생 그리고 현재 고모와의 생활에 대한 이야기가 등장한다.

해주댁은 제 식구없이 혼자 늙었다. 젊어서는 해주처니로 불리다가 나이가 들면서는 자연 해주댁으로 굳어졌다. 처음에는 일찍 상처한 오빠가 걸려서 혼사를 미뤘고 나중에는 애 딸린 재취자리도 나서지 않아서 인연맺음을 포기했다. 시근이 모자랐어도 모지락스럽지 못한 해주댁이었다. 선희를 낳고 이레 만에 산독으로 죽은 올케 대신 선희를 씻기고 먹이고 입혔으며, 펼 날 없는 안살림을 재주껏 쪼개붙였다. 페인트 도장공이던 선희 아버지가 직장암으로 운신을 못하게 되자 죽는 날까지 대소변 치다꺼리를 찡그림 없이 해냈다. 살면서 고집을 세우는 일도 그악을 떠는 일도 적었다. (59쪽)

이처럼 고모 '해주댁'은 '선희'의 친어머니와 다름이 없는데도 불구하고 '선희'는 '등에 진 짐짝처럼 무겁고 거추장스러워' 한다. 법적으로 무의탁 독거노인인데다 생활보호대상자로 등재되어 있어서 정부보조금과 무료 의료혜택을 받는 고모는, 그날도 병원과 약국에 들러 무료 치료를 받고 오는 길이었다. '선희'는 그런 고모를 상대로 얻어먹기만 하는 거지냐고 화풀이를 한다.

마지막 부분 '바다여인숙'은 결말 부분이다. 앞에서 일어난 사건이 비로소 해결되고 이 작품의 의미가 해명되는 대목이다. '선희'의 대거리에 넋두리를 늘어놓는 고모를 뒤로 하고 '선희'는 애인인 '창대'가 장기 투숙하고 있는 '바다여인숙'으로 향한다. 오다가다 어쩌다가 만난 '창대'는 믿음직스럽지는 않으나 '선희'는 어쩔 수 없이 그를 만나고 있다.

> 창대는 중고자동차 영업소에서 일했다. 처음 창대를 만났을 때 그는 자주색 코란도를 몰고 있었다. 선희는 당연히 코란도가 창대의 소유일 것으로 생각했다가 실망한 것은 사실이었지만 그땐 이미 그의 반들반들한 외모와 구변에 넘어간 뒤여서 그 부분에 대해선 크게 염두에 두지 않았다. 요즘 세상에 자동차야 얼마든지 굴릴 수 있는 필수품이니 새차인들 장만 못할 이유가 없었던 것이었다. 그녀만 해도 나중에 자신의 가게를 내기 위해 모으고 있던 돈을 털어 자동차부터 살 형편이 되었다. 비록 지금은 그돈조차 창대에게 빌려주고 빈 통장이었지만. (66쪽)

'선희'는 그가 기거하는 방문을 연 순간, 휑하니 비어 있는 공간을 발견한다. 비로소 그녀는 '계속 밀어내고 있던 희미한 불안이 구체적인 형태를 띠고 엄습해오는 충격에 사로잡'힌다.

> 선희는 바닥에 주저앉았다. 마지막으로 자신의 경악에 찬 시선을

붙들었으며, 그로써 불안의 정체가 더욱 명확해질 수밖에 없었으며, 그럼으로 최후 통고장처럼 되어버린, 유일하게 남아서 벽을 장식하고 있는 물건의 질타를 똑똑히 알아들은 때문이었다.

　이 헛똑똑아! 그러게 내가 아무도 믿지 말랬지!

　벽에 걸린 채 선희를 조소하고 있는 것은 연하고 흐린 국방색 점퍼와 챙모자였다. (67쪽)

　'창대'는 언젠가 '선희'가 사준 '흐린 국방색 점퍼'를 입고 또한 챙모자를 깊이 눌러 쓰고 차를 탈취한 것이다. 여기까지 읽고 나면 '창대'가 '선희'가 하는 일을 몰래 염탐해서 혼자 범행을 저지른 것처럼 생각되지만, 마지막 단락을 마저 읽으면 또 이야기가 달라진다.

　그런데 너 왜 내게 이런 짓을 하니? 하필 왜 나니? 짜고 치는 고스톱인 줄 알고 속은 나도 한심하지만, 야, 나같은 애한테까지 사기나 치고 돌아다니는 너란 새끼도 참 한심한 악질이다. 벌써 또 어디선가 작업에 들어갔겠지? 오늘 날치기한 그랜저 팔아넘기기 전에 너 입버릇처럼 주워섬기는 쭉쭉빵빵 태워서 재미볼 것 다보고, 털어먹을 것 다 털어먹고, 그 다음엔 나같이 한심한 고년 미끼로 세워서 한탕치고 잠수타겠지? 생각처럼 쉽게 접어질 일이 따로 있지. 그게 어떤 돈인데, 어떤 위험부담을 지고 빼돌린 찬데…… 미친개에게 물린 셈 쳐? 교통사고 당한 셈 쳐? 그렇담 창대 넌 미친개고 뺑소니 도주범이야. 가해자가 무면허 주거 부정이니, 피해자야 후유증으로 반신마비가 오든 비명횡사를 하든 법이 무슨 소용있겠냐? 그냥 재수 더럽게 없었던 거지. 그리고 너, 너 기어이 달아넣어봤자 나도 안전하지 못할 거라고 계산했을 거고. 맞아. 나 끽소리 못해. 그 새끼 잡아 달라고 어디 가서 하소연을 하겠니, 넋두리를 하겠니? 니 꿍꿍이 대로 나도 공범인데. (68쪽)

　그렇다. '조여사'의 차를 탈취한 범행은 '선희'와 '창대'가 작당 모의를 해서 이루어진 것이다. 그러니까 둘은 공범이다. 물론 앞에서 '선희'

가 '창대'에게 계속 핸드폰을 하지만 응답이 없다는 암시가 제시되어 있 시는 하나, '선희'의 애인 '창대'가 범인일 것이라고 독자들은 쉽게 생각 할 수 없으리라 본다. 그런데 알고 보니 '선희'가 공범이라니. 반전의 반 전이 아닐 수 없다. 마치 정교하게 짜여진 서스펜스 영화의 시나리오 같 다는 느낌이 든다. 공범이긴 하지만, '선희'는 '창대'에게 속아 그동안 가게를 내려고 고스란히 모았던 돈도 날리고 같이 빼돌린 차도 날렸다.

그렇다면 제목 '쇠꽃'은 무엇을 의미하는가? 이는 마지막 단락에 명 징하게 나타나 있다.

> 너도 전에 날더러 궁금하다며 물었었지? 왜 열쇠나 끝이 뾰족한 쇳조각으로 멀쩡한 것마다 몰래 긋고 다니느냐고? 그랬어. 난 멀쩡 한 것을 견딜 수가 없어. 생채기를 내고 싶거든. 그 상처가 바람에 닿아 발갛게 피워올리는 녹꽃을 보고 싶거든. 이제 알 것 같네. 울 엄마가 꿈에서 본 붉은 꽃, 아마 붉은 쇳가루가 땅에 떨어져서 피운 녹꽃이었을 거야. 그리고 울 엄마가 꿈에서 운 건, 세상을 가득 덮 은 그 녹꽃에 가려 내가 보이지 않아서였을 거야. 세상을 녹꽃이 뒤 덮어버리게 된 건, 세상의 모든 사람들이 저마다 몰래 생채기를 냈 기 때문일 거고, 그 상처에 바람이 닿았기 때문일 거고, 파슬파슬한 붉은 가루가 땅에 떨어져서 마침내 꽃을 피웠기 때문일 거야. 베어 지지도 않고 썩어 넘어지지도 않는 붉은 꽃, 쇠꽃을 말야. (68쪽)

이 대목을 통해 독자들은 비로소 '선희'가 왜 쇳조각으로 노블 팰리 스의 기물들의 표면을 긁게 되었는가 하는 그 이유를 알 수 있게 된다. 일찍 어머니를 여의고 술타령하는 아버지 밑에서 고모의 건사 아래 가 난에 찌든 채로 성장해 온 여성이, 부(富)를 소유한 사람이나 부 자체 에 반감을 품게 되는 것은 인지상정이라 할 것이다.

요컨대 정길연의 「쇠꽃」은 흥미로운 이야기를 마치 씨줄과 날줄을 촘촘히 엮듯이 정교한 플롯과 서술 기법으로 엮어낸 작품이다. 특히 반전의 반전이 돋보이는 결말 부분은 압권이라 할 만하다.

필자는 정길연의 또 다른 발군의 작품 「손」(『문학사상』, 2000년 1월호)을 읽고 일찌감치 그의 작가적 역량을 눈여겨보았는데, 「쇠꽃」 역시 그러한 기대에 어긋나지 않는 작품이라고 생각된다. 어쨌거나 정길연은 주목할 만한 작가임에 틀림없다.

2. 모호한 삶, 삶의 모호함

박정규의 「**작은 방 Zelle**」는 독특한 형식의 소설이다. 이십여 쪽에 이르는, 결코 짧지 않은 분량의 단편소설인데도 불구하고 글 전체가 한 단락으로 되어 있다. 그러니까 작중 화자가 한 번에 그 모든 이야기를 해버린 느낌이 든다. 게다가 지문과 대화를 구분하는 아무런 표시도 없으며, 또한 과거와 과거 이전의 과거 그리고 현재의 이야기가 뒤섞여 있어 처음부터 끝까지 주의를 집중하고 읽어야 한다. 독자로서는 읽기에 부담이 되는, 다소 난해한 형식의 소설이다.

「작은 방 Zelle」는 형식뿐만 아니라 내용도 독특하고 또한 난해하다. 그래서 주의를 기울여 읽되, 적어도 두 번은 정독을 해야 스토리를 온전히 파악할 수 있다.

'공군 간부후보생으로 입대하여 정훈장교로' 복무하다가 제대한 '나'는, 미국 유학을 갔다 와 모교의 연구소에서 수석연구원으로 일하고 있다. '나'는 학술회의에서 발표할 논문을 준비하기 위해 자료를 조사하다가 '강만석'이라는 의사가 노숙자로 떠돌다 동사했다는 주간지의 기사를 읽게 된다. 그 기사에 의아심을 갖게 된 '나'는 뒷조사를 하게 되고, 그 의사가 제대하기 몇 달 전에 우연히 알게 되어 얼마간의 교분을 쌓게 된 사람이라는 사실을 알아낸다. 그러자 '나'는 그때의 일을 떠올리면서 '류미숙'이라는 여인의 자취를 찾기 위해 군복무 할 당시의 도시를 무작정 찾아 간다. 그때의 그녀는 '강원장'의 병원에서 간호사로 일하면서 강원장과 같이 살고 있었다. '스물두서너 살 차이나 아래인 그녀의 마음을 강원장은 어떻게 사로잡았을까'라는 의혹에 빠졌다가, 마침내 그들의 사랑에 질투심을 느낀 '나'는 반강제적으로 그녀의 육체를 탐한다. 이러한 이유로 하여 '강원장'의 죽음이 자신과도 연관이 있다고 생각한 '나'는 죄책감을 느끼면서 그녀의 흔적을 찾는다. '서울에서 김서방 찾기'이지만 '나'는 그녀의 오빠 '류병철'이 팔이 하나 없는 장애인이라는 점에 착안하여 동사무소를 훑어 나가다 드디어 그를 찾게 된다. 그는 그녀가 성불구인 강원장과의 플라토닉 러브를 지키기 위해, 남의 이목을 견디다 못해 자살했다는 이야기를 한다. 그녀를 잃은 강원장은 괴로워하다가 마약을 시작했고 결국은 노숙자로 떠돌다가 죽게 되었다는 것이다. 이러한 이야기를 들은 '나'는 과거에 그녀를 탐하고 난 뒤, 이 사실을 강원장에게 말했을 때 강원장이 들려준 이야기를 떠올린다.

미숙이가 나한테 왔을 때가 열여덟 살이었소. 그 어린 나이에 성병에 감염되어 몸이 만신창이였소. 술집에서 접대부로 있었던 모양이오. 거기다가 임신까지 한 상태였소. 모친과 함께 왔습디다. 나는 그 어린 것의 몰골을 보고 분개해서 그 어머니에게 소리 질렀지요. 데리고 나가라구요. 어머니가 되어서 자식을 이렇게 되도록 버려둘 수가 있느냐구요. 가난이 죄라며 울고 있는 모녀를 보고는 마음을 고쳐먹고 임신중절수술과 병치료를 해주었지요. 그랬더니 그 모친이 저 아이가 여기서 나가면 또 그 길로 갈지 모르니 여기다 붙잡아두고 심부름이나 시켜 달라고 사정을 합디다. 나는 측은한 마음에 미숙이를 맡기로 하고 간호학원에도 보냈지요. 그 가족들에게도 도움을 조금 주고요. 그 아이한테 아직도 필요한 것은 마음의 상처를 아물게 하는 거지요. 미숙이는 누구의 노예가 아닌 자유인이에요. 자신이 스스로의 거취를 선택하는 것이지요. (87-88쪽)

그리고 '나'는, 과거의 자신의 행동이 '순수한 사랑으로 교감하던 두 사람의 영혼에 가한 더할 수 없는 폭력이었을 것'임을 깨닫고 죄책감을 느낀다. '류미숙'에 대한 그간의 행적을 알게 된 '나'는, 그냥 돌아가려다가 '류병철'을 만나기 전에 보았던 그의 노모를 다시 찾아간다. 그런데 '나'는 뜻밖에도 노모에게서 그녀에 얽힌, 또 다른 충격적인 이야기를 듣는다.

　단발머리에 단정한 교복차림을 한 여고생이 화장대 거울 앞의 작은 액자 속에서 환하게 웃고 있었다. 류미숙이었다. 미숙 씨는 고등학교 졸업하고 직장에 다녔나요? 나는 노인에게 밑도끝도없는 질문을 했다. 문득 술집 접대부 운운하던 강원장의 말이 떠올라서였다. 졸업은 무슨……다 지나간 얘기니께 하네만……핵교 다니다 애를 가졌어…… 받을 수 없는 씨였거든…… 그래서 강 원장한테 가서 수술받구 그 수술비 대신 걔가 그 집 식모로 간 거여. 사귀던 사람이 있었던가보지요. 사귀는 사람이라니, 공부밖에 모르던 애였어. 즈이 오래비는 팔을 다친 후에 집에만 틀여박혀 있었구 즈이 아버지가 죽구 나서 살아보려구 내가 밖으로 나돌았지…… 걔들을 그렇게 두는 게 아니었는데…… 나는 내 머릿속을 휙 하고 스치는 것이 있었다. 병철씨도 결혼을 해야지요. 허것지. 여자가 있어. 애꺼정 낳고서도 무슨 생각인지 그냥 드나들기만 하구 합치지를 않는구먼. 나는 머릿속이 멍해졌다. 강 원장이 죽었어요. 벌써 몇 년 됐어요. 그 인간 그렇게 몹쓸 짓을 하더니…… 병철이가 그러는디 우리 미숙이를 저한테 붙잡아두려구 아편쟁이를 만들었댜, 그 인간이…… 아편요? 그려, 인간두 아녀. 하루는 새벽녘에 문을 두드려 나가보니 걔가 눈물콧물 뒤범벅이 되어서는 사시나무 떨듯 하고 서 있더라고. 나는 추워서 그러는 줄 알고 솜이불을 덮어줬지. 병철이

얘기가 그것이 약기운이 떨어지면 그러는 거라데. 아무튼 병철이가 들으니께 더듬거리며 하는 말이 강 원장 그놈이 제대한 백 중위하구 어떤 관곈지 대라며 못살게 굴구 약두 안 준다고 하드랴. 조금 있다가 그놈이 천연덕스런 얼굴로 와서 데리구 갔어. 그러구 내가 중풍으로 쓰러진겨. 내가 병원에 누워 있는데도 걔 얼굴이 통 안 보이길래 병철이한테 알아보라고 했더니 아무 말 없이 편지 한 장만 내밀어. 편지에는 강 원장을 피해 멀리 미국으로 시집가니 그렇게 알라고 써 있더라구. 가끔 잘 지낸다는 편지가 오기는 하네만…… 불쌍한 것. 그 몸을 해 가지고 어디 간들…… 강 원장 그 못된 인간 …… 병철이가 그러는디 우리 미숙이가 그놈 애를 몇 번이나 지웠는지 모른댜. 그 집에 있던 그 심부름하던 정안가 그 어린 것을 건드려서 애를 갖게 했다잖아. 그래서 지가 보다 못해서 아편쟁이루 고발한 거랴. 병철이가 그러더라구. (89–90쪽)

이러한 이야기를 들은 '나'는 강한 충격을 받고 극도의 혼란에 빠진다. 그리고는 다음과 같은 의문에 사로잡힌다.

노인이 알고 있는 것은 모두가 류병철에게서 들은 것이었다. 그렇다면 어디까지가 진실일까. 류병철, 그가 맡은 역할은 무엇일까. 자리에서 일어서는 내게 좀더 있다 가라며 붙잡는 노인의 얼굴에서 나는 짙은 외로움을 보았다. 병철씨가 빨리 결혼해서 어머님을 잘 모셔야겠다고 하자 노인은 긴 한숨 끝에 혼잣말처럼 중얼거렸다. 지금도 그만하면 효도하는 거지. 피 한 방울 안 섞인 노인네를 먹여주고 재워주니…… 미숙이 아범이 일찍 죽고 내가 병철이 아버지를 만난겨. 병철이가 열 살 때였지. 둘 다 좋은 사람들이었는데…… 내가 박복해서…… 강만석 원장의 진실된 모습은 무엇일까. 류미숙과 강 원장은 어떤 관계였을까. 강만석은 류미숙에 대한 사랑을 통해 자기 자신을 세계와 연결시키며 동시에 전체성과 개체성을 획득하기 위한 욕구를 만족시키는 출구를 찾고자 했던 것일까. 아니면 그녀에게 지배적인 사디즘을 행사한 악한이었을까. 류미숙은 강 원장을 사랑했었을까. 아니면 복종적 마조히즘의 희생물이었을까. 그

두 사람 다 어떤 음험한 음모의 희생물은 아니었을까. 나도 그 음모자 중의 하나는 아니었을까. (90-91쪽)

이와 같은 이야기를 통해 우리는 작중인물들에 대한, 숨겨져 있던 몇 가지 새로운 정보를 얻을 수 있다. '류병철'과 '류미숙'은 이복 남매라는 것, 부모들이 없는 사이 외팔이로 집에서만 지내던 '류병철'이 여고생인 '류미숙'을 범해 임신을 시켰다는 것, 그렇다면 '류미숙'의 일생을 처음부터 망가지게 만든 장본인은 바로 '류병철'이었다는 것, 그리고 그녀가 젊은 나이에 자신의 인생을 스스로 접게끔 만든 사람들은 '류병철'은 물론이고, 강원장 그리고 '나'까지를 포함해서 그녀를 둘러싼 남자들이었다는 사실 등이 그것이다. 그럼에도 불구하고 우리는 '나'와 같이 극심한 혼란에 빠지지 않을 수 없다. 강원장과 '류미숙'은 이미 죽었다. 그들이 살아 있을 때의 행적을 알고 있는 사람은 '류병철'뿐이다. 그런데 그가 '나'에게 들려준 이야기와 그의 노모의 이야기는 천양지차이다. 그런데 문제는 노모의 이야기도 결국은 '류병철'이 한 이야기라는 것이다. 그렇다면 어느 것이 진실일까?

작가는 이와 같은 복잡미묘한 이야기를 통해 우리들에게 모호한 삶, 삶의 모호함에 대하여 말하고 있는 것이 아닐까 한다. 다시 말하자면 우리 인간들의 삶의 진실은 숨겨져 있다는 것. 그 삶의 실체는 누구도 결코 알아낼 수 없다는 것. 따라서 우리네 삶이란 본디 모호함·음험함·불가해(不可解)함·비의성(秘意性)을 지니고 있다는 것 등을 말하기 위해 작가는 이 작품을 쓴 것이 아닐까라는 것이다. 이와 같은 판단은 작가가 '작은 방 Zelle'라는 작품 제목에 달아놓은 주석을 통해 그 설득력을 얻을 수 있으리라 본다.

사진을 그리려는 리히터의 시도는 결여된 그 무엇을 완성하려는 충동이며 사진 속에 갇힌 순간을 회화로 전환시켜 제3의 차원으로 영구화하려는 결단이다. 사진 속의 이미지는 다시 회화로 재현됨으로써 리히터의 '현재'라는 시간적·공간적 좌표 속에 재구축되는 것이다 …… (중략) …… 사진회화라는 구상과 추상의 이질적인 영역을 횡단하고 있는 리히터는 이 두 영역을 서로 극대화하고 서로 어긋나게 충돌시키고 서로 방해하게 함으로써 회화에 새로운 도전을 제시했다 …… 이해할 수 있을 것같은 현실을 이해가 안되게 묘사할수록 더욱 더 훌륭한 그림이 된다고 리히터는 말한 바 있다.

(위의 글은 김혜련(서양화가·예술학박사)씨의 「신표현주의와 리히터, 그리고 독일 현대회화」라는 글 중에서 필자가 임의로 발췌한 것임. <작은 방 Zelle> oil on canvas 201×140㎝는 Gerhard Richter의 사진회화 작업으로 1988년 작품임) (69쪽)

'이해할 수 있을 것 같은 현실을 이해가 안 되게 묘사'한 사진 회화 '작은 방 Zelle'라는 작품명을 제목으로 삼은 이 소설은, 따라서 제목 자체가 바로 주제의식과 맞닿아 있다.

「작은 방 Zelle」는 '모호한 삶, 삶의 모호함'이라는 주제 의식을 모호하고 불가해한 이야기를 통해 이야기하되, 그 이야기를 전달하는 이야기하기의 형식 또한 모호하고 난해하다. 20여 쪽에 이르는, 얽히고설킨 이야기가 한 단락으로 처리되고 과거 이전의 과거·과거·현재의 이야기가 대화나 지문의 구분 없이 혼재해 있기 때문이다. 요컨대 「작은 방 Zelle」는 제목과 아울러 내용·형식이 잘 어우러진, 근래에 보기 드문 수작이라고 생각된다.

반전의 기법이 뛰어나다는 점 또한 간과할 수 없다. 강원장과 '류미숙'에 대한 '류병철' 그리고 노모의 엎치락뒤치락하는 진술이 그것이다. 이런 저런 이유로 하여 「작은 방 Zelle」는 처음서부터 끝까지 독자들의 주의 깊은 독법을 요구하는, 문제작이라고 생각된다.

4. '나'를 지켜보는 또 다른 '나'

조용호의 「**천상유희**」 역시 반전의 미학이 두드러지게 나타난 작품이다. 결말 부분에서 진행되던 이야기가 갑자기 뒤집혀 버리기 때문이다.

스토리는 간단하다. '아내가 사라진 뒤 집에서 자는 날이 갈수록 줄어'든 '그'는 자신이 맞추어 놓은 휴대폰 알람 소리에 잠을 깬다. 바다 낚시를 가기 위해서이다. 비 내리는 컴컴한 부두에 도착한 '그'는 포장 마차에서 국수를 먹다가 혼자 소주를 마시는 어느 사내를 만나게 되는데, 같이 낚싯배를 탄다. 그런데 그 사내는 낚시에는 관심이 없고 바다만 바라보고 앉아 있다. 그러다가 둘은 대화를 나누게 되고, 사내는 자신의 처지에 대하여 이야기한다. 사내는 어느 날 밤늦게 돌아온 아내를 다그치다 아내를 베란다 난간까지 몰고 간다. 사내가 '아내를 향해 뛰어드는 순간', '아내가 순식간에 몸을 돌려 베란다 너머로 사라'진다. 사내는 '경찰에 불려가 조사를 받다가 아내가 죽기 전에 노래방 도우미 생활을 시작했다는 사실을 알'게 된다. 사내의 무능함 때문이었다. 아내의 죽음은 자살로 처리되지만, 사내는 죄책감에 사로잡혀 이렇게 돌아다니고 있다고 한다. 바다낚시를 끝내고 사내와 헤어진 '그'는 집에 돌아오지만 '그'의 아내 역시 집에 없다. '그'는 지난 과거를 회상한다. '그'는 다니던 회사의 구조조정으로 인하여 본의 아니게 사표를 내던진 실업자다. 아내는 갑자기 집에 있게 된 '그'를 못 견뎌 한다. 그러던 어느 날, '옆집 사람에게 아내가 노래방에서 낯선 남자들과 함께 나오는 것을 목격했다는 이야기를 듣던 날', '그'는 '절규에 가까운 목소리로 아내를 몰아 붙였'다. 다음 날 새벽 '그'는 또 '보구치' 낚시를 하기 위해 '무창포'로 떠난다. 그런데 '그'는 낚싯배에서 또 그 사내를 만나게 되고 어쩌다가 그 사내와 언쟁을 벌인다. 말도 안 되는 소리를 하는 사내를 제쳐두고 '그'는 낚시에 열중한다. 그런데 이게 웬일인가? 사내는 '그'가 잡아놓은 '보구치 새끼'를 날로 씹어 먹는 게 아닌가?

사내가 그가 던져놓은 보구치 새끼를 날로 입에 집어넣고 우적 우적 씹고 있었다. 부레와 창자가 터졌고, 하얀 비늘은 금방 핏물로 뒤엉켜 햇빛의 조각들을 없애버렸다. 사내의 입에서 피가 흘러내렸고, 입가에는 햐얀 비늘이 어지럽게 붙어 있었다. 입 주변에 들어붙은 비늘에 햇빛이 반사돼 사내는 기이한 환영처럼 보였다. 어이가 없어 멍하게 사내를 바라보고 있는데, 사내가 뱃전으로 달려가 난간에 상체를 숙인 채 뱃속에 들어긴 내용물을 게워내기 시작했다. 억억거리는 신음 소리와 함께 위장에 마지막 남은 푸른 물까지 모두 쏟아냈다. 구역질로 힘들어하는 사내의 눈에서 눈물이 흘러내렸다. 사내는 힘들게 일어나서 비칠비칠 선실로 들어가버렸다. 사내가 사라지자 선장이 그의 곁에 다가와 등을 두드리며 말했다.
"아무리 급해도 그렇지, 칼질도 안 하고 그렇게 통째로 씹어버리면 맛이 좋습니까? 입가에 묻은 비늘이나 좀 닦아내시오."
보구치를 날로 씹은 사람은 정작 따로 있는데 선장은 엉뚱하게 그의 등을 두드리고 있었다. 우럭낚싯배의 선장도 사내 대신 그를 힐난했던 기억이 떠올랐다. 사내가 나인가, 내가 사내인가. 그는 사내가 사라진 선실로 기우뚱거리며 뛰어갔다. 좁은 선실에 사내의 자취는 보이지 않았다. 갑자기 보구치 비린내가 위장에서 역하게 올라왔다. 그는 바닥에 주저앉아 담배에 불을 붙였다. 담배연기를 깊숙이 빨아들인 뒤 한숨처럼 길게 내쉬는 그의 뺨 위로 눈물 한 줄기가 흘러내렸다. 아내가, 간절하게, 보고 싶었다. 바람이 불어오면서 하늘에 구름이 낮게 깔리기 시작했다. 구름의 움직임에 따라 느린 사이키델릭 조명처럼 빛과 그늘이 바다 위에 교차됐다. 멀리 수평선 위로 구름 사이에서 빠져나온 햇빛 한 줄기가 낚싯줄처럼 내리꽂히고 있었다. (129－130쪽)

이 작품의 결말 부분이다. 이 지점에 이르러서야 독자들은 사내가 바로 '그' 자신을 의미한다는 사실을 비로소 알아 차리게 된다. 그러니까 독자들은 결말 부분에 이르기까지 '그'와 사내가 별개의 작중인물인 줄로 알고 읽어왔던 것이다. 작가는 '그'와 사내가 동일 인물임을 암시하는 진술을 다음과 같이 두어 군데 흘리고는 있지만, 독자들은 쉽게 인지할 수가 없다.

> 그는 우동 국물을 마시다 말고 뜨악한 표정으로 주변을 둘러보았다. 모서리 쪽의 플라스틱 의자에서 묵묵히 술잔을 기울이고 있는 사내가 눈에 들어왔다. 사내의 옆모습은 깜짝 놀랄 정도로 그와 흡사했다. 긴소매의 남방 차림에다 머리칼은 자다가 깬 사람처럼 부스스했다. (115쪽)

> "고기도 잡지 않으면서 무엇 하러 먼 바다까지 나왔습니까?"
> "내가 낚이고 싶어서 나온 거요."
> "누구에게?"
> "아무나…… 이 지루한 세상에서 나를 낚아올려줄 대상이면 누구든지……"
> 사내는 몽롱한 말을 던지더니 아예 낚싯대를 버려둔 채 뱃머리에 길게 누워버렸다. 사내를 물끄러미 내려다보다 그도 사내 옆에 누워 아픈 허리를 쉬었다. 배가 출렁거릴 때마다 그와 사내가 한 몸이 되어 함께 흔들렸다. (119-120쪽)

요컨대 독자들은 작가의 교묘한 트릭과 반전의 기법에 깜빡 속아 넘어간 것이다. 이처럼 「천상유희」는 바다 낚시를 중심으로 이야기가 전개된다. 우럭, 보구치(백조기) 등을 낚는 장면은 매우 사실적이어서 또 다른 읽는 재미를 제공한다. 그런데 '그'는 낚시 행위를, 지상에서의 인간들이 물 속에 있는 고기들을 대상으로 '단지 즐기기 위해 살아있는 생명들을 담보로 벌이는 유희'라고 규정한다. 그런 '그'에게 사내는 '그'의 아내가 하늘에 있는 어떤 존재의 낚시질로 하여 하늘로 올라갔다는 요지의 말을 한다.

> "당신은 보구치에게 복수라도 하고 있는 것 같소."
> "복수라니? 이 하찮은 미물에게 복수를 해서 무엇 하려고?"
> "당신의 아내를 낚아간 누군가를 향해 당신이 마치 신이라도 되는양 엉뚱하게 분풀이를 하는 거 아니요?"
> "내 아내? 지금 당신 이야기를 착각하고 있는 것 아니요?"
> "……"
> "당신은 지금 눈에 보이는 모든 남자들이 당신 처지라고 생각하는 모양인데, 오해하지 마시오. 내 아내는 당신 아내처럼 마음이 여리지도 않고, 베란다 난간을 뛰어넘지도 않았소. 어딘가에서 잘 지내고 있을 것이오. 햇볕이 너무 따가우니까 헛소리까지 하시는 모양인데……"
> 그는 흥분해서 사내에게 소리쳤다. 아무리 자신의 처지가 고통스럽다고 해도, 그에게까지 고통을 강요하는 사내를 그는 참을 수 없었다. 사내는 흥분한 그의 목소리는 들리지도 않는다는 듯이 말을 이었다.
> "하늘 위쪽 어딘가에서 우리처럼 낚시질을 하는 양반이 있는 모양인데, 당신의 아내는 어떤 미끼를 물었소? 억울하진 않소?"
>
> (128 – 129쪽)

이러한 대목을 통해, 우리는 이 작품의 제목 '천상유희'가 지니고 있는 의미를 헤아려 볼 수 있다. 사람이 이 세상에 살다가 죽는 것은, 마치 우리 인간들이 행하는 낚시처럼, 하늘에 존재하는 누군가가 낚시질을 하여 하늘로 끌려 올라간다는 것이다. 재미있는 발상이 아닐 수 없다.

인간들은 저마다 자신의 의지에 의하여 행동을 하고 살아가면서도, 항상 자신을 지켜보는 또 다른 자신을 의식하면서 살아가기 마련이다. 특히 자기 자신이 어떤 그릇된 행동을 할라치면, 어김없이 또 다른 자신이 자기를 지켜보는 듯한 느낌을 받을 때가 흔히 있다. 이와 같이

「천상유희」는 우리 인간들이라면 누구나 의식할 수 있지만, 그냥 넘겨 버리는, 만만치 않은 주제 의식을 재미있는 이야기와 반전의 기법으로 풀어내고 있다.

숙명적인 삶, 삶의 숙명성

∘ 김연혜, 「회향(回鄕)·3」(『문학과 창작』, 2003년 8·9·10월호)
∘ 정지아, 「행복」(『창작과 비평』, 2003년 가을호)
∘ 이봉순, 「어머니의 이사」(『문학과 창작』, 2003년 10월호)

1. 그 나무에 그 열매

'그 나무에 그 열매'라는 말이 있다. 프랑스의 문학 비평가 생트 뵈브(Sainte Beuve)가 한 말이다. 그는 '문학이란 작가의 개성적 표현'이라는 역사주의의 비평적 명제를 이 말에 비유하여 설명하고자 하였다. 다시 말하자면 그는 작가나 작품을 직접 연관시켜 바라볼 뿐 아니라, 작가의 정신적 초상화를 그려 보임으로써 작품 속에 숨겨져 있는 의미를 캐내고자 하였다.

'어떤 소설 작품 속의 이야기는 99%가 작가가 경험한 이야기'라는 말도 '그 나무에 그 열매'라는 말과 무관하지 않다. 즉 어느 작가가 펼쳐 놓은 작품 속의 이야기는 바로 그 작가의 이야기라는 것이다. 밤나무에는 반드시 밤이 열리고 감나무에는 반드시 감이 열리듯이 말이다.

'그 나무에 그 열매'라는 말이 지니고 있는 이러한 문학적 의미는 우리네 인생살이에도 그대로 적용되는 듯싶다. '그 부모에 그 자식'이라는 말의 의미와 상통하기 때문이다.

모두 다 그런 것은 아니지만, 대부분의 평범한 사람들의 운명이나 인생은 태어날 때부터 이미 결정된다고 할 수 있다. 어떤 부모를 만나 태어나고 또한 어떤 환경에서 자라나느냐에 따라 그 사람의 인생이 좌우되기 때문이다. 서양의 자연주의(自然主義, naturalism) 사상가들이 강조하는 '환경결정론'이라는 개념도 바로 이와 같은 생각과 부합된다. 그렇다고 본다면, 사람의 인생이라는 것은 출발 자체가 본디 피동적·수동적인 속성을 지니고 있다고 하겠다. 태어나고 싶어 태어난 것도 아니요, 어떤 부모를 만나고 싶어 만난 것도 아니기 때문이다. 이 세상의 복잡 미묘한 인간사를 모두 다 팔자 탓으로 치부해 버리는 우리나라 사람들의 '한국적 운명관'의 뿌리도 이와 같은 생각과 무관하지 않다고 보인다. 그래서 이번 달에는 '그 나무에 그 열매', '그 부모에 그 자식', 자연주의 사상의 '환경결정론', '팔자'(八字)라는 한국적 운명관 등 우리네 인생살이에 대한 이러한 명제들을 진지하게 생각해 보게 만드는 세 편의 소설에 주목하게 되었다.

2. 해외입양아들의 뿌리 찾기

김연혜의 「회향·3」은 어렸을 때에 해외에 입양되었다가 성인이 되어 자신의 뿌리인 부모·형제들을 찾고자 고국을 방문한, 기구한 팔자를 지닌 사람들에 대한 이야기이다.

보통의 한국 사람들은 한국에서 태어나 살다가 죽어가기 마련이다. 그래서 평범한 우리네들은 해외입양아들의 고국 방문과 같은 행사를 T·V에서나 신문을 통해, 강 건너 불구경하듯이, 그저 그러려니 하고 바라볼 뿐이다. 친부모·친형제들에 대한 원초적인 그리움, 조국에 대한 막연한 동경 등, 뼈에 사무친 그들의 한을 우리들은 잘 알지 못한다. 잡다한 세상사들을 자신이 직접 겪어보지 않으면 잘 모르듯이 말이다. 이러한 측면에서 볼 때, 「회향·3」은 희귀하고 값진 작품이다. 해외입양아들의 삶의 모습을 형상화시킨 작품이 드물기 때문이다. 그래서 우리는 이 작품을 통하여 해외입양아들이 겪고 있는 삶의 실태와 정신적인 고통, 고국을 바라보는 그들의 입장이나 가치관·인생관, 나아가 해외입양아들에 대한 다양한 정보를 얻을 수 있다. 그러므로 이 작품은 흥미롭게 읽힌다.

어렸을 때 네덜란드로 입양된 남녀가 있었다. 볼레르와 레베카이다. 이들은 성인이 되어 우연히 만나 결혼을 앞두고 있다. 레베카는 친모의 초청으로 고국을 방문하여 한 달간 머물다가 돌아온다. 그 때에 레베카는 볼레르가 자신과 같은 춘천의 '오순절 고아원' 출신이라는 사실을, '홀트 아동복지회'의 기록을 통해 알아낸다. 그래서 볼레르는 '제1회 해외입양인 한국인 대회의 네덜란드 대표'로 입국하여 자신의 뿌리를 찾고자 춘천을 방문한다. '레베카와 이미 인연이 있었던 자원봉사자 정진헌'과 함께 안개에 휩싸인 춘천을 찾았으나, 볼레르의 유년기의 기억 역시 뿌연 안개에 뒤덮여 있다. 그는 입양되기 전, 한국에서의 유년기의 삶을 전혀 기억하지 못하는 '부분기억상실증' 환자였던 것이다. '아마도 기억하고 싶지 않다는 어린 시절의 자아가 그의 기억을 지웠을 것'이다. 그래서 그는 '35년간의 삶에서 필름이 끊겨 있는 9년 동안의 공백 속에 다시 갇혀버'린다. 그러나 볼레르는 자신의 통역을 맡은 '정진헌'과 함께 신문사를 찾아가 자신의 사연을 기사화해 줄 것을 부탁한다. 며칠 후 일정을 마치고 출국하기 위해 공항에 나갔을 때, 친형이라는 사람이 나타나지만 볼레르는 조용히 돌아선다.

이러한 스토리로 이루어진 이 작품은 해외입양아들의 입양 과정과 현재 삶의 실상에 대하여 여러 이야기를 하고 있다.

먼저 레베카의 경우이다.

　　그녀는 1972년 5월 13일 춘천의 역광장에서 기아로 발견되어 아동보호소에 수용 의뢰되었다가 같은 해 같은 달 오순절 고아원에 인계되어 같은 해 5월 26일 입양기관에 입양, 9월 25일 덴마크로 입양됨. 기록상으로 보면 기아로 발견된지 불과 13일만에 그녀는 입양기관에 보내졌고 그해 가을 네덜란드로 떠난 것으로 되어 있다. 정진헌의 눈이 간 곳은 기록의 끝에 달려 있는 친모의 진술이었다. 그것은 최근 레베카와 연결이 되자 기관을 찾아와 진술한 기록이었다. 레베카를 잃어버린 정황을 진술한 것이었다. 당시 직업군인으로 있던 입양인의 친부가 폐결핵으로 제대하자 병 수발과 함께 닥친 경제적 어려움은 레베카의 친모의 몫이 되었고 하루하루 가족의 끼니를 책임져야 할 친모는 장사를 나서지 않을 수 없게 되었다. 어느 날 레베카를 두 오빠에게 맡기고 장사를 다녀와 보니 아이가 없어짐을 알게 되었으나 행방을 찾을 수 없었다. 그 후 수소문 끝에 아이의 행방을 알게 된 것은 1년 뒤, 그러나 이미 레베카는 네덜란드로 입양된 뒤였다. 황당해진 친모는 입양기관에 연락 아이를 찾고자 하였으나 성년이 된 뒤에 아이를 찾을 수 있다는 말을 듣고 지금까지 기다려 왔다는 것이다. (9월호, 72쪽)

레베카의 어머니가 딸을 찾을 무렵, 레베카도 자신의 친모를 찾고자 덴마크 입양기관에 민원을 접수하여 모녀는 20년만에 상봉한다. '두 사람 사이엔 뭔가 피끌림이 있었'기 때문에 비교적 수월하게 만날 수 있었던 것이다. 그녀가 친모를 만나보게 된 그 저변에는, 레베카가 자신을 입양한 가족들의 따뜻한 애정 속에 정상적으로 자라났다는 주요한 사실이 내재해 있다. 그만큼 입양아들이 입양 부모를 잘못 만나 인생을 망치게 되는 경우가 많다는 것이다.

감격적인 상봉을 한 모녀는, 한 달간 같이 생활해보지만 서로에게서 낯선 이질감을 느낀다. 둘 사이에는 문화의 차이, 가치관의 차이로 인한 거대한 장벽이 가로막고 있었던 것이다. 그리고 무엇보다도 말이 통하지가 않았다. 둘 사이의 갈등은 다음과 같은 사소한 것으로부터 비롯된다.

> 며칠 동안 레베카에게서 연락이 없었다. 연락이 없었다는 말은 어머니와 잘 지내고 있다는 것이기에 정진헌은 일부러 전화 확인을 하지 않았다. 그런데 정진헌이 레베카의 급한 연락을 받은 것은 이른 새벽이었다. 그녀는 울음 섞인 목소리로 급하게 만나줄 것을 원했다. 그의 친모가 운영하는 강동구 길동의 모텔로 찾아가자 레베카는 짐을 꾸리고 있었고 그의 어머니는 당황해서인지 말을 잃고 있었다. 경위는 모르겠지만 상당히 복잡한 문제가 있음을 직감하고 레베카에게 전후 사정을 물었다. 레베카는 복받치는 무엇이 있었던지 왈칵 울음부터 터트렸다. (…… 중 략 ……)
> "저는 이해할 수가 없어요. 어머니가 오늘 새벽 잠자고 있는 나를 마구 두들겨 패는 거예요. 또 알 수 없는 이야기를 해대는 겁니다. 이유를 모르겠어요. 내가 왜 매를 맞아야 하는지 무엇 때문에 잠자는 나를 때리는 건지. 욕하고 때리고 내가 무슨 잘못을 했나요?" (…… 중 략 ……)
> "이것봐요 정 선생. 난 이 아이가 가진 못된 버릇을 고쳐주려 한 것뿐이예요. 우리 집에 와서 나와 함께 잠을 자는데 매일 밤 이를 가는 것 아닙니까? 그것도 심하게 말이에요. 그래서 저 버릇을 어떻게 고쳐야 하나 하다가 갑자기 충격을 주면 이 가는 버릇을 고칠 수 있다는 말이 생각나 오늘 새벽에 뺨을 몇 대 때린 것뿐입니다. 아니 생각해 보세요. 원인이야 어찌 되었든 내 자식 아닙니까? 이제 결혼해서 시집을 간다면 어느 신랑이 잠을 잘 때 이를 박박 가는 여자를 좋아하겠어요. 안 그렇습니까? 엄마의 입장이 되어서 생각해봐요…… 말이 안 통하니 가슴을 갈라 내 맘을 보여 줄 수도 없고……." (9월호, 87-88쪽)

20여년 동안 떨어져서 서로 다른 언어를 사용하는 문화적 환경 속에서 생활하며, 서로 다른 가치관을 지니고 살아온 두 사람이 단지 생모와 자식이라는 관계만으로 하여 함께 살아갈 수는 없었던 것이다. 그래서 레베카는 '내가 살 곳이 여기가 아니라는 것'을 깨닫고는, 친모의 만류에도 불구하고 아래와 같은 말을 남기고 한국을 떠난다.

> "나는 나를 보여드리고 싶었어요. 오늘까지 나는 엄마 없이도 이렇게 성인으로 자라났고 앞으로도 사는 데 아무런 문제가 없다는 걸 보여주고 싶었어요. 물론 그 동안 내가 겪었던 나는 누구인가라는 질문을 스스로 확인하고 싶기도 했고……" (9월호, 90쪽)

> "나는 내가 태어난 나라를 찾아왔고 내 어머니가 나를 버리지 않으셨다는 것을 확인했어요. 그리고 나 역시 자립하여 혼자 살아갈 성인이 되었고 나에게도 가족이 있다는 것을 확인했어요. 그러나 내가 살 곳이 여기가 아니라는 것도 알았지요. 그것뿐입니다." (9월호, 93쪽)

레베카의 경우는 그래도 운이 좋은 편이다. 입양된 나라에서 정상적으로 자라나 순조롭게 적응하였고, 또한 자신의 평생 소원인 생모와 친형제들을 만나보았기 때문이다.

이에 비하면 볼레르는 불행한 경우이다.

> 그의 부모는 볼레르를 마치 애완동물처럼 생각했다. 주변 사람들에게 동양의 고아를 입양한 것이 자신들의 사랑을 실천하는 모습으로 과시하려 했다. 형제들 역시 노골적으로 자신들의 삶 속에 끼어들어온 볼레르를 따돌려 버렸다. 그들은 볼레르를 자신의 저녁 식사에 함께 앉히기를 꺼려했고 언어 소통도 안 되고 작은 키의 볼품 없는 동양 소년을 마치 불결한 걸레 보듯 무시했다. 볼레르의 양아버지는 술이 취해 들어오는 날이면 주눅이 들어 있는 볼레르를 혁대로 후려치는 린치를 예사로 휘둘렀다. 가족의 삶 속에 적응하지

못한 볼레르는 결국 15살이 되던 해 그 집을 스스로 나서는 수밖에 없었다. (8월호, 107쪽)

거처를 잃은 볼레르는 마약 중독자가 되었으나 구세주와 같은 한국인을 만나 삶의 방향이 바뀐다.

볼레르가 김삼환 사범을 만나던 때를 돌이켜 보았다. 이미 정신이 황폐해진 볼레르는 마약중독자 재활 프로그램에 격리 수용되어 있는, 정상적인 치료가 불가능한 중증 환자였다. 그 재활 프로그램의 하나가 피지컬 트레이닝이었고 그 프로그램을 담당한 자원봉사자가 바로 김삼환 사범이었던 것이다. 김사범도 자신이 맡은 환자 중에 한국인 입양아가 있다는 말은 들었지만 막상 볼레르를 만나자 무슨 말을 해야 할지 난감한 표정이었다. 그의 양부모는 그의 양육을 실질적으로 포기한 상태였다. 약물금단 증세에 시달리는 그는 양부모의 학대로 비롯된 대인공포증까지 겹쳐 병원에서도 거의 치료를 포기한 상태였다. 김사범은 그러한 그를 포기하지 않았다. (10월호, 72-73쪽)

볼레르가 '네덜란드 국가대표 사범'이 되어 '해외입양인 한국인 대회의 네덜란드 대표'의 자격으로 고국을 방문하여 자신의 뿌리를 찾게 된 것이, 이러한 한국인의 도움이 있었기 때문에 가능했던 것이다.

하여튼 볼레르는 출국하기 전, 자신의 외모와 흡사한, 친형이라는 사람과 조우하지만 조용히 돌아선다. 레베카와 같은 경험을 하기 싫었기 때문이다.

그렇다면 레베카나 볼레르와 같은 해외입양아들은 왜 자신의 뿌리를 찾고자 애를 쓰면서 고국을 방문하는가?

친부모를 찾고 재회하고자 하는 것은 모든 사람들이 그들의 뿌리에 대해 가지고 있는 기본적인 호기심이며 자신이 누군가 어디에서 왔는가에 대한 근원적인 것을 알고자 하는 갈망이다. 부모와 헤어진 이들은 자신의 근원을 확인하지 않는 한 자신은 늘 완전하지 못한 인간이라는 생각에 젖어 있다. 그리하여 자신의 일생에 어느 한 부분이 비어 있으며 그것을 찾아내 마치 퍼즐 조각처럼 자신의 비어 있는 삶에 맞추어 냄으로써 완전한 자아가 이루어진다고 믿는다. 그들은 과거로부터의 단절을 두려워한다. 비밀에 싸여 있는 자신의 과거가 완전히 복구되는 것은 결국 자신이 완전한 하나의 인격체로 정립하는 길이며, 태어나 지금까지의 삶의 연속성이 확보되는 것이라 믿는다. 양부모에게서 확인할 수 없는 자신의 유전적인 근원을 찾고 이를 통해 이별로 인해 받았던 상처를 원상태로 놀리려는 소망을 가지고 있다. 또한 친부모를 만나고자 하는 이유 중의 하나는 자신이 당신의 도움 없이도 당당하게 잘 자랐다는 것을 확인시켜주고자 하는 욕구를 지니고 있다. 이것은 버림받은 것에 대한 보복심일지도 모른다. (8월호, 107 - 108호)

이러한 대목을 통해, 우리는 피상적으로 알고 있던 해외입양아들의 뿌리 찾기의 지난한 과정과 정신적 고통·내면적 갈등을 충분히 헤아려 볼 수 있게 되는 것이다.

「회향·3」은 제목과 같이 해외입양아들이 고향인 조국에 돌아와 꿈에서나 그리던 혈육을 찾으려고 애쓰는 이야기이다. 그러나 혈육을 찾았다고 하더라도 이들은 이질적인 언어·문화·가치관으로 인하여 또 다른 고통과 좌절을 맛보고 결국은 자신이 자라난 나라로 되돌아간다. 이처럼 이 작품은 해외입양아들의 뿌리 찾기의 모습을 사실적으로 보여주고 있다.

이밖에도 우리는 이 작품을 통해, 1955년 미국인 '해리 홀트'가 전쟁 고아 12명을 미국으로 입양시키면서 이루어진 해외 입양의 실태와 현재 상황, 그들이 성인이 되어 자신들의 뿌리를 찾고자 결성한 각종 단

체의 조직 현황, 입양아가 친모를 찾고자 갈망하지만 정작 친모는 죄책
감 또는 개가로 하여 이를 거부한다는 이야기 등, 해외입양아들에 대한
다양한 정보와 일화(逸話)를 접해볼 수 있다.

「회향·3」은 이처럼 흔치 않은 소재로 흔치 않은 이야기를 들려주
고 있는데, 그 이야기하기의 기법도 주목할 만하다. 특히 작품 앞뒤에
의도적으로 배치한, 안개에 대한 서술이 그러하다.

주인물인 볼레르가 어렸을 때 자신이 머물렀다는 고아원이 있는 곳,
춘천을 찾는 데서부터 작품은 시작된다. 그런데 춘천은 안개에 휩싸여
있다. 자신이 태어나서 이곳에서 성장하기까지 9년 동안의 기억이 희미
한 안개에 휩싸여 있듯이. 작품의 결말 부분에도 역시 안개가 등장한
다. 볼레르가 출국하기 위해 공항까지 가는 고속도로는 짙은 안개로 뒤
덮여 있다. 그러나 볼레르가 비행기를 타고 출국을 하자 '안개는 거짓
말처럼 사라져버'린다. 볼레르의 친형이라는 사람이 나타났음에도 불구
하고, 그대로 떠나가는 볼레르의 마음은 바로 거짓말처럼 사라진 안개
와 같다. 희미하고 불투명한 인연의 끈을 끊어버리고 자신이 성장한 나
라로 표표히 떠나는 볼레르는, 짙은 안개와 같이 그동안의 짙은 의혹과
번민에서 벗어나 자신만의 진정한 삶을 되찾게 될 것이기 때문이다.

요컨대 「회향·3」은 자신의 의지와는 무관하게 부모에게 버려져 해
외에서 살아갈 수밖에 없는, 기구한 운명을 지닌 사람들에 대한 이야기
이다. 우리네 인간들의 숙명적인 삶, 삶의 숙명성을 되새겨 생각해보게
만드는 작품이다.

3. 빨치산 부모와 그들의 딸

정지아의 「행복」도 흔치 않은 이야기이다. 같은 고향 출신으로서 '어머니는 남부군, 아버지는 전남도당 소속'의 빨치산으로 활약한 바 있는 부모와 그들의 딸에 대한 이야기이기 때문이다. 6·25 당시 빨치산으로 활동한 사람들이 아직도 존재한다는 사실과 또 그들에 대한 희귀한 이야기를 펼쳐놓았다는 자체가 우선 독자들의 흥미를 불러일으킨다.

「행복」의 줄거리는 간단하다. 화자인 '나'는 빨치산으로 투쟁할 때의 열정을 지닌 채 평생을 살아온 부모님을 모시고 남편과 함께 '처음이자 마지막일 듯한' 나들이를 떠난다. 아버지의 77세 생일을 맞이하여 선물을 대신한 여행인 것이다. '나'와 남편은 근력이 부치는 노인네들을 모시고 동해 근처의 '운포'라는 마을과 통일전망대를 돌아본다. 운포는 어머니가 어렸을 때에 고향인 전라도를 떠나 10여년 동안 살았던 곳이며, 통일전망대는 부모들이 이룩하고자 했던 사회주의 국가, 북한이 바라다 보이는 곳이기 때문이다. '나'는 이러한 나들이를 하면서 부모들의 신산하고 고단했던 삶의 여정을 반추한다. 또한 빨치산의 자식으로서 살아오면서 몸에 배게 된 자신의 성격 또는 가치관과 남편의 그것과의 차이를 곱씹어 보기도 한다. 그러니까 이 작품은 빨치산의 딸이 여행을 하면서 부모들의 삶 그리고 그들과 연관된 자신과 남편과의 삶을 찬찬히 되새겨 본다는 이야기이다. 대강의 줄거리는 이것뿐이지만, 여기에 내재되어 있는 여러 곁가지의 이야기들이 자못 흥미롭다. 우선 부모들이 빨치산으로 투쟁하던 때의 이야기이다.

> "글제. 쪼까 더 가먼 정상일 것이여."
> 깊고 찬 겨울강처럼 가라앉아 있던 어머니의 눈 깊숙한 곳에서

생기가 반짝거리기 시작했다. 어머니는 지금 후평 후퇴시절을 떠올리고 있을 것이다. 이현상 부대 소속으로 낙동강 전투에 합류했던 어머니는 9·28 후퇴시 태백산맥을 따라 북으로 올라갔다. 다가올 비극의 운명을 알지 못한 채 이현상 부대는 승리의 기쁨을 만끽하고 있었고, 어머니는 평생의 가장 아름다운 기억으로 그때를 간직하고 있다. (173쪽)

"그때 후평에서 이승엽을 못 만났으면 워치케 됐으까라?"

후평에서 당시 전선사령관이었던 이승엽을 만나지 않았더라면, 그래서 다시 후방 교란을 위해 유격활동을 수행하라는 명령을 받지 않았더라면, 남부군은 평양으로 갔을 것이다. 후평에서 어머니는 인민일보 기자의 요청에 따라 어느 인민군의 말에 올라탔는데 평생 가장 자랑스럽고 행복했던 그 모습은 사진 속에 영원히 붙박였다. 당시의 인민일보를 뒤지면 아마도 어머니의 사진이 실려 있을 거라고 했다. 그날 밤 남부군은 국기훈장 1급이니 2급이니 훈장세례를 받았고 다음날 힘들여서 올라온 길을 되짚어 내려갔다. 그들 중의 대부분은 지리산에서 죽었다. 어머니처럼 살아서 지옥을 살고 있는 사람은 극소수였다.

"워치케 되긴. 미제의 간첩이라고 몰려서 다 숙청당했것제."

아버지의 대답은 냉정했다. 여순반란사건 직후부터 남한 사회주의운동의 대명사와도 같았던 남부군은 위로 가도 아래로 가도 죽을 운명이었던 것이다. (202쪽)

아버지는 산에서 보름을 굶은 적도 있다고 했다. 먹을 것을 찾아 산을 내려가던 아버지는 도중에 풀썩 쓰러지고 말았다. 동지들에게 짐이 되기 싫어 일어나보려고 했지만 손가락 하나 까닥할 수가 없었다고 했다. 몇사람의 목숨을 희생한 보급투쟁으로 고작 몇줌의 보리쌀 정도를 구한 동지들이 아버지 곁으로 돌아왔을 때 아버지는 의식이 없었다. 한 동지가 어렵사리 구한 계란 하나를 깨트려 아버지의 입에 흘려넣었고, 그 계란이 식도를 통과해 위에 도착하는 순간 아버지는 눈을 떴다. 아버지에게 먹는다는 것은 그런 것이었다. 몇시간씩 요리와 대화를 음미한다는 프랑스의 정찬 같은 것을, 아마 아버지는 부르주아의 사치라고밖에 생각하지 않을 것이다. 그 돈이면 가난한 노동자들 수백명의 배를 채워줄 수 있다고 덧붙일 테지. (183쪽)

'억압과 착취가 없는 아름다운 세상을 만들겠다는 일념으로 목숨을 걸고 전장을 누비던 혁명가'로서 청춘을 불태웠던 이들은, 이젠 '다만 가난하고 볼품없는 늙은네일 뿐'이지만 여전히 '역사를 신뢰하며 청춘의 꿈을 신뢰하'고 있다. 그래서 아버지는 자신의 늙음을 탓하는 어머니에게 이렇게 말한다.

"알고 봉게 당신, 순 패배주의자구만. 우리가 옛날 역사를 지대로 알리는 것도 통일운동이요, 혁명가답게 넘헌티 신세 안 지고 똑바로 사는 것도 통일운동에 일조허는 것이여. 노조운동 허고 환경운동 하는 젊은 친구들 헌티 잘허고 있다고 칭찬 한마디 해 주는 것도 다 통일운동인 것이여. 늙었다고 할 일이 없간디?" (204쪽)

이와 같이 여전히 혁명가다운 삶을 영위해나가고 있는 이들에게 있어서 '빨치산 시절'은 인생의 처음이자 끝인 셈이다.

두 사람의 대화는 빨치산 시절로 이어졌다. 참으로 신기하게도 부모님이 나누는 모든 대화의 끝은 늘 그랬다. 빨치산 시절은 모든 것의 출발점이자 귀착점이었다. 낯설고 강렬한 경험이 누구에게나 깊이 각인된다는 것을 모르지 않는다. 군대 가서 첫휴가 나온 남자들이 입만 열면 군대 이야기를 늘어놓는 것도, 사람들이 첫사랑을 좀체 잊지 못하는 것도 그 때문일 것이다. 그러나 군대 이야기도 첫사랑도 몇 년쯤의 세월이 지나고 나면 빛이 바랜다. 현재형이 아닌 이상 아무리 아름답고 강렬한 기억도 세월 속에서 풍화되는 것이 자연의 이치이고, 그래서 인간은 살 수 있는 것이라고 누군가도 말하지 않았던가. 그런데 내 부모는 무려 오십년의 세월이 지난 지금도 그 세월에 붙박여 있다. 과거를 추억하는 것마저 금지되어 있던 시절에는 이불 속에서라도 끊임없이 그 시절로 되돌아갔다. 고작 오년에서 육년에 불과한 젊은 날의 짧은 시간이 두 사람의 평생을 단단하게 얽어매고 있는 것이다. (172-173쪽)

이처럼 '빨치산 시절'을 공유하고 있는 이들은 부부이기 전에, 같은 사상을 지닌 평생 동지인 것이다.

'그 나무에 그 열매'가 열리듯이 '그 부모에 그 자식'이라고 '나' 역시 빨치산 출신인 아버지, 어머니를 닮아 모든 일에 데면데면하다. 그에 비해 평범한 부모 밑에서 성장한 남편이 오히려 살갑고 자상하다. 그래서 '나'는 남편에게서 종종 이질감을 느낀다.

내게 익숙한 것은 두 고랑쯤 고추를 따고는 흰 플라스틱컵 가득 소주를 따라 물처럼 마시던 아버지의 모습이었다. 천천히 술에 취하고 취한 만큼 마음이 열려 내가 달이 되고 달이 내가 되는 그런 술꾼의 경지를 아버지는 느껴 본 적이 없을 것이고, 아마 그럴 생각조차 해보지 않았을 것이다. 처갓집 식구들과 술잔을 주거니 받거니, 노래도 한 곡 뽑는 흥건한 술자리를 기대했던 남편의 말에 의하면 아버지는 절대 술꾼이 될 수 없는 사람이었다. 술꾼이란 술의 양이 문제가 아니라 술의 흥취를 느낄 줄 알아야 한다나. 니네 식구들은 참 재미없어, 하는 말끝에 남편이 우스개로 덧붙인 이야기였으나 나는 우습지 않았고 입안에 모래를 털어넣은 듯 껄끄러웠다. 자신이 도저히 섞여들 수 없는 우리 식구를 남편은 간혹 니네 식구들이라고 불렀다. 아마 나까지 포함된 지칭일 게라고 나는 짐작했다. (183쪽)

언젠가 남편이 부모님에게 함께 살자고 한 적이 있다. 장인 장모를 모셔야 한다는 것은 남편이 무남독녀인 나와의 결혼을 결심했을 때부터 각오한 바였다. 그러나 아버지는 단호하게 머리를 저었다. 멀라고 자식헌티 짐이 될 것잉가. 자네 장모가 안즉 밥은 끓에 묵을 만헝게 지금은 되야고, 누가 먼저 죽등가 움직일 수 없게 되믄 양로원으로 들어갈 것이여. 좋은 디 봐놨웅게 신경쓸 것 없네. 넘헌 티 짐이 될 정도먼 살 필요도 없제. 나야 늘 듣던 말이라 그러려니 흘려듣고 있는데, 남편은 얼굴이 벌겋게 달아올라서는 언성을 높였다. 자식을 두고 어떻게 양로원 가신다는 말씀을 하세요? 자식이 남입니까? 남편은 정말 섭섭한가보았다. 하기야 남편은 장남이 아니면서도 어머니를 모시고 살며 늙어가는 모습을 곁에서 지켜보고 싶어했던 사람이다. 정작 같이 살지는 못했지만 시어머니는 함께 살자는 남편의 말에 늘 흐뭇한 미소를 짓곤 했다. (184쪽)

승원이는 나보다 남편을 잘 따랐다. 하기야 갓난아이 때부터 손톱발톱을 깎아준 것도, 생일마다 온갖 모양의 풍선으로 집을 꾸미는 것도, 머리를 깎아주는 것도 남편이었다. 너무나 친밀한 두 사람의 관계가 나는 부럽고 신기했다. 출감하던 날, 십여년간 철창 너머로만 두어 차례 보았던 아버지가 나를 덥석 끌어안았을 때 나는 낯선 남자의 품에 안긴 듯 어색했다. 배 아파 낳은 내 자식인데 승원이를 안을 때도 나는 어쩐지 낯선 느낌을 지울 수가 없었다.

남편은 내가 자신과 승원이를 밀어낸다고 생각하는 듯했다. 날씨 좋은 날 산책하자는 제의를 거절했다거나 가족여행을 내켜하지 않았다거나 생일 혹은 결혼기념일 따위를 잊고 지나쳤다거나 할 때 남편은 정말 이해할 수 없다는 표정으로 나를 바라보며 말했다. 너는 정말 이상해? 대체 뭐가 문제니? 나는 아무 대답도 하지 못했다. 문제는 없었다. 다만 남편처럼 자연스럽게 즐길 수 없을 따름이었다. 함께 간 여행에서 나는 도무지 남편과 승원이처럼 흥이 나지 않았다. 에버랜드 튤립축제에서는 꽃만큼 많은 인파 사이를 거닐어도 아무 흥취가 생기지 않아 꽃샘추위에 덜덜 떨며 벤치에 앉은 채 잔뜩 신이 난 남편과 아들을 하염없이 기다렸고, 스키장에서는 스키를 탈 줄도 모르고 별로 배우고 싶은 생각도 없어 콘도에 틀어박힌 채 밀린 잠이나 실컷 자곤 했다. 아마 여행도 습관성인 모양이라고, 두 사람과 공감하지 못하는 나를 변명하며 지내오고 있는 터였다. 그러나 그것만으로는 설명할 수 없는 뭔가가 우리 사이에 버석이고 있었다. 어쩌면 남편의 자취방에서 사진첩을 보는 순간에

시작되었을지도 모르는 그 이물감은 시간이 갈수록 더 단단하게 엉겨 글어갔다. (188쪽)

이러한 대목들은 '나'와 남편과의 성격 차이에서 비롯된 위화감이긴 하지만, 이 세상의 부부들이라면 누구나 공유하고 있는 감정일 것이다. 부부라는 것이 본디 성장과정과 가정환경이 판이하게 다른 두 인격체가 만나 이루어진 인간관계이기 때문이다.

이처럼 「행복」은 우리네들의 삶의 모습을 되돌아보게 만드는 작품이다. 따라서 「행복」은 진지하게 읽힌다. 전쟁을 경험해 보지 못한 전후 세대의 독자들에겐 아직도 생소하면서도 흥미로운 이야깃거리로 남아있는 빨치산들의 후일담, 그들의 인생관과 가치관, 빨치산 출신의 부모 슬하에서 자라나 부모의 성격을 고스란히 물려받은 '나'와 남편과의 소소한 갈등은 「행복」을 재미있게 읽히도록 하는 주요한 요소들이다.

「행복」의 주요 모티프를 이루는 이러한 이야깃거리들은 아마도 작가 자신의 이야기일 듯싶다. 필자는 아직 읽어보지 못했으나, 작가의 등단작은 「빨치산의 딸」(1990)이라는 장편소설이라고 한다. 이 작품의 이야기도 「행복」과 유사할 듯하다. 작가의 최근의 또 다른 작품인 「민들레 화분」(『실천문학』, 2003년 가을호)에도 좌익에 대한 이야기가 등장한다. 이러한 정황으로 미루어 볼 때 작가 자신이 바로 '빨치산의 딸'이 아닌가 싶다. 이러한 추정은 이른바 '의도적인 오류'(intentional fallacy)에 빠질 위험이 내재되어 있다고 할 수 있으나, 사실은 별다른 의미가 없다. 독자들은 그저 작가가 펼쳐놓은 이야기를 읽고, 생각하고, 감상하면 그만이기 때문이다.

사족 하나, 작품의 제목 '행복'이란 무엇을 의미할까? 「행복」에서 '행복'이란 단어는 다음과 같은 대목에서 찾아 볼 수 있다.

> 부모님은 케이크를 놓고 촛불을 껐던 생애 최초이자 아마도 마
> 지막일 오늘 아침의 이 자리를, 어색하지만 그래도 행복했던 한 순
> 간으로 기억의 한 장에 저장해놓을까. (190쪽)

'나'의 생각대로 부모들은 딸네 부부가 마련해 놓은 생일 케이크의 촛불을 끈 순간을 행복하다고 여겼을까? 아마도 아닐 것이다. 이들에게 있어서는 자신들이 신봉하는 이데올로기에 의지하여 '억압과 착취가 없는 아름다운 세상'을 만들기 위해 투쟁하던 청춘의 그 시절이 행복한 순간이었을 것이다.

「행복」의 이러한 이야기를 통해 작가는 독자들에게 인간의 행복이란 무엇일까? 라는 질문을 던지고 있다. 그리고 작가는 이렇게 이야기하고 있는 듯하다. 자신의 뚜렷한 인생관·가치관에 의해 자신이 하고 싶은 일을 하는 것 자체가 바로 행복이라고. 그렇다면 이 작품을 읽는 독자들은 한번 곰곰이 생각해 볼 일이다. 과연 나는 행복하게 살고 있는가?

4. 어머니의 한스러운 삶

이봉순의 「**어머니의 이사**」는 돌아가신 어머니의 한스러운 삶을, 딸이 회고하는 형식으로 되어 있는 작품이다.

사범학교 출신으로서 의사의 아내가 되어 아무 걱정없이 살아가던 어머니가 졸지에 신산한 삶의 길을 걷게 된 것은, 오로지 느닷없는 아버지의 죽음 때문이다. 어머니는 과부로 힘겹게 살아갈 팔자를 타고난 것이다. 시쳇말로 '운명의 장난'이 아닐 수 없다.

어머니의 둘째딸인 '나'는 85세의 어머니가 돌아가시고 난 후에 남

동생의 전화를 받는다. 유산으로 물려받게 된 어머니 소유의 건물이 '정신장애자 재활센터'라는 단체에 공중이 되어 있다는 것이다. 지방에서 서울로 올라와 동생을 만나보기 전에 건물 한 켠에 있는 어머니의 집에서 하룻밤 묵기로 한 '나'는 묵은 앨범의 옛날 사진들을 보면서 가족들의 고단했던 삶의 여정을 돌이켜 본다.

> 아버지는 피난 갔던 대구 어딘가에서 돌아가셨다. 어머니가 들려준 얘기로는 피난민의 대열에 폭탄이 터져서 아버지는 즉사했고, 어머니는 아버지의 유골도 수습하지 못한 채, 다시 피난민의 대열에 섞여 들었다고 했다. 여섯 살, 세 살, 뱃속의 아이 하나가 더 들어 있어서 죽은 사람보다 산 사람의 목숨이 더 다급했다. 아버지는 개업을 한 산부인과 의사였는데 징병을 피해 피난을 가다 변을 당한 것이다. (140쪽)

'어머니는 사범학교에서 일등을 했고, 우수교사 표창을 받'은 바 있는 재원이었지만, 이처럼 피난길에 남편을 잃는다. 어머니는 하루아침에 세 아이를 키워나가야 할 과부의 신세로 떨어지고 만 것이다. '피난에서 돌아온 어머니는 아버지 병원을 거들어온 경험으로 산파 노릇을 시작'한다. 요즈음은 다들 산부인과 병원에서 아이들을 낳지만, 그 때만 하더라도 의사 면허가 없는, 아이를 많이 받아 본 경험이 있는 여자들이 산파 역할을 하고 돈벌이를 했다. 그런데 '어머니는 아이도 잘 받았지만, 소파 수술을 잘 하기로도 소문이 나'게 된다. 올망졸망한 아이들을 키우며 정신없이 살아가던 어머니에게 불행의 그림자가 덮친다. 공부도 잘 하고 모범생이던 언니가 어느 대학생의 꾐에 넘어가 아이를 배게 된 것이다. 이러한 사건을 암시하는 대목이 다음과 같이 감각적으로 서술되어 있어 눈길을 끈다.

주말에는 나도 언니를 따라 도서관에 다녔다. 칙칙한 검은 교복에 갇혀 밀랍 인형처럼 창백하던 언니의 얼굴이 새봄의 목련보다 더 화사하게 피어났고, 종달새처럼 목소리의 톤도 높았다. 그 이유는 도서관에서 만났던 빈이라는 남자 대학생 때문이었는데, 그는 언니에게 수학을 가르쳐 주었다. 나는 빈이 오빠만 만나면 마치 딴 사람같이 달라지는 언니가 왠지 모르게 불안했다. 그 봄, 도서관 3층 창 앞에는 화사한 목련 송이들이 한 달도 채 못 되어 얻어맞은 듯 흐트러진 모습으로 추락하고 있었다. (144쪽)

어미니는 언니의 아기를 떼어 낸다. 그 후 언니는 실성을 한다.

언니는 부엌에서 어릴 때 부르던 노래를 중얼거렸다. 그것이 시작이었지만 아무도 언니가 이상하다는 걸 감지할 만큼 여유가 없었다. 언니는 죽은 혼령같이 표정 없는 몰골로 사직공원 근처 궁터를 배회하기 시작했다. 모시 한복을 곱게 차려입고 활을 쏘는 궁사들이 쏜 화살에 죽고 싶었던 것일까. 아니면 도서관에서 만났던 빈이 오빠와 궁터가 보이는 숲에서 도시락을 먹으며 공부하던 기억이 언니로 하여금 그곳을 찾게 하는 것일까.

한번은 금방 낳은 아기를 산모 몰래 다락의 언니 이불 속에 숨겨 놓았는데, 다행히 갓난아기가 질식하기 직전에 발견되었다. 그러고도 언니는 진력이 나도록 자장가를 웅얼거렸다. 낮은 음율로 집 안에 퍼지는 노래 소리는 저주의 주문처럼 사람들에게 달라붙었다. 산모들은 온몸에 소름이 돋는다고 했다. (146쪽)

어머니는 언니를 어느 기도원에 맡긴다. 일년 후 언니는 기도원을 탈출하여 집으로 온다.

선희 언니는 일 년이 지난 후 홀연히, 홀연히, 라고밖에 표현할 수 없게 집으로 돌아왔다. 뽀얗던 얼굴이 누리끼리하게 병색이 돌고, 짧게 깎은 머리가 까치집을 연상시키는 피골이 상접한 모습이었다. 눈에 광휘를 번득이며 들어선 언니에게 어머니는 사색이 되어 예까지 어떻게 왔느냐고 물었지만 언니는 끝내 한 마디도 대답하지 않았다. 도로 데려다 주겠다는 어머니의 말에 언니는 돌연 발작하듯 온몸에 경련을 일으키기 시작했다.

"시키는 대로 다 할게요. 제발 기도원에 보내지 마세요. 거기 가면 나는 죽어요……."

"게서 여기가 어디라고 찾아와 가없은 것…"

어머니는 언니를 끌어안고 하염없이 울었다. 그러나…… 언니는 달라진 게 없었다. 허수아비같이 부피가 없는 몸 어디에서 그런 힘이 솟아나는지 한번 야료를 부리기 시작하면 온 식구가 달려들어도 당해낼 수 없는 살기를 분출했다. 어머니가 목을 졸라 죽일지도 모른다며 다락에 달린 백열등 전기줄을 가위로 자르고, 한밤중에 산모가 있는 방으로 스며들어 갓난아기 옆에 누웠다. 어머니는 다시 언니를 데리고 어딘가로 갔다 왔고, 한바탕 홍수가 휘돌아나간 냇물이 자정 능력을 회복하듯 얼마간의 평화가 찾아들었다. 나는 그때, 영혼이 깨어진 육체가 얼마나 누추하고 보잘것없는지 알게 되었다. (147쪽)

어머니는 다시 화천의 어느 기도원으로 언니를 보낸다. 여기까지 회상한 '나'는 다음날 그 기도원을 소개해 준 '유씨 아저씨'를 찾아가 돌아가시기 얼마 전에 어머니가 이곳을 다녀갔다는 말을 듣는다. 어머니는 어머니의 눈으로 직접 확인을 해 보고 싶었던 것이다. 그러나 어머니는 그 '기도원이 있던 곳에는 현대식 수양관이 들어서 있고 옛날 기도원에 대해 아는 사람이 없'다는 말을 듣게 된다. '나'는 서둘러 서울로 올라와 '정신장애자 재활센터'를 찾아간다. 그리고는 어머니가 이곳에 어머니의 건물을 기증했다는 사실을 확인한다. 자신의 첫째딸을 기도원에 방치해 두어 생사를 알 수 없게 된 것에 대한 죄책감에서 벗어나고자, 어머니는 자식들과 아무런 상의도 없이 어머니의 전재산을 기부하였던 것이다.

이와 같은 이야기를 따라 읽다 보면 어머니의 삶이 이토록 곤고(困苦)해진 까닭은, 순전히 갑작스러운 아버지의 죽음 때문이라는 사실을 깨닫게 된다. 산부인과 의사였던 아버지가 비운의 죽음을 맞이하지 않았더라면 어머니는 물론이고 삼남매 모두 평온한 삶을 영위할 수 있었을 것이다. 숙명적인 삶, 삶의 숙명성을 되새겨 생각해보지 않을 수 없다.

「어머니의 이사」는 이처럼 육체적으로나 정신적으로 고통스러웠던 어머니의 한많은 삶에 대하여 이야기하고 있어, 무엇보다도 서사성이 뛰어나다. 그래서 재미있게 읽힌다. 특히 산파에 관련된 갖가지의 이야기가 흥미롭다.

> 마당 한가운데에 우물이 있었다. 함석 지붕을 얹은 마당의 우물가에는, 사철 연탄 화덕에 얹힌 무쇠솥에서 더운물이, 삶은 빨래가, 미역국이 설설 끓었다. (…… 중략 ……) 선희 언니보다 세 살이 많았던 그녀는 싹싹하고 부지런해서 기저귀를 삶아 빨고, 아이를 목욕시키고, 산모들에게 하루 다섯 번씩 미역국을 끓여 주었다. 산모들은 퇴원할 때 봉순이 언니 손에 두둑히 팁을 쥐어주고 나가서 산모들이 주는 팁이 어머니가 주는 월급보다 많을 때도 있었다. 봉순이 언니가 있어서 어머니가 왕진을 가도, 동생이 밤중에 깨어나서 울어도 무섭지 않게 지낼 수 있었다.
> 봉순이 언니는 밤이 깊으면 드럼통 옆구리를 잘라 만든 소각용 화덕에 집에서 나온 쓰레기와 태반을 태웠다. 태반을 화단에 묻으면 용케 냄새를 맡은 개나 고양이가 헤집어 놓기 때문이었다. 폐병 환자인 교회 집사님이 태를 얻으려고 왔다가 어머니에게 거절당하고 무안해 하며 돌아가자 집사님을 따라가서 태반을 건네주었고, 새끼를 가진 누렁이에게도 먹였다. 그 효험인지, 누렁이란 놈은 신음소리 한마디 없이 탯줄을 제 이빨로 끊고, 눈도 뜨지 못한 핏덩이를 연신 핥으며 네 시간 동안 새끼 일곱 마리를 낳았다. 집사님은 죽지 않았고 봉순이 언니는 후에 집사님 남동생에게 시집을 갔다. 나는 봉순이 언니 부탁대로 어머니에게 이런 사실을 말하지 않았다. (142쪽)

어머니는 내미는 힘이 약한 산모의 코앞에 향이 지독한 약제를 발라 재치기를 시켰다. 다리나 팔이 먼저 나온 아이의 위치를 바로 잡느라 산모의 배를 쓰다듬으며 밤새 씨름을 하고 아이가 나오면 혼절하듯 고꾸라져 자던 어머니. 태아의 머리에 겸자를 걸어 당길 때는 힘 좋은 봉순이 언니가 거들었다. 겸자나 주사, 째고, 꿰매는 시술을 산파는 할 수 없었으나, 이러한 기술들은 어머니를 산파로 소문나게 했다. 어머니는 낚시바늘같이 꼬부라진 바늘로 노련하고 신속하게 찢어진 부위를 봉했다. (143쪽)

사족 하나. 이 작품의 스토리나 주제 의식에 비추어 볼 때, '어머니의 이사'라는 제목이 어울리지 않는 듯하다.

어머니는 노망이 나셨던 게 아니다. 어느 때보다도 총명한 정신으로 분배를 하고 당신의 이사 준비를 했을 뿐. 선희 언니가 언젠가는 이곳으로 찾아올지도 모른다는 기대감으로. 이곳에서 만난 여러 명의 선희 언니들에게, 갈 곳이 없어진 딸들에게 이사 가지 않아도 되는 집을 남겨 주고 싶으셨던 것이리라. 시야가 흐려왔다. (152쪽)

작가는 이와 같은 의미에서 '어머니의 이사'라는 제목을 붙인 모양인데, 역시 이 작품의 이야기와 주제 의식을 한 마디의 단어로 함축해내지 못하고 있는 듯하다. 소설에 있어서 제목의 중요성은 아무리 강조해도 지나침이 없으리라고 생각된다.

사족 둘. 작가는 이 작품이 등단작인 셈이다. 제18회 '문학과 창작' 신인상 소설 당선작이기 때문이다. 독자들에게 선보이는 첫작품이라 그런지 세부적인 디테일이 거슬리는 부분이 더러 눈에 띈다.

첫째, '나'의 남동생의 이름이 앞부분에서는 '정대희'(134쪽)인데 뒷부분에서는 '이대희'(144쪽) 로 서술되어 있다. 또한 어머니 이름은 '명난주'('명난주 산파', 140쪽)로 되어 있다. '정대희'가 왜 갑자기 '이대희'로 바뀌었는지 독자들은 헷갈리지 않을 수 없다.

둘째, '나'의 남동생의 처, 즉 며느리를 두고 어머니는 '화냥년'이라고 부른다는데, 이 작품에서의 며느리는 군말 없이 수십 년 동안 시어머니를 모시고 살았으며, '어머니의 건물'의 청소까지 도맡아 하는 인물로 묘사되어 있다. 그러한 인물에게 아무리 시어머니의 표현이라고 하더라도 '화냥년'이라는 호칭은 어울리지 않는다. 앞뒤가 맞지 않는다는 것이다.

그럼에도 불구하고 「어머니의 이사」가 지니고 있는 여러 가지 미덕과 특장(特長)은 여전히 그 빛을 발하고 있다. 뛰어난 서사성, 감각적이며 사실적(寫實的)인 묘사와 표현, 이러한 것들로부터 확연히 느껴지는, 소설 읽는 재미 등이 그것이다.

다양한 소설, 소설의 다양성

- 2003년 소설 총평 -

1. 소설 작단(作壇)의 풍성함

문학 월간지·계간지를 통해 발표된 2003년의 중·단편 소설들은 양적인 면에서나 질적인 면에서 볼 때, 풍성하면서도 우수하였다고 하지 않을 수 없다. IMF에 버금가는 경제 불황이라지만 문학계는 예외인지 실로 다종다양한 문학 잡지들이 생겨났고, 또 이를 통해 수많은 소설들이 쏟아져 나왔다. 6,70대의 원로 작가들로부터 시작하여 중견 작가, 여류 작가, 신세대 작가들에게 이르기까지 저마다들 올곧게 자신들의 작품 세계를 선보였다.

특히 한동안 소설 작단을 주름잡았던 여성 작가들의 여성 소설, 페미니즘 소설이 줄어들고 남성 작가들의 선굵은 남성 소설이 많이 발표되었다는 점이 주목할만한 사실이다. 그래서 올해 문학계에서는 '남자들이 살아 있다'는 말이 하나의 이슈로 등장하기도 하였다.

이처럼 성별이나 연령층에 관계없이 대부분의 작가들이 성실한 글쓰기를 통해 출산한 작품들 또한 질적인 우수성을 보여 주목할 만한 문제작들이 많았다.

다양화·다변화된 형식의 작품들이 여러 작가들에 의해 시도되었다는 점도 특기할 만하다. 기존의 소설들에서 찾아볼 수 없는 새롭고 독특한 담론 체계, 구성 방식, 서술 기법으로 어우러진 작품들을 읽는 재미는 남다른 데가 있다.

2. 원로 작가들의 노익장(老益壯)

박완서, 최일남, 한승원, 김성홍 등의 원로 작가들은 젊은 작가들 못지 않게 지칠 줄 모르는 창작 욕구를 불태우고 있다.

박완서는 「마흔 아홉 살」(『문학동네』, 2003년 봄호)과 「후남아 밥먹어라」(『창작과 비평』, 2003년 여름호)를 발표함으로써 여전히 왕성한 필력을 자랑하고 있다. 주지하다시피 최근 박완서는 중년 혹은 노년의 여성들의 삶에 깊은 애정과 이해를 보여주고 있는데, 작가의 연륜이 작품 속에 고스란히 녹아 있어 읽는 재미는 물론이고 우리네 인생의 의미를 되새겨 보게 한다. 「마흔 아홉 살」은, 마흔 아홉 살의 어느 중년 여인의 이야기를 통해, 쉰을 바라보는 여성들의 절망감·위기 위식을 그려내고 있다. 그렇지만 이 작품의 이러한 주제 의식은 여성들뿐만 아니라 남성들에게도 그대로 적용될 수 있으리라 본다. 이제 곧 쉰을 맞이하는 남성들도 이 작품의 중년 여인과 같은 삶의 절망감·위기의식을 느낄 수 있기 때문이다. 그래서 「마흔 아홉 살」이라는 작품이 지니고 있는 참된 문학적 의미는, 마흔 아홉 살에 도달한 사람이라면 누구나 경험하게 되는, 인생의 문제의식을 제기했다는 점에서 찾아져야 할 것이다. 「후남아 밥먹어라」는 치매에 걸린 한 노파의 이야기이다. 이 작품 역시 평범한 우리네 인생살이의 여러 풍경들을 보여줌으로써 독자들로 하여금 삶의 의미를 곱씹어 보게 하고 있다.

삶의 연륜으로부터 비롯된 깊은 통찰력으로 삶의 여러 편린들을 옛날 이야기하듯이 구수하게 이야기하는 박완서는 이 시대의 훌륭한 이야기꾼이 아닐 수 없다. 박완서와 동시대에 살면서 그가 들려주는 이와 같이 재미있는 이야기를 들을 수 있는 우리 독자들은 커다란 행운을 누리고 있는 것이 아닐까?

최일남 역시 박완서와 같이 꾸준히 작품을 발표하고 있어 독자들의 눈길을 끈다. 이제 노년기에 접어든 최일남 또한 노년들의 삶에 주목하고 있다. 그는 올해 「석류」(『현대문학』, 2003년 1월호)라는 단편소설을 한 편만 발표하였으나, 뛰어난 작품성을 지니고 있어 평자들의 관심을 모은 바 있다. 「석류」는 '팔십이 내일 모레인 노친네'인 화자의 어머니와 '칠십 초립동이'의 사촌 동생인 노인네가 먼저 세상을 떠난 혈육들에 대한 이야기, 옛날 고향에서 해 먹던 음식에 대한 이야기를 나눈다는 줄거리의 작품이다. 이렇듯이 이 작품은 평범한 이야기인 듯하지만, 결말 부분의 반전·옛날 음식에 대한 흔치 않은 이야기·작가 특유의 의고체적인 문체가 돋보인다. 특히 국어사전 속에 숨어 있는 순수한 고유어나 희귀한 한자어를 활용한 그의 독특한 문체는 단연 압권이다. 따라서 「석류」를 제대로 읽을라치면 독자들은 국어사전이나 옥편을 뒤적거리지 않을 수가 없다. 요즈음 독자들로 하여금 사전과 자전을 찾아보게 만드는 소설을 마주하기란 참으로 어려운 일이다. 손쉽게 소설 작품을 양산해 내는 현대의 젊은 작가들은 최일남과 같은 원로 작가들의 글쓰기 방식을 본받아야 하지 않을까 싶다. 그가 작년에 발표한 「멀리 가버렸네」(『창작과 비평』, 2002년 가을호)도 「석류」와 같은 소설적 특징을 지니고 있는 작품이다.

중년이나 노인을 주인물로 하여 중년, 노년의 삶을 그리고 있는 작품들은 드물다. 최근의 우리 소설들은 대부분 젊은이들의 삶에 대해서

만 이야기하고 있기 때문이다. 물론 젊은이들이 변화하는 이 시대의 핵심 역할을 담당하고 있기는 하다. 그러나 지금의 이 시대를 일구어 놓은 중년과 노년들의 삶의 모습도 나름대로 가치를 지니고 있다. 이러한 의미에서 볼 때, 현재 우리의 소설 작단(作壇)에서 젊은 후배 작가들 못지않게 왕성한 작품 활동을 보여주고 있는 원로 작가들의 창작열은 귀감이 될 만하다고 생각한다.

환갑을 훨씬 넘긴 한승원도 계속 작품을 발표하고 있다. 그는 현재 고향인 전라남도 장흥의 한 바닷가에 집필실을 마련하고 창작에 몰두하고 있는데, 최근에 발표하는 작품의 배경이 모두 그곳으로 되어 있으며, 소재 및 스토리도 자신의 칩거 생활에서 구하고 있다. 「잠수거미」(『동서문학』, 2002년 겨울호), 「버들댁」(『한국문학』, 2003년 봄호), 「흰구름 한 장이 지나가고 있었다」(『실천문학』, 2003년 겨울호) 등이 그러하다. 「잠수거미」는 바로 작가 자신의 이야기라고 할 수 있다. 바닷가에서 혼자 살아가고 있는 일흔 다섯의 영감은 외로움을 견뎌내기 위해 '읍내의 중년 창녀'를 만나러 가거나, 술과 화투로써 시름을 달랜다. 작가 한승원 또한 홀로 외로움과 싸우며 고통스럽게 글을 쓰고 있다. 이렇듯이 힘겹게 살아가는 영감이나 작가 자신의 모습은, 살아가기 위해 물 속에서 숨을 참으며 고통스럽게 사냥을 하는 잠수거미의 양태와 닮아 있다는 이야기이다.

「흰 구름 한 장이 지나가고 있었다」도 흥미로운 작품이다. 작가가 기거하는 장흥 근처의 바닷가에서 유배생활을 하다가 일생을 마친, 실학자 정약전이 살아나 작가와 이런저런 이야기를 나눈다는 스토리이다. 두 사람의 대화 내용이 이 작품의 전부이나, 이것은 곧 작가 자신의 혼잣말이다. 그런데 그 내용이 다종다양하고 현학적이다. 소설에 대한 개념 규정에서부터 정약전과 그의 형제들에 대한 역사적 사실, 그리고 현대정치에 대한 담론까지 잡다한 이야기들이 서술되어 있는데, 읽는 재미가 쏠쏠하다. 작가 자신이 이 작품 속에서 밝히고 있다시피, 이 단편소설은 정약전에 관한 장편소설의 밑그림쯤에 해당된다고 한다.

김성홍의 묵직한 분량의 중편소설인 「코끼리 방 — 침죽재여화(枕竹齋餘話)」는 이채로운 작품이다. 김성홍이라는 작가는 일반 독자들에게는 잘 알려져 있지 않지만, 수준 높은 작품을 발표하는 과작의 작가이며 또한 문단의 원로이다. 화자인 주인공인 '성훈'은 월주(月洲) 오영수의 문학 제자이다. '성훈'은 오영수가 타계하기 전, 2년간 머물렀던 '침죽재'라는 고향집에 방문하여 그와 이런저런 이야기를 나눈다. 그러한 이야기가 실제 있었던 이야기인지 꾸며낸 이야기인지는 모르겠으나, 김성홍이 오영수의 문하생인 것만큼은 사실이다. 그러나 이러한 사실들은 중요하지가 않다. 독자들은 그러한 이야기를 읽고 즐기면 되기 때문이다. 둘의 대화 내용은 스님들이 나누는 선문답 같기도 하고, 신선들의 이야기인 듯도 하고, 학식이 높은 선비들이 나누는 고담준론(高談峻論) 같기도 하다. 그래서 꽤 현학적이긴 하지만, 독특한 재미가 느껴진다.

3. 다양화·다변화된 소설

소설이라는 장르의 특징은 우선 무엇보다도 소설이 다양한 이야기하기의 양식을 지니고 있다는 점에서 찾아볼 수 있다. 다시 말하자면 어떠한 형식이라도 소설은 수용할 가능성이 있다는 것이다. 언제나 다르게 존재할 수 있는 가능성 자체, 이것이 소설의 본질적인 존재방식이다. 그래서 작가들은 자신들의 작품을 통해 소설에 대한 다양한 형식실험을 감행한다. 우리의 작가들도 예외가 아니다.

서정인의 최근의 연작 형태의 소설들은, 이러한 의미에서 볼 때 소중하고 값지다. 「의료원」(『21세기 문학』, 2001년 가을호)으로부터 시작하여 「몽둥이」(『동서문학』, 2002년 겨울호), 「벽소령」(『현대문학』, 2002년 11월호), 「쟁몽두」(『창작과 비평』, 2003년 여름호), 「장명등」(『파라21』, 2003년 가을호)에 이르기까지 연작 형태로 계속 발표되고 있다. 그런데 이러한 작품들에는 어떠한 이야기가 존재하지 않으며 서로 연결되지도 않는다. 그러니까 연작소설은 아니다. 연작 형태를 띠고 있을 뿐이다. 이 작품들에는 두 명의 남자가 등장하여 그저 밑도 끝도 없는 대화를 나눌 뿐, 어떠한 사건도 일어나지 않는다. 그런데 그 대화들이 말이 되는 것도 같고 되지 않는 것도 같다. 그렇지만 두 번 세 번 반복해서 읽어 보면, 그 뜻이 통하고 나름대로의 재미도 느껴진다. 두 사람의 대화에는 풍자, 해학, 역설, 반어, 대구, 대조, 말장난, 너스레 떨기, 시치미 떼기, 야유, 조롱 등의 현란한 말솜씨와 각종 수사 기법이 총동원되어 있기 때문이다. 기존의 보통 소설들처럼 어떤 흥미로운 이야기가 전개되어 나가지 않음에도 불구하고, 독자들의 관심과 흥미를 끌어당기는 이유가 바로 여기에 있다. 이와 같은 작품들은 그의 이전 작품인 「달궁」 연작 이래 작가가 지속적으로 추구하고 있는 실험적 소설 형식의 연장선상에 위치한 것이라고 할 수 있다.

서정인의 이러한 작품들에서 보이는 특징들이 정영문의 소설에 그대로 나타나 있다는 점 또한 흥미롭다. 정영문의 대부분의 소설들에도 두 사람이 등장하여 시종일관 밑도 끝도 없는, 이상한 대화들을 나눈다. 그렇지만 정영문의 소설에는 미약하나마 일관된 이야기가 존재한다. 죽음이나 권태, 무료함, 정신분열증 등에 대한 이야기가 그것이다. 정영문은 올해에 작품 발표가 좀 뜸했다. 「고요한 밤, 거룩한 밤」(『현대문학』, 2003년 5월호)의 단편소설을 발표하였고, 현재 연작 장편소설인 「숲에서 길을 잃다」를 『파라 21』에 연재중이다. 그런데 이러한 작품들은 기존의 작품 경향에서 벗어나려는 양상을 보이고 있어 우리들의 관심을 끈다. 어떤 뚜렷한 사건이나 스토리, 개성적인 인물의 성격묘사 등 정통적인 소설 양식에 접근하려는 움직임을 보이고 있기 때문이다.

박정규가 최근에 발표하고 있는 일련의 작품들 또한 독특한 형식을 띠고 있어 주목에 값한다. 「타블로 비방 혹은 비너스의 내부—작품 번호1」(『현대문학』, 2002년 10월호), 「작은 방 Zelle」(『현대문학』, 2003년 9월호), 「안녕, 먼 곳의 친구들이여」(『현대문학』, 2003년 10월호)는 독립된 단편들이지만 다음과 같은 공통점을 지니고 있다. 첫째, 비디오 스틸·사진 회화·행위 미술 작품명을 그대로 소설 제목으로 삼았다는 것, 둘째, 이러한 예술 작품을 설명하는 서양화가·미술가의 해설을 그대로 인용하여 소설 제목에 각주를 달았다는 것, 그런데 그 각주의 설명이 바로 소설의 주제 의식과 맞닿아 있다는 것, 셋째, 행갈이를 하지 않아 작품 전체가 하나의 단락으로 이루어졌다는 것, 넷째, 지문과 대화를 구분하는 아무런 표시도 없으며 또한 과거와 과거 이전의 과거 그리고 현재의 이야기가 마구 뒤섞여 있다는 것이다. 그래서 독자들은 처음부터 끝까지 주의를 집중하고 읽어야 한다. 독자들로서는 읽기에 부담이 되는, 다소 난해한 형식의 소설이다. 박정규의 이러한 작품들은 형식뿐만 아니라 내용도 독특하고 또한 난해하다. 따라서 주의를 기울여 읽되, 적어도 두 번은 정독을 해야 스토리를 온전히 파악할 수 있다. 아무런 관련성이 없을 것 같은 회화·사진·비디오·행위 예술 작품들과 소설을, 상상력을 발휘하여 직접 연관시킨 박정규의 시도는, 소설 형식의 새로운 가능성을 보여주고 있어 신선하기 그지없다.

젊은 작가 김연수의 「南原古詞에 관한 세 개의 이야기와 한 개의 주석」(『문학/ 판』, 2003년 여름호)은 「춘향전」을 패러디한 소설로서 화제가 된 작품이다. 이 작품 역시 기존의 소설들과 차별화된 형식을 선보이고 있어 이채롭다. 이 작품을 통해 작가는 대한민국 사람이라면 누구나 알고 있는 춘향전의 이야기를 지금까지와는 다른 시각으로 풀어 놓고 있다. 우리의 고문(古文)들 속에서 '한시 춘향가'를 찾아내어 그 내용을 바탕으로 상상력을 발휘하여 새롭게 형상화한 이 작품은, 창작방법론적인 측면에서 볼 때, 작가의 역작인 「군빠이, 이상」(『문학동네』, 2001년)과 그 맥락이 닿아 있다. 자신이 구상한 작품과 관련된 방대한 자료를 조사하고 공부하는 작가로서의 면모가 잘 드러나 있기 때문이다. 30대 초반인 그는 최근 왕성한 필력을 자랑하고 있다. 최근에 그는 경장편 소설 「사랑이라니, 선영아」(작가정신)를 발표하였을 뿐더러, 단편소설집 「아직 내가 아이였을 때」(문학동네)로 2003년 '동인문학상'을 수상하였다. 그리고 「거짓된 마음의 역사」(『창작과 비평』, 2003년 겨울호)라는 단편을 발표한 바 있다.

이치은의 「책 정리」(『세계의 문학』, 2002년 겨울호)라는 작품도 신선해 보인다. 「책 정리」는 제목 그대로 책을 정리하면서 생겨나는 갖가지 상념들을 형상화한 작품인데, 소재라든가 발상 그 자체가 매력적이다. 책을 좋아하고 아껴서 많은 책을 가지고 있는 사람들이라면 누구나 한 번쯤은 이와 같은 책 정리를 하고 싶어 할 것이기 때문이다. 화자인 '나'는 어느 날 한가로운 시간을 갖게 되자, 책 정리를 하기로 마음먹고, 책장 네 개를 방 가운데로 이동시켜 한꺼번에 책을 쏟아 붓는다. '책들의 무덤, 책들의 산, 책들의 쓰레기 하치장'에서 책을 하나씩 골라내어 작가별로 구분하기로 한다. 되는 대로 한 권의 책을 집어 든다. 그리고 '나'는 곧 그 책에 씌어진 메모, 밑줄 친 문장들을 보고 한없는 상념에 빠져든다. 이 작품의 스토리는 이것뿐이다. 아무런 사건도 일어나지 않는다. 책 정리를 한답시고 다섯 권의 책을 세밀히 살펴보다가 생각나는 잡다한 연상, 상념, 의식의 흐름이 이야기의 전부이다. 그런데도 이 작품은 약 40여 쪽의, 중편소설에 해당하는 분량이다. '나'의 복잡하고 혼란스러운 내면세계를 의식의 흐름이나 자유연상 기법에 의해 서술한 이 작품에는 책 속에 들어 있는 생경한 그림, 도표, 기호는 물론이고 지은이, 옮긴이, 출판사명 등도 그대로 인용되어 있다. 그런데 이러한 것들이 묘하게도 '나'의 의식세계와 맞아 떨어져 흥미로운 담론을 형성한다. 새로운, 독특한 형식의 소설이 아닐 수 없다.

4. 리얼리즘 소설을 읽는 재미

리얼리즘 소설이란 현실을 객관적인 입장에서, 있는 그대로 묘사하여 독자들에게 제시하는 소설이라고 할 수 있을 것이다. 그래서 모더니즘 소설이 이야기(story)보다는 이야기하기(담론, discoruse)의 문제, 즉 형식의 문제에 보다 골몰한다면, 리얼리즘 소설은 이와는 반대로 이야기, 즉 내용적인 측면을 더욱 부각시키고자 한다. 다시 말하자면, 리얼리즘 소설은 독자들에게 우리네 인생살이에서 일어나는 이야기를 사실적으로, 흥미롭게 들려주고자 한다는 것이다. 그렇기 때문에 리얼리즘 소설의 스토리를 읽는 재미는 모더니즘 소설을 읽는 재미와는 또 다른 것이라고 할 수 있다. 아니 어쩌면 리얼리즘 소설을 읽는 재미가 소설을 읽는 근원적인 재미일지도 모른다. 우선 무엇보다도 소설이란 본디 하나의 재미있는 이야기이기 때문이다.

2003년 제3회 '황순원 문학상'을 수상한, 방현석의 「존재의 형식」(『창작과 비평』, 2002년 겨울호)은 이러한 의미에서 볼 때 발군의 작품이다. 베트남을 배경으로 하여 현재 우리 사회에서 진행되고 있는, 민주화 운동 관련자 명예 회복과 보상 문제, 경제적으로 열악한 베트남인들에게 천박한 자본가의 횡포를 가하는 한국 동포들의 실상, 목숨을 건 저항과 투쟁으로 베트남의 통일을 가져온 해방전사들의 치열하고도 비참한 전쟁 이야기 등이 흥미진진하게 펼쳐지기 때문이다. 특히 실존 인물 '레지투이'라는 인물의 형상화는 탁월하다. 베트남 해방전사로서의 한 전형을 보여주고 있기 때문이다. 물 흐르듯이 자연스럽게 흘러가는, 객관적이며 안정된 문체도 돋보인다. 요컨대 「존재의 형식」은 리얼리즘 소설을 읽는 즐거움을 한껏 맛볼 수 있는 작품이다.

김병언은 과작의 작가이다. 어쩌다 한 번씩 작품을 발표하기 때문이다. 그렇지만, 그 어쩌다 하나씩 선보이는 작품들이 하나같이 재미있다. 또한 독자들로 하여금 무엇인가 생각하게 하는 여운을 남긴다. 오랜만에 발표한 단편소설 「회생(回生)」(『현대문학』, 2003년 5월호)도 마찬가지이다. 「회생」은 살아 있는 개를 죽여서 땅에 파묻는다는 다소 엽기적인 소재의 이야기이나, 그럴듯하게 사실적으로 읽힌다. 이처럼 「회생」은 흔치 않으면서도, 흥미로운 이야기이기 때문에 독자들은 긴장의 끈을 늦추지 않고 단숨에 읽게 될 것이다.

김훈이 처음으로 발표한 단편소설 「화장(火葬)」(『문학동네, 2003년 여름호』)도 극히 사실적(寫實的)이어서 재미있게 읽힌다. 50대인 '나'는 만성전립선염을 앓고 있는데, 뇌종양으로 투병하다가 고통스럽게 죽어가는 아내를 간호하면서도 젊은 여직원에게 연정을 품는다. 그렇지만 그저 멀리서 그녀의 모습을 지켜보고 훔쳐볼 뿐이다. 「화장」을 읽는 4, 50대의 독자들이라면 누구나 한 번쯤은 이런 식의 '훔쳐보기의 사랑'을 해보았을 것이므로, 이 작품의 이야기에 쉽게 공감할 수 있으리라 본다. 그래서 「화장」은 그럴 듯하게, 흥미롭게 읽힌다. '인간적인, 너무나 인간적인' 이야기를 들려주고 있기 때문이다. 특히 뇌종양으로 투병하는 처절한 아내의 모습과 그 주검을 화장시키는 장면, 만성전립선염 환자인 '나'가 비뇨기과에서 오줌을 뽑아내는 장면, '나'가 사랑하는 여직원의 일하는 모습을 몰래 훔쳐보면서 상상에 빠지는 장면 등은 매우 사실적으로 또는 감각적으로 그려져 있어 단연 압권이다.

낙향하여 살면서도 꾸준히 작품을 발표하고 있는 리얼리즘 작가 한창훈은 올해 「청춘가를 불러요」(『실천문학』, 2003년 여름호)와 「바위 끝새 단편」(『현대문학』, 2003년 6월호)을 선보였는데, 「청춘가를 불러요」가 재미있다. 칠십 줄의 시골 노인들이 생뚱맞게 포르노 비디오를 보게 된다는 이야기이기 때문이다. 소외받기 마련인 노인들의 성(性)에 관한 이야기를, 특유의 해학적이며 질박한 입담으로 그려낸 작가 한창훈은 역시 이 시대의 뛰어난 이야기꾼이 아닐 수 없다.

박상우는 올해에 들어서서 기왕의 작품 경향과는 완전히 다른 소설들을 내놓았다. 「마천야록」(『문학인』, 2003년 봄호)과 「사랑보다 낯선」(『현대문학』, 2003년 10월호)이 그것이다. 이전의 소설들은 심각한 주제의식을 지닌, 무거운 느낌이 드는 작품들이었다. 따라서 잘 읽히지가 않았다. 그러나 올해에 발표한 이 두 작품은 재미있게 읽힌다. 특히 「마천야록」이 그러하다. 「마천야록」은 약 350매에 달하는, 묵직한 분량의 중편소설이다. 스토리를 간단하게 요약하자면, 폭설이 내리던 어느 겨울밤에 마천동의 한 교외 마당에서 룸살롱 종업원이 얼어 죽은 사건에 대한 이야기이다. 작가는 이러한 이야기를 두고 '마천야록'이라는 그럴듯한 제목을 붙였으나, 이를 좀더 알기 쉽게 풀이하자면 '마천동 야화(夜話)' 쯤이 될 것이다. 이러한 사건에 대한 본격적인 이야기는, 물론 이 호스티스가 어떻게 해서 얼어 죽었을까라는 미스터리를 풀어가는 과정이 될 터인데, 그 이야기를 풀어나가는 방식이 독특하고 기발하다. 이 사건과 관련된 다섯 명의 인물이 그날 밤 자신들의 행적을 소상하게 진술하는 형식으로 되어 있기 때문이다. 그 다섯 명은 그날 밤 죽은 그녀와 '2차'를 나갔던 회사원·그녀와 예전에 동거하던, 동생 뻘의 또 다른 룸살롱 접대부·택시기사가 그녀를 파출소로 데려왔을 때 근무하던 경찰·술 취한 그녀를 태운 택시기사·그녀의 여동생 등이 그들이다. 그러니까 이들은 이 사건의 용의자 혹은 참고인으로 경찰에 불려와 진술하게 된 것이다. 이처럼 「마천야록」은 한 편의 흥미진진한 추리소설을 읽는 재미를 만끽할 수 있는 작품이다. 박상우가 이러한 종류의 소설을, 이렇게 재미있게 쓸 수도 있다는 사실을 확인한 작품이기도 하다.

평소에 사실주의적인 작품을 줄곧 발표하고 있는 정도상의 「가을 실상사」(『문학동네』, 2002년 겨울호)도 재미있게 읽는다. 작가는 '실상사'를 표제로 삼아 네 계절에 해당하는 연작 형태의 소설을 쓰고 있는 모양인데, 필자가 읽은 또 다른 작품은 「여름 실상사」(『문학과 경계』, 2003년 봄호)이다. 그러나 「가을 실상사」가 훨씬 뛰어나다. 「가을 실상사」는 서정적인 소설일 것이라는 느낌을 갖게 한다. 시적인 분위기가 물씬 풍기는 제목 때문이다. 그러나 스토리는 매우 충격적이며 극적이다. 시골에서 농사짓고 살던 한 젊은이가 서울에 와서 생활하다가 미쳐버려 해괴한 짓을 반복하다가 결국은 자살하게 된다는 이야기이다. 그런데 그 사건 전개가 속도감 있게 펼쳐져 마치 장면 전환이 빠른, 스릴 넘치는 한 편의 영화를 보는 듯한 착각에 빠지게 한다. 이는 순전히 작가의 스피디한 문체의 구사에서 비롯된 것이다.

5. 여성 작가들의 활동상

'여성 작가들이 몰려오고 있다' 또는 '여성 작가들의 급부상'이라는 저널리즘적인 표제, 여성작가·여성성·여성적 글쓰기·여성소설이라는 용어의 확산 등, 90년대적인 특이한 문학적 양상은 2000년이 넘어선 이제 좀 서서히 변화되고 있는 듯하다. 올해에 쏟아져 나온 소설들을 살펴볼 때에 남성작가들의 작품이 여성작가들의 작품에 비해 양적·질적인 측면에서 우세하였기 때문이다. 이러한 필자의 판단은 특히 90년대 여성작가의 대표 주자라고 할만한 신경숙, 은희경, 하성란의 지지부진한 창작 활동에서 비롯되었다.

신경숙은 「혼자 간 사람」(『창작과 비평』, 2003년 겨울호)을 발표한 이래 별다른 작품을 내놓지 않고 있다. 은희경은 계간지인 『문학동네』에 「비밀과 거짓말」이라는 장편 소설을 연재하고 있을 뿐이다. 하성란은 「그것은 인생」(『실천문학』, 2003년 봄호), 「극지(極地)호텔」(『파라21』, 2003년 봄호), 「무심결」(『창작과 비평』, 2003년 여름호), 「그림자아이」(『현대문학』, 2003년 9월호) 등의 작품들을 발표하였지만 작품의 긴장도가 떨어져 독자들의 주목을 끌지 못하였다.

그러나 이들의 뒤를 이은 천운영의 창작 활동은 괄목할 만하다. 천운영은 올해에 「명랑」(『창작과 비평』, 2003년 봄호), 「모퉁이」(『문학동네』, 2003년 여름호), 「멍게 뒷맛」(『파라 21』, 2003년 가을호)을 선보였는데, 특히 「명랑」과 「멍게 뒷맛」이 호평을 얻었다. 「명랑」은 주로 과거의 노인들이 즐겨 상복하였으나, 지금은 거의 사라진 '명랑'이라는 희귀한 약을 주요 모티프로 삼은 작품이다. 일종의 진통제인 '명랑'을 상복하는 할머니의 독특한 캐릭터가 정치(精緻)하고 감각적인 문체로 형상화된 작품이다. 「멍게 뒷맛」은 멍게를 좋아하는 어느 여자에 대한 이야기이다 그런데 그 여자는 남편에게 매를 맞고 산다. 아파트 옆집에 사는 화자인 '나'는 그녀의 울음소리를 듣고 알지 못할 희열을 느낀다. 그녀는 매를 맞고 난 다음 날이면 멍게를 한 아름 사들고 '나'를 찾아 온다. '나'는 비로소 그녀로부터 씁싸래한 '멍게 뒷맛'을 배우게 된다. 그러던 어느 날 그녀는 때리는 남편을 피하다가 아파트에서 떨어진다. 여자가 사라지고 나자 '나'는 생기를 잃는다. 씁싸래한 향기를 풍기는 '멍게 뒷맛'도 느끼지 못하게 된다. 삶의 활기를 주었던 '그녀의 불행' 이 사라졌기 때문이다. 이처럼 「멍게 뒷맛」은 타인의 불행을 지켜보면 서 희열을 느끼고, 나아가 삶의 활력을 얻는, 인간의 미묘한 심리를 섬 세하게 그려낸 수작이다.

정지아의 작품들도 눈여겨볼 만하다. 정지아는 「미스터 존」(『창작과 비평』, 2003년 봄호), 「행복」(『창작과 비평』, 2003년 가을호), 「민들레 화분」(『실천문학』, 2003년 가을호)을 발표하였는데, 이 중에서도 「행복」 이 뛰어나다. 이 작품은 딸 내외가 빨치산 출신인 부모를 모시고 여행 을 한다는 이야기이다. 딸이 화자가 되어 서술해 나가는데, 부모의 곤 고했던 빨치산 시절 이야기·아직도 굳건히 지니고 있는 부모의 이상 적인 사회주의 국가에 대한 신념·과연 인간의 진정한 행복이란 무엇 인가에 대한 물음 등이 차분한 문체로 서술되어 있어 읽는 재미가 쏠 쏠한 작품이다. 정지아의 등단작은 「빨치산의 딸」(1990)이라는 장편소 설이다. 최근작인 「민들레 화분」에도 좌익에 대한 이야기가 등장한다. 이러한 정황으로 미루어 볼 때 작가 자신이 바로 '빨치산의 딸'이 아닌 가 싶다. 이러한 추정은 이른바 '의도론적 오류'(intentional fallacy)에 빠 질 위험이 내재되어 있다고 할 수 있으나, 사실은 별다른 의미가 없다. 독자들은 그저 작가가 펼쳐놓은 이야기를 읽고, 생각하고, 감상하면 그 만이기 때문이다.

정길연은 올해 「쇠꽃」(『현대문학』, 2003년 9월호)이라는 특이한 제목의 작품을 하나만 선보였다. 「쇠꽃」은 훤한 대낮에 고급 승용차를 도난당하는 극적인 사건의 전개로 시작되는 흥미로운 스토리와, 결말 부분에 이르러서야 비로소 이야기의 얼개가 드러나는, 치밀한 서사 구조를 지니고 있어 재미있게 읽힌다. 특히 결말 부분은 독자들이 예상치 못한, 극적인 반전으로 하여 더욱 그 진가를 발휘하고 있다. 주로 페미니즘적인 소설을 많이 써 온 작가로 알려져 있으나 이렇게 정치(精緻)한 작품을 만들어 낸다는 사실은, 정길연이 정통적인 단편소설 작가임을 증명해 주는 것이라 하겠다.

공선옥은 「영희는 언제 우는가」(『창작과 비평』, 2003년 여름호), 「연민(憐憫)」(『한국문학』, 2003년 가을호)을 발표하였다. 이러한 작품들 역시 '공선옥표'의 이야기이다. 몰염치한 또는 무능력한 남편 때문에 지리멸렬한 삶을 살아갈 수밖에 없는 여자들에 대한 이야기이기 때문이다.

권지예는 올해에 「꽃게 무덤」(『현대문학』, 2003년 5월호)과 「우렁각시는 어디로 갔나」(『한국문학』, 2003년 가을호)를 발표함으로써 꾸준한 창작 활동을 보여준 바 있다. 특히 「꽃게 무덤」은 '이상문학상'을 수상한 작품 「뱀장어 스튜」와 유사하여 눈길을 끈다. 섬세한 미각을 느끼게 하는 요리를 작품 속의 이야기와 결부시켜 풀어내기 때문이다.

올해에 필자는 유난히 신인여성 작가들의 작품에 주목하게 되었는데, 갓 등단하였음에도 불구하고 저마다들 개성적인 작품 세계를 구축하고 있는 듯이 보였다.

이나미는 「푸른 등불의 요코하마」(『한국문학』, 2003년 여름호)를 통해 '레즈비언'의 생활 양태와 성생활을 사실적으로 그림으로써, 최근에 부각되고 있는 동성애 문제를 정면으로 다루었다.

한 가정의 식구들에 얽힌, 끔찍한 이야기를 속도감있게 펼쳐놓은 양선미의 「호출」(『현대문학』, 2003년 3월호)은 충격적으로 읽힌다. 삶의 비의성(秘意性)에 대한 천착이 돋보이는 작품이다.

이호경의 「수류탄과 회충」(『문학과 경계』, 2003년 봄호)도 간과할 수 없다. '수류탄'과 '회충'은 도무지 아무런 연관성이 없어 보이지만, 작품을 끝까지 읽고 나면 양자(兩者)가 그 작품에서 지니는 의미와 함께, 그 관련성이 파악된다. 작품 속의 이야기와 제목이 어떤 상관성을 지니게 되는가라는 문제를 논의할 때에, 「수류탄과 회충」은 하나의 훌륭한 예로 제시될 수 있을 것이다.

표명희의 「탑소호족N」이라는, 재미있는 제목의 작품도 눈길을 끈다. '탑'은 'top'을 의미하고 '소호족'은 'so-ho族'(small office, home office : 집을 사무실 삼아 인터넷의 작은 사이트를 통해 돈을 버는 사람들)을 의미한다. N은 주인물의 이니셜이다. 요즘 유행하는 용어 '딩크족'(double income no kids: 부부가 맞벌이를 하되 자식을 낳지 않고 결혼 생활을 하는 사람들), '보보스족'(보헤미안 부르주아: 보헤미안의 자유정신과 부르주아의 부, 능력, 넉넉함을 소유하여 자기 방식대로 사는 사람들)의 뜻을 알 수 있게 하는 작품이다.

신인여성작가들 중에서도 정이현의 창작 활동이 가장 활발하였던 듯 싶다. 「홈 드라마」(『작가세계』, 2003년 봄호), 「트렁크」(『동서문학』, 2003년 봄호), 「소녀시대」(『문학과 사회』, 2003년 여름호)를 계속 발표한 그는 최근에 등단 작품인 「낭만적 사랑과 사회」(『문학과 사회』, 2002년 신인문학상 수상)를 표제로 삼아 단편집을 출간하였다. 톡톡 튀는 TV 드라마나 영화를 연상시키는 정이현의 작품들은 요즘 젊은이들의 세태를 날카롭게 포착, 비판하고 있다. 강남에 사는, 마음 먹으면 무엇이든지 할 수 있다고 생각하는 여고생의 일상의 모습을 가벼운 터치로 그려낸 「소녀시대」가 특히 재미있게 읽힌다.

「소녀시대」가 여유 있고 부유한 환경에서 자라나는 소녀의 천국과 같은 삶을 그렸다면 이형의 「탈출」(『문예중앙』, 2003년 여름호)은 열악하고 가난한 환경에서 살아가는 지옥과 같은 삶을 그리고 있다. 탄탄한 서사성을 갖춘 작품이다.

이밖에 지하철을 무대로 하여 살아가는 갖가지 사람들의 일상의 모습을 포착한, '지하철 풍속도'라 할 수 있는 박지나의「레일」(『문학과 창작』, 2003년 7월호), 일찍이 남편을 여의고 산파 노릇을 하면서 자매를 키우다가 딸 자식 하나가 실성하여 행방불명되는, 한스러운 삶을 살아온 어머니에 대한 이야기인 이봉순의 「어머니의 이사」(『문학과 창작』, 2003년 10월호), 경리로 7년 동안이나 일하다 보니 매사를 꼼꼼히 계산하면서 경리하는 식으로 살아가게 된, 우스꽝스러운 노처녀의 이야기인 조선희의 「경리 7년」(『한국문학』, 2003년 가을호), 남편 없이 노점상을 하면서 딸을 키우며 살아가는 어느 여인네의 욕구, 외로움을 차분하게 그려낸 권채운의 「단꿈」(『창작과 비평』, 2003년 봄호) 등도 저마다들 나름대로의 문학성을 획득한 작품들이다.

6. 그 밖의 작가와 작품들

각 장의 표제와 맞지 않아 미처 논의하지 못한, 주목을 요하는 작가와 작품들이 있다.

조용호는 「숭어」(『한국문학』, 2003년 봄호), 「마태수난곡」(『동서문학』, 2003년 가을호), 「천상유희」(『현대문학』, 2003년 9월호) 등 일정한 수준의 작품을 꾸준히 발표하고 있다. 특히 「숭어」와 「천상유희」가 재미있게 읽힌다.

이승우의 작품 활동도 여전하여 미덥다. 그는 「심인광고」(『작가세계』, 2003년 봄호), 「터널」(『파라21』, 2003년 봄호), 「사령(辭令)」(『문학동네』, 2003년 여름호), 「객지 일기」(『문학사상』, 2003년 11월호) 등의 비교적 많은 작품을 내놓았다. 모두 정독할 만한 작품들이다.

윤대녕의 활동 또한 활발하였다. 「누가 걸어간다」(『문학수첩』, 2003년 봄호), 「찔레꽃 기념관」(『현대문학』, 2003년 7월호), 「낯선 이와 거리에서 서로 고함」(『문학동네』, 2003년 가을호)을 발표한 그는 현재 장편소설 「눈의 여행자」를 『문예중앙』에 연재 중이다. 이 작품들은 윤대녕 특유의 개성과 감각이 담겨 있어 잔잔하게 읽히는 재미가 있다.

성석제는 「내 고운 벗님」(『문학1판』, 2003년 여름호)과 「인지상정(人之常情)」(『한국문학』, 2003년 가을호)을 발표하였는데, 특히 「내 고운 벗님」에서 성석제 고유의 걸쭉한 입담과 해학을 찾아볼 수 있다.

김영하는 올해에도 「너를 사랑하고도」(『문학수첩』, 2003년 봄호), 「그림자를 판 사나이」(『문학동네』, 2003년 봄호)를 발표함으로써 자신의 독특한 작품 세계를 굳건히 지키고 있음을 입증하였다.

젊은 작가 김경욱은 「우리가 정말 달에 갔던 것일까」(『문학수첩』, 2003년 봄호), 「순정아 사랑해」(『문학인』, 2003년 봄호), 「성난 얼굴로 돌아보라」(『현대문학』, 2003년 6월호)를 각각 선보였는데, 이들 작품의 우열이 심한 듯하다. 이 중에서 존 오스본의 희곡 「성난 얼굴로 돌아보라」를 패러디한 동명의 작품은 문제작이라 할 만하다. 작가의 이전 작품인 「누가 커트 고베인을 죽였는가」(『21세기문학』, 2000년 여름호)와 같이 흥미로운 작품이다. 꼼꼼히 정독을 해야 비로소 작품에 숨겨진 의미가 드러날 소설들이다.

이기호는 손창섭의 소설 제목과 같은 「인간동물원초(人間動物園抄)」(『한국문학』, 2003년 가을호)와 「최순덕 성령충만기」(『현대문학』, 2003

년 6월호)를 내놓았는데, 특히 후자가 재미있다. 기이한 두 남녀의 만남을 성경의 서술 방식을 차용하여 흥미롭게 이야기하고 있기 때문이다.

이밖에도 화자인 '나'의 죽음에 대한 신비스럽고 환상적인 분위기로 펼쳐 놓은 최인석의 「그림자들이 사라지는 곳」(『현대문학』, 2003년 8월호), 문학상 심사를 둘러싸고 벌어지는 비리를 그리스·로마 신화와 접목시켜 이야기한 이윤기의 「알타이아의 장작개비」(『세계의 문학』, 2003년 여름호)도 꼼꼼하게 읽어보아야 할 작품이라고 생각한다.

짧은 분량의 엽편소설이긴 하지만, 반전의 재미를 한껏 즐길 수 있는 작품들이 있다. 한차현의 「염오는 상상한다 상상을」(『문학사상』, 2003년 8월호)과 백가흠의 「에어컨」(앞과 같음)이 그것이다. 전자는 어느 여름날 걸레질하는 아내의 뒤통수를 내려다보다가 둔탁한 쥬스병으로 그곳을 가격하는 상상에 빠진다는 이야기이고, 후자는 옥탑방에서 근근이 살아가는 어느 젊은이가 뜨거운 여름날 한 여자를 탐하게 되고 그녀의 몸값으로 에어컨을 샀다가 도로 빼앗기는 이야기이다. 신인작가들의 기발한 상상력이 돋보이는 작품들이다.

7. 단상(斷想) 두 가지

지금까지 2003년 한 해 동안 각종 월간지·계간지에 발표되었던 작품들 중에서 주목할 만한 문학적 가치와 완성도가 높다고 판단되는 것들만 선정하여 일별해 보았다. 이러한 지루한 작업을 하면서 필자는 몇 가지 의문점을 갖지 않을 수 없었다.

첫째, 무슨 무슨 신문이나 잡지에서 운영하는 무슨 무슨 문학상을 수상하거나 그 후보에 오르는 작가와 작품들은 왜 그 사람의 작품이고 그 사람의 작품일까? 비록 대중적인 인지도는 적지만, 말없이 묵묵히 자신의 작품 세계를 올곧게 구축해나가는 작가들도 적지 않은데 말이다. 왜 그런 작가들은 그러한 영예를 누리지 못하는가? 그렇다면 어떤 작가의 대중적 인지도를 높이는 사람들은 누구인가? 문학평론가? 유수한 일간 신문지 문화부 담당 기자? 동료 소설가? 일반 독자? 또한 신춘문예나 무슨 무슨 문학상을 심사하는 심사위원들은 왜 또 그 얼굴이 그 얼굴인가? 이것이 바로 한국 문단의 고질적인 병폐인 섹트주의, 패거리주의, 나아가 문단 권력을 조장하는 것은 아닐까? 우리 모두 곰곰이 생각해 보아야 할 문제라고 생각된다.

둘째, 그럼에도 불구하고 과작이긴 하지만, 건실한 작품 세계를 토대로 하여 괄목할 만한 문제작을 펴내는 작가들이 있다. 그들은 다만 화려한 스포트라이트를 받지 못할 뿐이다.

무명의 작가들이여! 기운을 내라! 밤을 새워 만들어낸 당신들의 작품을 이 세상 어디에선가 밤을 새워 읽으며 감동하는 무명의 독자들이 존재한다는 사실을 명심하라! 문학의 길이만 본디 고독한 영웅이 걸어가는 고난의 길이 아니던가? 당신들은 고독하되, 영웅이다. 고독한 영웅들인 것이다.

Ⅱ. 2004년의 소설

소설에 있어서의 특수성과 보편성

○ 한승원, 「그 벌이 왜 나를 쏘았을까」(『작가세계』, 2003년 겨울호)
○ 안정효, 「뗏장집 김 노인의 마지막 하루」(『현대문학』, 2004년 1월호)
○ 이현수, 「신 기생뎐 2 - 오 마담 편」(『작가세계』, 2003년 겨울호)
○ 박정애, 「죽죽선녀(竹竹仙女)」(『문학수첩』, 2003년 겨울호)
○ 백가흠, 「귀뚜라미가 온다」(『문학동네』, 2003년 겨울호)

1. 특수한 경험과 보편적 가치

문학에 관한 인류 최초이자, 최고(最古)의 체계적인 문예이론이 담겨 있는 『시학』(詩學, poetics)에서 아리스토텔레스는 일찌감치 시에 있어서의 특수와 보편의 문제를 지적하고 있다.

시인의 임무는 실제로 일어난 것을 말하는 점에 있는 것이 아니라 일어날지도 모르는 것, 즉 개연성과 필연성의 법칙에 따라 가능적인 것을 말하는 점에 있다는 사실이다. 역사가와 시인의 차이점은 운문을 쓰느냐 혹은 산문을 쓰느냐 하는 점에 있는 것이 아니라 ─ 헤로도토스의 작품은 운문으로 고쳐 쓸 수도 있을 것이다. 그러나 그것은 역시 운(韻)이 있든 없든 간에 일종의 역사임에 다름이 없을 것이다 ─ 전자는 실제로 일어난 것을 말하고, 후자는 일어날지도 모르는 것을 말하는 점에 있다. 따라서 시는 역사보다 더 철학적이고 중요하다. 왜냐하면 시는 보편적인 것을 말하는 경향이 많

고, 역사는 개별적인 것을 말하기 때문이다. (『시학』, 손병현 역, 박
영사, 1978, 62-63쪽)

여기에서 시와 시인은 요즘으로 말하자면 문학과 문학가를 지칭한다.
이와 같은 아리스토텔레스의 말은 시, 즉 문학은 개별적인 것, 곧 특수
성과 직접적인 관련이 없는 것처럼 이해할 수도 있다. 그러나 그것은
올바른 해석이 아니다. 시 또는 문학은 특수한 것을 통해서 보편적인
가치를 지향하기 때문이다. 아리스토텔레스는 여기에서 '시(문학)의 개
연성'을 강조하고 있지만, 우리는 위의 문맥을 통해 '시 내지 문학은
특수를 통해서 보편을 이야기하는 것'이라는 결론을 추출해낼 수 있
는 것이다.

W.K. 윔저트 2세가 문학을 '구체적 보편'(Concrete universal)이라고
칭하고, T.S. 엘리엇이 「전통과 개인적 재능」에서 펼친 전통론(여기에
서 '전통'은 지금 우리가 말하고 있는 보편성의 개념에, '개인적 재능'
은 특수성의 개념에 각각 해당된다)은 문학의 이와 같은 특성과 그 맥
락을 같이 한다. 요컨대 문학 작품의 외형은 특수한 구조로 짜여 있지
만 그것만으로 어떠한 의미를 획득하는 것은 아니다. 그것이 일정한
의미를 확보하려면 반드시 보편성에 닿아 있어야 하기 때문이다.

문학에 있어서의 특수성과 보편성의 문제는 소설에도 그대로 적용된
다. 소설이란, 한 개인의 특수한 경험(이야기)을 통해 많은 독자들의 보
편적인 재미와 감동을 이끌어 낼 때 비로소 온전한 가치를 획득할 수
있기 때문이다.

최근에 쏟아져 나오는 소설들, 특히 이른바 신세대 작가들이라 불리
는 젊은 작가들의 작품들을 읽어 볼라치면, 이들은 소설에 대한 이러
한 근본적인 명제를 망각하고 있는 듯이 보인다. 저마다들 개별적인

이야기들을 펼치고 있지만, 그러한 이야기를 통해 좀처럼 소설 읽는 재미와 감동을 느낄 수가 없다. 물론 여기에는 소설을 읽는 재미와 감동이 지극히 주관적이며 개인적인 현상에 지나지 않으며, 또한 재미와 감동을 주는 소설이 그에 상응할만한 문학적 가치를 지니게 되는가라는 등의 비평적 쟁점이 개재될 수 있기는 하다. 이러한 쟁점에 대하여 이 자리에서 상론할 여유는 없다. 그러나 일부분이 아닌 여러 독자들이 재미있게 읽고 감동을 느끼는, 보편성을 띤 소설 작품들은 분명히 존재하기 마련이라고 생각한다. 매 계절마다 쏟아져 나오는 소설들 중에서 그러한 작품들을 선별하여 독자들에게 제시하는 것 또한 소설평이 갖게 되는 중요한 의미 중의 하나가 되리라 본다.

2. 노인들의 보편적인 삶의 모습

한승원의 「그 벌이 왜 나를 쏘았을까」는 그의 최근의 작품 경향에서 벗어나 있지 않다. 한승원은 요즈음 고향인 장흥의 한 바닷가에 작업실을 마련하고 소설을 쓰고 있는데, 그곳을 배경으로 하여 자신의 글쓰기의 모습을 소재로 삼은 작품을 발표하고 있다. 따라서 「그 벌이 왜 나를 쏘았을까」는 작년, 같은 계절에 선보인 「잠수거미」(『동서문학』, 2002년 겨울호)와 유사하다. 등장인물, 배경, 이야기 방식 등이 어슷비슷하기 때문이다.

작가 자신임이 분명한 화자인 '나'는 아내가 서울 딸네 집에 가 아기를 돌보아 주는 동안 글을 쓰면서 혼자 쓸쓸히 지낸다. 그러던 어느 날 나무에 물을 주다가 벌에 쏘인다. 아랫집에 기거하는 노모에게 재수 없게 벌에 쏘였다고 하니까, 노모는 정반대로 '재수 있겠다야'라고 한다. '좋은 일 있을 것임을 미리 알려주느라고 벌이 쏘았다' 는 말을 난생 처음 들은 '나'는 은근히 행운을 기대한다. 아니나 다를까, '『茶神』이라는 월간지'를 펴내는 후배에게서 원고를 청탁하는 전화가 걸려 온다. '행다의식에 관한 글'을 싣고 싶다는 것이다. '그 의식의 여러 장면들과 동작 하나하나를 섬세하게' 사진을 찍고 '시적인 해설'을 붙여달라는 주문이었다. 그리고는 '어연스님 <설아차 鼓牙茶> 만큼 부드럽고 향기로운 미녀 한 사람을 보낼 터이니 그 미녀에게 행다의식을 시연하게 하고 찍어' 달라는 말을 덧붙였다. '재수 있으려고 그 벌에 쏘였다는 노모의 말을 떠올'리며 흥분해 있던 '나'는 열흘 후에 그 미인과 대면한다. '움직이는 미인도'와 같은 그녀와 차를 마시고 사진을 찍으면서 '나'는 줄곧 성적인 상상에 빠진다.

> 미녀의 도도록하게 부풀어 있는 저고리섶으로 눈이 갔다. 가슴이 두근거렸고 눈앞이 어지러웠다. 저 속에 봉긋한 젖무덤들이 들어 있다. (227쪽)

> 그의 앞에서 차를 내고 있는 미녀는 처녀가 아닌 듯싶었다. 만일, 그가 어리미친 체하고 젖가슴을 한번 만져보자고 말을 하면 이 미녀는 어떤 반응을 보일까. (229쪽)

> 미녀는 가끔 저고리섶을 잡아당기기도 하고 고름을 다시 당겨 바르게 늘어뜨리기도 했다. 그때 미녀의 입술과 볼의 근육에 힘이 담겼다. 바람이 불어왔고, 미녀의 귀밑으로 흘러내린 머리칼 몇 개가 하늘거렸다. 옆으로 돌아가서 소라껍질 같은 한쪽 귀를 클로즈업해 찍는데 미녀가 숨을 깊이 들이켰다. 어깨가 약간 위쪽으로 치켜지고 도도록한 가슴이 움직거리면서 저고리섶이 벌씸했다. 그 순간 그의 가슴속에서 뜨거운 열기가 들솟았다. 저고리섶 속의 유방이 연상되었다. 이 여자의 유방은 얼마나 풍성하고 어떤 모양새일

까. 젖꽃판과 유두는 어떤 색깔일까. 아래쪽으로 처져 있을까, 위쪽
으로 치켜들고 있을까. 그가 만일 치마말 속으로 손을 집어넣는다
면 미녀는 어찌할까. 그가 음험하고 치사한 생각을 하고 있는지도
모르고 미녀는 다소곳이 행다의식의 시연을 해주고만 있었다.

벌에 쏘인 자리가 가려웠다. 그 벌이 나를 왜 쏘았을까. 그 벌은
나에게 바로 이 행운, 미녀를 속속들이 완상할 수 있는 행운을 예
고한 것일까. 혹시 미녀를 안아볼 수도 있는, 그 고래처럼 거대한
행운을 예고한 것은 아닐까. (230쪽)

이렇게 황홀한 상상을 하면서 사진 작업을 마친 '나'는 총총히 돌아
간 그녀의 모습과 체취를 떠올리며 허무한 감정에 휩싸인다.

이와 같은 스토리 속에 등장하는 또 하나의 인물은 근처에 혼자 살
고 있는 '일흔일곱 살의 영감'이다. 영감이 술에 취해 할멈을 못살게 굴
고 또한 영감이 기가 세어 할멈을 너무 밝히자, 할멈은 그것을 견디지
못하고 도망을 가서 영감은 홀아비 신세로 살고 있다. 자식들이 어머니
를 찾아 가서 돌아오기를 빌었지만 어머니는 막무가내였다. 그래서 영감
은 15년간을 내내 혼자서 살아오고 있다. 가끔 읍내에 나가 '여자를 보
듬어보'면서 말이다. 그런 영감이 경찰 백차에 실려 가는 사건이 터진다.

"그 영감 미쳤어야. 아침에 아랫마을 최동진이 딸이 올해 중학교
1학년인디, 그 집 딸 가슴을 더듬었다고 안하냐? 미쳤어야, 참말로
미쳤어."

노모의 말이 정수리를 쳤다. 영감의 일이 그의 일인 듯싶었다.
노모가 말을 이었다.

"무슨 일로 즈이 아부지한테 매를 맞다가 산으로 도망을 쳐서
쪼그리고 앉아 있는디 영감이 알밤을 주워갖고 오다가 만나 갖
고……"

행다의식을 시연하는 미녀를 가슴속으로 실성한 듯 손을 들이밀
었다가 고소되어 교도소에 갇히는 신세가 되는 스스로의 모습이 눈

에 그려졌다. 숟가락을 놓고 심호흡을 했다.

　"어째 그러냐? 밥이 얹히냐? 천천히 쉬어감서 먹어라." (…… 중략 ……)

　"그 영감 못된 손버릇 한두 번이 아니란다. 성숙이네 어무니 가슴도 한번 더듬다가 혼나고 또 정례 어무니 가슴도 더듬다가 그 집 자식들한테 얻어맞고 …… 이제 젖비린내나는 것한테 그래 놨으니…… 들어본께 감옥살이를 해도 한참 할 것이라고 그러더라."

　벌에 쏘인 목덜미가 가려웠다. 그 영감은 왜 그렇게 여성들의 젖무덤에 집착을 하다가 그러한 낭패를 당하고 있을까. 그 낭패를 그가 당한 듯 조마조마해지고 있었다. 그럼에도 불구하고 머리 속에는 시연을 하던 미녀의 도도록한 앞가슴이 눈에 선하게 그려지고 있었다. (232쪽)

　이러한 노모의 말을 들으면서 '나'는 그 영감과 '나'를 동일시한다. 그 미녀를 보면서 상상한 그대로, 영감처럼 추행을 했다면 필시 '나'도 온전치 못했을 것이다. 그럼에도 불구하고 '나'는 그녀의 '도도록한 앞가슴'을 다시 떠올려 본다.

　'나'와 영감의 이와 같은 특수한 이야기가 보편성을 획득하는 지점이 바로 여기이다. 육체는 비록 늙었지만 여전히 성욕을 느끼는, 그러나 그 성욕을 마음대로 분출할 수 없는 6, 70대 남자 노인들의 비루한 삶의 모습을 사실적으로 그려내고 있기 때문이다. 아니 기실은 성인 남자들은 거의가 다 이러한 성적 욕구와 충동을 지니고 있으리라고 본다. 다만 그러한 충동과 욕구를 그저 눈으로 보고 안으로 삭이느냐 혹은 행동으로 옮기느냐의 차이가 있을 뿐이다. '남자는 지푸라기 잡을 힘만 있어도, 문지방을 넘을 힘만 있어도 그짓을 한다'는 우스갯소리를 떠올리게 하는 작품이다.

　사족 하나. 「잠수거미」에도 동일한 유형의 영감이 등장하는 것으로 보아 작가가 기거하는 곳에 실제로 이러한 인물이 존재하는 듯싶다.

안정효의 「뗏장집 김 노인의 마지막 하루」는 한마디로 말하자면, 실향민인 김 노인과 그의 셋째 부인인 '음전 할머니'의 파란만장한 일대기이다.

김노인은 황해도 부잣집 아들로 태어나 유복한 어린 시절을 보냈으나, 열일곱 살이 되던 해 '1.4후퇴'를 맞아 여섯 살짜리 응석받이 동생과 함께 남쪽으로 피난을 내려온다. 같이 내려오던 외삼촌과 '결혼한 지 넉 달밖에 되지 않는 아내'는 미국 비행기의 기총소사를 만나 아우성치는 피난민들 속에서 잃어버린다. 어찌어찌하여 강화도까지 흘러내려온 그는 '토굴을 파고 기거하면서 석문도에서의 인생을 출발하는 거점으로 삼'는다. 염전 노무자, 머슴살이, 고기잡이 등으로 모은 돈을 가지고 '한 뙈기 땅을 사들여, 다시 무덤처럼 토굴을 파고 들어가 뗏장으로 지붕을 얹고는 동생과 멧돼지 생활을 시작'한다. 스무 살을 넘기면서 장가를 든 그는 아들 '창복'을 얻었으나, '새 여편네'는 가난한 생활을 참지 못하고 도망을 간다. 그 후 그는 '지금의 마누라' 인 '음전'을 만나 다시 새살림을 시작한다. 그러니까 '음전'은 그의 셋째 부인인 셈이다. '음전'은 '김 노인보다도 훨씬 더 악착스럽게 일만 해서, 결국 그들 노부부는 둘이 안팎으로 죽어라 일을 하'여 '알부자'가 된다. 그러나 결국 김 노인은 알토란같은 재산을 날건달인 동생과 아들에게 빼앗겨 버리고 지병인 '해수병'이 악화되어 죽음을 맞이한다. '음전'은 남편의 고단한 한 평생을 돌아보면서 그를 추모한다.

이와 같은 이야기를 통해 우리는 자수성가한 북쪽 실향민들의 전형적인 삶의 모습, 그리고 한 평생을 고생하여 어렵게 모은 재산을 친척이나 자식들에게 빼앗겨 버리는 전형적인 노부부의 모습을 찾아볼 수 있다. 김노인과 '음전 할머니'의 한 평생은 그들만이 겪은 개별적인 것이지만, 또한 보편성을 지니게 되는 이유가 바로 여기에 있는 것이다.

「뗏장집 김 노인의 마지막 하루」는 그 이야기나 이야기하기 방식에 있어서 몇 가지 특성을 지니고 있다.

첫째, 김 노인이 평생을 정신적인 지주로 삼고 살아온 '좆기둥 남근석주(男根石柱)'에 대한 이야기가 자못 흥미롭다.

> 옛 뗏장집 터와 지금의 묏자리 중간쯤, 토마토밭과 고추밭의 경계를 이룬 자리에 우뚝 일어선 좆바위는 김 노인의 삶에서 조금쯤은 이상하고도 신기한 이정표 노릇을 해왔다. 대지의 정기精氣를 뽐내려는 듯 하늘을 향해 여봐라고 꼿꼿하고 빳빳하게 발기한 채로 높이가 5미터나 되는 이 몇 아름짜리 바위는 어마어마하게 큰 음경 모양을 제대로 갖추어서, 꼭대기가 훌렁 까진 거북대가리龜頭도 영낙이 없었으며, 잘록한 목쯤에서 삭은 자국이 빙 돌아가며 허연 테까지 둘러놓아 마을 여편네들은 이곳을 지날 때마다 힐끔 쳐다보고는 한 번씩 꼭 키득거리고는 했다.
>
> 이북에서 내려온 지 얼마 안 되어 나이가 눈치 없이 젊었을 때, 그는 처음에 우연히 이곳을 지나다가 돌좆을 보고는 도대체 무엇에 쓰려고 바위를 힘들여 발딱 세워놓았는지 짐작조차 못했었지만, 어쨌든 잡목이 울창한 비탈에서 워낙 눈에 잘 띄어 집 찾기에 쉬운 이정표 노릇을 하겠기에, 근처 양지바른 자리에 토굴을 파고 기거하면서 석모도에서의 인생을 출발하는 거점으로 삼았다. 그러다가 세월이 흐르면서 김 노인이 좆바위 토굴 주변의 전답을 조금씩 사들이고, 방 한 칸에 부엌뿐이었어도 집까지 번듯하게 지어 '부자' 소리를 듣기 시작하자, 석포리 사람들은 돌기둥의 '좆심淫氣'이 씌어 그의 인생이 잘 풀려나가는 모양이라고 너도나도 고개를 끄덕이기에 이르렀다. (100쪽)

김 노인이 해수병이 도져 발작적으로 기침을 하다가 쓰러져 죽은 것도 돌기둥이 없어졌기 때문이다. 아들이 아버지의 재산을 가로채기 위해 부모가 없는 사이에 돌기둥을 파내어 버렸던 것이다.

둘째, 이 작품은 봄·여름·가을·겨울의 네 부분으로 나뉘어져 서

술되어 있는데, 각 부분마다 계절적 특성이 잘 묘사되어 있다. 또한 봄
· 가을은 김 노인에게, 여름 · 겨울은 '음전 할머니'에게 초점을 맞추
어 이야기를 전개시켜 나간다. 그러니까 이 작품은 이른바 '전지적 작
가 시점'의 서술 방식을 취하고 있다.

셋째, 이 작품은 많은 쉼표로 이루어진 만연체의 문장으로 구성되어
있다. 그럼에도 불구하고 각 문장들은 막힘이 없고 유장한 느낌을 준다.

> 세상이란 참으로 이상해서, 어렸을 때는 주변에 온통 아이들뿐이
> 고 온 세상이 집단적으로 어려 보이는가 하면, 어른이 되니까 주변
> 에 모여드는 사람이 너도 나도 남자 여자 모두 장성한 어른들이어
> 서 부지런히 자식을 낳아대고 바람을 피우다가, 이제 이렇게 늙고
> 보니 언제부터인가는 모두들 한꺼번에 와싹 나이를 먹더니 노인정
> 에 모여서 만나는 늙은이들밖에는 세상에 별로 사람이 살지 않는
> 듯싶어서, 어디를 가나 누구를 만나든지 온통 아프고 쑤시다는 얘
> 기뿐이고, 무슨 병에는 어떤 약이 좋다는 얘기들 말고는 할 줄을
> 모르는가 싶더니, 그러면서 슬금슬금 하나씩 죽어 없어져 주변의
> 머릿수가 자꾸 줄어들기만 하고, 누군가 죽을 때마다 나도 그만큼
> 씩 한 조각씩 죽어나가는 기분이 들고, 하나 둘 아는 얼굴이 사라
> 지면서 내 순서가 가까워질수록 삶은 덧없어지고 세상은 부질없어
> 지니, 산다는 것이 요즈음에는 퍽 구질구질하고 맥이 빠지기만 할
> 따름이었다. (98쪽)

이러한 문체적 특징은 물론 이 작품이 노부부의 한스러운 일생을 스
토리텔링식으로 이야기하는 특성에서 연유된 것이기는 하다. 그렇지만
우리는 갖가지의 문장을 자유자재로 구사하는 작가의 문장력에 또한
주목해야 하리라 본다.

넷째, '멧장집 김 노인의 마지막 하루'라는 제목은 김 노인이 '오늘
내 인생에서 마지막 하루가 되리라는 소리를 날마다 입버릇처럼 몇 년

동안이나 되풀이하던' 데에서 비롯된 듯싶다.

요컨대 「뗏장집 김 노인의 마지막 하루」는 곤고하기만 했던 노부부의 일생에 대한 이야기에 푹 빠져 볼 수 있는, 근래에 보기 드물게 서사성이 뛰어난 작품이다.

3. 방언의 특수성과 보편성

이현수의 「신 기생뎐 2-오 마담 편」은, 「신 기생뎐-부엌어멈 편」(『동서문학』, 2003년 여름호)에 이어진 연작소설인데, 제목 그대로 현대판 기생인 '오 마담'에 관한 이야기이다.

오 마담은 '줄과부 떼과부 등천하는 집'에서 태어난다. 증조할머니, 할머니, 어머니, 고모들이 전부 과부들이다. 그래서 어머니는 '다듬이 소리가 끊긴 깊은 밤이면 애젊은 청상과부에 설 늙은 과부, 할머니 과부들이 피워대는 담배연기에 절어 비들비들 자라던 날 자진해서 권번에 떠맡긴'다. 오 마담은 '기왕지사 입문을 했으니 기생다운 기생으로 살자, 작심하고 볼꼴 못 볼꼴 죄 보며 기방 안에서만 늙'는다. 그래서 지금은 군산 '부용각'의 '기생어미' '마담엄마'로 살아가고 있다. 그녀는 한 때 소리기생으로 이름을 날려 '기방 안은 물론이고 기방 밖으로 불려나가는 일이 비일비재했다.' 그러나 이제 쉰이 훨씬 넘어버린 그녀는 술 없이는 살 수 없는 처지가 되어 버렸고, 새끼기생들에게 소리를 가르치며 소일한다.

이러한 오 마담에게 있어서 뗄래야 뗄 수 없는, 오 마담의 분신이라고까지 말할 수 있는 인물이 '타박네'이다. '목포 부용각' 시절부터 한 솥밥을 먹어온 타박네와 오 마담은 '세 군데의 기방을 더 거친 후에야 부용각의 현판을 군산에 내어'건다. 그러니까 엄밀히 말하자면 '군산 부용각'은 오 마담과 타박네 공동 소유의 것이라 할 수 있다. 타박네는 부용각 식구들에게 '타박할머니'라 불리는 79세의 할머니이지만, 부용각 살림을 도맡아하고 있는, 부용각의 집사이자 총지배인이다.

> 눈 걸어 비씨고 찾아나서도 그만한 선생 찾기 힘들지를. 마담언니 실력이야 이 바닥에서 알아준다 아이가. 국악으로 이름깨나 날리는 사람들도 부용각의 오연분이라 카마 깜박 안 죽나. 말 한마디를 해도 따뜻하게 하는 사람이라 배우는 자네들도 재미있을 끼다. 있지, 내는 시방도 모르겠는 기 타박할매와 마담언니 사인기라. 이따만한 돌띠로 쌔리삐리도 팽글 미끄러지기만 하지 기스도 안 나는 씨호도처럼 땡글땡글 야물어빠진 타박할매와 사람이 좋아도 너무 좋아가 물러터지다 못해 질크러진 마담언니가 본드로 붙인 것마냥 평생 달라붙어 사는 기, 자다 일어나 생각해도 요상타. 내는 바람벽을 타마 탔지, 저 씨호도 같은 할매랑은 단 십 분도 같이 몬 산다. (253-254쪽)

부용각을 드나드는 '일수쟁이 김 여사'가 두 사람의 관계에 대하여 말하고 있는 대목이다.

소리기생인 오 마담이 젊었을 때에, 춤기생으로 같이 호흡을 맞추던 친구 '채련이'라는 인물 또한 '오 마담'에게 있어서 커다란 의미를 지니고 있다. '큰 배만 네 척이나 가지고 있던, 목포에서도 한다 하는 선주가 채련이에게 눈독을 들여' 결국 '화초머리를 얹는 날이 정해'지자 채련은 바다에 몸을 던진다. 채련은 단소를 부는 풍물잽이 청년과 정분이 났던 것이다. '단소잽이 그놈' 또한 '채련이가 빠져 죽은 자리에서 종당에는' '물귀신이 되고' 만다. 그래서 오 마담과 타박네는 매년 칠석날에 '부엌 한 쪽 구석에 두 사람을 위한 제상을 어김없이 차린다.'

"으이, 고년. 조갑지처럼 작은 입을 딱 다물고 있으면 한여름에
도 찬바람이 쌩쌩 났다. 그런 년이 .춤만 출라치면 사람이 180도로
달라졌부러. 백여시 둔갑한 것맨쿠로 눈 가생이가 샐그시 풀어지면
서 구운 꽁치에 참기름 발라 놓은 것마냥 화개살이 몸 전체에 자르
르 흘렀다니께. 그년 춤추는 것 보고 넋뺀 놈이 어디 한두 놈이었
간. 쳐다만 봐도 온몸이 보들촉촉해지는데 워쩔 것이여." (239쪽)

밤바람에 후르르 제상 위의 촛불이 떨리면 채련이 너 왔고나, 오
마담의 눈가가 촉촉이 젖어들었다. 간다는 말도 못 다 이르고 간
불쌍한 내 동무야. 오늘 밤엔 부디 살도 풀고 맺힌 맘도 풀고 살아
생전 그리던 임과 합궁 못한 원도 풀고 가거라. 기어이 오 마담의
눈에선 닭똥같은 눈물이 뚝뚝 듣는다. 눈물이 흔키도 흔코, 쌨기도
쌨고만. 타박네의 구박에도 오 마담은 개의치 않는다. 이미 기구망
측했거나 앞으로도 충분히 기구망측할, 제 팔자를 떠올린 기생들이
오 마담을 따라 단체로 눈물 콧물을 훌쩍거려 부엌 안 기생제사는
금세 울음바다가 된다. (245 - 246쪽)

타박네가 생전의 채련의 모습을 회고하는 대목이고 오 마담과 타박
네가 제사를 올리는 장면이다.

이처럼 「신 기생뎐 2 - 오 마담 편」은 무엇보다도 읽는 재미가 뛰어
난 작품이다. 지금은 거의 찾아볼 수 없으나 아직도 남아 있는, 풍류가
넘치면서도 한편으로는 고단했던 옛 기생들의 삶의 자취를 새삼스럽게
더듬어 볼 수 있다는 점이 더욱 값지다. 특히 기생어미인 오 마담이
새끼기생에게 소리를 가르치는 장면, 춤기생인 채련이 단소잡이의 시나
위 가락에 맞추어 춤을 추는 장면 등의 감각적인 묘사와 자세한 설명
은, 이 소설이 충분한 자료 조사를 바탕으로 하여 씌어졌다는 믿음을
갖게 한다.

이 작품이 처음부터 끝까지 줄곧 재미있게 읽히는 또 다른 주요한
이유는, 타박네와 김 여사 등 등장인물들이 구사하는 경상도 사투리의

해학성에 있다.

"저년, 궁디 빵빵하게 바람든 것 쫌 봐라. 쳐다보기만 해도 정신 사납네. 어데 잡아돌릴끼 업어 식전 댓바람부터 궁디를 그리 사정 없이 잡아돌리나!" (237쪽)

"추저버도 추저버도 그래 추저분한 놈은 조선천지 다시 없을 끼 다. 간 맞추니라꼬 천한 티꺼정 줄줄 안 흘렀나." (240쪽)

"오 마담이 원래 헤프지는 않았는데, 채련이 그리 된 후부터 사 램이 바뀌어뿟다. 지딴에는 몸보시 살보시를 할라꼬 작정하고 덤비 는가는 몰라도, 어째 골라도 골라도 그런 흑싸리 껍데기, 빨강싸리 쭉자만 족족 골라잡는동. 그래놓고 지가 든 패가 억시기 좋은 긴 중 알고 벌벌 떠는 걸 보면 고마 눈꼴이 시고 내 속이 있는 대로 디비지는 기라. 그것때매 만날 쟈랑 안 싸우나." (246쪽)

"비쩍 마른 년을 보마 빈티 나고 성질만 지랄 같아 보이더만 그 기 머시 좋다고 다들 살빼는 데 혈안이 되어 있는동. 듣자 하니 아 조 신흥종교가 되어 부렸대매? 살다살다 벨꼴을 다 보네이. 몸에 살이 오르마 연분홍빛이 감도는 기 보드레해서 만질 맛도 나구마는 우째 그걸 싫다 할꼬. 느들 목욕탕에 함 가봐라. 폭신하게 살이 오 른 년은 살살 밀어도 때가 동글동글 말리는 기 때 색깔도 보얀 반 면, 비쩍 마른 년은 피부도 질기빠지고 살갗도 거칠해서 때밀이 손 목에 힘만 잔뜩 씨이게 맨든다. 때도 시커멓게 나와 때밀이들이 을 매나 싫어하는데." (249쪽)

"또랑창에 대가리 박고 칵 디져삐리지, 무단시 이래 살아 뭘 하겠 나! 요노무 카드, 보기만 해도 몸써리가 쳐진다, 몸써리가!" (253쪽)

우리나라 각 지방마다 독특한 억양과 어휘를 가진 사투리들이 있지 만, 우리나라 사람들은 사투리로 인해 의사소통의 불편을 겪기보다는 각 사투리들이 지니고 있는 익살과 해학을 즐긴다. 근래에 들어 전라도, 경상도 사투리를 대사로 사용함으로써 시청자와 관객몰이에 성공한 개그프로와 영화들은 이러한 사실을 반증하고도 남는다. 요컨대 우리나라 사투리는 그 나름대로의 특수성을 지니고 있으며, 그러한 특수성을 여러 사람들이 즐기고 향수(享受)한다는 점에서 보편성을 지니고 있다.

이현수의 「신 기생뎐 2 - 오 마담 편」은 이러한 면에서 볼 때, 독특한 개성을 지니고 있어 독자들의 주목을 끌기에 충분한 작품이다. 특히 작가의 지칠 줄 모르는, 구수하면서도 질펀한 입담은 소설가로서의 뛰어난 재능을 엿보게 한다.

박정애의 「죽죽선녀(竹竹仙女)」 역시 「신 기생뎐 2」와 같이 경상도 방언의 해학성이 두드러지게 나타나 있는 작품이다.

화자인 '나'는 남편과 시동생 뒷바라지에다가 아이들 셋을 키우며 '전쟁같은 시간'을 보내며 살아가는 주부이다. 한 살 차이인 사촌동생 '연희'와 서울에서 같이 사는데, 연희는 임신 중이다. 어느 날, 제부가 찾아와 하소연을 한다. 연희가 '임신 우울증'에다가 '남성 혐오증'까지 겹쳐 자신을 피한다는 것이다. '난중에 산후 우울증으로 전이'되면 '예민한 사람은 큰일 낼 수도 있다'고 한다. 그 말을 듣고 '나'는 사촌언니, 즉 연희의 언니인 '선희 언니'가 초등학교 때 목을 매고 죽은 사건을 떠올린다. '계집애가 조심성 없이' 달거리 뒷처리를 못한다고 '작은엄마한테 머리채를 휘둘리며 심하게 꾸지람을 들은 뒤 연희랑 같이 쓰는 방에서 목을 매었던' 것이다. 그 이후 점점 더 수척해지는 연희의 몰골을 보고 '나'는 옛날 고향에서 뒷집에 살던 '박곡 아지매'를 수소문해서 찾아간다. '영주에서 간호부를 하다가 대구 한약방 집에 시집을 갔고 이혼하고는 조산원을 운영했다고 하는' 박곡 아지매는 '우리 동네

선 아이 받는 일도 더러 했지만 병 고치는 일을 주로 하'였다. 요즘으로 말하자면 '무면허 의료업자'인 셈이다. 병원과 거리가 먼 옛날 시골마을에는 그런 사람들이 더러 있었다. 어쨌든 '나'는 '병을 약으로만고치는 게 아니라 마음을 꿰뚫어 보고 마음의 작용으로도 고칠 줄 아는 분이었'다는 기억을 되살리고 연희의 병을 고쳐주리라는 믿음에서아이 셋과 연희를 데리고 '낯설고 물선 바닷가 삼척 땅으로' 찾아간다.할머니가 다 된 박곡 아지매는 연희를 선희라고 부르면서 다짜고짜'죽서루 가자, 죽죽선녀한테 가자'고 한다. '동쪽에 죽장사가 있어서,혹은 명기 죽죽선녀의 집이 있어서 죽서루라는 이름을 갖게' 된 곳을찾아가자는 것이다. 죽서루의 '용문 바위'에 있는 '열 개의 성혈' 앞에서 박곡아지매는 연희에게 이렇게 말한다.

"선희야, 이 구무를 보거라. 딱 열 개다. 열은 숫자 중에서 제일완전한 숫자다. 이 안에서 세상 만물이 다 나오제. 선희 니가 이 구무에서 피가 날 때 목을 맸다 아인가베. 체매에 피가 항그더라. 다느거 아부지 업보다. 느거 오매(어미) 암것도 모르는 스무 살짜리,촌 학교에 부임해 온제 한 달도 안 됐는 어린 처자를 힘으로 붙들어가 지 욕심을 채웠으이. 느거 오매는 그래 싫은 남애(남자)한테시집을 가여 날날숨 에비고(마르고) 날날숨 남애한테 당하는 지 몸떵이가 미버 똑 죽겠는 기라. 선희 니만 안 생기스만 혼인은 안 했을 낀데 니 따문에 배가 불러오이 할 수 헐 수 어가 맺은 혼인이라놓으이 더 니를 미버캤다. 니가 여자로 태인 것도 느거 오매는 참을 수가 없었던 기라. 지하고 똑같이 더러븐 팔자만 우야노 싶어가주고, 원래는 느거 아부지를 미버 캐야 되는데 느거 아부지는 하늘이고 대주고 염라대왕인데 감히 우얄 수가 있이야지. 그라이 니를 미버 칸 기다. 니가 진짜로 미번 기 아이고 느거 아부지가 미번데 그거는 밉다카는 표시를 못 내겄거덩. 시오마이가 미버만 개배때기라도 차야 되는 기 사람 마음이라. 안 그라고는 전딜 수가 없

는데 우야노. 맥지 느거 오매가 밉다 밉다 캐싸이 선희 니는 그거
로 딴 데 몬 풀고 니 몸떵이한테 풀었는 기라. 차라리 느거 오매한
테 대들꾸로 그런 용맥도 없어 가주고 그저 착해빠지가주고 애먼
니 몸떵이를 미버캐싸이 그 몸떵이는 가만 있겠나. 에라 칵 죽어뿌
자 카제. 선희야, 이 열 구무에다 입을 맞추거라. 니가 니를 미버
카는 동안에는 영영 존데를 몬 가니라." (187 – 188쪽)

박곡 아지매는 한을 품고 죽은 선희의 혼이 정착을 못하고 떠돌아
다니면서 연희까지 몹쓸 병을 앓게 하고 있으므로, 연희로 하여금 선희
의 혼을 달래주는 의식을 치르게 한 것이다.

이와 같이 흔치 않으면서도 홍미로운 이야기를 담고 있는 이 작품
은, 곳곳에 진한 경상도 사투리가 구사되어 있어 읽는 재미를 배가시키
고 있다.

"가시나가 틀리뭇다. 가시나가 그래 칠칠치를 몬해 가주고 여자
한펭생을 우예 살 끼라. 마 잘 죽었다. 세상에 서답이 머라꼬. 헌
미영 바지주구리 뜯어가 그거로 맨들어여 사타리 끼아 놓으만 해나
(행여) 핏자죽이 묻어 나오까봐 일천간장, 조심조심 그 우에 더 조
심을 하겠나. 핏덤비기 된 서답으르 밤새 요가아(요강)오줌에다 여
가주고 핏물을 빼지를. 그거로 건지가 사람 엄는 새북에 그라아(냇
가)서르 몰리몰리 빤다. 다 빨었다꼬 아무 데나 널 수 있나. 어데
한쪽 구직(구석)에 넣어 놓고 몰리 말지. 옛날 살었는기 그기 살었
는기가. 요새는 돈만 있으만사 요만한 거, 찼다가 채이만 내삐리뿌
리만 되는 거, 그런 기 있으이 얼매나 희한한 세상이고. 가시나가
그것도 하나 남우 눈에 안 대장키두록 몬하고 책상 밑에 쑤시 놓
고, 가시나가 틀리뭇다." (177 – 178쪽)

"삼척 딸네집에 가 산다 카더마는. 수림이, 수림이 맞제 그 아
이름이? 그 아가 맥지 세멘 공장 댕기는 신랑 따러가주고 그 공비
덜 나온다 카는 험한 데서르 산다 카더라. 내가 그래 박곡띠기 그

할마시도 참말 서방 덕 음는 년이 자식 덕도 음따 카디이 다 늙어 꺼짐도 고생바가이다 캤니라. 세상에 밀양겉이 너리고 존 데럴 나뚜고, 삼척이 어데라꼬, 그 공비털 사람한테 독침놓는다 카는 모질고 험한 데럴 말라꼬 따러갔이꼬, 알기사 곽실이가 잘 알겠다. 곽실이 그 아가 박곡떡 딸하고 난중꺼짐도 죽고 몬 살았으이. 카고 보이 삼척 산다는 말도 곽실이 오매한테 들었는갑다." (181쪽)

매우 적절하면서도 독특한 묘사와 표현이 뛰어나다는 점 또한 지적하지 않을 수 없다.

한때는 문학소녀였지만, 오래 손놓고 있던 글쓰기를 막상 시작하고 보니 마음이 금세 뜨뜻해지고 그 뜨뜻한 게 어지러이 출렁거리는 게 꼭 대여섯 달 된 아기가 뱃속에서 자위를 뜨는 것 같다. (168쪽)

하도 이상해서, 우리 엄마한테는 범 아가리라도 나한테는 외려 엄마보다 살갑게 구는 할머니한테 정말로 선희 언니가 그렇게 죽어도 싼 잘못을 저질렀는지 물어 보았다. (177쪽)

착한 제부가 찾다 찾다 못 찾고 어디서 홍시를 구해다 준 모양인데, 아무리 고욤 맛 알아 감 먹는단 속담이 있기로서니 기껏 냉동 홍시가 우리 기억 속의 고욤 맛을 대신할 수 는 없는 것이다. (179쪽)

큰애 여름방학이 끝나기 한 주 전, 오롱이조롱이 세 아이와 임신한 연희까지를 데리고 기어이 삼척 산다는 박곡 아지매를 찾아 떠났다. (183 – 184쪽)

「죽죽선녀」 외에도 박정애가 능수능란하게 구사하는 경상도 사투리의 묘미와 질펀한 입담을 즐기고 싶은 독자는 그의 또 다른 작품인 「술마시는 집」(『창작과 비평』, 2002년 겨울호)을 읽어 볼 일이다.

백가흠의 「귀뚜라미가 온다」에 등장하는 인물들은 모두 경상도 사람으로서 사투리를 쓰고 있다. 배경은 '능도'라는 섬인데, 그곳에서 관광객들을 상대로 회를 파는 '바람횟집'의 남자와 여자, 오뎅·떡볶이를 파는 '달구분식'의 '달구'와 '달구의 노모'가 주인물이다. 얇은 벽으로 된 가게는 둘로 나뉘어져 있지만, 사실은 한 집이다. '천장이래야 얇은 베니어합판이 전부이니, 네 식구가 한 방에서 사는 것이나 다름없'기 때문이다. 그런데 희한하게도 두 집의 여자들은 밤마다 신음 소리를 낸다. 횟집의 남자와 여자는 밤마다 요란한 정사를 나누고, 분식집의 노모는 술 취한 아들에게 매를 맞기 때문이다.

> 　　남자는 여자의 육중한 엉덩이와 벌겋게 벌어진 음부를 보며 손으로 자기의 것을 만지작거린다. 여자는 고개를 모로 돌려 텔레비전을 본다. 텔레비전을 보며 웃는 여자의 웃음소리가 창을 빠져 나가 달구분식으로 전해진다.
> 　　달구의 노모가 달구에게 매를 맞고 있다. 노모의 검버섯 곱게 핀 뺨이 벌그죽죽하다. 바람횟집의 남자가 막 여자의 질 안에 삽입을 시작했을 때, 달구분식의 노모는 아들에게 가지런히 쪽진 머리가 일순 헝클어지도록 뺨따귀 한 대를 얻어 맞았다. 천장이래야 얇은 베니어합판이 전부이니, 네 식구가 한 방에서 사는 것이나 다름없다. 바람횟집 여자는 신음 소리가 새어나가지 못하게 엎드린 채 손으로 입을 막고 있다. 달구의 노모도 비슷하다. 손으로 입을 막지는 않았지만, 어금니를 단단히 물어 거친 숨소리만 코로 가늘고 길게 새어나온다. 두 집의 여자들이 입을 틀어막는 이유는 서로에게 들키지 않기 위해서가 아니다. 혹 들을지도 모를 이 집 밖의 사람들 때문이다. (103－104쪽)

　　남자는 스물셋, 여자는 서른일곱 살인데 둘은 오다가다 만난 사이인 듯하다. 남자는 여자를 '엄마'라고 부른다. 여자는 전남편과 헤어져 부담없는 이 남자와 같이 사는데, 남자는 아기까지 갖자고 한다. 남자는 가정을 갖고 싶은 것이다. 여자는 아이 갖기를 거부한다. 그러면서도 둘은 매일 밤 질펀하게 몸을 섞는다.

달구는 사십이 넘은 홀아비이다. 그는 '마누라도 없고 새깡이도 없는' 처량한 제 신세가 노모 탓이라고 생각한다. 게다가 밤이면 옆방에서 들려오는 여자의 헐떡거리는 신음소리가 그를 더욱 미치게 만든다. 그래서 술을 마시고, 취하면 어김없이 노모를 두들겨 패는 것이다.

가을이 온다고 '귀뚜라미'라는 이름을 가진 태풍이 강한 비바람과 파도를 몰고 오던 날 밤, 예의 남자와 여자는 진한 섹스를 하고 달구는 술에 취해 노모를 구타한다. 두 여자의 신음 소리는 파도에 잠겨 들리지 않는다. 그 사이에 파도는 이 집을 강타한다. 파도를 이겨 낼 힘이 있는 두 남자는 살아남지만, 두 여자는 집과 함께 파도에 휩쓸려 사라져 버린다. 상식적으로 생각해 볼 때 아무리 외진 섬이라고 하더라도 태풍에 대한 대비책을 강구했을 것이라는 당위성에 비추어 본다면, 등장인물들이 미리 대피하지 않고, 더구나 남자들은 살아남고 여자들은 죽어 버리는 결말이 다소 작위적이고 개연성이 부족하다. 그렇지만 뭍의 세계에서 벗어나 소외당하며 살아가는, 거칠면서도 원시적인 섬사람들의 삶의 양태가 사실적으로 그려져 있어, 읽는 재미가 남다르다.

아무도 눈 돌리지 않는 보잘것없는 섬에서 초라하게 살아가는 특수한 사람들의 삶의 모습이 객관적인 보편성을 띠게 되는 것은 이러한 까닭에서이다. 다시 말하자면, 전라도나 경상도에 속해 있는 조그마한 섬들에서 등장인물들과 같이 원시적이며 거친 삶을 영위하고 있는 사람들이 지금도 얼마든지 있을 터이기에, 이 작품은 특수성과 보편성을 동시에 획득하고 있다는 것이다.

경상도 사람들의 짧고 무뚝뚝하게 내뱉는, 억센 사투리의 묘미가 잘 살아 있다는 점도 주목할 만하다.

　　"함 하까, 니 오늘 일없이 좆을 세우구, 와 그라는데?" (102쪽)

　　"씨발년, 손 씻고 오람서 좆은 와 잡노?" (103쪽)

　　"뚱띠이, 고생 많았다."
　　"니 싫다."
　　"전어 기념으로 함 하까? 엄마야."
　　"임마라고 부르지 말라카이. 징글법디." (113쪽)

　　남자는 가게 안에서 젖은 옷을 벗고 방 안에 알몸으로 들어간다.
　　여자가 멀뚱하게 쳐다본다.
　　"밖에 비 많이 오나?"
　　"좀 온다. 엎드리라."
　　남자가 거칠게 여자를 엎어놓고, 질 안 깊숙이 성기를 들이민다.
　　"아야, 아프다. 니 와그라노?"
　　"시벌놈. 개, 새, 끼, 쥑이, 뿔끼다."
　　남자가 여자 엉덩이를 붙잡고 정신없이 헐떡인다. (122쪽)

　　백가흠의 또 다른 발군의 작품으로 「에어컨」(『문학사상』, 2003년 8월호)이 있다. 비록 짧은 분량의 꽁트이긴 하지만, 기발한 상상력을 바탕으로 하여 서사성이 뛰어난 이야기와 놀라운 결말을 보여주고 있다. 「귀뚜라미가 온다」는 「에어컨」과 좀 다른 특성을 지니고 있지만, 역시 백가흠의 작가적 역량을 엿볼 수 있는 작품이라고 생각된다. 이야기 전개에 몰입케 하는 탄탄한 서사성과 함께 생생하게 느껴지는 사실적인 묘사와 표현이 뛰어나기 때문이다.

소설이란 결국 무엇인가?

- 이승우, 「오토바이」(『현대문학』, 2004년 5월호)
- 김성금, 「고둥의 외출」(『문학과 창작』, 2004년 봄호)
- 한창훈, 「사랑」(『문학사상』, 2004년 2월호)
- 김연수, 「부녕쒀[不能說]」(『현대문학』, 2004년 5월호)
- 김애란, 「그녀가 잠 못 드는 이유가 있다」(『현대문학』, 2004년 5월호)

1.

소설이란 무엇인가?

이러한 물음은 소설이 생겨난 이래로 끊임없이 제기되어 왔으며, 현재에도 계속되고 있다. 그러나 이에 대한 응답은 시대에 따라 또는 소설을 정의하는 논자에 따라 각각 다른 양상으로 나타난다. 소설은 고정된 물체가 아닌 인간의 정신적인 산물이며, 역사적 변천과 함께 다양한 변모의 모습을 보이고 있기 때문이다.

소설은 이야기이다. 소설에 대하여 각양각색의 개념 규정과 그에 대한 설명이 분분하지만, 소설의 본질적인 특성은 무엇보다도 소설이 대표적인 이야기 문학이라는 점에서 찾아져야 하리라 본다. 다시 말하자면 작가가 어느 특정한 이야기를 독자들에게 들려주는 문학 형식이 바로 소설인 것이다. 그러나 여기에는 중요한 조건이 수반되어야 한다.

이야기이기는 하되 반드시 재미있는, 흥미로운 이야기여야 한다는 점이다. 물론 이러한 전제에는 소설에서 느끼는 재미 또는 흥미는 사람들마다 다르다는, 주관적인 문제가 내포되어 있기는 하다. 그렇지만 대부분의 사람들이 공감하는, 보편적이면서도 재미있는 이야기는 분명히 존재하기 마련이다.

요컨대 보통 사람들이 접해 보지 못한, 흥미 있는 이야기를 들려줌으로써 독자들의 간접 경험의 폭을 넓히고 아울러 우리네 인생살이에 대한 성찰의 기회를 제공해 주는 것, 이것이 바로 소설이 지니고 있는 근본적인 속성이 아닐까 한다. 이 계절에 읽은 몇 편의 소설들은, 소설에 대한 이러한 소박한 의미를 다시 한 번 되뇌게 하였다.

2.

이승우의 「오토바이」 속에서 펼쳐지는 이야기는 기이하면서도 흥미롭다. 그래서 단숨에 읽힌다. 고단한 우리네 인생살이에서 일어날 수 있을 법한 이야기를, 시종일관 사실감 넘치는 문장으로 서술하고 있기 때문에 독자들은 이내 소설 속의 세계로 빨려 들어간다.

무엇보다도 우선, 노망난 노파가 악취를 풍기는 쓰레기 탱크 속에 들어가 있다가, 아들이 보는 앞에서 119 대원들에 의해 꺼내진다는 서두의 이야기가 독자들의 호기심을 불러일으킨다. 더군다나 노인은 아들을 향해 '저놈이 나를 버렸다, 저 나쁜 놈이 나를 버렸다'라고 손가락질을 하며 악악 소리를 지른다. 아파트 주민들은 물론이고 119 대원들까지 호기심 어린 눈길로 이 광경을 지켜본다.

그런 노인네를 아들은 결국 오토바이 짐칸에 싣고 어느 복지원에 내다 버리듯 맡긴다는 이야기의 결말도 또한 심상치 않다. 그렇지만 작품을 다 읽고 나면 서두와 결말의 관련 양상과 이야기의 전말이 확연히 드러나게 되고, 독자들은 그럴 수도 있겠구나 싶은 동감을 갖게 된다.

우리의 삶의 현장에서 일어날 수 있을 법한, 기이한 이야기를 흥미롭게 들려주고 나아가 읽는 독자들로 하여금 삶에 대한 성찰의 계기를 부여하는 것이 소설이라면, 「오토바이」는 소설의 이와 같은 전형적인 특성을 지니고 있는 작품이다.

화자이자 주인물인 '나'는 '택배회사의 퀵 서비스 직원'이다. 그러니까 매일 오토바이를 타고 물건을 배달한다. '나'가 이처럼 오토바이와 한 몸이 되어 생활하게 된 데에는 남모를 사연이 있다. 삼촌 집에서 눈칫밥을 먹으며 성장하던 '나'는, 다니던 고등학교를 집어 치우고 가출을 하여 중국집 배달원으로 취직하면서 오토바이를 타게 된 것이다. 시난고난 고생하면서 30대 중반에 이른 '나'에게 '아마도 집을 나가 살기 시작한 후 처음 전화를 걸어온 삼촌이 한 번도 상상해 보지 않은 소식을 전'한다. '나'가 다섯 살 때 떠났던 어머니가 돌아왔다는 것이다. 30년만에 나타난 어머니의 몸과 정신은 정상이 아니었다. 여러 날 밤을 뜬 눈으로 새우면서 알아들을 수 없는 소리를 중얼거리거나 욕설을 늘어놓는가 하면, 화장실 욕조나 베란다 한쪽 모퉁이에 웅크려 잠을 자기도 한다. 그러다가 마침내 쓰레기 탱크에 들어갔다가 강제로 꺼내어지는 사건을 두 번이나 겪게 되자, '나'는 병원에서 안정제 주사를 맞고 잠을 자는 어머니를 오토바이에 태워 복지원에 갖다 맡긴다.

아파트 경비원의 은밀한 충고도 있었지만, '나'는 그곳에 물건을 배달해 주는 일을 줄곧 하고 있었기 때문에 어머니를 남양주에 위치한 복지원에 쉽게 맡길 수 있게 된다. 더욱 결정적인 계기는, 복지원 총무의 부탁에 못 이겨 그곳에 맡겨질 알코올 중독자 한 사람을 오토바이

짐칸에 태워 배달한 경험에서 연유된다.

「오토바이」가 흥미롭게, 단숨에 읽히는 이유는 이와 같은 범상치 않은 스토리에 기인하기도 하나, 그러한 이야기를 사실감 넘치게 전달하는 이야기하기의 능숙한 기법에서도 또한 찾아볼 수 있다. 여러 사람들이 지켜보는 가운데 노망난 노인이 악취가 풍기는 쓰레기 탱크에서 아들에게 욕을 퍼붓다가 119 대원들에게 강제로 꺼내지는 장면, 그런 노인을 신고한 아파트 경비원이 아들에게 복지원에 수용시킬 것을 은근히 권고하는 장면, 알코올 중독자인 남편이 난동을 부리자 그의 아내가 안정제를 먹여 잠들게 한 후 복지원에 연락하여 데려가게 하는 장면, 복지원에 수용되어 있는—마치 수인(囚人)들과 같은 무기력한 사람들의 모습 등은, 흡사 눈앞에 펼쳐진 장면을 그대로 보고 있는 듯한 착각을 불러일으킬 만큼 사실적이다.

사족 두 가지. 첫째, 어머니가 어린 '나'를 두고 떠나간 이유이다. 부모도 몰라 볼 만큼 어렸을 때, 아버지가 세상을 떠난다. 시댁 어른들은 며느리가 잘못 들어와 귀한 집 아들이 죽었다고 어머니를 구박한다. 그 어떤 여자라도 견딜 수 없을 것이다. 그래서 어머니는 어쩔 수 없이 어린 아들을 두고 떠난다. 그리고 그 어머니는 몸과 마음이 허물어진 상태로 성인이 된 아들 앞에 나타난다. 이러한 상황 설정은 작가의 또 다른 작품인 「사해에서 익사하는 법」(『한국문학』, 2004년 봄호)에서도 그대로 반복된다는 점이 흥미롭다.

둘째, 정신병동에 갇힌 환자들과 같은 복지원 수용자들을 관리하는 '총무'라는 인물의 대사가 그 신분에 어울리지 않게 너무 현학적이다.

"저 사람들이 행복한 것은, 세상을 인식할 기제가 없어져버렸기 때문이에요. 인식하지 않으면 존재하지 않는 것과 같지요. 저들은 놓인 자리에 언제까지고 놓여 있어요. 사물들이니까요. 행복해지려면 행복이라는 관념으로부터 자유로워져야 해요. 우리가 저들에게 해줄 수 있는 최상의 서비스가 그거예요. 사물화로의 진행을 돕는거요. 존재감 지우기라고 할까." (51쪽)

정신병자들과 같은 비정상적인 사람들은, 그들 나름대로의 삶을 살아가게 만들어 주는 것이 그들에게 어울리는 행복이라는 현학적인 궤변은 '총무'라는 사람에게는 도무지 어울리지 않는다.

3.

김성금의 「**고등의 외출**」은 우리 시대가 만들어낸 '소외된 주부'의 문제를 다루고 있다는 점에서 전형성을 획득하고 있다. 소설이 당대의 한 계층을 대표할 수 있는 전형적인 인물(typical character)을 내세워 그 시대가 안고 있는 문제점을 제시하는 문학적 특성을 지니고 있다면, 「고등의 외출」은 이에 합당한 작품이다.

화자인 '나'는 40대 중반의 전업주부이다. 남편은 밖에서 일을 하고 들어오면 늘 술과 잠에 취해 있다. 대화도 없다. 이른바 '대화 없고, 섹스 없고, 부부싸움 없는' 3無 가정'이다. 그러니까 외형적으로 볼 때는 아무런 문제가 없다. 게다가 하나밖에 없는 아들은 군복무 중이다. '나'는 늘 혼자일 수밖에 없다. 갑자기 주어진, 넘쳐나는 시간을 주체할 수 없다.

> 시간이 나면 책을 많이 읽고 싶었다. 삼십 대 때, 늘 내 시간에 목말라 했다. 하루가 스물다섯 시간이었으면 좋겠다고 동동거리며 살아왔다. 하지만, 아이에게서 놓여나자 갑자기 널브러진 긴긴 시간을 보내기가 힘들었다. 하루가 너무 길어서 정말 몸부림을 칠

지경이다. 아침에 눈을 뜨면 오늘 하루를 어떻게 보내야 하나 막막했다. 열정적으로 해야 될 내 일을 갖고 싶은데, 아직도 그걸 발견하지 못했다. 예전에는 낮에 한 시간이라도 자고 나면 시간이 아까워서 어쩔 줄 몰랐는데, 요즘은 낮잠을 자고나서 밖이 어둑신해지면 안도를 한다. 내가 의식하지 못한 사이 지나간 몇 시간이 고맙기만 했다. 생각해 보면 인생의 황금기인데, 왜 이렇게 시간을 죽이고 있는지 모르겠다. (168쪽)

결국 '나'는 요즘 주부들이 흔히 빠져드는 인터넷 채팅과 메일 주고받기에 몰두한다. '나'에겐 다행스러운 일일까? 그래도 상대 남자는 모습을 드러내지 않는다. 그러던 어느 날, '나'는 알지 못한 충동에 못이겨 무작정 그 남자가 있을 만한 한적한 바닷가와 섬으로 떠난다. 섬으로 데려다 주는 배의 선장, 그 섬에 기거하는 어느 시인을 보고는 바로 그 남자가 아닐까 하며 마음을 설렌다. 그러나 그뿐. '나'는 일상 속으로, 남편 곁으로 돌아오고 만다. '결혼 이십여 년만에 처음인 긴 외출'은 이렇게 끝이 난다.

이처럼 「고등의 외출」에는 극적인 사건이 없다. 그러나 마음을 잡지 못하고 싱숭생숭하는, 40대 중반 여인네의 복잡 미묘한 심리 전개와 고독한 외출 여정을 따라가 보는 재미가 쏠쏠하다. 인터넷 메일을 주고받는 아이디도 재미있다. 상대 남자의 아이디는 '홀아비바람꽃'이며 '나'의 아이디는 '미모사'이다.

베란다에 미모사를 키우고 있다. 예민하게 반응하는 풀잎을 볼 때마다 나를 닮은 것 같아 내다버리고 싶을 때가 한두 번이 아니었다. 하지만 나 스스로를 없애는 것 같아 차마 손을 못 대고 있다. 햇빛을 향해 몸이 전체적으로 기울어 있는 가지. 잠시 한눈 팔다 물 주는 걸 하루라도 거르게 되면 금방 잎사귀를 후루룩 떨어뜨리고 죽어버리는 예민함이 성가시다.

자꾸만 뻗어나는 새순, 해가 사라지고 그늘이 지면 잎사귀를 움츠리고, 건들기라도 할라치면 줄기까지 푹 고꾸라지는 게 참말 가관이다. 요즈막에는 꽃을 두 송이 피웠다. 파꽃처럼 생겼는데, 콩알만하고 연보랏빛이다. 끄트머리에는 눈꼽만한 수술을 매달고, 약한 바람에도 온몸을 바들바들 떨어대었다. 바보, 멍청이. 나는 미모사에게 거친 목소리를 뿜어댄다. (165쪽)

40대 중반 여인이 10대 사춘기 소녀처럼 예민하게 반응하는 심리 상태를 미모사에 비유하고 있는 대목이다. 요컨대 「고등의 외출」은 자신의 정체성을 찾지 못하고 방황하는, 요즈음의 '소외된 주부'의 모습을 보편적으로 그리고 있다는 점에서 눈길을 끄는 작품이다.

4.

한창훈은 농민이나 어민 그리고 노동자 등, 주로 서민들을 주인물로 내세워 그들의 고단한 삶의 모습을 사실적으로 그려내고 있다. 「**사랑**」도 그의 이러한 작품 특성에서 벗어나 있지 않다. 목수와 잡부 노동자에 얽힌 이야기이기 때문이다.

화자인 '나'는 뜨내기 잡역부이다. 일이 있는 곳을 찾아다니며 막일을 하는 한편, 소설을 습작하고 있는 소설가 지망생이다. 신춘문예가 다가오면 일도 집어 치우고 소설 쓰는 일에 몰두할 만큼 소설에 대해 남다른 열정을 지니고 있는 인물이다. '나'는 일을 다니다가 '목수 패 팀장'으로서 '도목(圖木)으로도 불리는 김(金)'을 알게 된다. '나'는 그와 술을 한 잔 하는 자리에서 자신이 소설을 쓰고 있다고 밝힌다. 그러자 그는 '못을 싼 종이였는지 자그마한 구멍이 숭숭 뚫려 있는 신문지'에 실려 있는 '도종환'의 시 「당신의 무덤가에」를 보여준다. 그러면서 자신의 이야기를 시로 써달라고 요구한다. 그의 아내는 얼마 전에 급성골수암으로 갑자기 세상을 떠난 것이다. 아내가 살아 있을 때는 몰랐는데, 죽고 나니 아내가 비로소 예뻐 보이고 보고 싶어 견딜 수가 없으므로, 이러한 자신의 간절한 마음을 나타낼 수 있는 시를 써달라고 부탁을 한다. 그 후로 그는 일을 하다가도 아내 생각이 나면 하던 일을 집어 치우고 아내의 산소를 찾아가는 일을 반복한다. '나'는 그와 함께 하던 작업이 끝나자 그와 멀어진다. 그러던 어느 날 술에 취한 그를 우연히 만나게 되자, 그는 다시 자신이 써 달라던 시 이야기를 꺼낸다. 아직 쓰지 못했노라고 하니까 그는 '그려, 그러겠지. 천지에 널려있는 게 사랑이겠지만 저가 해보기 전에는 그것두 알기 어려운 것이겠지.'라는 말을 남기고 사라진다.

스토리는 이처럼 단순하지만, 「사랑」이 우리의 관심을 끄는 까닭은, 이른바 '배우지 못한 사람'들이라고 하더라도 그들대로 문학을 이해하고 향수하는 삶의 모습이 드러나 있다는 점이다.

> "하지만 말이여, 하지만, 그 사람이 세상을 뜨고 나니께 말이여."
> 그의 눈이 다시 축축해졌다.
> "그 사람이 그렇게 이쁠 수가 읎는 겨. 금슬이라는 말이 있잖어. 우리 부부는 한번도 금슬이 좋았던 적이 읎구 별루 원하지도 않았거든. 그저 현장서 일하구 술이나 한잔 빨구 들어가믄 새끼들 잘 크구, 그냥 씻구, 생각 나믄 끌여 댕겨 눕히구…… 정씨가 총각이기는 하지만 시 쓴다니께 다 이해할겨. 글 쓴다는 게 사람들 경험을 중심으루다가 하는 거 아녀?"
> 나는 달리 반론이 생각나지 않았다.
> "근디 히한하게 죽고 나서 금실이 좋아졌단 말이여. 이게 말이 돼? 정씨, 이게 문학적으로다가 말이 되냐고."

"……."

"빌어먹을. 문학적으로다가 안 되믄 최소한 시적으로다가니는 말이 되지 안 겄냐 이 말이여, 내 말은."

나는 문학을 시작한 지 얼마 안 되었기에 잘은 모르지만 문학적으로다가 말이 안 되는 것은 아마 없을 것이라고 답했다.

"갑자기 사랑스러워지고 보고 싶고 말이야. 사진을 보믄 생전 그저 그런 얼굴인디 하늘을 보믄서 떠올려 보믄 그렇게 이쁜 얼굴이 읎는겨."

"……."

"그러니 어떤 때는 일이고 뭐고 하나두 눈에 안 들어와. 그럴 때 무덤에를 가는 겨. 무덤이라도 마주 보고 앉아 있으믄 그래도 마음이 편해. 내가 뭐라고 주절거리믄 듣고 있는 것 같기도 하구."

그는 갑자기 수첩에서 사진 하나를 꺼냈다. 명함판 사진 속에는 우리나라 어느 마을에 갖다 두어도 아무런 하자 없게끔 생긴 여인네 하나가 무표정하게 이쪽을 바로 보고 있었다. (119쪽)

문학에 대해 문외한일 수밖에 없는 어느 목수의 문학관을 말하고 있는 장면인데, 참으로 절묘한 대목이 아닐 수 없다. 목수의 말대로 글쓰기에는 결국 자신의 체험이 가장 중요한 요소로 작용할 수밖에 없지 않은가? 아내가 죽고 나서야 희한하게 아내에 대한 사랑이 새록새록 더해가니, 이것이야말로 문학적으로 혹은 시적으로 표현될 수 있지 않느냐고 따지고 드는 목수의 말은 바로 문학이라는 개념의 정곡을 찌르고 있지 않은가? 사람들이 부대끼면서 살아가는 삶의 과정 속에서 간혹 느끼게 되는 마음의 간절한 울림을 언어로 표현한 것이 문학이고, 시이고, 소설이 아닌가?

이와 같이 「사랑」은 문학과는 거리가 먼 삶을 영위할 수밖에 없지만, 그래도 문학을 몸소 체험하면서 살아가고 있는 소박한 노동자들의 이야기를 사실적으로 그려내고 있다는 점에서 우리들의 관심을 끌고 있다.

5.

　김연수의 「부녕쒀[不能說]」는 최근의 작품들에서 작가가 견지하고 있는 창작방법론의 연장선상에 서 있는 작품이다. 「南原古祠에 관한 세 개의 이야기와 한 개의 주석」(『문학/판』, 2003년 여름호)로부터 시작하여 「쉽게 끝날 것 같지 않은 농담」(『문학과 사회』, 2003년 가을호), 「거짓된 마음의 역사」(『창작과 비평』, 2003년 겨울호), 「연애인 것을 깨닫자마자」(『한국문학』, 2003년 겨울호), 그리고 「부녕쒀[不能說]」와 같은 작품들이 그러하다. 이 단편소설들은 모두 역사적 사실에서 주요 모티프를 차용하되, 이를 패러디하거나 전혀 다른 시각에서 해석하여 소설화한 것들이다. 다시 말하자면 어떠한 역사적 사실을 바탕으로 하되, 작가 특유의 허구적 상상력을 발휘하여 이를 새롭게 형상화하였다는 것이다. 이 중에서도 「부녕쒀[不能說]」는 다소 충격적인 이야기와 함께 선명한 주제 의식을 내포하고 있어 문제작으로 꼽힐 만하다.

　「부녕쒀[不能說]」는 이색적인 제목만큼이나 이야기 그리고 이야기 구조가 이채롭다. 간단히 말하자면 이 작품은 길거리에서 점을 보는 어느 중국 노인이 한국인 작가에게, 6.25 전쟁에 참전했다가 죽을 고비를 넘기고 살아 돌아온 이야기를 들려주는 구조로 되어 있다. 그런데 그 이야기가 처절하면서도 충격적이다.

　화자인 '나'는 1950년 10월, '중국 인민지원군'의 일원으로 압록강을 건너 한국 전쟁에 참전한다. 1951년 1월초까지 '조선 인민군'과 함께 승승장구하면서 남하하던 인민지원군은 미군과 한국군의 총공세에 밀려 퇴각한다. 1951년 2월 중순, 피아간에 누구도 양보할 수 없는 지평리 전투에서 '나'는 '왼쪽 다리와 하복부의 살점이 떨어져나간' 중상을 입고 정신을 잃는다. 때마침 인근에 있던 인민군 '여성 구호원'에게 수혈을 받아 가까스로 살아난 '나'는, 그녀의 도움으로 후송 트럭에 몸을 싣는다. 그러나 트럭은 미군 전투기의 피습을 받아 골짜기로 굴러 떨어지고 둘은 정신을 차려 산 속의 한 농가로 피신한다. 그곳에서 한 달여를 지내는 동안, '나'와 그녀는 낮에는 공습을 피해 산 속에 있다가 밤에는 농가로 기어들어 오는 생활을 반복한다. 부상당한 채로 죽음의 문턱을 넘나들면서도 '나'와 그녀는 '아프다고 비명을 지르고 눈물을 흘리면서도' '쉬지 않고 몸을 섞'는다. '죽음이 지척이었으'므로.

우리는 그 집에서 이틀간 잠만 잤다네. 너무나 추운 날씨였기 때문에 서로 부둥켜 안고 잤다네. 죽음보다도 깊은 잠이었어. 자다가 깨면 미숫가루를 얼마간 먹은 뒤 다시 잠들었다네. 나는 그녀의 깡마른 가슴을, 그녀는 쪼그라들 대로 쪼그라든 내 성기를 움켜잡았지. 몹시도 성욕이 일었으나 잠을 이기지는 못하더군. 그리고 이틀이 지난 뒤, 우리는 서로 몸을 섞었지. 그러지 않고서는 견딜 수가 없었으니까. 우리는 떨어진 매화로 가득한 들판을 봤으니까. 나는 도저히 움직일 수 없는 상태였기 때문에 그녀가 위에 올라가 몸을 흔들었는데, 그때마다 상처가 아파서 견딜 수가 없었어. 아프다고 비명을 지르고 눈물을 흘리면서도 나는 그녀에게 계속하라고 채근했고 그녀는 연신 미안하다고 말하면서도 끊임없이 몸을 움직였지. 지금도 잊혀지지 않아. 그때의 일은. 살아 있다는 건 그토록 부끄럽고도 황홀하고도 아픈 일이었지. 아프다는 게, 소리를 지를 수 있다는 게, 눈물을 흘릴 수 있다는 게 그 순간만큼 기뻤던 적은 없었어. 그래서 아파서 견딜 수가 없었는데도 계속하라고 채근할 수밖에 없었던 거야. 우리는 쉬지 않고 몸을 섞었어. 죽음이 지척이었으니까. 그녀는 지평리에서 본 것들을 잊을 수 없을 것이라고 말했네. 지평리에서 그녀가 본 것들, 그건 아마도 내가 본 것과 다르지 않겠지. 그러니까 흩날려 들판을 가득 메운 매화 꽃잎을 봤겠지. 내가 물었어. 지평리에서 너는 무엇을 봤느냐? 그녀는 대답했어. 부넝쒀. 부넝쒀. 여태 그 말이 잊히지 않아. 말할 수 없어요. 말할 수 없어요. (66-67쪽)

이와 같이 간신히 목숨을 이어가다가 아이러니컬하게도 부상당한 '나'는 살아남고 그녀는 죽는다.

> 언제까지 우리가 그 집에 누워 있었는지는 나도 알 수가 없어. 어쨌든 그 집에서 우리는 수없이 몸을 섞었지. 아프다고 소리치며, 눈물을 흘리며. 그리고 먼저 그녀가, 그리고 내가 정신을 잃었어. 해가 몇 번이나 뜨고 몇 번이나 저물었는지, 달이 둥글어졌다가 다시 여위어졌는지 나는 모른다네. 남조선 괴뢰군 수색대가 방문을 열고 들어왔다가 반듯하게 누운 우리의 모습을 보고 죽었다고 생각했는지 코를 감싸 쥐고 그냥 돌아나간 적도 있었다네. 나는 죽어서 그 광경을 지켜보고 있는 것인지, 아니면 의식만 살아서 지켜보고 있는지 알 수가 없었지. 바닥에는 내가 흘린 피가 흥건하게 고여 있었고, 그 피 위에 우리 두 사람이 누워 있었어. 그녀의 표정은 더없이 평온해 보였지. 두 번째 수색대가 들이닥친 뒤에야 나는 내가 아직 살아있다는 것을, 그리고 그녀는 이미 죽었다는 것을 알 수 있었어. 수색대에 끌려가며 나는 그녀를 위해 시를 읊었지. (……중략 ……) 내가 중국어로 시를 읊조리자, 무슨 말인지 모르던 남조선 병사들이 개머리판으로 내 머리를 쳤다네. 그리고 나는 정신을 잃었다네. 그 집에서 나는 그녀에게서 1,000그램이 넘는 피를 수혈 받았다네. 나는 지평리에서 그렇게 살아남았다네. 그녀는 죽고 나는 살아남았다네. (70−71쪽)

이처럼 보통 사람들은 도저히 경험해 볼 수 없는 처절한 이야기를 통해 작가는 무엇을 말하고 싶었던 것일까? 그것은 이 작품의 제목인 '부넝쒀'의 의미에 숨겨져 있다.

> 지평리전투에서 죽은 인민지원군의 숫자는 5천명에 달했다네. 그 처참한 광경을 어떻게 말할 수 있겠는가? 부넝쒀, 부넝쒀. 역사라는 건 책이나 기념비에 기록되는 게 아니야. 인간의 역사는 인간의 몸에 기록되는 거야. 그것만이 진짜야. 떨리는 몸이, 흘러내리는 눈물

이 말해주는 게 바로 역사야. 이 손, 오른손 검지와 중지가 잘려나간 이 손이 진짜 역사인 거야. 생각해 보게나. 조선 전쟁이 일어난 지 채 1백 년도 지나지 않았는데, 이 나라로는 한때 우리가 괴뢰군이라고 부르던 한국인들이 자유롭게 왕래하지 않는가? 지평리에서 죽은 병사들에 대해서는 다 잊어버린 셈이지. 고작 1백 년도 지나지 않아 망각할 그런 따위의 사실을 기록한 책이나 기념비라니. 그게 바로 지금 자네가 손에 들고 있는 책이 아닌가? 그런 책 따위는 다 던져버리게나. 내 손보다도 못한 그따위 책일랑은. 나는 죽고 나서도 이 손가락의 사연은 잊지 못할 거야. 바로 이런 게 역사란 말이야. (66쪽)

낙오됐다는 게 분명해질수록 나는 더욱더 그녀에게 애원했다네. 비명을 지르게 해 달라고, 눈물을 흘리게 해 달라고. 그녀는 그런 내 손을 잡고 말했어. 자신이 지평리에서 본 것에 대해서는 정말 말할 수 없다고. 부넝쒀, 부넝쒀. 그날 밤, 도합 800그램의 피를 병사들에게 수혈하면서 세상의 모든 남자들의 손가락을 자르고 싶었던 그 마음을 도저히 말할 수 없다고. 다시는 총을 잡지 못하도록 다 잘라버리고 싶은 그 마음을. (69쪽)

책에 씌어진 얘기가 아니라 두 눈으로 보이는 것에 대해 얘기하게나. 두 눈으로 보이는 그 광경이 무엇을 뜻하는지 온몸으로 말해보게나. 부넝쒀, 부넝쒀. 그런 말이 터져나올 때까지 들려주게나. 도저히 말로 설명할 수 없는 이야기, 자네가 아는 한 세상에서 가장 믿을 수 없는 얘기들을 내게 말해보게나. 그럼 자네가 어떤 사람인지, 어떤 운명을 타고 났는지 내가 말해줄 테니까. 책에 씌어진 얘기 말고. 자네가 몸으로 겪은 얘기. 부넝쒀, 부넝쒀. 그 말이 먼저 나올 수밖에 없는 얘기. 말해보게나. 어서. 어서. (72쪽)

'부넝쒀'는 '不能說'에 해당하는 중국어 발음을 그대로 옮겨 놓은 것으로 '말로 표현할 수 없다'는 뜻을 지니고 있다. 이 작품에서의 '부넝쒀'는 책에 기록되어 있는 인간의 역사는 알고 보면 진실된 것이 아니므로 역사의 참된 진실은 말로 표현할 수 없는 것, 즉 육체적으로 혹은 정신적으로 상처 받은 인간의 몸이나 영혼에 기록된 것만이 역사의 참된 진실이라는 의미를 내포하고 있다.

위의 인용문을 통해 알 수 있는 작품 속의 중요한 사실이 하나 있다. '나'의 엄지와 중지는 공교롭게도 자신의 피를 수혈함으로써 '나'의 목숨을 살려낸 '여성 간호부'가 잘렸다는 점이다.

「부녕쉮[不能說]」는 한국 전쟁에 참전한 중국인의 처참한 이야기를 통해 전쟁의 참혹성을 고발하는 한편, 역사의 참된 의미를 되새겨 보고 있다는 점에서 이 계절의 문제작이라 할 만하다. 아울러 작가의 소설 창작을 통한 일련의 새로운 역사 의미 탐구 방법은, 또 다른 참신한 소설 형식의 가능성을 제시하였다는 점에서 주목할 만한 작업이라고 평가된다.

6.

김애란의 「**그녀가 잠 못 드는 이유가 있다**」는 범상한 소재로 재미있는 이야기를 펼쳐 낸, 다소 이색적인 작품이다. 기실 따지고 본다면, 시나 소설 그리고 수필과 같은 문학 작품들은 평범한 우리네 일상 생활 속에서 모티프를 가져 오되, 이를 범상치 않은 작가의 눈으로 해석하며 제시한다는 특성을 지니고 있다. 그렇다고 하더라도 김애란의 이 작품은 거의 매일 누구나 경험하고 있는, 소박한 소재를 바탕으로 하며 흥미로우면서도 기발한 이야기를 풀어내고 있다는 점에서 단연 압권이라 할만하다.

「그녀가 잠 못 드는 이유가 있다」는 제목 그대로 주인물인 '그녀'가 잠을 이루지 못하는 갖가지 이유에 대하여 자세히 서술하고 있다. 왜 그런 경우가 있지 않은가? 잠을 자려고 누우면 하루 동안에 일어난 잡다한 일을 반추하게 되고, 그러다 보면 잠은 멀리 달아나고 사소하고 하찮은 일까지 떠올려 혼자 실소를 머금는다든가 하는 경우 말이다. 사람에 따라서 정도의 차이는 있겠지만, 잠에 빠져들기 전에 머릿속으로 떠올리게 되는 갖가지 연상과 공상은 거의 모든 사람들에게 해당되는 일일 것이다. 이러한 면에서 볼 때 이 작품의 스토리는 여타의 소설들에 비해 두드러진 객관성과 보편성을 지니고 있다.

> 그녀는 자세를 한 번 바꿀 때마다 한 가지 주제에 대해 골똘히 생각한다. 혹은 하나의 자세에서 여러 가지 생각들을 한다. 오늘의 일과 내일의 잊지 말아야 할 것들, 건강과 세금, 부채, 누군가의 부고, 후회와 수치, 돈이 나오면 꼭 사려고 마음먹은 것들, 냉장고 속 식품의 유통기한…. 그 중 그녀가 가장 많이 하는 생각은 '더 이상 생각하면 안 된다'는 생각이다. 그녀는 '생각하지 말자. 생각하면 안 돼. 생각하면 안 된다고 했잖아……. 그런데 그 사람, 오늘 나한테 왜 그런 말을 했을까?'를 중얼거린다. 그녀는 몸을 바싹 웅크린다. 그녀의 모습은 온갖 상념들로부터 자신을 지키려는 한 마리 공벌레 같다. 그녀의 머릿속에는 오늘 아침 지하철역에서 메트로를 나눠주던 아주머니의 손등이 스쳐간다. 동네 술집 간판이 떠오르고, 누군가와 친해지자고 걸었던 농담이 실례였다는 생각이 떠오른다. 텔레비전 광고 문구가, 친구 집에서 막혀버린 변기가, 이번 달 생활비는 얼마나 남아 있던가 개천 위의 쓰레기처럼 그녀를 지나간다. 그녀가 잠 못 드는 데는 수 만 가지 이유가 있다. (93~94쪽)

잠을 이루지 못하면서 머릿속으로 떠올리는 이와 같은 잡다한 생각과 연상들 중에서도 세 가지의 에피소드가 특히 재미있다.

그녀는 1부터 100까지 숫자를 세다 두 번째로 자세를 틀었다. 그러면 갑자기 하나의 추억이 무작위로 선출되는데, 오늘밤 그녀가 눈을 감고 뽑은 쪽지에는 '팬티'라고 적혀 있었다. 그것은 그녀가 상경할 때 어머니가 억지로 보따리에 챙겨넣어준 자주색 팬티였다. 어머니가 트럭에서 사온 팬티는 촌스러웠다. 진한 다홍색 팬티 위로 흰 줄무늬 밴드가 이어져 있었고, 그 밴드 위에 가지각색의 꽃무늬가 새겨져 있었다. 어머니는 '여자는 무조건 팬티가 많아야 한다'며 똑같은 디자인의 팬티를 한다발 챙겨주며 눈물을 찔끔거렸다. 스무 살의 그녀는 아무리 실용적으로 입는 것이라지만 그런 팬티를 입을 때면 우울해졌고, 빨랫줄에 그 팬티를 널 때면 괜히 보기 싫어지는 것이었다. 그러던 어느 날 그녀에게도 그녀를 쫓아다니는 남자친구가 생겼고, 여차저차해서 그녀는 자기가 무엇을 입고 있는지도 잊은 채 몸을 맡겼던 것이다. 그때 남자친구는 그녀 앞에서 웃어버렸고 그녀는… 뭐 그랬던 것인데 이렇게 잠이 오지 않는 밤이면 이따금 그 팬티가 떠오르는 것이다. 그녀는 분노인지 수치감인지 아쉬움인지 부끄러움인지 모를 감정에 휩싸여 세 번째로 자세를 틀었다. 하지만 그녀는 어느새 그 생각을 또 하고 있었다. 그녀가 가장 많이 중얼거리는 '그때 내가 왜 그랬을까?'는 오늘도 반복됐고, 그녀는 과학이 아무리 발전한다해도 변할 수 없는 사실이 있다는 것을 슬퍼했다. 그녀가 타임머신을 타고 과거로 돌아가 재빨리 팬티를 갈아입지 않는 이상, 그 팬티는 어디까지나 그 팬티일 뿐이다. 그녀는 그런 식으로 자신이 타인에게 요약되는 방식이 싫다. 같은 말이라도 '귓볼'이 예뻤던 여자로 남고 싶지 '귀부랄'이 예뻤던 여자로는 편집되고 싶지 않은 것이다. 그래서 그녀는 종종 '서른이 되기 전에 모든 증인들을 죽여버리고 싶다'고 생각하며 괴로워하곤 한다. (99 - 100쪽)

두 번째 쪽지에는 '칠조석가여래좌상'이라고 씌어 있었다. 한때 명석하단 소리를 들어보기도 했던 그녀는 주위의 성화에 못 이겨 퀴즈쇼에 나간 적이 있다. 문제를 다 맞추면 많은 돈을 주는 프로그램이었는데, 그녀는 그때 예선을 거뜬히 통과해 본선에 진출, 마지막 문제만을 남겨두는 순간까지 올라갔던 것이다. 생방송중이었고, 일가친척이 손에 땀을 쥐며 그녀를 바라보고 있었다. 마지막 문제는 '고려시대에 주조된 철조 불상으로 경기도 광주군 하사창리의 고려시대 절터에서 옮겨왔습니다. 앉은키의 높이가 2.8m나 되며, 원만구족의 남성미를 잘 나타내고 있는 이 불상은 무엇일까요?' 였다. 전국의 시청자들이 그녀가 답을 모르고 있다는 것을 이미 눈치채고, 티브이 화면에 걱정스러워하는 친척들의 모습이 잠깐씩 스쳐가고, 진행자는 힘차게 카운트다운을 불렀다. '3. 2. 1. 네에! 정답은 칠조석가여래좌상입니다.' 그때 그녀의 머리를 스쳐간 생각은 자신이 아마도 죽을 때까지 '칠조석가여래좌상'이라는 말을 잊지 못하게 될 것이라는 것이었다. 하지만 세상에 누가 칠조석가여래좌상 같은 걸 외우고 다닌단 말인가! 그 후로 이렇게 잠 못 드는 밤이면 그녀는 '칠조석가여래좌상 칠조석가여래좌상'하고 중얼거리게 되는 벌을 받고 있는 것이다. (100 – 101쪽)

잠시 후 그녀는 다시 눈을 감고 쪽지를 뽑고 말았는데 '털'이라고 씌어 있었다. 그녀는 왜 이렇게 사소하고, 하찮고, 잊혀졌고, 지나간 것들이 과자 위에 들러붙는 개미떼들처럼 그녀를 계속 따라다니며 괴롭게 하는지 한숨을 쉬었다. 신입생 때였다. 그녀는 깨끗한 크림색 치마 정장을 입고 있었다. 그녀는 그때 20세기 철학이라는 과목의 발표조 조장으로 많은 사람들 앞에서 발제를 했다. 그녀는 텔레비전 속 아나운서들이 그렇듯 가지런히 모은 두 다리를 오른쪽으로 모아 비스듬히 고정시킨 채 정확하고 또박또박한 발음으로 베르그송에 대해 발표하고 있었다. 발제문을 읽는 그녀는 그런 자신의 모습에 무척 흡족해하고 있었다. 그런데 그때, 그녀는 페이퍼를 넘기던 중 종아리 정 가운데 박혀 있는 자신의 체모 한 올을 발견했다. 아마도 팬티스타킹을 신던 중 속옷에서 떨어져 그곳에 붙은 모양이었다. 체모는 다른 털과는 충분히 구별될 수 있는 윤기와 웨이브를 가지고 있었다. 그것은 깨끗한 그녀의 종아리 위에서 유난히 도드라져 보였다. 그녀는 그때부터 허둥대기 시작했다. 발표를 계속 하고 있자니 누군가 그 털을 볼까 신경이 쓰였고, 그렇다고 팬티스타킹 속으로 손을 쑤욱 집어넣어 뺄 수도 없는 노릇이었다. 만일 손으로 요리조리 밀어 간신히 종아리 뒤로 털을 숨긴들, 숨기는 것 자체가 털을 더 눈에 띄게 할 터였다. 그때의 그 식은땀 나는 기억, 그리고 앞자리 남학생중 몇 명은 분명히 자신의 음모를 봤을 거라는 생각이 그녀를 오늘밤 또 괴롭게 했다. 그녀는 이제 다른 생각은 아무것도 하지 말자고 생각했다. 그렇게 쪽지를 계속 뽑다 보면, 어느새 십 년 전에 한 실수까지 떠올리게 될 것이라는 것을 그녀는 알고 있었다. (108 – 109쪽)

'그녀'와 관련된 이러한 일화(逸話)를 따라 읽다보면 독자들은 어느새 낄낄거리며 웃고 있는 자신의 모습을 발견하게 되리라. 나아가 지치지 않고, 쉼 없이 '그녀'가 잠 못 드는 '수 만 가지 이유'에 대하여 말하고 있는 작가의 입담에 경탄을 표하게 되리라. 소설을 읽다가 자기도 모르게, 실성한 사람처럼 낄낄거리게 만드는 작품을 만나기가 어디 쉬운가? 불과 작년에 얼굴을 내보인 (2003년 '대산문학상'을 수상하며 등단), 20대의 신인 작가로서는 탁월한 능력이라고 하지 않을 수 없다.

이 작품은 '그녀'가 잠 못 드는 잡다한 이유에 대하여 주로 이야기하고 있지만, 여기에도 하나의 사건이 등장한다. 어느 날 불쑥 나타나 매일 낮밤을 텔레비전만 보다가, '그녀'가 놓아둔 10만원을 가지고 말도 없이 사라진 아버지에 얽힌 사건이 그것이다. 가뜩이나 잠을 이루지 못하는 '그녀'는 아버지가 켜놓은, 볼륨이 0으로 된 텔레비전의 빛 때문에 더욱 잠을 자지 못한다. 궁여지책으로 '그녀'는 '아버지가 화장실에 간 사이 가위로 텔레비전 유선을 싹둑 잘라버'린다. 나아가 '아버지가 방에만 계신 것은 돈이 없어서일지도 모른다고 생각'한 '그녀'는 텔레비전 위에 10만원을 놓고 출근을 한다. 퇴근 후 돌아와보니 아버지는 돈 10만원과 함께 사라졌다.

그녀는 매일 밤 열 시면 집에 돌아와 방바닥으로부터 반쯤 솟아

오른 아버지의 상반신을 봤다. 그녀는 이불에 감춰진 아버지의 하반신이 저 밑 콘크리트 속으로 한없이 뿌리를 내리고 있는지도 모른다고 상상했다. '어쩌면 아버지는 애초에 하반신이 없었던 것은 아니었을까?' 아버지를 너무 오랜만에 만난 까닭에 내가 그 사실을 잊어버린 것은 아닐까? (102 – 103쪽)

그녀는 텔레비전 위에 놓아두고 온 십만원을 생각하며 조심스럽게 반지하로 통하는 계단을 내려갔다. 그녀는 계단을 내려갈 때 '탕''탕' 하고 크게 들리는 자신의 구둣발 소리가 싫었다. 아버지가 온 이후로는 더욱 그랬다. 그녀는 현관문을 딴 뒤 집으로 들어갔다. 퀴퀴한 하수구 냄새와 언제나 그 정도의 습도와 온도 모두 그대로 였다. 다만 변한 것이 있다면, 그녀가 상상하던 아버지의 하반신이 그녀가 없는 사이 그곳에서 뿌리째 걸어나갔다는 것뿐이었다. (108쪽)

작품 속에는 아버지에 대한 별다른 정보가 서술되어 있지 않다. 다만 '그녀는 아버지가 그동안 어디서 무엇을 했는지는 모르나, 어쨌든 아버지는 집을 망하게 한 장본인이며, 어머니를 쓰러지게 한 사람이니 어디서 무엇을 했건 분명 그르쳤을 것이라고 생각했다'(105쪽)는 대목으로 보아 아버지는 과거에 가족에게 몹쓸 짓을 하여 가정을 파탄나게 한 장본인이라고 짐작할 수 있을 뿐이다. 그렇다면, 이 대목을 통해 우리는 '그녀'가 잠 못 드는 진짜 이유를 유추해 볼 수 있지 않을까 싶다. '그녀'는 한때 명석하다는 소리도 들어서 텔레비전 퀴즈쇼에 출연하기도 했고, 대학도 다녔다. 그러나 '그녀'의 가정은 아버지의 방만한 생활로 인하여 붕괴된다. 혼자 남겨진 '그녀'가 치러야 했던 정신적 상처는 짐작하고도 남음이 있다. 그래도 '그녀'는 살아야 했다. 간신히 취직을 하고 '반지하 셋방'에서 그럭저럭 살아간다. 그러나 '그녀'는 과거의 정신적 쇼크로 인하여 조그마한 일에도 과민한 반응을 보이는 소심증과 불면증에 시달리는 환자가 된다. 더구나 '그녀'는 아무런 친지나

친구도 없이 홀로 살아가고 있다. 철저하게 고독할 수밖에 없다. 그런 '그녀'가 매일 밤 어찌 잠을 쉽게 이룰 수가 있겠는가? 그러니까 「그녀가 잠 못 드는 이유가 있다」는 '그녀'가 잠을 이루지 못하는 여러 가지 이유에 대하여 이야기하고 있지만, 기실은 가족과 단절되어 혼자 살아갈 수밖에 없는 한 여자의 고독한 삶의 모습에 대하여 이야기하고 있다고 해석해야 할 듯싶다.

그래서 이 작품은 '소설이란 결국 무엇인가?' 라는 이 글의 질문에 대하여 적절한 답변을 내리게 하는 데에 썩 유용한 잣대가 되리라고 생각한다. 우리 인간들의 평범한 삶 속에서 흥미로운 이야기 거리가 될 만한 모티프를 찾아, 이를 독특한 이야기 구조로 형상화하여 독자들에게 재미있는 이야기를 들려주고 나아가 우리네 인생살이의 모습을 새삼스럽게 돌아보게 만드는 것이 소설의 근본적인 특성이라면, 「그녀가 잠 못 드는 이유가 있다」는 이에 해당하는 전형적인 소설의 하나가 되리라고 판단된다.

다양한 삶의 기록으로서의 소설

∘ 김원일, 「한의정과 그의 시대」(『현대문학』, 2004년 7월호)
∘ 한승원, 「추석달 그림자」(『문학수첩』, 2004년 여름호)
∘ 신경숙, 「그가 지금 풀숲에서」(『창작과 비평』, 2004년 여름호)
∘ 한창훈, 「주유남해(舟流南海)」(『문학동네』, 2004년 여름호)
∘ 윤용호, 「그녀, 그리고 나」(『동서문학』, 2004년 여름호)
∘ 김이정, 「태내 여행(胎內旅行)」(『문예중앙』, 2004년 여름호)
∘ 양선미, 「조서」(『문예중앙』, 2004년 여름호)
∘ 이봉순, 「당나귀 등짐」(『문학과 창작』, 2004년 여름호)

1. 고단한 삶의 기록

김원일의 중편소설 **「한의정과 그의 시대」**는 역작이다. 1960년대 중반부터 1970년대 중반까지 10여 년에 걸쳐 박정희 군사정권에 의해 조작된, 이른바 '1·2차 인혁당(인민혁명당) 사건'을 다큐멘타리 기법으로 소설화했기 때문이다.

1964년 8월 14일 당시 중앙정보부에 의해 발표된 '1차 인혁당 사건'은, 한일회담과 대일 굴욕 외교를 반대하는 대학생들의 시위가 거셌던 시기에 터져 나왔다. 1964년 봄부터 우후죽순격으로 일어난 대학생들의 반정부 시위는 갓 출범한 박정희 정권에게 상당한 위협 요소로 작용되었다. 마침내 '6·3항쟁'이 터지자 중앙정보부는 이와 관련된 인사들을 대규모 검거한다. 그리고는 '북괴의 지령을 받고 국가 전복을 꾀한 인민혁명당 조직을 적발했다'는 날조된 발표를 하기까지에 이른다. 이와 같은 1차 인혁당 사건에 연루된 구속자들은 군사 독재 정권에 반대하던 진보·혁신계 인사들과 지식인들 그리고 학생 운동의 핵심 인물들이었다.

'2차 인혁당 사건', 세칭 '인혁당 재건위 사건'은 이른바 '민청학련(전국민주청년학생총연맹) 사건'과 궤를 같이 한다. 1971년 김대중을 누르고 간신히 제7대 대통령에 당선된 박정희는 1972년 '7·4남북공동성명'을 발표하면서 국민적 환영을 받았으나, 10월 17일 돌연 대통령 특별선언을 발표하고 나아가 11월 21일 계엄군의 총검 아래 '유신헌법'을 확정한다. 그 이후 온 나라가 꽁꽁 얼어붙을 수밖에 없었는데, 1973년 8월에 일어났던 '김대중 납치 사건'이 기폭제가 되어 대규모 반유신체체 운동이 전개된다. 9월 개학과 더불어 반독재·반체제를 외치는 대학생들의 시위는 전국 고등학교에까지 파급, 확대된다. 일부 야당 인사, 지식인, 종교인들은 이에 합세하여 본격적인 개헌 서명운동을 벌인다. 이와 같은 사태에 대처하기 위해 박정희는, 1천여 명의 전남대생들이 개헌을 요구하며 광주에서 시위를 벌인 1974년 1월 8일, 긴급조치 1호(개헌논의 중지)와 2호(비상군법회의 설치)를 선포하면서 국민을 위협한다. 6일 후인 1월 14일에는 '국민 생활 안정을 위한 긴급조치 3호'를 선포하여 민심을 무마하기에 안간힘을 쓴다. 그러나 3월 개학과 함께 대학가에서는 유신 반대 움직임이 점차 확대되어, 4월 3일 서울 시내 각 대학에서는 '민청학련' 명의의 각종 유인물이 뿌려지면서 동시다발 시위가 벌어진다. 바로 그날 저녁 박정희는 '긴급조치 제4호'를 발동한다. '민청학련에 관계되는 제 단체를 조직하거나 이에 가입·고무·찬양하는 일체의 행위는 5년 이상의 유기징역에서 최고 사형까지 처한다'는 실로 어마어마한 내용이었는데, 이러한 조치는 불과 1년 만에 8명이 사형됨으로써 그대로 시행된다. 그로부터 3주 후 4월 25일 중앙정보부장은 '인혁당 재건위 및 민청학련 사건'을 발표하면서 '북괴의 지령을 받은 인혁당이 민청학련 시위를 배후에서 조종했다'고 밝힌다. 그리고 비상군법회의 검찰부는 '긴급조치 제4호'에 의거하여 180명을 구속·기소하였다. 그 과정에서 180명은 인민혁명당계 지하공산세력, 재일조총련계열, 불순학생운동으로 처벌 받은 용공세력, 반정부 인사 및 기독교인으로 구성된 반정부 세력으로 분류되었다. 이 중에서 인혁당계는 23명이었는데 8명이 비상보통군법회의에서 사형을 선고받는다. 그러다가 이듬해인 1975년 4월 8일 대법원 확정 판결이 내려진 뒤, 불과 20시간만인 4월 9일에 8명 전원의 사형이 집행되었다. 정부의 이와 같은 강경한 조치로 유신에 반대하는 시위는 가라앉았고 국내 언론은 침묵했다. 강신옥 변호사는 인혁당 재건위 사건 변론 도중 '사법 살인' 중단을 요구하다가 구속되기도 하였다.

최근에 구성된 '의문사진상규명위원회'는 '인혁당 재건위 사건'은 박정희 독재 정권을 수호하기 위한 중앙정보부의 조작극이었다고 발표하였다. 이 사건과 관련하여 인혁당의 실재 여부, 고문 및 재판 기록 조작, 비정상적으로 신속했던 사형 집행 과정 등의 숱한 의혹들이 끊임없이 제기되어 왔으나, 국가 기관이 공식적으로 이를 확인한 것은 처음이었다. 요컨대 '1·2차 인혁당 사건'은 박정희 군사정권이 자신들의 존립을 위해 민주화 운동을 탄압하는 과정에서 조작·날조된 사건이었던 것이다.

「한의정과 그의 시대」는 이러한 역사적 사건들을 배경으로 하여 처형된 8명 중의 한 명인 '한의정'의 일대기를 다루고 있다. 그가 태어날 때부터 시작하여 스물아홉 살의 꽃다운 나이에 사형 당하기까지의 이야기를 시간의 흐름에 따라 서술하고 있다. 고대소설의 서술 방식이라고 할 수 있는 '일대기적 구성' 방식을 취하고 있는 것이다. 또한 이 작품에는 주인물인 '한의정'뿐만 아니라 같이 민주화 운동을 하다가 억울하게 사형된 8명의 곤고하고 고단했던 삶의 기록이 서술되어 있다.

「한의정과 그의 시대」는 소설이다. 픽션인 것이다. 따라서 '한의정'를 비롯하여 그와 관련되어 처형된 인물들의 이름은 가명이다. 그러나 이를 둘러싼 이야기들은 사실(史實)에 기초하고 있다. 치밀한 자료 조사와 고증을 통해 구성된 하나의 이야기인 것이다. 따라서 독자들이 이 중편소설을 꼼꼼히 읽어 본다면 말로만 들어왔던 '인혁당 사건', '민청학련 사건'의 실체를 확연하게 파악할 수 있게 될 것이다.

흥미로운 사실 한 가지. 김원일은 이 계절에 '인혁당 사건'이라는 동일한 소재를 바탕으로 또 다른 중편 소설 두 편을 더 발표하였다. 「처형전후」(『실천문학』, 2004년 여름호)와 「진혼곡」(『문예중앙』, 2004년 여름호)이 그것이다. 전자는 처형된 한 인물을 주인물로 내세워 처형되기까지의 혼란스러운 내면 심리와 처형 과정을 세밀하게 묘사하고 있다. 또한 억울하게 사형을 당한 8명의 인물들이 하늘나라에 모여서 후일담을 나누는 이야기도 전개된다. 그래서 제목이 '처형전후'인 것이다. 후자는 처형된 한 인물의 아내가 남편이 감옥생활을 하다가 사형을 당하기까지, 남편의 안위를 걱정하는 이야기를 담고 있다. 그래서 제목이 '진혼곡'인데, 일종의 사부곡(思夫曲)이라 할 수 있겠다.

어쨌거나 「한의정과 그의 시대」, 「처형전후」, 「진혼곡」은 '인혁당 사건' '민청학련 사건'이라는, 그동안 베일 속에 가려져 왔던 역사적 사건을, 치밀한 고증과 다큐멘터리 서술 기법을 바탕으로 하여 하나의 흥미진진한 이야기로 형상화한 작품들이다. 소설이라는 문학 양식이 잘 알려져 있지 않은 역사적 사실을 재구성하여 독자들에게 하나의 흥미로운 이야기를 제공해주는 데에서 그 역할의 일부를 찾아볼 수 있다면, 김원일의 이 세 편의 작품들은 소설의 이와 같은 역할에 충분히 복무할 수 있는 작품이라고 생각된다.

한승원은 요즘 소설 쓰기의 완숙한 경지에 도달한 듯하다. 최근에 꾸준히 발표하는 소설들 모두가 작품성이 뛰어나기 때문이다. 「**추석달 그림자**」도 예외가 아니다.

「추석달 그림자」에는 일흔 살의 노인인 '안기철'의 고단한 삶의 이야기가 담겨 있다. 일흔 살쯤의 노인이라면 자식들 다 키워 놓고 늙은 아내와 함께 손주들 재롱이나 보면서 노후를 즐길 법도 하건만, 그는 전혀 그렇지가 못하다. 그는 일찍이 상처를 하여 홀로 아흔 살 된 노부모를 봉양하고 있다. 더군다나 초등학교 3학년인 외손자 '영후'를 다섯 살 때부터 손수 키워 오고 있다. 딸 내외가 파산을 하여 빚쟁이들에게 쫓겨 뿔뿔이 흩어졌기 때문이다. 당연히 그는 이러한 지겨운 일상에서 벗어나고자 하지만, 어쩔 수 없이 현실에 매어 살아갈 수밖에 없다. 말하자면 이런 식이다.

> 자고 일어나면 안방문을 열고 들어가서 흉측한 오물 냄새 맡으며 늙은 어머니 아버지에게 잘 주무셨습니까하고 문안 드리는 것, 하루 세끼 밥상을 차려 안방으로 넣어 드리는 것, 응접실에서 외손자하고 마주 앉아 밥을 먹는 것, 설거지를 하는 것, 세탁기를 돌려 빨래를 하고 그것을 옥상에 털어 널고 집게로 집어 날아가지 못하게 하는 것, 외손자를 학교에 보내는 것, 산책을 하는 것, 텔레비전 브라운관에 흘러가는 화면들을 덤덤하게 바라보는 것, 학교에서 돌아온 외손자와 함께 저녁밥을 먹은 다음 뉴스를 보다가 자는 것, 자다가 한밤중쯤에 깨어 마당을 서성거리는 것, 언제 어떻게 저 노인들의 삶을 정리해 드리고 훌훌 떠나갈 것인가 궁리하는 것……

그렇게 반복되는 똑같은 일상을 눈 딱 감은 채 훌훌 털어버리고 어
디론가 멀리 달아나 버리고 싶은 생각이 하루 열두 번도 더 일어났
다. (132 – 133쪽)

　일흔 살이나 된 노인이 여염집 아낙네가 하는 집안일을 이처럼 고스
란히 하고 있는 것이다. 이러한 그의 집안에 추석이 다가왔다. 근처에
사는, 과부인 제수가 건너와 차례상을 차렸다. 안방에서는 '곡기와 물
을 끊은 지 닷새째'인 아버지가 어머니의 간호 아래 이승에서의 마지
막 숨을 고르고 있는 중이다. 이 때에 빚쟁이에 쫓겨 다니는 사위가
봉두난발을 한 채 허겁지겁 찾아온다. 그리고는 다짜고짜 자신의 조상들
을 위한 제사상을 함께 차려 달라고 간청한다. 이에 제수는 한 집 안에
두 조상의 차례상을 차리면 '흉악한 동티'가 날지 모른다고 즉각 반대를
하고는 혀를 차면서 자기 집으로 돌아간다. 아흔 살의 노모는 '사우는
백년 손님'이라면서 이를 허락하고는 조상 신령들에게 비손을 한다.

　　"항상항상 두렵고 에러움스롬도 늘 사랑스럽고 존겡스러운 선영
　님네들, 저승 시속이라고 다를랍디여. 지나 새나 앉으나 서나 추우
　나 더우나 바람이 부나 비가 오나, 즈희 못난 후손들 살아가는 것
　을 보살펴주시고 근심걱정해 주시고 기신께, 항상항상 두렵고 에러
　움스롬도 늘 사랑스럽고 존겡스러운 선영님네들, 오늘 추석 멩절에
　차린 것은 보잘것 없는디도 이르쿨로 오셔서 기꺼이 운감하고 가신
　다음 즈희들한테 또 어떤 복을 내리게 하실까 노심초사하실 선영님
　네들, 소가지 업는 이 늙은 것이 나서서, 집도 절도 업는 우리 불쌍
　하고 가렌한 손자 사우가 추석 차례상을 차리게 하고 사둔네 집안
　오갈데 없는 즈그 선영님네들을 잠시 잠간 오시게 해서 요기나 조
　께하고 가시게 할란다고 시방 준비중잉만이라우. 족보가 다른 선영
　님네들은 절대로 남의 집안으로 발을 안 디레놔야 쓰고, 만일 그랬
　다가는 서로 간에 큰 분란이 일어난다는 것을 모르는 바가 아니고

잘 알고 있기는 있사옵니다만은……. 소갈머리 없고 체신머리 없고 방정맞은 이 늙은 것은, 요새 들어서 이승 시속이 많이 벤해뿌렀을 께 거그 따라 저승 시속도 많이 벤했을 것이라고 지레짐작을 미리 해뿌렀는디 그것이 크나큰 잘못 아닌지 심히 꺽정스럽소이다. 그라 제만은, 선영님네들은 우리 이승 소가지없는 사람들하고는 달리 마음들이 훨씬 더 하해같이 너그러우시고 박속같이 희카시고 봄바람같이 훈훈하시고 가뭄에 단비같이 넉넉하시고 한겨울 햇빛같이 따사로우시지 않습니껴? 그란께 혹시라도 우리 집도 절도 없는 손자 사우가 즈그 선영들을 불러들이드라도 절대 놀라시고 고깝게 생각지 마시고, 불쌍하고 가련한 그쪽 선영이 오신다치로면은 흠결없이 기꺼운 얼굴로 흔연대접을 해주시옵기 바래고 또 바래옵니다. 만일 철없는 즈희들이 실수를 해서 선영님네들 마음을 상하게 하셌다면은, 저 방 안에서 오늘도 내일도 분간 못하고 오줌똥 싸바르는 우리 영감하고 이 늙은 것한테 벌을 내려 주시고, 양쪽 집안의 다른 총생들한테는 절대로 절대로 해가 안 가게 하세주시기 바라고 또 바래옵니다이. 그라고 우리 살림살이 다 망해 묵고 떠돌아 댕기는 저 불쌍하고 가렌한 손자 사우 조깐 심껏 도와주시기를 간절히 간절히 빌고 바래옵니다이." (143 – 144쪽)

이 때에 안방의 아버지가 갑자기 딸꾹질을 거듭하다가 숨을 거둔다. 그는 '한 집안에서 두 선영의 차례를 지낸 까닭으로 동티가 난 것 아닐까'라는 생각을 한다.

「추석달 그림자」에는 주인물인 그를 비롯하여, 노부모, 사위, 외손자 등의 곤고한 삶의 이야기가 펼쳐져 있으나, 이들의 삶의 모습은 진실하고 경건하다. 그들과 같이 보통 사람들일 수밖에 없는 우리네 삶의 의미를 다시 한 번 되새겨 보게 하는 작품이다.

한창훈은 우리 작단(作壇)에서 소중한 위치를 차지하고 있는 작가이다. 그는 농촌, 어촌에 기거하면서 농민, 어민들의 고단한 삶의 이야기를 사실적이면서도 해학적으로 그려내고 있기 때문이다. 「**주유남해(舟**

流南海)」도 마찬가지이다.

「주유남해(舟流南海)」는 한밤중에 남해 바다 한 가운데에서 고기를 잡던 한 부부의 해프닝에 대한 이야기이다. 남편인 '오씨'와 아내인 '세포댁'은 봄이라고는 하지만 밤에는 추운 어느 날, 주낙을 놓아 고기를 잡는다. 그런데 둘은 일을 하면서도 계속 말다툼을 하며 신경전을 벌인다. '세 달 동안 부부 합환은 고사하고 살 한 점 만져 보지 못'한 오씨는, 아내가 '오래도록 해 왔던 습관대로 고쟁이 한번 내려 주면 맘도 안 상하고 몸도 개운하지 않겠느냐'고 툴툴댄다. 아내는 아내대로 '나는 뭐요, 부를 때만 오는 종이요? 메리, 해피요?'라고 하면서 '그것도 뭔 마음이 돼야 하든지 말든지 할 것 아니요, 죙일 애새끼들 치다꺼리에 정신이 하나 읎고 안 쑤시는 데가 읎는디, 서방이라고 뭐 하나 거들을 생각은 안 하고 그것만 안 준다고 저렇게 뗴를 쓰'냐고 오히려 섭섭해 한다. '메느리가 뜨신 밥 해바치는 거 받아묵'을 나이에 난데없이 하나는 기저귀를 차고 하나는 다섯 살 난 손자 둘을 돌보게 된 아내의 항변인 것이다. '생선 잡아 대학까지 가르쳐 놓은 아들'이 사업을 하다 망한데다가 이혼까지 하여 '이번에 벌이는 일만 잘 되면 돈을 덤프로 싣고 와 안겨주겠다'고 호언을 하고는 아이들을 맡겨 놓고 갔기 때문에, 아내는 그 아이들 '뒤치다꺼리에 쎗바닥이 다 빠지는' 생활을 하고 있는 판국이었다. 둘은 이와 같이 서로 자신의 입장만을 내세우면서 설전을 벌인다. 그러면서도 '일은 일이라서 두 사람은 각자의 위치에서' 주낙을 당기며 고기를 잡는다. 그런데 갑자기 배 엔진이 꺼져 버린다. '급살 맞은 것처럼 몇 번 몸을 들썩이다가 목숨을 놔 버린' 것이다. 봄이라고는 하지만 아직도 겨울같이 추운 한밤중에 바다 한 가운데에서 엔진이 꺼져버리는 것은 보통 일이 아니다. '프로펠러에 적잖은 밧줄이 칭칭 감겨 있는 것'을 발견한 오씨는 몇 대의 담배를 피우고는 칼을 들고 '심청이처럼' 차가운 바닷물 속으로 뛰어든다. '태풍 맞은 비닐 포장처럼 떨'면서 천신만고 끝에 간신히 밧줄을 끊은 오씨는, '추위는 바늘처럼 파고들고 저 아래 깊은 바다 속에서 올라온 무서움이 척추를 뚫고 제멋대로 돌아다니'는 통에 정신을 잃는다. 어찌어찌하여 가까스로 정신이 돌아와 살펴보니 아내와 자신이 알몸인 상태로 포개져 있다. '어부의 딸에 어부의 아내에 저 자신도 어부가 된 지 반평생'이 된 아내가 남편을 건져 올리고는 떨어진 체온을 회복시키기 위해 취한 조치였다.

> 눈 떠보니 홀랑 벗겨져 있는데 똑같이 벗어 알몸인 세포댁이 언 몸을 꼭 껴안고 있는 것 아닌가. 젖가슴은 옆으로 잔뜩 퍼져 있고 아랫도리는 행여 물샐 틈 있을 새라 촘촘히 밀착한 상태이며 그 위로 적잖은 엉덩이 두 개가 달처럼 포실하게 떠 있는데 두 팔로 목과 머리를 껴안고 그렇게 이불처럼 덮고 있는 것이다. 온기는 세포댁에게서 온 거였고 그만큼 그녀는 떨고 있었다.
> "정신이 좀 드요?"
> "이 사람아……."
> 그는 입이 차마 안 떨어졌는데 굳이 말 마무리할 필요는 없었다. 앞뒤 볼 것 없이 군용모포 끌어 머리끝까지 뒤집어쓰고는 아내를 꼭 껴안는다. 석 달만이었다. (143쪽)

어쨌거나 오씨는 '석 달만'에 자신의 간절한 욕구를 풀게 된 셈이다.

이와 같이 「주유남해(舟流南海)」는 힘든 생활을 영위할 수밖에 없는 어부 부부의 이야기를 그리고 있으나, 이들을 바라보는 작가의 시선은 따뜻하고 해학적이다.

> "염병, 요즘 누구네 집 집구석에서 며느리가 해준 따신 밥 받아 묵고 있는가. 지금 혼자 고생이여? 혼자 고생한다고 유세여? 그럼,

나는, 아, 나는."

"좋소, 그런 집 읊단 것도 잘 아요. 하지만 팔자에 없는 애 농사 짓느라 뚱금읋이 쎄가 빠지는디, 이녁은 뭐요? 갈래기(발정기) 도진 장아지도 아니고."

갈래기 소리에 오씨는 재차 울컥, 한다.

"서방한데 갈래기? 개? 이런 씨부랄 여편네가 있냐."

"……"

"그래, 갈래기 도졌다고 치자. 지차구. 저 새끼들 오고부터 도대체 뭐여, 도대체 나는 뭐? 난 사람도 아니여? 뭔 일 있어도 할 것은 하고 살어야지, 그거 하자는 소리에 개를 갖다붙여?"

그는 꾹꾹 눌러둔 말을 꺼내는 순간 한바탕 사고쳐 버리고 싶은 충동이 인다.

"씨팔, 좆같이. 나 안 묵어."

뜨끈뜨끈하게 잘 익어가던 컵라면이 파편을 휘날리며 바다 속으로 자맥질을 한다. (129 – 130쪽)

힘들고 고단할 수밖에 없는 뱃사람들의 삶의 이야기를 이처럼 해학적으로 재미있게 그려내는 한창훈은, 자신만의 독특한 작품 세계를 올곧게 견지하고 있는, 우리 문단의 몇 되지 않는 작가 중의 하나이다.

윤용호의 「그녀, 그리고 나」는 암병동에서 생활하는 암환자들의 한 풍경을 그리고 있다는 점에서 볼 때, 고통스러운 삶을 살아가는 사람들의 이야기일 듯 싶으나 실은 그렇지가 않다. 물론 고통에 시달리면서 병마와 싸우는 환자들이 주인물이긴 하지만, 이야기 자체가 따스하고 낙관적이며 희망적이다. 암병동에서 우연히 만난 어느 외로운 남녀 환자가 수술을 앞두고 병실에서 진한 정사를 나눈다는 이야기이기 때문이다.

화자인 '나'는 40대 초반 쯤의 이른바 '기러기 아빠'이다. '진료와 미용도 겸하'는 '애견에 관한 모든 것을 한 곳'에 모아둔 '개호텔' 즉 '도 그피아'를 운영하고 있다. '갑자기 오른쪽 옆구리가 두들겨 맞은 듯 아파'서 검사를 해 본 결과 간암 판정을 받는다. 오 센티쯤 되는, '계란만한 암 덩어리'가 '나'의 간 속에 둥지를 틀고 있다는 것이다. 특실을 택할 수도 있지만, 일부러 '시장 바닥같은 6인 병실'에 입원한다. '나'는 유학간 딸, 그 뒷바라지를 위해 미국에서 함께 머물고 있는 아내에게 '연간 5천만 원을 송금해야 할 가장이었'기 때문이다. 그러나 '나'에게서 풍겨 나오는 '개 냄새'가 싫다는 핑계로 딸과 함께 미국으로 날아가 버린 아내와는 이혼을 하지 않았을 뿐, 남남이나 다름없는 처지이다. 그래서 아무에게도 연락을 하지 않은 '나'는, 다른 환자들의 면회객들로 북적대는 병실을 빠져 나와 병원 곳곳을 돌아다니다가 우연히 '그녀'를 만나게 된다. 두 사람은 말 그대로 동병상련(同病相憐)에다가 둘다 외로운 처지이므로 쉽게 가까워진다. '그녀'는 '삼 센티짜리'이다. '오 센티짜리'인 '나'는 '그녀'에게 자신의 크기를 자랑한다. '그녀'는 말린 꽃을 수입하여 '건조화 마니아들'에게 파는 사업을 하고 있다. 결혼은 단 3개월만에 끝이 났다. 신혼여행에서 돌아온 남편이 아무 말 없이 그날로 바로 집을 나가 버렸기 때문이다. 남편은 '그녀'의 처녀성을 의심한 것이다. '혼인 신고할 겨를조차 없었'으므로 '그녀'는 호적상으로 처녀이다. '처녀가 아니라고 소박을 맞았는데, 처녀로 남아 있다는 사실이' 우습다고 깔깔거리는 '그녀'를 보고 '나'는 강한 성욕을 느낀다. 한적한 비상계단 쪽에서 처음 만나 두어 번 대화를 가진 '그녀, 그리고 나'는 그녀의 병실인 특실에서 뜨거운 섹스를 한다. 내일로 잡혀 있는 '그녀'의 수술을 앞두고 세상에서의 마지막 날이라도 되는 것처럼, 두 남녀는 열락의 세계로 빠져 드는 것이다.

　　그런 뒤 우리는 출정식을 앞둔 용사처럼 잔을 들었다.
　　삼페인을 마시고 취했을 리 없다. 그것도 서로 딱 한 잔을 마셨을 뿐 아닌가. 그런데도 나는 몽롱한 척 어느새 그녀의 가슴을 열고 있었다. 그녀는 저항하지 않았다. 신경이 쓰이는 건 링거액이 흘러내리는 호스와 바늘이었다. 나는 주사바늘이 꽂힌 그녀의 팔을 조심스럽게 옆으로 밀치고는 그녀의 환의를 활짝 열어젖혔다. 우리에게 내일은 없을지도 모른다. 금식시간까지 남아 있는 30분만이 어쩌면 우리한테는 마지막 자유로운 시간일 수도 있었다.

가만히 그녀를 안는 데 뜬금없이 아내의 얼굴이 떠올랐다. 불현듯 나는 지금의 이런 모습을 아내가 어디서 훔쳐 보고 있을 것만 같다는 생각에 빠져들었다. 그런 착각이 강해질수록 내 열정은 점점 고조되었다. 질투심에 이글거리는 아내의 눈이 바로 코앞에서 느껴졌다. 아내의 질투는 곧 기름이었다. 그 이글거리는 기름이 나의 온몸에 뿌려지자 내 동작은 더욱 격렬해졌다. 이윽고 분노에 치민 아내의 얼굴이 악마로 변하는 순간 그녀와 나는 말할 수 없는 희열에 휩싸여 하늘로 훨훨 날아올랐다. (177쪽)

이처럼 「그녀, 그리고 나」는 흥미로우면서도 매력적인 이야기를 담고 있다. 언제 죽을지도 모르는, 피차 외로운 처지에 빠져 있는 간암 환자들이 서로 마음을 열고 병실에서 황홀한 섹스를 한다는 이야기 자체가 매혹적이다. 발상도 기발하고 이야기 전개도 그럴 듯하다.

사족 한 가지. '그녀'를 처음 만난 그 순간부터 '나'는 강렬한 성욕에 사로잡히고 '그녀'를 볼 때마다 불같이 일어나는 성적 충동을 느낀다.

그녀의 눈을 본 순간 나는 갑자기 눈사태처럼 밀려오는 성욕을 느꼈다. (151쪽)

그녀의 눈과 마주치는 순간 나는 돌연 아랫도리에서 격렬한 뜨거움을 느꼈다. (155쪽)

그녀의 가슴에 눈길이 쏠린 것은 말을 마친 그녀가 팔을 포개면서 숨을 들이 쉴 때였다. 두 팔에 의해서 받쳐진 가슴은 들숨으로 인해 만만찮은 부피로 드러났는데, 이제까지 그녀의 가슴이 밋밋하게 보였던 것은 헐렁한 환의 밑에 숨겨져 있었던 때문이 아닌가 싶었다. 어쨌든 나는 그 볼륨을 확인하는 순간 내 가슴 또한 거친 숨으로 벌렁거렸고, 급기야는 그 자리에 더 이상 서 있을 수조차 없게 되고 말았다. 그녀의 눈을 마주 한 순간부터 예사롭지 않은 내 사타구니가 끝내 부풀어 올라 그녀의 눈에 뜨일까 봐 두려웠던 까닭이다. (156쪽)

　"우습지 않아요, 처녀가 아니라고 소박을 맞았는데, 처녀로 남아 있다는 사실이."
　말과 함께 그녀는 억지 코미디 프로를 보았을 때처럼 두어 번 공허하게 웃었다. 나는 그런 그녀가 마치 광야에 홀로 뒤늦게 핀 꽃처럼 여겨져 그윽한 눈길을 던졌다. 나한테는 오히려 그렇게 철 지나 외롭게 피어 서리를 맞은 듯한 모습이 아주 매력적으로 보여졌던 때문일까, 생각 같아서는 꽃잎에 앉은 서리를 닦아주듯 크림이 묻은 입술뿐만 아니라 그녀의 온몸을 혀로 정성껏 닦아주고 싶은 마음이 간절했다. (169쪽)

이와 같이 반복되는 서술들은 두 남녀가 우연이긴 하지만, 필연적인 만남을 갖고 나아가 결국은 섹스를 하게 될 것이라는 사실을 암시하는 역할을 하고 있다. 그런데 남자들은 살아가다 보면 화자인 '나'와 같은 경험을 한두 번쯤은 갖게 되리라고 본다. 처음 보는 여자인데도 불구하고 그 여자와의 어떤 필연성을 예감하고, 나아가 강한 성적 충동을 받게 되는 경우 말이다. 물론 그런 만남이 섹스로까지 이어질 수도 있고 혹은 반대로 허무하게 무위로 끝나 버릴 수도 있지만.

이봉순의 「**당나귀 등짐**」 역시 우리네 보통 사람들의 고단한 삶의 이야기를 들려주고 있다. 화자인 '나'와 노인이 주인물이다.
비닐하우스 농사의 실패와 암에 걸린 아버지의 와병으로 무작정 상경한 '나'는, 가판대에서 물건을 파는 이종사촌형의 도움으로 그 옆에서 풀빵 장사를 시작한다. '나'는 첫날부터 시비에 휘말린다. '허리도 펴지 못한 오종종한 노인이 지팡이 끝으로 삿대질을 하며' 장사를 못하게 한다. 5층짜리 자기 건물의 주차장 입구를 막고 있다는 것이다. 이 종사촌형의 중재로 '나'는 건물 앞 도로와 주차장 청소를 해주는 조건으로 장사를 하게 된다. 그러던 어느 날, 오층 건물의 계단 청소를 매일 해 오던 노인이 계단에서 낙상을 한다. 꽤 오랜 동안 입원을 해야 하는 노인은 '나'에게 건물 청소와 관리를 부탁한다. 그 후로 '나는 풀빵 장사와 건물의 화장실, 계단 청소를 병행하는 고단한 생활을 해나간다.

그 건물에 세를 들어 각종 장사를 하고 있는 세입자들은 노인을 '고린 동전 한 푼도 아까워서 발발 떠는 할망구'라고 몰아세운다. 돈 못 버는 영감을 쫓아내자 매일 건물 청소를 하던 며느리는 미국으로 도망을 가고 아들도 따라가서 아주 눌러 앉아 버렸다고 한다. 어쨌거나 노인이 자린고비인 것만은 분명하다.

병실로 돌아온 나에게 열쇠를 주며 노인이 말했다.
"내일 저녁에 올 때는 갈아입을 내의 좀 가져다 주시우."
청소를 마친 후, 주차장 귀퉁이에 붙은 노인의 방에 처음으로 들어갔다. 세상에…… 그 방은 5층짜리 빌딩을 소유한 사람의 방이라고는 도저히 믿어지지 않았다. 야전용 침대 하나, 행거에 걸린 옷가지 서너 벌, 기울어져 귀가 맞지 않은 3단짜리 서랍장, 거기다 고물상에서나 볼 수 있는 텔레비전 하나. 한쪽 벽에는 개수대와 가스레인지, 냉장고가 환갑 진갑 다 지냈음직한 몰골로 주인 없는 방을 지키고 있었다. 내가 사는 옥탑방과 별로 다를 게 없었다.
나는 노인이 가져다 달라고 부탁한 내의를 찾으려고 서랍을 열었다. 귀가 맞지 않아 삐걱거리는 걸 완력으로 잡아 빼자 서랍이 아예 밑으로 주저 앉아 버렸다. 내의는 너덜거리는 팔꿈치에 천을 대고 실로 듬성듬성 꿰맨 두어 벌이 전부였다. 아래 내복에는 주머니가 달려 있었다. 발바닥에는 다른 천을 대고 꿰매어 본래의 모양새를 잃어버

린 양말 앞에서 나는 벌어진 입을 다물 수가 없었다. (191 - 192쪽)

이런 노인이 '엉덩이 깁스'를 풀게 되자, '일당을 풀빵 구워서 파는 것에 따따블로 줄 테니까 더도 덜도 말고 한 3일만' 자신을 업고 같이 다니자는 제안을 한다. 병마와 싸우는 시골의 부모들에게 생활비를 송금해야 하는 '나'는 이를 순순히 받아들인다. 하루 종일 세무서, 은행, 법무사 사무실로 돌아다니며 볼 일을 본 노인은 그 다음날 다짜고짜로 부산엘 가자고 한다. 노인을 업고 머나먼 길을 찾아간 곳은 영감과 함께 피난 온 곳이라 한다.

> 노인은 내게 꽃다발을 달라고 손을 내밀었다. 오늘따라 노인의 모습은 아예 기역자로 꺾여 보였다. 등에 맨 가방이 소리 없이 눌러대기라도 하는 것일까. 그때였다. 노인이 들고 있던 꽃을 바다에 휘익 던졌다. 꽃다발은 물보라에 섞여 서너 번 자맥질을 하다가 파도에 휩쓸렸다. 나는 나도 모르게 노인의 팔을 꽉 잡았다.
> "오늘이 우리 영감 기일이야. 여기 올 때마다 이번이 마지막이라는 생각이 들곤 해." (198쪽)

> "남편을 바다에 묻고 서울로 올라왔을 때 집은 폭격을 맞아 흙더미밖에 없었지. 가마때기를 치고 밤을 지새우는데 얼마나 막막했는지 몰라. 그때 아들이 없었다면 어찌 살았을꼬. ……아들은 미국 유학 가서 주저앉아 버렸어. 나보고 들어와 같이 살자고 해서 이태 전에 갔는데 감옥이 따로 없어. 말이 통해야 살지. 지금도 아들에게 매달 생활비를 보내. 손자가 심장병을 앓고 있는데, 여기서는 고칠 수가 없대나 봐. 아들이 내년에는 꼭 한번 다녀간다고 했는데……." (198 - 199쪽)

그 후 아버지가 돌아가시자 '나'는 장례를 치르고 일주일만에 돌아왔는데, 노인의 모습이 보이지 않는다. 노인의 방을 열어 보니 노인은

'냉기가 올라오는 방바닥에 모로 쓰러져' 죽어 있었다.

이와 같이 「당나귀 등짐」은 먹지도 입지도 않고 한 푼이라도 아껴가면서 돈을 모으는, 우리 주위에서 어렵지 않게 찾아 볼 수 있는 전형적인 노인들의 모습을 그려내고 있다는 점에서 보편성을 획득하고 있다.

우리들은 등이 기역자로 굽은 노인들이 조그마한 손수레 위에 신문지, 빈 병, 박스 등의 재활용품들을 수거해가는 모습을 동네 어귀에서 심심치 않게 보게 된다. 그런데 그러한 노인들은 먹고 살 만하거나 돈도 꽤 있는 경우가 많다. 그렇지만 이들은 「당나귀 등짐」의 노인처럼 갖은 고생을 겪었기 때문에 근검, 절약 정신이 몸에 배어 있다. '사람 노릇을 하려면 밥값을 해야 한다'는 생각이 몸에 배어 있기에 하찮은 일이라도 열심히 매달리는 것이다. 그러한 노인의 모습을 표현한 대목들이 퍽 인상적이다.

> 노인은 일층 계단을 닦고 있다. 오층부터 시작했을 것이니 벌써 두어 시간 전부터 계단을 닦고 있었을 게다. 활처럼 굽은 등으로 기동하는 것조차 위태해 보이는 노인이 네 발로 기다시피 계단을 닦는 모습은 애처로움을 넘어 어떤 구도자의 모습과 흡사했다.
> "눈도 오는디 그만하시지유."
> 노인은 돌아다보지도 않고 대답한다.
> "눈 온다고 밥 안 먹나. 사람 노릇을 하려면 밥값을 해야지." (179쪽)

> 노인은 한 시간도 넘게 도가니탕을 먹고 있다. 틀니도 **뺀** 채. 틀니는 노인이 사람을 만날 때만 끼우는 대외 관상용이다. 틀니는 유리컵에서 붉은 잇몸을 드러내고 마치 누군가를 비웃는 듯하다.
> "틀니를 끼우면 잇몸이 아파서 먹을 수가 없어. 음식 맛도 모르고."
> 노인은 작은 손 도마를 환자용 식탁에 올려놓고 깍두기와 시금치 나물을 다지고, 국에 든 건더기를 다져서 입에 넣고 오물거린다. (…… 중략 ……) 평소에 노인은 나일론 자가드 몸빼 바지, 누빈 외

투 위에 머플러를 두 개씩 걸치고, 활시위처럼 굽은 등에 검은 가방을 메고, 지팡이를 짚고, 검정 모자를 쓰고 다녔다.

　노인은 후식으로 땅콩과 잣을 손 절구에 넣어 나에게 건넸다. 내가 절구질을 하고 있을 때, 마침 PC방 염씨가 들어왔다. (190-191쪽)

　노인이 입원한 지 한 달이 지나갔다. 노인은 엉덩이 깁스를 풀고, 마치 곤충이 촉수를 내밀어 낯선 주변을 탐색하는 것처럼, 조심스럽게 지팡이를 내딛었다.(192쪽)

　이 작품의 제목 '당나귀 등짐'은 '나'가 3일 동안이나 등에 업고 다닌 노인을 빗대어 한 말일 수도 있겠지만, 인간이라면 누구에게나 얹혀 있는, 당나귀 등짐 같은 숙명적인 삶의 무게를 의미한다고도 볼 수 있다. 사람이란 누구나 자신이 감당해야 할 몫의 등짐을 지고 살아갈 수밖에 없는 존재이기 때문이다.

2. 피투성(被投性), 인간 존재의 본질

　우리들 인간이라는 존재는 자신의 의사와는 상관없이 어느 날 갑자기 인간 세상에 툭 던져진 존재이다. 그러니까 본질적으로 '피투성'을 띤 존재이다. 그렇게 인간 세상에 태어나자마자 우리들은 우선 가족들과 관계를 맺고 살아간다. 아버지, 어머니를 비롯하여 형제, 자매들까지. 따라서 어떤 아버지, 어머니를 만나 어떤 형제, 자매들과 살아간다는 것은 태어날 때부터 이미 정해진 운명이라 할 수 있다. 그런데 그러한 가족 관계가 좋은 인연으로 맺어진다면 순탄하게 살아가게 되지만, 악연일 경우에는 평생을 고통스럽게 살아갈 수도 있다.

　여성 작가들은 여성이라는 특수성 때문에 그러한지는 몰라도 잘못 맺어진 가족 관계, 왜곡된 가족 관계에 대한 이야기를 즐겨 다루는 경향이 있다. 그 중에서도 아버지나 남편 등, 주로 한 집안의 남자들에 의해서 다른 가족들이 괴로워하고 상처를 받는 이야기가 대부분이다. 여성 작가들에 의해 이러한 소설들이 많이 씌어지고 있으므로 '페미니즘 소설'이라는 용어까지 생겨났을 터이다.

　신경숙이 오랜만에 내놓은 '신경숙 다운' 소설 「**그가 지금 풀숲에서**」도 이와 같은 범주에 집어넣을 수 있는 작품이다. 최근 몇 년 동안의 작품 활동이 부진한 감이 없지 않았는데, 「그가 지금 풀숲에서」를 발표함으로써 작가로서의 '건재한 신경숙의 면모'를 보여 주고 있다. 이 작품에는 등장인물의 세밀한 내면 심리 묘사, 흥미로우면서도 탄탄한 서사의 전개, 정치(精緻)한 문체 등 신경숙 특유의 작가적 기량이 한껏 발휘되어 있기 때문이다.

　「그가 지금 풀숲에서」는 간단하게 말하자면, 교통사고를 당한 '그'가 사지를 꼼짝 못하는 중상을 입었으나 의식은 또렷한 채로 풀숲에 누워, 현재 자신이 이러한 지경에 처하기까지의 삶의 과정을 꼼꼼히 되짚어 본다는 이야기이다. 그가 네 살이고 여동생이 한 살 때 혼자가 된 어머니가 택시운전으로 남매를 키운 것, 어머니가 '나는 혼자 자식을 키우면서도 빚지고 살지는 않았어 …… 자식들한테 다 받아내야 되는디 …… 시간이 없을랑가비다'라고 늘 말하면서 그의 부부와 여동생에게 과도한 효도를 강요하다가 위암으로 세상을 떠난 것, 인터넷 신문을 만들어 보겠다고 설쳐대다가 퇴직금을 모두 날리고 지금은 인터넷 쇼핑몰의 간부로서 정신없이 살아온 것, 회사 일에 정신이 팔려 몇 년 동안 자정 안에 집에 들어가 본 날은 손으로 헤아릴 정도이고 이틀 사흘 또는 일주일씩 사무실에서 기거하는 날들이 많았다는 것, 어머니가 세상을 뜬 후 아내가 혼자 어떻게 지내는지 전혀 신경을 쓰지 못했다는 것, 그러던 어느 날 갑자기 얌전하던 아내가 왼손으로 '그'의 뺨을 때리고 잘 때는 목을 조르는 이른바 '에일리언 핸드 씬드롬' 즉 '외계인손 증후군'이라고 하는 희한한 병에 걸리게 되었다는 것, '팔을 잘라버리고 싶어요'라는 메모를 남기고 제천의 처가에 내려가면 아내의 손이 잠잠해져 있다가 '그'에게로 돌아오면 다시 발작을 일으킨 것, 서너 번 장모와 그 사이를 왕래하던 아내가 결국 제천에 주저앉은 것, 육개월 동안이나 발걸음을 하지 않자 장모는 그에게 어떤 결말을 내든 한번 내려오라는 전화를 했던 것, 며칠 후에 '그'가 차를 몰고 제천으로 내려가다가 중앙선을 넘어오는 트럭을 피하려고 핸들을 확 꺾었던 것, 그는 지금 풀숲에서 얼굴 근육과 왼쪽 발가락, 양쪽 손가락만 움직일 수 있는 반송장 상태로 누워 있다는 것 등등에 대하여 계속 생각을 한다. 몇날 며칠이 흘렀는지도 모르는 상태에서 그는 배고픔과 추위를 참으며 잠들지 않으려고 혼잣말로 웅얼거린다. 그러나 그는 그렇게 서서히 죽어갈 것이다. 아니면 짐승의 밥이 될지도 모르는 일이다. 다음과 같은 결말 대목이 이를 암시한다.

> 풀숲 저편 국도를 달리던 차 소리도 끊기고 일순 사방이 적막했다. 풀잎 하나가 그의 손등을 간질였다. 바람이, 아주 미약한 바람이 버려져 있는 그의 몸을 스치고 지나갔다. 깊은 어둠 저편 웅크리고 있던 검은 짐승들이 천천히 몸을 일으켜 그에게 다가오는 기척이 들렸다. (246쪽)

이처럼 비장한 이야기를 담고 있는 이 작품에서 우리들의 눈길을 끄는 것은 '외계인손 증후군'이라는 희귀한 아내의 병이다.

그 일을 처리하느라 시달리다 사흘 만에 집에 들어간 날이었다. 아내는 여느날과 마찬가지로 별말 없이 현관문을 따주었는데 그가 안으로 들어서자 아내의 왼손이 그의 뺨을 후려쳤다. 당황한 아내의 오른손이 얼른 왼손을 붙잡았으나 오른손이 제지할 수가 없을 만큼 왼손의 힘이 셌다. 그는 거실에 들어서지도 못한 채 현관에서 아내의 왼손에 뺨을 두 차례나 더 얻어맞았다. 평소의 아내의 힘이라고 믿을 수가 없을 정도로 강도가 셌다. 물리적인 아픔도 아픔이었지만 아내에게 뺨을 맞았다는 수치심이 불끈 치솟아 그는 아무 말도 못하고 아내를 노려보았다. 당황한 아내는 눈물을 글썽이며 집 바깥으로 뛰쳐나갔다. 그의 뺨은 아내의 왼손자국이 붉게 찍히며 부풀어 올랐다. 놀이터에서 찾아낸 아내는 자신의 왼손이 밉고 잘라내 버리고 싶다며 울었다. 그러나 그것은 시작에 불과했다. 아내의 왼손은 이후로 걸핏하면 그에게 달려들었다. 그는 이를 닦다가도 얻어맞았고 밥을 먹다가도 얻어맞았다. 그는 점차 아내를 보면 피하는 자세를 취하게 되었다. 서로 민망한 일이었다. 자신도 모르게 남편에게 폭력을 휘두르게 된 아내는 그가 집에 들어오는 날은 다른 방에서 혼자 잤다. 결국 아내는 그가 일 때문에 바빠서 집에 들어오지 못하는 날도 혼자 잤고 그가 집에 들어오는 날도 잠자는 그의 뺨을 한밤중에 후려치는 자신의 왼손 때문에 또 혼자 잤다. (235쪽)

그러고도 모자라 아내의 왼손은 커튼을 찢으려 하고 있었다. 아내는 왼손의 완력에 이끌려 다니며 "제발 이러지마, 이러지 마" 마치 정신이 나간 자매를 달래거나 하는 양 왼손을 향해 "이러지 마"라고 외치며 오른손으로 찍어누른 채 통사정을 하고 있었다. "여보 나 좀 어떻게 해줘요." 그가 들어서자 아내는 공포에 질린 목소리를 냈다. 그는 두리번거리다가 반쯤 깨진 꽃병을 집어 아내의 왼손을 향해 내리쳤다. 그제서야 아내의 왼손은 잠잠해졌다. 붉은 피가 아내의 팔뚝을 타고 흘러내렸다. 그날 밤에 아내와 함께 잠자리에 든 것이 또 사단을 불러일으켰다. (…… 중략 ……) 그는 아내를 병원에 데려가 손을 치료하고 아내의 왼손이 난동을 부려놓은 집 안을 치우고 오랜만에 아내와 함께 저녁을 먹고 텔레비전도 보고 잠자리에 함께 들었다. 오랜만에 느껴보는 평화였다. 아내는 그동안 자신의 왼손에 수차례 강타당한 그의 **뺨**을 어루만지며 그의 품을 파고들었다. 그러나 그가 계속 아내의 왼손을 의식하고 있었던 때문인지 아내와의 관계는 이루어지지 않았다. 한밤중에 그는 답답함에 눈을 떴다. 아내의 왼손이 그의 목을 조르고 있었다. 아내는 땀과 눈물로 범벅이 된 얼굴을 하고 한사코 그의 목에서 왼손을 풀어 내리려고 안간힘을 쓰고 있었다. 가만 있다간 아내의 왼손에 목이 졸려 죽을 것 같았다. 잠이 완전히 깬 그는 두 손으로 아내의 왼손을 밀쳐냈다. 아내는 침대 밑으로 나동그라졌다. 아내는 절규했고 그는 그길로 옷을 입고 나와 사무실로 가버렸다. (237 – 238쪽)

'그'는 아내의 왼손이 왜 그렇게 '그'를 때리고 공격하는지 그 근본적인 이유를 알아보려는 노력을 기울이지도 않은 채 세월을 보냈다. 그리고 '그'는 이렇게 교통사고를 당하여 반송장이 된 지금에야, 아내에 무관심했던 지난날의 삶에 대하여 뼈저린 후회를 한다.

언젠가 태희의 목에 둘러진 분홍빛 스카프를 슬쩍 풀어가던 아내의 왼손을 보고 태희가 그랬다. "오빠, 올케의 왼손이 사실은 오빠에게 하고 싶은 올케의 말을 대신하고 있는 거 아니야?" 그가 무슨 엉뚱한 말이냐는 듯 태희를 보자 스카프를 아내의 왼손에게 **빼**앗긴 태희는 "나도 이런 스카프 갖고 싶어요…… 뭐 그런 말 아니냐구?" 하고 덧붙였다. 그때는 짜증스럽게만 들렸던 태희의 말이 눈덩이처럼 불어 그의 가슴을 짓눌렀다. (245쪽)

아내의 왼손은 아내의 마음이기도 한 것인가. 아내가 차마 하지 못하는 말의 대신이기도? 마트에 가면 아내의 왼손이 밀차에 쓰윽 집어넣은 것들은 딸기도 아니고 세제도 아니고 시금치도 아니고 농구공이고 배드민턴 채였다. 아내는 농구를 하고 싶고 배드민턴도 치고 싶었던 것이었을까. 밤의 풀숲에 버려진 채 그는 처음으로 아내에 대한 깊은 생각에 잠겼다. 그는 아내의 첫사랑이 누구였는지,

꿈이 무엇이었는지, 담배는 피워본 적이 있는지, 무릎 밑의 흉터는 왜 생겼는지, 어머니에게 들었던 얘기 중 무엇이 가장 가슴에 남아 있는지, 지난날이 아니라 지금 하고 싶은 일이 무엇인지, 맹렬히 궁금해졌다. 아내의 왼손이 하고 싶어하는 일이 따로 있었던 것일까. 아내의 왼손은 그의 뺨을 치고 목을 조르지만 장모가 기르고 있는 두릅나무는 정답게 쓰다듬곤 했다. 아내의 왼손이 다정하게 툭툭 치고 싶은 그런 것이 두릅나무말고 또 무엇이 있을까. (246쪽)

'그가 지금 풀숲에서' 이처럼 뼈에 사무친 회한에 잠겨 아내를 그리워하지만, 때는 이미 늦었다.

이와 같은 진기하면서도 흥미로운 이야기 구조를 지니고 있는 이 작품은, 인간 존재의 본질적 특성인 '피투성'을 생각하게 한다. '그'는 네 살 때 아버지를 여의고, 억척스럽게 택시 운전을 하면서 남매를 키운 어머니 밑에서 늘 가난한 상태로 자라왔으므로 돈에 대한 집착이 강할 것이다. 그래서 인간 사이의 따뜻한 정과 사랑은 외면한 채, 오로지 일에 매달려 돈을 벌다가 아내에게 희귀한 병을 앓게 하는 원인을 제공하고 결국은 이러한 변고를 당하게 된 것이다. 그러면 왜 '그'가 인간의 정과 사랑에는 무관심하고 오로지 일에만 파묻히는 사람이 될 수밖에 없었던가? 네 살 때 돌아가신 아버지, 억척스러운 일을 하면서 남매를 키워야 했던 어머니를 만나지 않았더라면 '그'는 적어도 그런 사람은 되지 않았을 것이다.

요컨대 「그가 지금 풀숲에서」는 우리 인간들의 근원적이며 기초적인 가족 관계가 우리들의 삶에 얼마나 중요한 요소로 작용하는가라는 사실을 새삼스럽게 일깨워주고 있는, 주목할 만한 작품이다.

김이정의 「**태내 여행**(胎內旅行)」은 기구한 팔자를 지니고 태어난 어느 남자에 대한 이야기이다. 자신의 의지와는 상관없이 세상에 던져져 갖은 고난과 고통을 겪으며 살아올 수밖에 없었던 한 남자의 이야기가 극적으로 전개되는 「태내 여행(胎內旅行)」은, 따라서 단숨에 읽힌다.

주인물인 남수는 대학교수이다. 교토에 있는 어머니를 만나 보기 위해 일본땅을 밟는다. 교환교수로 한국을 방문했던 일본 교수의 집에 숙소를 정한다. 하룻밤을 지낸 '남수'는 교토를 찾아가 '청수사(淸水寺)'라는 절을 둘러보면서 과거의 끔찍했던 부모와의 삶을 되돌아 본다.

'남수'는 알코올 중독자인 아버지와 그를 못견뎌하는 어머니 밑에서 성장한다.

> 얼마 지나지 않아 어머니가 아버지를 끌고 왔다. 온몸에 오물이 묻은 채 여전히 몸을 제대로 가누지 못하는 아버지를 어머니는 개처럼 혼자 끌고 오고 있었다.
>
> "이 육시럴 놈의 새끼, 이 오살헐 놈의 새끼, 술을 처먹으면 곱게나 처먹을 일이지. 지 몸 하나도 건사 못하는 꼬라지에 꼭 이 지랄이여, 지랄이. 아이구 내 팔자야."
>
> 온 동네에 쩌렁쩌렁 울리도록 큰 소리로 어머니는 떠오르는 모든 욕설을 퍼부으며 자신이 끌려가고 있다는 사실조차 알지 못하는 아버지를 개처럼 질질 끌고 동네 한가운데 길을 걸어왔다. 파발처럼 남수네로 달려왔던 동네 아이들이 풍물패의 꽁무니라도 쫓아다니듯 신이 난 얼굴로 따라오고 있었고 어른들은 일제히 마당에서 혹은 툇마루에서 그 광경을 쳐다보고 있었다. 저 사람들이 어찌하여 내 아버지와 어머니란 말인가. 남수는 그날 밤 자신의 몸 속에 흐르는 피를 모두 빼내버리고 새로운 피를 채워 넣고 싶다는 간절한 열망에 사로잡혔다. 아니, 남수의 분노는 그들을 향해 자객처럼 칼을 꽂아버리고 싶다는 유혹에 시달리게 했다. 아, 저들이 어딘가 자신도 모르는 곳으로 제발 사라져준다면……. (145 - 146쪽)

'남수'는 이러한 가족들에게서 벗어나기 위해 오로지 공부에만 몰두한다. 중학교, 고등학교를 전교 수석으로 장학금을 받으면서 졸업한

'남수'는 서울에 있는 대학에 진학한다. 어느 해던가 방학을 맞아 집에 내려온 남수는 술에 만취한 아버지와 어머니에게서 자신의 출생에 대한 비밀을 듣게 된다. 열여덟 살 때, 어머니는 동네로 흘러들어와 살게 된, '낡은 행색에 비해 준수한 외모를 가진' 떠돌이 남자와 정을 통하고 임신까지 하게 된다. 이를 알게 된 부모는 '근본도 모르는 놈'의 씨를 배게 되었다며 길길이 뛴다. 그러자 그 남자는 홀연히 사라져 버린다. 점점 배가 불러오자 어머니는 '기차로 한 시간이나 걸리는 낯선 동네'의 '찢어지게 가난한 집의 한 청년에게' 넘겨진다. '집과 얼마간의 논밭을 마련해 준 후 거기서 소리 소문 없이 아이를 낳고 부부로 산다는 조건'을 달고. '혼인한 지 넉 달만에 나온' 남의 새끼를 자기 새끼라고 여기면서 살아야 했던 의붓아버지는 술로 세월을 보낸다. 그러다가 의붓아버지가 세상을 등지자 '남수'는 의붓큰아버지에 의해 맏상주 노릇을 저지 당한다. '피도 하나 안 섞인 놈한테 맏상주를 맡길 순 없다'는 것이었다. 어쨌거나 세월은 흘러 남수는 자신과는 정반대로 '좋은 부모 밑에서 정을 많이 받고 자란 아내'와 결혼을 하고 더 나은 미래를 위해 유학길에 오른다. 부부가 갖은 고생을 하며 돈을 벌어 공부를 하는데도 불구하고, 혼자가 된 어머니는 돈을 보내 달라고 성화를 부린다. 가까스로 공부를 마치고 5년 만에 귀국하여 대학에 자리를 잡은 '남수'는 더욱 기막힌 꼴을 당한다. '보험회사를 다니던 어머니는 고객들의 돈은 물론 오랫동안 이웃으로 지내온 고향 사람들의 돈까지 끌어들여' 쓰고는 행방을 감추었기 때문이다. '남수'는 월급까지 차압당한다. 그 후 한동안 연락이 끊겼던 어머니에게서 일본 교토에 와 있다는 연락을 받는다. 결혼을 한다고 서류를 떼어 보내라는 것이었다. '남수'는 서류를 보냈다는 전화를 하면서 '다시는 보고 싶지 않'다고, 이제는 연락도 하지 말라고 못을 박는다. 그리고 몇 년 후 일본의 어머니가 '자궁에 생긴 근종' 때문에 누워 있다는 말을 동생에게서 듣는다. 계속 모른 척하고 지내던 어느 날, 아내는 '남수'에게 비행기표와 어머니의 집 주소, 전화번호가 적힌 종이를 내밀면서 등을 떼민다. 이렇게 해서 교토까지 왔지만, '남수'는 선뜻 어머니를 찾지 않고 '청수사'를 어슬렁거리고 있을 뿐이다. 고단하고 곤고했던 과거의 삶의 여정을 회상하면서. 그러다가 결국 어머니에게 전화를 걸게 되는데, 그 이유는 청수사에 설치된 '태내 여행'의 체험 때문이었다.

> 지상의 햇빛 속으로 나오자 그 모든 것들이 꿈속의 일인 양 아득했다. 나오면서 보니 입구 쪽 데스크에 손바닥만한 인쇄물이 놓여 있었다. 들어갈 때 미처 발견하지 못한 것이었다. 胎內旅行. 한자를 중심으로 더듬더듬 읽은 흑백 전단의 내용은 33년 만에 일반에게 공개하는 관음보살 친견과 태내 여행에 관한, 신문 기사처럼 짧은 글이었다. 이를테면 그 캄캄하던 어둠 속은 자궁인 모양이었다. 길이가 37미터라는 그 캄캄한 자궁을 거쳐 어머니의 뱃속에서 하나의 생명으로 자라나기까지의 과정을 상징적으로 표현한 설치물이었다. 대리석에 새겨진 상형문자는 산스크리스트어인 '옴'이라고 했다. 결코 길지 않은 시간이었지만 남수는 어딘가 아주 낯설면서도 익숙한 곳으로 여행을 다녀온 느낌이었다. (165쪽)

이와 같은 '태내 여행'을 하면서 '남수'는 그 옛날 어머니의 목소리를 떠올린다.

> "니 생부가 영영 돌아오지 않을 거라는 걸 깨달은 후 난 뱃속의 아이를 지우러 뒷산으로 올라갔다. 언덕 같은 데서 구르면 아이가 떨어진다는 소리는 어릴 적부터 많이 들었으니까. 구르다가 혹 내가 죽기라도 하면 차라리 다행이라는 생각도 들었다. 나이 열여덟에 애비도 없는 애를 낳았다고 사람들한테서 멸시를 당하면서 사느니 차라리 아이와 함께 죽어버리는 편이 나을 것 같았다. 뒷동산에

앉아 한참을 울다가 드디어 결심을 하고 몸을 언덕에 뉘었다. 초가을 햇살이 아주 따뜻했지. 그때였다. 배에서 뭐가 꿈틀하더라. 뱃속의 아이가 몸을 뒤채는지 배 한쪽에 뾰족한 것이 툭 튀어나왔지. 아마도 팔꿈치인 것 같았어. 아이는 무얼 하는지 연신 발길질을 해대더라. 어쩌면 지가 곧 죽을지도 모른다는 걸 본능적으로 알아챘는지도 모르지. 누워서 곧 몸을 굴리려던 난 그 길로 벌떡 일어나 다시 산을 내려왔다. 지도 목숨이라고, 살겠다고 그렇게 발길질을 해대는데 차마 죽일 수가 없었다." (164쪽)

그리고 '남수'는 '그토록 격렬하게 어머니를 미워한 것은 어쩌면 그리움이 아니었을까. 간절한 그리움은 아니었을까'라고 생각하면서 어머니를 찾아 간다.

부모를 잘못 만나, 그릇된 가족 관계 속에서 고통스럽게 살아온 한 남자의 극적인 인생 이야기를 들려주고 있는 「태내 여행(胎內旅行)」은, '피투적(被投的)'인 우리 인간 존재의 본질성을 다시금 깨닫게 만드는 작품이다.

양선미의 「**조서**」 또한 잘못 맺어진 가족 관계에서 비롯된, 흔치 않은 이야기를 담고 있는 작품이다. 「조서」는 두 가지 이야기가 병행하면서 전개된다. '나'가 현재 경찰서에서 조서를 받고 있는 이야기와 '나'의 의식 속에서 끊임없이 일어나는 '그'와 관련된 이야기가 그것이다.

30세인 '나'는 혼자 살고 있는 처녀이다. 고등학교에서 논술 강의를 하고 있다. 전날 밤의 늦은 귀가 때문에 잠을 설친 '나'는 급하게 출근을 하다가 '그'의 전화를 받고는 화들짝 놀란다.

그에게서 전화가 왔다. 그건 그가 펼쳐놓은 포충망이 이미 가까운 곳에 펼쳐 있다는 것을 의미했다. 그가 나타나는 건 시간문제였다. 아니, 어쩌면 벌써 어딘가에서 이곳을 지켜보고 있을지도 모를 일이었다. (……중략……) 생각해보면 엄마가 죽었을 때, 하다못해 외국으로라도 떠났어야 옳았다. 그는 집요하고 영악한 사람이었다. 제아무리 꼭꼭 낯선 곳에 틀어박혀 있다 해도 늘 그랬던 것처럼 결국엔 찾아내리라는 걸 왜 부인하고 싶었던 것일까.

아직 엄마가 살아있었을 때, 그를 피해 숨어들었던 때가 떠올랐다. 꼭 1년 만에 찾아온 그는 오랜 고행을 끝낸 순례자처럼 몹시 지쳐 있었다. 통통했던 두 볼은 탄력을 잃은 스펀지처럼 옴폭 들어가 있었고 언제 갈아입었나 싶게 걸치고 있는 옷에서는 형용하기 어려운 악취가 쉴새없이 흘러 나오고 있었다. (……중략……) 그는 여전했다. 아니, 더 심해졌다. 자신을 경찰에 신고하고, 또 말도 없이 사라진 것에 대해 그는 극도로 분노했다. 술을 마셨고, 자신 안에서 날카롭게 벼린 날을 엄마에게 쏟아 부었다. 그동안 엄마의 행적을 검사한다는 이유로 내 앞에서 옷을 벗겼고, 욕을 해댔고, 손찌검을 했다. 머리채를 잡았고 아직 흉터가 가시지 않은 엄마의 팔을 겨누며, 가만두지 않겠다고, 한 번만 더 사라지면 그땐 정말로 죽여버리겠다고 으르렁거렸다.

그러나 그의 협박과는 달리 엄마는, 스스로 사라졌다. 전날 맞은 상처 부위를 소독하고 있을 때였다. 대낮부터 취한 그가 나타났고 오른손에는 어디선가 구해온 각목이 흉물스럽게 들려 있었다. 돌연한 도주에 대해, 그간 분출하지 못한 적의를 한꺼번에 내뱉던 그는 자신의 노여움을 푸는 대상으로 이번에는 나를 택했다. 그가 결조차 다듬어지지 않은 각목을 들고 다가올 때만 해도 설마 정말로 그걸 휘두르리라고는 생각조차 하지 못했다. 난폭하기는 했어도 아직까지 내게는 흉기를 휘둘러 본 적이 없는 그였다. 그러나 기다란 사각형의, 아직 향내가 사라지지 않은 거친 각목이 머리와 부딪치는 순간 돌연 모든 것이 평온해졌다.

짐작했던 것처럼 두렵지는 않았다. 결국은 피할 수 없는 것이 앞에 다가온 것처럼 오히려 마음이 가라앉았다. 정신을 잃고 누운 마룻바닥은 뜻밖에도 부드럽고 시원했다. 아주 잠깐, 엄마의 절규가 들려오는 것도 같았다.

아마, 처음이었을 것이다. 그가 아닌 엄마가 위해를 가한 것은.

방심한 탓에 각목을 엄마에게 빼앗긴 그는 내 옆에 눈을 감고 쓰러졌다. 그 순간 우리 둘은 오수를 즐기는 사이좋은 부녀처럼 보였을 터였다.

　황폐해진 건 엄마였다. 제 안에서 난데없이 튀어나온 난폭함에 놀란 엄마는 손에 들고 있던 각목을 떨어뜨렸고, 내용물이 빠져나간 자루처럼 그 자리에 허물어졌다. 하얗게 질린 입술로 뜻 모를 몇 마디 말을 내뱉은 뒤 아주 잠깐 위악적으로 입술을 비틀었다. 그게 마지막이었다. 엄마는 무언가에 홀린 듯 집을 나가 다시는 돌아오지 않았다. (179－181쪽)

이와 같이 '나'에게는 악마와 같은 존재인 '그'에게서 전화를 받은 그날 밤, '나'는 언제 '그'가 들이닥칠지도 모른다는 공포감에 휩싸여 무작정 집을 나와 자동차를 몬다. 집 근처 사거리 횡단보도를 지날 때, 담배를 피워 물고 서 있는 어떤 남자가 바로 '그'라는 것을 알아차리자마자, '나'는 '그'를 향하여 액셀러레이터를 밟는다. '그러나 고개를 든 그의 표정을 보는 순간', '나'는 오른쪽으로 급하게 핸들을 꺾고 만다. '그'를 차로 치어 죽이려다가 한 순간에 마음이 바뀐 것이다. '나'는 빠른 속도로 그곳을 벗어나려고 하다가 '지나치게 선명하고 단정적인 소리'를 듣고 그곳에서 이십여 미터나 지나서야 급브레이크를 밟은 채 차를 세운다. 사람이 몰려 있는 곳에 다가가 보니 '그'가 '붉은 피를 지표로 흘려보내고 있'다. '나'가 '그'를 치었다는 혐의를 받을 수도 있었으나, 어떤 청년의 목격 진술로 '나'는 그 혐의에서 벗어난다. 그 청년의 목격담에 의하면 '나'의 차가 급격하게 오른쪽으로 방향을 바꾼 후에 달려오던 어느 차에 '그'가 치었다는 것이다. 그리고 그 차는 뺑소니를 쳤다는 것이다. 그래서 '나'는 참고인으로서 경찰의 조서를 받고 있는 것이다. 물론 '나'는 아무 일 없이 경찰서에서 풀려 나온다. 그리고는 차에 치여 길가에 버려져 있던 '그'를 떠올린다.

선홍색 피를 흘리며 허공을 응시하던 그의 눈이 떠올랐다. 잠깐 습한 기운을 띠며 흔들리던 눈빛이. 까무룩 꺼져가는 그의 영혼을 바라보던 내 안에서 요동치던 당혹감이 아직까지 내 안 어딘가에서 떠도는 게 느껴졌다. 피돌기마다 흔들리며 자꾸 뿜어져 나오려 하는 눈물까지도. 만약 그를 발견하지 못했다면 그래서 방향을 틀지 않고 그대로 도로를 달렸더라면, 그는 무사히 횡단보도를 건널 수 있었을까. 횡단보도를 건너 내 집까지 찾아왔을까. 짐작이 되지 않았다. 그를 보는 순간 돌연 끓기 시작한, 내 자신도 감당 못할 맹렬한 적의는 어디에서 떠돌던 슬픔이었을까. 자동차 불빛에 놀라던 그의 검은 얼굴, 허공에서 잠깐 빛나던 담배의 불빛은 혹시 꿈이 아니었을까. 나는 고개를 흔들었다. (188쪽)

이 작품에서 '그'는 나의 친아버지인지 혹은 의붓아버지인지 그도 아니면 엄마와 어떤 부적절한 관계를 맺었던 사람인지 확실하지가 않다. 그러나 어쨌거나 '나'와 엄마는 가족관계이고 엄마 때문에 '그'와도 관계를 맺게 된 '나'는 끔찍한 횡액을 당하면서 고통에 시달리는 것이다.

잘못 맺어진 가족 관계 또는 인간관계에서 파생된, 극적인 이야기를 추리소설과 같은 미스터리 기법으로 서술한 「조서」는, 따라서 흥미롭게 읽히기도 하거니와, 세심한 독법을 요구하는 작품이라 하겠다.

소설적 진실, 또는 리얼리티

◦ 한 강, 「몽고반점」(『문학과 사회』, 2004년 가을호)
◦ 김영하, 「은하철도 999」(『문학사상』, 2004년 10월호)
◦ 김도언, 「잔혹 – 악취미들 2」(『문학과 사회』, 2004년 가을호)
◦ 정미경, 「무화과나무 아래」(『현대문학』, 2004년 10월호)
◦ 한수영, 「스프링벅」(『작가세계』, 2004년 가을호)

1. 소설적 진실, 또는 리얼리티

소설은 거짓말이다. 다시 말하자면 소설은 작가가 꾸며낸 이야기이다. 그래서 우리들은 소설을 흔히 '허구'(虛構, fiction)라고 칭한다.

소설이 허구라는 것은 명백한 사실이지만, 여기에는 하나의 중요한 조건이 따라 붙는다. 거짓은 거짓이되, '그럴듯한'(plausible) 그리고 '진실된' 거짓이어야 한다는 점이다. 작가가 만들어낸 이야기가 아무리 진기하고 흥미롭다고 하더라도 허황된 거짓에 바탕을 둔 것이라면, 그것은 '허구'가 아니라 '허위'(虛僞)가 되고 만다. 따라서 소설로서의 허구는 반드시 그 나름대로의 '그럴듯한 진실성'을 내포해야 하는데, 이것이 바로 '소설적 진실'이라는 개념이다.[1] 이치에 맞지 않는다거나 현실

---

[1] '소설적 진실'(reality)이라는 용어의 개념을 이해하는 데에 매우 유용한 일화가 있다. 오래 전에 어느 평론가가 이효석의 「메밀꽃 필 무렵」의 내용을 거론하면서, 이효석은 과학적 지식에 무지한 작가라고 혹평을 하였다. 왼손잡이가 유전이 안 된다는 사실은 생

과 동떨어진 것에 대해서는 아예 등을 돌려 버리고 합리적·이성적인 생활을 해 나가는 우리들이, 한낱 거짓말에 불과한 소설을 읽고 재미를 느끼며 감동하는 까닭은 바로 이 '소설적 진실' 때문이다. 그러므로 소설에서의 허구는 단순히 꾸며 낸 이야기가 아니라 삶의 진실성을 토대로 한, 그럴듯한 이야기가 되어야 하는 것이다.

이와 같은 논의를 통해 우리는 소설의 본질적인 특성인 허구가 '그럴듯함'(plausibility) 또는 '개연성'(蓋然性, probability)이라는 용어와 자연스럽게 연결된다는 것을 알 수 있게 되는데, '그럴듯함'이나 '개연성'이라는 개념은 어떤 작품에서의 이야기가 신뢰감과 설득력을 획득하느냐의 문제와 직결된다. 만약 어느 소설에서 전개되는 사건이나 그와 관련된 이야기들이 그럴듯하게 또는 실감나게 제시되지 못한다면, 그 소설은 신뢰감과 설득력을 잃게 되고 결국은 독자들의 독서 충동을 자극하거나 지속시키지 못하게 될 것이다.

소설이 허구에 바탕을 둔 하나의 그럴듯한 그리고 진실된 이야기라고 할 때, 여기에는 '상상력'(imagination)이라는 또 다른 주요한 문학적 요소가 개재된다. 전술한 바와 같이 소설에서의 허구란 단순히 거짓을 의미하는 것이 아니라, 소설 속의 이야기로 하여금 개연성과 진실성을 지닐 수 있게 만드는 하나의 필수불가결한 소설적 장치이다.[2] 따라서

물학적 상식에 속한다는 근거를 토대로 한 발언이었다. 이는 물론 왼손잡이 '허생원'이 역시 왼손잡이인 '동이'가 그 옛날 '성서방네 처녀' 사이에서 생겨난, 자신의 아들일지도 모른다는 결말 대목을 두고 한 말이었다. 이러한 지적에 대하여 어떤 비평가가, 그 평론가는 하나는 알고 둘은 모르는 사람이라고 비판을 가했다. 생물학적으로 볼 때 왼손잡이는 물론 유전이 아니다. 그러나 그 소설은 사건이나 이야기가 전개되는 내적인 구조 또는 내부적인 정황으로 미루어 볼 때, 「메밀꽃 필 무렵」은 나름대로의 진실성, 즉 '소설적 진실'을 획득하고 있다. 따라서 독자들은 생물학적인 지식과는 무관하게 이 작품의 이야기를 그럴듯한 것으로 받아들이게 되고, 나아가 소설적 감동을 느끼게 된다는 것이 그 비판의 요지였다.

2) 그래서 어느 논자는 '소설에 있어서 거짓말은 그 생명이며 본질'이라고까지 말하고 있다(한용환, 소설의 이론, 문학아카데미, 1990, 74쪽).

거짓으로 만들어진 허구가, 그럴듯한 소설적 진실을 확보하기 위해서는 작가의 상상력이 절대적으로 필요하게 된다. 요컨대 상상력은 소설 속의 이야기가 구체적인 리얼리티와 함께 진실성을 확보하는 데에 결정적인 역할을 하는, 주요한 문학적 요소인 것이다.

이와 같은 관점에서 살펴볼 때, 이 계절에 쏟아져 나온 소설들 중에서 자유분방한 허구적 상상력을 바탕으로 하되, 소설적 진실 또는 리얼리티를 획득한 몇몇의 작품들은 다른 어느 것들보다도 빛나 보였다.

2. 몽고반점에 미친 사내 이야기

한 강의 「**몽고반점**」은 충격적인 이야기를 담고 있다. 처제의 엉덩이에 푸르스름하게 남아 있는 몽고반점에 관한 말을 아내에게 듣고, 강렬한 성적 욕구를 느낀 형부가 결국은 처제와 섹스를 한다는 이야기이기 때문이다. 상식을 벗어난 이러한 이야기는 기실 허황되게 들릴 수 있다. 그러나 작가가 들려주는 이야기를 따라가다 보면, 어느 새 자기도 모르게 그 이야기에 푹 빠져 들게 된다. 그리고 결말 부분에 이르러서는 반전의 경이로움까지 경험하게 된다. 허황되긴 하지만, 그럴 듯하고 또한 나름대로 어떤 진실성을 띠고 있기 때문이다.

주인물인 '그'는 이른바 비디오 아티스트이다. 그는 십여 년간 해온 비디오 작업을 이 년이나 손을 놓고 있다. 일 년 전부터 그를 사로잡고 있는 어떤 이미지를 작품으로 표현해내지 못해 전전긍긍하고 있는 터였다. 그는 다만 꽃잎들이 화려하게 '바디 페인팅' 된, 벌거벗은 남녀가 적나라한 자세로 교합하는 그림만을 스케치북에 그려놓았을 뿐이었다. 그런데 아내에게서 우연히 처제의 몽고반점에 대한 이야기를 듣는 순간, 그는 강한 충격을 받고 어렴풋하게 느껴오던 그 이미지를 비로소 확실하게 잡아낸다.

그것은 그에게 오지 않을 수도 있었다. 그의 아내가 그 일요일 오후 그에게 아들을 목욕시켜달라고 하지 않았다면. 그가 아들을 커다란 수건으로 감싸서 안고 나온 뒤, 아내가 아들에게 팬티를 입히는 모습을 보며 "아직도 몽고반점이 제법 크게 남아 있군. 대체 언제나 없어지는 거지?" 하고 묻지 않았다면. 아내가 "글쎄…… 나도 정확한 기억은 없는데. 영혜는 뭐, 스무 살까지도 남아 있었는 걸" 하고 뜻 없이 말하지 않았다면. "스무 살?" 하는 그의 물음에 "응…… 그냥, 엄지손가락만 하게. 파랗게. 그때까지 있었으니 아마 지금도 있을 거야"라는 아내의 대답이 뒤따르지 않았다면. 여인의 엉덩이 가운데에서 푸른 꽃이 열리는 장면은 바로 그 순간 그를 충격했다. 처제의 엉덩이에 몽고반점이 남아 있다는 사실과, 벌거벗은 남녀가 온몸을 꽃으로 칠하고 교합하는 장면은 불가해할 만큼 정확하고 뚜렷한 인과관계로 묶여 그의 뇌리에 각인되었다.

그의 스케치 속의 여자는 얼굴이 잘려 있을 뿐 처제였다. 아니, 처제여야 했다. 한 번도 보지 못한 처제의 알몸을 상상해 처음 그리고, 작은 푸른 꽃잎 같은 점을 엉덩이 가운데 찍으며 그는 가벼운 전율과 함께 발기를 경험했었다. 그것은 결혼한 이후, 특히 삼십 대 중반을 지나서는 거의 처음 느끼는, 대상이 분명하며 강렬한 성욕이었다. 그렇다면, 여자의 목을 조르듯 껴안고 좌위로 삽입하고 있는 얼굴 없는 남자는 누구인가. 그것이 자신이라는 것을, 자신이 어야만 한다는 것을 그는 알았다. 거기까지 생각이 이르렀을 때 그의 얼굴은 일그러졌다. (984-985쪽)

이러한 발단 부분의 한 대목을 통해 우리는 앞으로 전개될 이야기의 얼개를 짐작할 수 있다. 몽고반점 이야기를 들은 이후 그는 예전의 처제 모습을 상상하며 수음까지 한다.

은밀히 터질 듯한 가슴을 의식하며 그는 욕실문을 닫았다. 샤워기의 물이 요란한 소리와 함께 욕조로 떨어져 내리는 것을 보며 옷을 벗었다. 두 달 가까이 아내와 섹스하지 않았다는 것을 그는 알고 있었다. 그러나 지금 그의 성기가 부풀어 오른 것이 아내 때문이 아니란 것도 알고 있었다.

오래전 아내와 함께 들렀던 처제의 자취방을, 거기 웅크려 누워 있을 처제를, 그보다 오래전 피투성이로 그의 등에 업혔던 처제의 몸을, 고스란히 전해져왔던 가슴과 엉덩이의 감촉을, 그리고 바지 한 겹만 벗기면 낙인처럼 푸르게 찍혀 있을 몽고반점을 상상한 순간, 온몸의 피가 거기 모였던 것이다.

물컹물컹한 환멸을 씹으며 그는 선 채로 자위를 했다. 샤워기 아래로 뛰어들어 정액을 씻어내며 그는 웃음도 울음도 아닌 신음을 냈다. 물이 너무 차가웠기 때문이었다. (989-990쪽)

이처럼 강렬한 성적 욕구에 시달리면서 그는 처제를 어떻게 설득하여 비디오 작업을 할 것인가 궁리를 한다. 사실 처제는 정상적인 정신 상태가 아닌 여자이다. 처제는 어느 때부터인가 채식을 한다면서 고기를 먹지 않았다. 처가 식구들끼리 식사하는 자리에서 처제가 고기를 먹지 않자, '베트남 참전 용사 출신인 장인이 반항하는 처제의 뺨을 때리고 우격다짐으로 입 안에 고깃덩어리를 밀어 넣'는다. 처제는 즉시 고깃덩어리를 뱉어내고 과도로 자신의 손목을 긋는다. 그때 그는 피투성이의 처제를 들쳐 업고 병원으로 달려갔던 것이다. 처제는 몇 달 동안이나 정신 병원에 입원하였다가 퇴원하여 혼자 살고 있다. 남편은 그러한 아내를 받아들일 수 없다고 하여 이혼을 준비하는 중이다.[3] 하여튼,

---

3) 한 가지 흥미로운 사실은, 「몽고반점」의 처제와 같이 갑자기 채식주의자로 돌아선 여인에 관한 이야기가 한 강의 또 다른 작품에 그대로 서술되어 나타난다는 점이다. 「채식주의자」(『창작과 비평』, 2004년 여름호)가 그것인데, 두 주인물의 '영혜'라는 이름·외양·성격 그리고 그녀들이 어느 날 갑자기 고기를 거부하고 채식을 하게 되는 모호한 이유, 나아가 자해를 하기까지의 사건 전개 등 스토리가 거의 유사하다. 다만 「채식주의자」는 남편의 관점에서 아내를 관찰하는 방식으로 서술되어 있다. 어쨌든 두 작

그는 정상인이 아닌 상태로 혼자 생활하고 있는 처제를 설득하고 승낙을 받는다. 친구의 작업실을 빌려 그녀를 벌거벗기고 현란한 꽃무늬의 바디 페인팅 작업을 한 그는 더욱 욕심을 낸다. 며칠 후 남자 후배를 끌어 들여 역시 바디 페인팅을 한 그는, 그들의 애무 장면을 비디오카메라에 담는다. 그러한 작업에 심취된 그는 한껏 고양되어 실제 성교를 요구한다. 후배는 화를 내며 나가 버린다. 처제와 둘이 남게 된 그는 처제에게서 운명과도 같은 강렬한 성적 욕구를 느낀다. 며칠 후 마침내 그는 이를 실행힌다. 그는 같은 비디오 작가로 활동하던 옛 애인을 불러내어 자신의 몸에 꽃 그림의 바디 페인팅을 하게 한다. 그리고 그는 처제의 집으로 찾아가 그동안 키워 오던 욕정을 난폭하게 풀고 난 후, 비디오카메라를 설치해 놓고 이미지 작업을 한다.

> 그는 신음을 내며 그녀가 있는 쪽으로 달려갔다. 조명도, 촬영 따위도 그는 잊었다. 솟구치는 충동만이 그를 삼켰다.
> 그는 으르렁거리며 그녀를 눕혔다. 한 손으로 그녀의 가슴을 움켜쥐며, 그녀의 입술과 코를 닥치는 대로 빨며 자신의 셔츠 단추를 풀었다. 아랫부분의 단추들은 아예 뜯겨지도록 잡아당겨버렸다.
> 벌거숭이가 된 그는 그녀의 가랑이를 힘껏 벌리고 그녀의 안으로 들어갔다. 어디선가 짐승의 헐떡이는 소리, 괴성 같은 신음이 계속해서 들렸는데, 그것이 바로 자신이 낸 소리라는 것을 깨닫고 그는 전율했다. 그는 지금까지 섹스할 때 소리를 내본 적이 없었다. 교성은 여자들만 지르는 것이라고 생각했기 때문이다. 그녀의 이미 흠뻑 젖은 몸, 무서울 만큼 수축력 있게 조여드는 몸 안에서 그는 혼절하듯 정액을 뿜어냈다. (1035 - 1036쪽)

> 눈부신 조명 아래 그녀는 길게 드러누워 있었다. 그는 조심스럽게 자신의 몸을 그녀의 몸 위에 겹쳤다. J의 몸과 그녀의 몸이 그

품이 밀접한 관련성을 지니고 있다는 것만은 분명한 사실이다.

랬듯이 지금 두 사람의 몸은 겹쳐진 꽃들 같을까. 꽃과 짐승과 인간이 뒤섞인 한 몸 같을까.

체위를 바꿀 때마다 그는 캠코더의 위치를 조정했다. J가 거부했던 후배위를 할 때는 먼저 엎드린 그녀의 엉덩이를 오래 클로즈업했다. 그가 뒤에서 삽입한 후로는 외부 모니터에 비친 영상을 직접 확인하며 섹스했다.

모든 것이 완벽했다. 꿈꿔왔던 대로였다. 그녀의 몽고반점 위로 그의 붉은 꽃이 닫혔다 열리는 동작이 반복되었고, 그의 성기는 거대한 꽃술처럼 그녀의 몸속을 드나들었다. 그는 전율했다. 가장 추악하며, 동시에 가장 아름다운 이미지의 끔찍한 결합이었다. 눈을 감을 때마다 그는 자신의 아랫도리를 물들이고 배와 허벅지까지 흠뻑 적시는 끈끈한 풀물의 푸른빛을 보았다. (1035 – 1036쪽)

밤새 작업을 하면서 열락의 세계를 넘나들던 그들은 깊은 잠에 빠져든다. 이튿날 오후, 잠에서 깨어난 그는 소스라치게 놀란다. '희끗하게 질린 얼굴로' '6mm 테이프'를 들고 있는 아내를 발견했기 때문이다. 혼자 살고 있는 동생이 며칠 동안 연락이 없자, 몇 가지 반찬을 해가지고 들렀던 것이다. 아내는 눈물을 삼키며 '나쁜 새끼, 아직 정신도 성치를 않은 애를'이라고 중얼거리면서 '구급대를 불러놨'다고 조용히 말한다. 둘을 정신 병원에 보내겠다는 뜻이다. 그때 처제가 알몸인 채로 일어나 창가로 간다.

그녀는 천천히 그들에게서 몸을 돌려 베란다 쪽으로 다가갔다. 미닫이문을 열어 찬바람이 일시에 들어오도록 했다. 그는 그녀의 연둣빛 몽고반점을 보았고, 거기 수액처럼 말라붙은 그의 타액과 정액의 흔적을 보았다. 갑자기 자신이 모든 것을 겪어버렸다고, 늙어버렸다고, 지금 죽는다 해도 두렵지 않을 것 같다고 느꼈다.

그녀는 베란다 난간 너머로 번쩍이는 황금빛 젖가슴을 내밀고, 주황빛 꽃잎이 분분히 박힌 가랑이를 활짝 벌렸다. 흡사 햇빛이나 바람과 교접하려는 것 같았다. 가까워진 앰뷸런스의 사이렌, 터져나오는 비명과 탄성, 아이들의 고함, 골목 앞으로 모여드는 웅성거리는 소리들을 그는 들었다. 여러 개의 급한 발소리들이 층계를 울리며 다가오고 있었다.

지금 베란다로 달려가, 그녀가 기대어 서 있는 난간을 뛰어넘어 날아오를 수 있을 것이다. 3층 아래로 떨어져 머리를 박살낼 수 있을 것이다. 그렇게 할 수 있을 것이다. 그것만이 깨끗할 것이다. 그러나 그는 그 자리에 못 박혀 서서, 삶의 처음이자 마지막 순간인 듯, 활활 타오르는 꽃같은 그녀의 육체, 밤사이 그가 찍은 어떤 장면보다 강렬한 이미지로 번쩍이는 육체만을 응시하고 있었다. (1042 ─1043쪽)

이러한 결말 부분으로 보아, 그는 베란다 난간 너머로 처제를 밀고 자신도 떨어져 죽거나 혹은 자기만 혼자 떨어져 죽을 수도 있을 것이다. 그 전에 그는 짧은 순간이나마 자신이 만들어낸 강렬한 이미지를 눈앞에 두고 황홀경에 빠져 있다.

이처럼 「몽고반점」은 우리네 보통 사람들의 상식을 초월한 이야기를 우리들에게 들려주고 있다. 그럼에도 불구하고 우리들은 그 이야기의 세계에 몰입하게 된다. 그럴듯한, 리얼리티가 내재되어 있기 때문이다.

반전의 경이로움도 간과할 수 없다. 각종 영상매체들이 발달한 요즈음에는 TV, 비디오, 영화, 애니메이션, 컴퓨터 등을 이용하여 희한한 작품들을 만들어내는 무슨 무슨 아티스트들이 많이 있지 않은가? 독자들은 주인물인 '그'도 그런 사람 중의 하나이겠거니, 온전한 정신 상태를 지닌 정상인이겠거니 하면서 이 소설을 읽어 나가게 될 것이다. 다시 말하자면, 파격적인 예술 작품을 만들어 보려고 노심초사하는 그의 작업 행위에 독자들은 나름대로의 개연성을 부여하면서 이야기에 빠져들게 된다는 것이다. 그러나 처제와의 섹스라는, 다소 황당하긴 하지만,

그럴듯한 부분에 이르러서야 비로소 깨닫게 된다. 처제는 물론이고 그도 정신 상태가 온전치 않은, 일종의 정신병자라는 사실을. 그러니까 독자들은 작가의 교묘한 서술 기법에 깜빡 속아 넘어간 것이다. 그러나 어찌됐든 「몽고반점」을 통해 독자들은 작가가 펼쳐 놓은, 충격적이면서도 진기한 이야기의 바다 속을 유유히 헤엄쳐 다니는 미적 경험을 한껏 누리게 되리라 본다.

60여 쪽의, 묵직한 중편 소설의 분량임에도 불구하고, 시종일관 사실적이면서도 감각적인 묘사와 표현을 토대로 흥미진진한 이야기를 들려 준 한 강의 작가적 역량은 단연 돋보인다. 괄목상대할 만한 작가가 아닐 수 없다.

사족 하나. 처제는 정신 병원에서 치료를 받던 정신병자임이 확실하다. 더구나 '상체를 벌거벗은 채 병원 분수대 앞에서 발견되'거나 '수시로 옷을 벗고 햇볕을 쪠려 해' 폐쇄 병동에까지 입원해 있었던 환자였다. 온전치 않은 정신을 가지고 있었기에 처제는 형부 앞에서 스스럼없이 벌거벗고 바디 페인팅을 하였으며 심지어 섹스까지 하게 되었으리라. 그러나 그의 경우는 어떠한가? 그도 확실히 미친 사람인가? 처제에 대한 자신의 성적 욕구를 채우기 위한, 하나의 비정상적인, 동물적인 사내에 불과한 것일까? 자신의 예술적 영감을 어떻게 해서든지 작품으로 승화시키려고 혼신의 노력을 다한, 진정한 예술가로 그를 인정할 수는 없는 것일까? 자신의 예술 작품의 완성을 위해서 상식을 벗어나 기행(奇行)을 일삼던 예술가들을 동서고금에서 얼마든지 찾아볼 수 있지 않은가? 그래서 우리들은 그를 파격적인 예술가로 인정하고 결말 부분에 이르기 전까지, 침을 꼴깍 삼키면서 혹은 손에 땀을 쥐면서 흥미진진하게 이야기의 바다 속에 빠지지 않았던가? 「몽고반점」의 황당하면서도 충격적인 이야기가 소설적 진실성을 획득하고 독자들로 하여금 강한 리얼리티를 느끼게 하는 것은, 바로 이러한 비의적(秘意的)이면서 다중적(多重的)인 주인물의 성격 창조에서 비롯되었다고 보인다.

3. '백수'로부터의 탈출 이야기

김영하의 「은하철도 999」는 직업을 구하지 못하고 이리저리 방황하던 한 젊은이가, NASA의 명의로 되어 있는 '신형 우주정거장 체류 희망자 모집'이라는 벽보를 보고 그에 응시한다는 이야기를 담고 있다. 미국의 어마어마한 항공우주국인 NASA에서 서울의 한 귀퉁이 담벼락에 우주인 모집 공고를 써붙인다는 이야기 자체가 우스꽝스럽다. 그러나 일자리를 찾지 못하고 무기력하게 돌아다니다가, 허황된 광고를 보고 하나둘씩 그에 응시하는 젊은 백수들의 모습은 바로 요즈음의 젊은이들의 모습이다. 그래서 이 작품은 젊은 실업자들로 넘쳐나는 우리 사회의 한 단면을 풍자한, 우리 시대의 우화소설로 읽힐 수가 있다.[4]

주인물인 '나'는 취직 시험에서 사십 번을 미끄러져, '사회가 날 원하지 않는다'는 생각까지 하게 된다. 게다가 어느 날 갑자기 나의 집은 '한 무더기의 건축 폐기물'로 변한다. 무능력한 아버지는 그에 대한 일언반구도 없이 고모네 집에 얹혀 살 작정이다. 나는 졸지에 거처할 집까지 잃어버린 것이다. 어느 날 여자 친구를 기다리던 '나'는 자신과

---

4) 요즘 인터넷상에는 넘쳐나는 실업자들을 풍자한 '2003 신어(新語)'들이 떠돌고 있고, 또한 실제로 이러한 말들이 널리 통용되고 있다. '이태백'(20대 태반이 백수), '삼팔선'(38세 퇴직), '사오정'(45세 정년), '오륙도'(56세까지 일하면 도적), '육이오'(62세까지 일하면 오적, 五賊) 등의 말들이 그것이다. 이러한 새로운 말들은 당대 사회의 특성을 그대로 반영한다. 월드컵이 열렸던 2002년의 신어가 밝은 분위기였던 데 반해, 2003년의 신어에는 어두운 색의 말이 많다고 한다. 최근에는 지금의 대통령이 자신이 맡은 역할을 잘 못한다는 뜻에서 '반통령'(半統領)이라는 말까지 생겨났다고 한다.

같은 젊은이가 골똘히 들여다보는 그 벽보를 발견한다. '나'는 벽보를 떼어 가방에 넣는다. 여자 친구를 만난다. 역시 백수인 그녀는 백수 처지에서 벗어나고자, '공인중개사 자격증과 운전면허증을 한 해에 다 취득하고 9급 공무원 시험'을 준비 중이다. 그런 그녀에게 '나'는 콩트나 끼적거리는 한심한 인간으로 비쳐진다. 그래도 '나'는 그녀에게 자신이 쓴 콩트를 보여주고 우주정거장에 관한 이야기를 한다. 콩트를 다 읽은 그녀는 '내가 어서 우주로 떠나버렸으면 하는 표정'을 짓는다. '나'는 다시는 그녀를 만나지 않을 결심을 한다. '나'는 고모를 찾아가 역시 우주 정거장 이야기를 꺼낸다. 고모는 대뜸 '나사가 무슨 동네 편의점이니? 너 같은 걸 뽑게? 시간 있으면 거울 한번 봐라. 뭐가 서 있나'라는 말을 한다. '나'는 '도대체 왜 주변의 모든 여자들이 나를 우습게 아는 걸까, 내가 번듯한 직장에 들어가지 못했다는 그 단 한 가지 이유 때문에 이런 대접을 당연히 감수해야 하는 걸까?'라는 생각을 한다. 어쨌거나 얼마 후, '나'는 TV 만화 '은하철도 999'의 주제가를 콧노래로 흥얼거리며 우주정거장 체류 희망자들을 태운 버스에 몸을 싣는다. 간단한 신체검사와 면접을 치르기 위해서.

왜 하필 '나'는 TV 만화 주제가를 부르게 되었는가를 설명하는 대목이 재미있다.

> 인지적 가려움증. 특정 유형의 노래들은 뇌에 가려움증을 유발하고 그것을 해소하기 위해 인간들은 그 노래를 계속 부른다는, 귀여운 가설이 얼마 전에 제출되었다. 그러니까 '우주정거장'이라는 단초가 <은하철도 999>라는 만화의 주제가를 호출했고, 일단 불려나온 이 노래가 내 뇌의 어딘가에 간지럼을 유발한 것이다. 그러니까 은하철도 999 호는 은하계가 아니라 내 대뇌피질 주름 속을 달리고 있는 것이다. 서울시 지하철처럼. (184쪽)

이처럼 「은하철도 999」는 별다른 사건이 전개되지 않은 채, 한 청년 실업자의 그저 그런 일상을 천천히 보여주고 있을 뿐이다. 그런데도 이 작품은 독특한 매력을 풍기고 있다. NASA의 우주정거장 체류 희망자 모집이라는 에피소드를 중심축으로 하여 그럴듯한 이야기를 펼쳐내고 있기 때문이다. 이러한 이야기는 기실 말이 되지 않는다. 컴퓨터 인터 넷망이 세계 곳곳에 퍼져 있는 이 시대에, NASA에서 우주인을 모집하 는 광고를 벽보로 붙인다는 것은 어불성설이다. 그럼에도 불구하고 경 기 침체와 실업률로 허덕이는 우리의 경제 상황을 살펴볼 때, 이러한 우스꽝스러운 일도 일어날 수 있겠거니 하는 생각이 든다. 이 작품을 읽는 독자들 중에는 혹시 이와 같은 광고가 있는가 하고 인터넷 검색 을 할지도 모르는 일이다. 그만큼 작품 속의 이야기가 그럴 듯하게, 실 감나게 전개된다.

신형 우주정거장 체류 희망자 모집.
미 항공우주국 NASA에서는 러시아의 구형 우주정거장 미르를 대체할 신형 우주정거장을 개발 중에 있습니다. 다가올 우주시대의 새로운 라이프 스타일을 탐색하는 이 프로젝트에 참가를 원하는 분 들은 아래 모집요강을 참조하시어 2004년 8월 31일까지 해당 서류 를 제출해 주시기 바랍니다.
서류, 면접, 신체검사를 통과한 참가자들은 우주정거장과 똑같이 만들어진 환경에서 1년간 생활하게 됩니다. NASA는 인성·적성 검 사를 비롯한 각종 검사를 통해 참가자가 우주생활에 적합한가를 최 첨단 검진 툴로 검사합니다. 인간 이외에도 보루네오산 오랑우탄 한 쌍, 호주산 도마뱀 한 쌍, 시베리안허스키종 개 한 쌍을 비롯한 동물들도 함께 참가합니다.
최종 선발 인원은 총 20명이며 인종 및 연령, 성별에는 제한이 없습니다. 1년간의 우주정거장 체류 시뮬레이션을 성공적으로 마친 참가자들은 내년 발사 예정인 스페이스 셔틀에 의해 신형 우주정거장에 파견, 다른 참가자들과 함께 1년간 생활할 자격이 주어지며 모의 훈련기간 및 우주정거장 체류기간에는 NASA의 규정에 따른 급여와 수당을 지급받게 됩니다.

단, NASA는 불의의 사고로 인하여 지구로 귀환하지 못하는 경우, 미 국내법에 정한 배상규정을 넘어서는 요구에는 응하지 않습니다. 신형 우주정거장은 최신 우주공학 기술로 안전하게 설계되었지만 그렇다고 100% 안전하다는 의미는 아닙니다. 참가자는 지구로 돌아오지 못할 수도 있으며 돌아오더라도 건강한 상태가 아닐 수 있습니다. 인간의 평균수명보다 훨씬 긴 세월을 우주공간에서 떠돌다가 돌아올 수도 있습니다. 가족과 상의하여 신중하게 신청해 주시기 바랍니다. 더 자세한 사항은……. (170–171쪽)

그럴듯하지 않은가? 끝이 보이지 않는 백수 생활에서 탈출할 기회가 오기만을 학수고대하는 이 땅의 많은 젊은이들에게 이와 같은 광고는 솔깃하게 다가갈 수 있는 것이다.

요컨대, 「은하철도 999」는 우리가 처한 어두운 경제 현실을, 작가 특유의 기발한 상상력과 시니컬한 문체를 바탕으로 하여 우화적으로 그려내었다는 점에서 주목에 값한다.

4. 엽기적인 살인 이야기

김도언의 「**잔혹—악취미들 2**」는 제목 그대로 잔혹하고 끔찍한 이야기이다. 엽기적이기까지 하다. 요즘 신세대 작가들에게 유행하는 엽기적인 소재에 의한 엽기적인 이야기이긴 한데, 그러한 이야기들의 대부분은 그야말로 황당무계하기가 열에 여덟아홉이기 마련이다. 그런데 이 작품은 다르다. 처음부터 중간 부분까지는 쉽게 납득할 수 없는 이야기가 전개되지만, 끝까지 다 읽고 나면 그럴 수도 있겠구나 싶은 생각이 든다. 나름대로의 그럴듯한 개연성을 지니고 있기 때문이다.

화자인 '나'는 '삼십대 후반의 독신 여류화가'이다. '나'는 '인터넷 아마추어 사진 동호회 모임'에서 만난, '유진'이라는 미모의 20대 여성에게 친근감을 느낀다. 그녀가 찍은 '차바퀴에 깔려 처참하게 죽어가는 개(시추)를 연속으로 촬영한 일종의 시퀀스 사진'에 매료되었기 때문이다. 그 즈음에 '나'는 '아름다움의 근원' '아름다움의 영원'이라는 화두에 매달려 있었는데, 그녀의 사진 속에서 '그 기미랄까, 모티프를 발견한 듯'하여 가슴을 설렌다. 얼굴도 예쁘고 늘씬한 몸매를 지닌 그녀와의 만남이 계속된 후 결국 동거로까지 이어진다. '나'를 친언니처럼 따를 만큼 그녀와의 관계가 친밀해졌기 때문이다. '나'는 유치원 교사인 그녀에게 대학원의 남자 후배 '이수'를 소개시킨다. 둘은 급속도로 가까워진다. 그렇게 평온한 나날이 지나던 어느 날, 마침내 끔찍한 일이 일어난다. '유진이 자신이 키우던 고양이 두 마리를 망치로 잔인하게 살해한 것' 이다. 그녀가 자신과 사귀던 남자가 떠나갔다면서 술에 취해 들어온 날 밤이었다.

　　내 눈앞에 펼쳐진 방 안의 모습은 차마 말로 설명할 수 없을 만큼 처참한 것이었다. 아니 처음 한동안 나는 방 안의 정황을 제대로 파악할 수조차 없었다. 그곳에서 무슨 일이 있었는지 이해하기까지는 얼마간의 시간이 필요할 만큼 방 안의 모습은 너무나 참혹했던 것이다. 유진은 손에 망치를 든 채 방 한가운데에 서서 나를 보며 해죽 웃고 있었다. 그 눈빛이 섬뜩할 정도로 형형했다. 나는 우선 유진이 무사한 것이 다행이라는 생각이 들었을 뿐 여전히 뭐가 뭔지 모른 채 어리둥절한 상태였다. 그러던 내가 방 안의 정황을 어렴풋이나마 깨닫게 된 것은, 발치께에 널려 있는 수건인 줄로만 알았던 검붉은 물체가 피범벅이 된 고양이의 물체라는 것을 확인하고서였다. 고양이의 시체는 아닌 게 아니라 수건 조각처럼 처참하게 찢겨서 여기저기 널려 있었고, 유진의 얼굴은 고양이의 피로 흉하게 얼룩져 있었다. 모든 것이 자명했다. 유진이 자신이 키우던 고양이 두 마리를 망치로 잔인하게 살해한 것이었다. 벽 여기저기에는 피 묻은 망치 자국이 선명했고, 몸체에서 떨어져나간 고양이의 지체들이 침대 위에서 혹은 책상 밑에서 발견되었다. 얼마나 망치질을 했는지 고양이의 몸통은 짓이겨져서 내장이 드러나 있었고 머리는 형편없이 깨져서 형체를 알아볼 수가 없을 정도였다.

(1080−1081쪽)

'아직도 불길이 꿈틀꿈틀 대는' 눈으로 '이제 좀 후련해진 것 같아요. 그 자를 잊을 수 있을 것 같아요' 라고 말한 그녀는, 이어서 '고양이의 짓이겨진 살점들을 한데 모아놓고' 플래시를 터뜨리며 연달아 사진을 찍는다. 그리고 그녀는 '물컹거리는 내장하며, 꾸물럭거리는 핏빛 기포'가 '너무 아름답지 않'느냐고 반문한다. 그런 일이 있고난 후 '나'는 그녀가 병원의 응급실을 일부러 돌아다닌다는 사실도 알게 된다. 끔찍하고 처참하게 부상당한 사람들의 모습을 보기 위해서이다.

"이렇게까지 해야 하는 거니?"
"저도 어쩔 수 없어요, 저는 끔찍한 것, 일그러진 것, 찢겨진 것들에서 아늑함을 느낀다구요. 그런 것들이 저에게 세상을 똑바로 느끼게 해줘요. 아니 저 자신을 느끼게 해요. 예전에는 그런 것들이 우연히 주어지기만을 기다렸지만 이제는 이렇게 직접 찾아나서는 거에요, 응급실은 그런 것들을 볼 수 있는 최적의 장소에요."
"얼마나 자주?"
"일주일에 두 번은 와요, 이곳 응급실에 와 있으면 운이 좋을 때는 서너 시간만에 제가 원하는 환자 다섯은 만날 수가 있어요, 교통사고로 머리가 깨진 젊은 남자나, 폭발물을 가지고 놀다가 사고로 팔다리가 날아간 어린애들이 제가 원하고 기다리는 환자들이죠.

물론 잔뜩 기대를 걸고 앰뷸런스에 가보면 급체 환자나 간질 환자
인 경우여서 실망하는 수가 더 많지만 말이에요. 방금 전에 실려
온 환자도 외상은 없었어요. 아마 약물 중독환자인가 봐요. 오늘은
별로 소득이 없네요. 이렇게 비가 오는 날에는 교통사고도 흔하게
일어날 텐데." (1087쪽)

이러한 '잔혹 취미'에도 불구하고 '나'는 그녀가 '아름다움의 영원'을
간직하고 있으리라고 믿는다. '유진의 잔혹 취미가 나에게 전혀 색다른
감흥을 불러일으키지 않은 것은 아니었기 때문에 나는 여전히 유진의
존재에 나름의 의미를 두고 있었'던 것이다. 그러다가 나는 결국 '피할
수도 없고 지울 수도 없는 그날'을 맞이한다. 그 날, 오랜만에 만난 친
구들과 밤새워 술을 마시고 새벽에 집에 들어간 '나'는 '이수'의 시체
와 맞닥뜨린다.

방문이 열리고 침대에 누워 있는 두 사람의 벌거벗은 몸이 보였
다. 한 사람은 얼굴이 천장을 향한 채 반듯하게 누워 있었고, 또 한
사람은 등만 드러낸 채 엎드려 있는 상태였다. 아, 텁텁하고 비린
피냄새. 그것은 분명 피비린내였다. 나는 가까이 다가가서, 눈을 크
게 뜨고 보았다. 피범벅이 된 채 숨겨있는 이수의 시체, 머리는 망
치에 맞은 듯 군데군데 함몰되어 있었고, 배와 가슴 등에는 셀 수
없이 많은 칼자국이 나있었다. 나는 놀라지 않기로 했다. 놀라지 않
는 것이 내가 할 수 있는 가장 좋은 일이라고 생각했으니까. 유진
도 죽었는가. 나는 등을 드러낸 채 엎드려 있는 유진의 어깨에 살
짝 손을 대보았다. 그러자 유진이 움찔하면서 깨어났다. 유진은 단
지 잠이 들었던 모양이다.
어떻게 된 일이냐고 몸을 떨면서 추궁하는 '나'에게 그녀는 자신
의 벗은 몸을 내보인다.
"언니, 저, 저를 좀 똑바로 쳐다보세요."
나는 눈을 들어 유진의 가슴을 바라보았다. 저런, 그것은 사람의

몸이라고 할 수가 없는 것이었다. 유진의 가슴과 배에는 차마 눈 뜨고는 보지 못할 끔찍한 흉터가 자리하고 있었다. 화상의 자국이 었다. 짓무르고, 뒤틀리고, 주름진, 마치 흙벽을 아무렇게나 주물러 놓은 것과 같은 심한 흉터였다. 젖가슴은 새까맣게 쪼그라들어서 그 형체를 이미 알아 볼 수가 없었다. 화상의 흉터들은 유진의 상체 전면을 거의 다 덮고 있었다. 아름다운 몸 안에 저토록 흉한 자국 을 감추고 있었다니, 나는 나도 모르는 사이 고개를 돌리고 말았 다. (1096쪽)

흉측한 몸을 내보인 그녀는 그제서야 비로소 끔찍했던 자신의 과거 와 '이수'를 죽이게 된 동기에 대하여 고백을 한다.

"언니, 언, 언니가 봐도 흉하지요? 그래요, 어느 누구도 이 흉터 를 마주 보진 못해요……, 불과 열네 살이었어요. 어머니는 시장에 가시고 저는 혼자서 집을 보고 있었어요……. 그때 새아버지, 그러 니까, 연필공장의 반장이 들어왔어요. 그러고는 다짜고짜 제 옷을 벗기려 들었지요. 그는 그전부터 엄마 몰래 제 몸을 어루만지고는 했죠. 저는 있는 힘을 다해서 반항을 했어요. 그러나 그의 힘을 당 해낼 수는 없었어요."
"그, 그 사람은 우악스러운 힘으로 제 몸을 눌렀어요. 그때 그의 바, 바지춤에서 라이터가 흘러나왔어요. 그 라이터가 제 삶을 송두 리째 바꾸어 놓으리라는 것을 그때 저, 저는 알지 못 했지요. 저는 그것을 쥐어서 그의 허벅지에 대고 그었어요. 필사적이었죠. 라이터 불에 허벅지를 덴 그가 소리를 지르면서 제 몸에서 떨어져 나갔어 요. 그러나 그것도 잠시뿐이었어요. 그는 다시 저에게 달려들었지 요. 저는 달아나기 시작했어요. 그러나 좁은 집에서 달아날 곳은 없 었어요. 저는 할 수 없이 부엌으로 들어갔어요. 그도 씩씩거리면서 따라 들어왔지요. 그는 득의만만한 웃음을 지어 보였어요. 저는 그 만 포기하고 싶은 생각이 들었어요. 그런데 그때 제 눈에 풍로 옆 에 놓은 휘발유 병이 들어왔지요. 저는 얼른 그것을 집어서 그 남 자에게 뿌렸어요. 하지만 병, 병을 놓쳐서 휘발유는 고스란히 제 앞

춤을 적셨어요. 손에는 여전히 라, 라이터가 쥐여져 있었지요. 다가 오면 몸에 불을 지르겠어요! 저는 그렇게 소리쳤어요, 하지만 그는 전혀 아랑곳하지 않고 한 걸음 더 다가왔지요. 그가 제 몸을 덮치는 순간 저는 라이터를 그었고, 순식간에 불길이 타올랐어요, 그리고……" (1096 - 1097쪽)

　　"저, 저는 죽음보다도 심한 고통 속에서 여섯 달 동안 병원 생활을 해야 했어요. 겨우 모, 목숨은 건졌지만 흉터는 고스란히 남았지요, 수술을 세 번이나 했지만 흉터는 지워지지 않았어요. 처음에는 이 흉터를 바로 쳐다보지도 못했어요. 네, 차마 바라볼 용기가 없었죠. 그, 그런데 차츰 흉터를 바라보는 것이 아무렇지 않게 되었어요. 저는 곧잘 거울 앞에 서서 제 몸을 바라보았지요, 그러고 있으면 어느 순간부터 마음이 편안해졌어요. 저는 제 휴, 흉터를 쓰다듬고 문지르고 그랬지요. 그러다 보니 흉터가 문득 아름답게 느껴지는 것이었어요. 그 후부터 저에게는 잔혹하고 흉측한 것을 즐기는 버릇이 생겼어요. 그런 것들을 바라보는 것이 그냥 좋았어요. 머릿속이 환하고 아뜩해지거든요. 제가 남자를 사귀기 시작한 것은 고, 고등학교를 졸업하면서부터였어요. 많은 남자들을 만났지요. 그들은 처음에 모두들 제 얼굴에 반했어요. 그런데 내 몸을 갖기 위해 옷을 벗기면 모두 소스라치게 놀라며 달아나고는 했죠. 저는 이 흉터까지도 안아줄 수 있는 남자를 원했어요. 이 흉터의 아름다움을 함께 느낄 수 있는 사람이요. 그러나 그런 남자는 하나도 없었어요. 남자들에게서 사랑 고백을 받을 때마다 저는 기도하는 심정으로 애완동물을 하나씩 샀어요. 그 사랑이 영원하길 빌면서 애완동물을 키웠지요. 그, 그러나 남자들은 사랑의 약속을 버리고 떠나갔어요. 저는 그럴 때마다 키우던 동물을 잔인하게 죽이고는 했어요. …… 어젯밤, 이수씨를 불러서 우리는 함께 술을 마셨어요. 다정하게 입을 맞추었죠. 이수씨는 저의 모든 것을 사랑한다고 말하면서 제 몸을 가지고 싶다고 말했어요. 저는 이수씨를 믿었어요. 그러면 제 흉터를 감싸 안을 수 있을 거라고, 제 흉터에 입 맞출 수 있을 거라고 생각했지요. 그러나 제 몸을 본 그는 다른 남자들처럼 흉측하다고 말하면서 침을 뱉었지요. 그리고 제 뺨을 때리기까지 했어요. 더

러운 년이라고 말하면서요. 저는 도저히 참을 수가 없었어요. 제정
신이 아니었어요. 그래서…… 으흑흑." (1097 - 1098쪽)

어렸을 때, 의붓아버지의 강간을 피하려다가 화상을 입어 처참한 몸
을 숨기며 살게 된 미모의 여성이 동물을 잔인하게 죽이는 잔혹 취미
를 갖게 되고, 급기야는 자신의 흉악한 몸을 받아들이지 않는 남자를
잔혹하게 살해한다는 이야기는 엽기적이긴 하지만 그럴 듯하다. 끔찍한
과거의 기억과 그로 인해 흉측한 몸을 소유하게 된 여자가, 싸이코적인
이상한 성격과 취미를 지니게 되리라는 것은 누구나 쉽게 수긍할 수
있기 때문이다. 그래서 「잔혹 - 악취미들 2」는 나름대로의 리얼리티를
획득하고 있고, 또한 흥미진진하게 읽힌다. 그러나 역시 우리네 보통
사람들로서는 쉽게 받아들일 수 없는, 엽기적인 이야기라서 그런지 몇
가지 납득할 수 없는 의문점은 여전히 남아 있다. '유진'을 대하는 '나'
의 태도가 그것이다. 생면부지인 여자를 만나 동거한다는 것은 예술적
취미가 같으므로 그럴 수 있다고 하더라도, 그녀가 고양이를 잔혹하게
죽인 장면을 직접 목격하고도 '나'는 별다른 반응을 보이지 않는다. 보
통 사람들이라면 질겁을 하고 그녀를 당장 쫓아낼 것임에도 불구하고
말이다. '이수'가 죽은 현장을 보았을 때도 마찬가지이다. 자신의 후배
가 처참한 모습으로 죽어 있는데도, '나는 내 눈 앞에 어떤 모습이 펼
쳐지더라도 놀라지 않기로 했다'고 다짐했으므로 놀라지 않는다. 다시
말하자면 '나는 놀라지 않기로 했다. 놀라지 않는 것이 내가 할 수 있
는 가장 좋은 일이라고 생각했으니까' 라고 마음을 먹었다고 해서, 사
람이 피범벅이 되어 끔찍하게 죽어 있는데도 어떻게 놀라지 않을 수가
있느냐는 것이다. 물론 '나'가 그러한 태도를 보이지 않으면 작품 속의
이야기가 더 이상 진전될 수 없기 때문이긴 하지만, '나'라는 인물의

성격 묘사는 리얼리티가 떨어지는 것이 사실이다.

요즈음 인터넷상에는 이 소설의 이야기는 그야말로 '약과'일 정도로 잔혹하고 엽기적인 이야기들이 떠돌아다닌다고 한다. 바야흐로 '엽기'라는 콘텐츠가 우리 시대를 지배하는, '엽기 시대'가 도래한 모양이다. 문학계도 예외가 아니어서 「잔혹―악취미들 2」뿐만 아니라 다종다양한 엽기 소설들이 신세대 작가들에 의해 본격소설의 옷을 입고 여기저기에서 선을 보이고 있다. 김도언의 이 작품은 이야기의 전개나 사건의 구조·문체·주제 의식의 측면에서 볼 때 나름대로의 개성과 진실성을 보이고 있으나, 여타의 작품들은 그렇지 않아 보인다. 그저 허무맹랑하고 엽기적이기만 한 이야기들을 본격소설의 탈을 쓰고 늘어놓을 뿐이다. 여전히 순수소설·본격소설을 즐기고 향수(享受) 하는 우리 독자들에게 있어서 그러한 소설들은 하나의 쓰레기나 공해에 불과하다.

5. 신장 이식 수술, 그 후의 이야기

정미경의 「무화과나무 아래」는 매우 사실적(寫實的)인 작품이다. 요즈음 우리 주위에서 흔히 들을 수 있는, 외국에 나가 장기 이식 수술을 받은 사람에 대한 이야기이기 때문이다.

최근에 각종 언론 매체들은 '중국 원정 장기 이식 수술의 위험성과 후유증'에 대하여 앞 다투어 보도한 바가 있다. 수술 도중 출혈과다로 숨지는 경우가 있는가 하면 C형 간염·말라리아 등의 수술 합병증, 면역 거부 반응 등에 시달리는 환자들이 많다고 한다. 중국의 의료 수준이 현저히 떨어지는데다가 대부분이 사형수인 장기 공여자에 대한 사전 검사가 충분치 않은 데에 그 원인이 있다고 한다. 「무화과나무 아래」도 이러한 장기 이식 수술의 후유증 문제를 다루고 있는 작품인데, 여기에서는 육체적 후유증이 아니라 정신적 후유증의 문제를 주요 모티프로 삼고 있어 이채롭다.

주인물인 '나'는 공중파 방송국 소속 직원으로서 주로 다큐멘터리를 전문으로 하는 카메라맨이다. 흔히들 '김 감독'이라고 부른다. '나'는 인도의 풍물을 담는 다큐멘터리 프로그램을 만들기 위해서 팀원들과 함께 인도로 간다. 그러나 기후, 음식에 적응을 못한 '나'는 식중독에 걸려 며칠을 고생하다가 먼저 서울로 돌아온다. 서울의 의사들도 일종의 식중독으로 보았지만, 돌이킬 수 없을 만큼 신장이 망가졌다는 진단을 내린다. 이식 외에는 다른 대안이 없다는 판정도 아울러 내려진다. 국내의 장기 기증 수혜자 대기 명단에 이름을 올려 보지만 기약 없는 기다림이었다. 사표까지 제출한 '나'는 결국 친구인 의사의 권고대로 외국에 나가서 이식 수술을 받기로 결정한다. '나'는 열 사람의 일행 속에 끼어 '패키지투어'에 오른다. 수술한 나라의 국적, 행선지, 병원 위치 등 모든 것이 비밀로 부쳐지면서 수술은 무사히 끝난다. 그런데 '나'는 단 한 가지 사실을 알고 있었다. 자신의 몸에 이식한 싱싱한 신장은 수술 전에 집행된 사형수들의 것이었다는 사실을. 귀국한 후 '나'는 건강을 되찾고 자신의 일을 계속하지만, 이식 수술에 대한 기억과 죽은 사형수에 대한 죄의식에 시달린다. 정신적인 후유증에서 벗어나지 못하는 것이다.

"이젠 잊을 때도 됐잖아. 어쩔 수가 없었는데"
맞는 말이다. 어쩔 수 없었고 잊을 때도 지났다. 문제는 기억이다.
정확한 지명은커녕 국적조차 알 수 없는 그 병원에서의 일은 돌에 새긴 이름처럼 끝내 내 생애의 길이보다 길게 남을 것이다. 망각은 신이 인간에게 준 가장 큰 축복이란 걸 늦게야 알았다. 그곳에서의 하루하루는 뇌의 주름에 문신되었다. 세월이 흐르면서, 오히려 기억은 더 선명하게 깊어졌다. 복도에 가득했던 소독약 냄새, 수술실에서 마취약의 기운이 온몸에 퍼지기 전 마지막으로 귀에 들렸던 쇠붙이들의 찰칵거리는 소리, 식사시간이면 입맛을 잃게 하던 불쾌한 향신료 냄새까지도. 기억은 뇌에서만 유지되는 게 아닌지도 몰랐다. 몸속에서 팔딱거리는 신장이 눈이 달린 것처럼, 코가 달린 것처럼 그것들을 기억하고 있는 것 같았다. (150-151쪽)

아마도 남자, 였으리라고 생각되는 그의 일부분이 내 몸속에서 자동하고 있는 한 나는 잊지 못할 것이다.

그는 가끔 내 꿈속으로 찾아오기도 한다. 자주는 아니지만 그 불규칙한 간격은 오히려 공포를 극대화시킨다. 꿈속에서 나는 잠을 자고 있다. 그런데 잠든 나는 잠들지 못하고 깨어 있다. 곧 무슨 일이 일어날지도 알고 있다. 깨어 있지만 움직일 수는 없다. 나는 누군가를 기다리고 있다. 그렇게 말할 수 있을까. 그 끔찍한 형상을 기다린다니. 아니다. 그건 기다림이 아니라 체념이다. 보이지 않는 끈으로 묶인 듯 꼼짝없이 누워 있는 내 사타구니 사이에서, 누군가가 몰핑기법으로 복원되는 액체로봇처럼 아주 느리게 솟아오른다. 무게를 느낄 수 없는 그것은 내 아랫배 위를 스치며 가슴과 목을 타고 올라와 무게 없이 내 몸에 겹쳐지며 내 얼굴을 가만히 내려다본다. 너무 가까워 나는 그것의 얼굴을 알아볼 수가 없다. 다만 보이지 않는 그의 옆구리가 꺼멓게 뚫려 있는 것을 느낀다. 나는 젤라틴 속에서 굳어진 육편처럼 그것 아래서 차갑게 응고된다. 그게 어떤 기분인지, 겪어보지 않은 사람은 결코 상상할 수 없다. (153쪽)

이와 같은 정신적 고통 속에서 헤매던 '나'는 마침내 자신을 방기해 버린다. 한 사람이 죽음으로써 살아난 자신의 존재를 인정할 수 없었던 것이다. '나'는 아프가니스탄, 코소보, 알바니아 등의 전쟁 지역을 자원하여 전쟁의 참상을 생생하게 찍어 보내는 일을 한다. 어느덧 '나'에게는 '분쟁 지역 전문'이라는 꼬리표까지 붙게 된다. 그래서 '다큐멘터리

부문 대상'까지 받은 '나'는 결국 이라크 전쟁 속으로 뛰어든다. 진정한 자신은 존재하지 않기 때문에, 자신은 죽지 않는다고 생각하면서 삶과 죽음의 경계를 넘나드는 것이다.

이러한 스토리는 '나'가 현재 전쟁 중인 바그다드에 기거하면서 무질서하게 떠올리는 과거의 기억에 의해 전개된다. 그러니까 이 작품은 현재, 과거, 과거 이전의 과거에 대한 이야기가 복잡하게 얽혀 있다. 따라서 독자들은 세심한 주의를 기울이면서 정독을 해야 비로소 이야기의 앞뒤를 파악할 수 있다. 그만큼 이야기의 구조가 정교하게 짜인 작품이다.

「무화과나무 아래」가 획득하고 있는 소설적 미덕은 이밖에도 몇 가지가 더 있다.

우선 '수명'이라는 여자와 '나'의 애절한 러브 스토리가 중심축을 이루면서 전개된다는 점이다. 그녀는 조건이 맞는다면 자신의 신장 하나를 떼어주려고 생각했을 정도로 '나'를 사랑한다.

그래도 수명이 나를 떠났다고 말할 수 없을 것이다. 희망 없는 병을 앓는 사람의 히스테리와 지루한 치료과정을 같이 견디며 한 번도 귀찮은 내색을 한 적은 없었다. 병실에 혼자 있을 때 찾아온 닥터 문은 어느 날 그랬다.

너, 왜 나만 이런 병에 걸렸나. 내가 무슨 죄를 지었다고, 싶을 때가 있겠지만 여자복은 타고난 줄 알아. 한가한 사람 아니잖아. 2월에 너 몰래 검사받았어. 자기 걸 주고 싶다고. 아마 결과가 맞았으면 그러고도 남았을 사람이야. 부부라고 쉽게 제 살 한 점 떼어 줄 수 있을 거 같아? 아니야. 인간이 얼마나 이기적인 생물인데. 여자 아파서 남편이 제 걸 주겠다고 그러면 어떻게 되는 줄 모르지? 병원 복도에 시어머니가 먼저 쓰러져. 이 결혼 물렀으면 좋겠다, 차라리 내 걸 떼어주겠다고 악을 쓰는데, 거기다 대고 그럼 그러세요,

할 강심장이 어디 있겠어? (139쪽)

이식 수술을 주선하고 뒷마무리까지 다한 그녀는, 자청해서 사선(死線)으로 뛰어드는 '나'를 이해하지 못한다. 그녀는 '나'와 결혼하여 평온한 생활을 해나가기를 원하지만, '나'는 자신을 전쟁터에 던져 버린다.

> 그곳에 이르기까지, 날 그곳에 보내기 위해 수명이 뛰어다녔던 걸 생각하면 지금 죽으라 하면 죽는 시늉이라도 해야 하는데, 내 안에 있는 그 무엇이 그토록 나를 바깥으로 몰아내는지. (141 – 142쪽)

이처럼 '나'는 자신을 어쩌지 못한다. 죄의식의 고통 속에서 헤매는 '나'의 내면 세계는 아래와 같은 결말 대목에 잘 나타나 있다.

> 수명이 알지 못한 것이 있다. 나는 나를 피해 어디론가 가는 것이 아니라 나를 찾아 달려가고 있는 것이라고 생각한다. 다만 나는 그 길을 외면하고 있을 뿐이다. 멀리 돌아갈 것이 없지 않은가. 나 자신이 한편의 비루한 다큐인데. 비제이 엄마의 외마디 비명 같은 하소연, 갑작스러운 발병, 긴 투병 끝에 얼굴도 모르는 또 한 명의 비제이의 신장을, 아니 목숨을 빼앗은 나, 그런 나를 두고 다른 얼굴의 나를 찾아 헤매고 있는 것이다.
> 나는, 내가 지난날 밟아갔던 길, 적나라한 생의 열망이 색색의 속옷에 아로새겨져 있던 카이탁, 밤의 어둠을 틈타 달려갔던 곳, 비행기와 낡은 버스를 타고 사막을 가로질러 도착했던 그 병원에 대해 먼저 기록해야 할 것이다.
> 트럭은 무화과나무 아래를 달려가는데, 하산은 쉬임 없이 깔깔거리는데, 그런데, 나는 어디로 가는 것일까. (159쪽)

아무도 가려 하지 않는 사지(死地)를, 돈을 찔러 주면서 바그다드로 향하고 있는 트럭 위에서 '나'가 하는 생각이다. 그는 아마도 바그다드에서 카메라를 들고 전장 속을 누비다가 죽어가리라. 그것이 '나'가 택한 삶의 길인 것이다.

이와 같은 극적인 이야기가 감각적이면서도 정교한 문체로 서술되어 있다는 점도 주목할 만하다.

다산성의 해가 꼭 저만한 해덩어리들을 길바닥에 뭉텅뭉텅 흘리고 있었다. (134쪽)

하늘의 해가 자꾸만 하혈하듯 해를 쏟아내던 날씨. (135쪽)

가공하지 않은 현실을 필름에 담는 일이 내 천직이라고 생각했는데 '진짜' 리얼리즘을 내 몸도 영혼도 견뎌내지 못했다. …… (중략) …… 발병한 이후 개인의 삶의 지도를 그려가는 것은 영혼이라는 내 생각이 틀렸다는 것을 몸이 가르쳐주기 시작했다. 인간의 현실적 삶의 주도권을 쥔 것은 형이하학이라는 것도. (135쪽)

자신의 눈물은 더 이상 힘이 없다는 걸 아는 여자의 목소리는 참 싸늘하기도 했다. (138쪽)

상투적인 편집이고 그 이전에 상투적인 시각의 촬영일 뿐이다. 어차피 제 삶은 안정적이길 원하면서 타인의 삶은 충격적이길 바라는 속물들의 수요에 대한 공급이니까. 전쟁을 원하는 자들은 저 땅에서 너무 먼 곳에 있고 전쟁을 원하지 않는 자들만이 부서져가는 풍경, 내가 찍은 건 그것이다. (145쪽)

"형. 카메라하고 여자 닮은 점이 뭔지 알아? 마음에 드는 건 비싸다는 것. 뭐가 다른지도 알아? 한번 가졌다고 끝내 내 것은 아니라는 거지." (146쪽)

수명이 내 손바닥을 뒤집어 입술을 댄다. 맥주는 식도에 차가운 지도를 그리며 내려가고 젖은 입술은 내 손바닥에 뜨거운 지도를 그린다. 어린 개의 혓바닥처럼 적의 없는 그 축축함에 내 마음의 모서리가 녹아내린다. 이토록 무한한 우주 속에서 내가 평화로울 수 있는 곳은 한 여자의 품 안, 살 냄새를 맡을 수 있는 그 좁디좁은 공간뿐인 것 같다. (148쪽)

요컨대 「무화과나무 아래」는 장기 이식 수술이라는 이색적인 모티프를 기반으로 하여 인간의 복잡다단한 내면 심리를 섬세한 필치로 그려낸 수작이다. 우리의 현실 세계 속에서 얼마든지 일어날 수 있을 법한 이야기라는 점에서 볼 때, 이 작품은 뛰어난 소설적 진실성 즉 리얼리티를 획득하고 있다고 생각된다.

6. 휴대폰에 얽힌, 흥미로운 이야기

한수영의 「**스프링벅**」은 지극히 현실적이며 사실적(寫實的)인 작품이다. 지금 우리의 일상생활을 지배하고 있는 휴대폰에 대한 이야기를 다루고 있기 때문이다. 비록 허구이긴 하지만, 이 작품 속에 일어난 일이 우리의 현실 생활에서도 얼마든지 일어날 수 있으리라고 생각된다. 그래서 이 작품은 무엇보다도 그럴듯한 개연성이 뛰어나다.

김대중 정권의 치적 중의 으뜸은 무어니 무어니 해도 정보 통신 기술의 혁신적인 개발이라 할 것이다. 그래서 우리나라는 현재 세계 최고 수준의 초고속 인터넷 망과, 역시 세계 최고 수준의 휴대폰 보급률과, CDMA 휴대폰 매출액 세계 3위의 제조업체라는 놀라운 기록을 보유한 국가로 상정되어 있다. 또한 내년이면 전 세계 휴대폰 세 대 중의 한 대가 한국산이 되고, 나아가 한국이 세계 최대 휴대폰 생산 국가로 등극할 것이라는 예측도 나오고 있다. 이제 곧 세계의 휴대폰 시장에서 '한국 휴대폰의 쿠데타'가 일어난다는 것이다. 현재 우리나라의 성인들은 말할 것도 없고 중·고등학생들 심지어 초등학생들까지도 휴대폰을 소유하고 있는 실정이므로, 이와 같은 신기록들이 얼마든지 수립될 만하다. 상황이 이러하다 보니 그 역기능으로서 휴대폰 중독 현상으로 일어나는 각종의 폐해도 만만치 않은 듯하다. 「스프링벅」은 바로 이러한, 휴대폰의 부작용으로 하여 생겨난 이야기를 담고 있다.

  형이 칼에 찔렸다. 녹슨 못에 찔리거나 실수로 압정을 밟은 것이 아니라 칼에 찔린 것이다. 아파트 지하 주차장에서 벌어진 일이었다. CCTV에 찍힌 필름을 판독한 결과 사건이 일어난 시간은 2004년 3월 14일 16시 28분. 전국에 걸쳐 황사가 심했고 남도에서 벚꽃 개화소식이 들려온 날이었다. 하나뿐인 조카의 열한번째 생일이기도 했다. 형은 조카를 데리고 집 근처인 할인마트에서 생일선물로 게임용 시디를 사가지고 오던 중이었다. 차를 댈 곳이 없어서 형은 지하주차장 안을 돌다 뒷자라에 앉아 있던 조카가 채근하는 바람에 아이를 먼저 내려 주었다. 두 바퀴를 더 맴돌다 간신히 자리를 찾아 주차시키고 내리던 중에 일을 당했다. 아이는 먼저 집으로 돌아갔고 한참 후에도 형이 돌아오지 않자 형수는 형의 휴대폰 번호를 눌렀다. 형은 전화를 받지 않았다. 하는 수 없이 형수가 지하주차장까지 내려왔다가 계단참에 쓰러져 있는 형을 발견했다. 다행히 칼은 뱃속의 장기에 큰 손상을 주지는 않았다. 칼끝은 형의 간에 조금 못 미쳐 멈추었다. 형을 살린 것은 형의 복부에 쌓인 지방질이었다. 운동을 싫어하는 형의 허리는 몇 년 새에 4인치가 늘어난 상태였고 형수의 잔소리에도 불구하고 꾸준히 불어난 그 뱃살이 형을 살렸다. (204-205쪽)

흥미로운 서두가 아닐 수 없다. 독자들의 호기심을 증폭시키고 있기 때문이다. 이 작품의 화자인 '나'는 형의 동생이 될 터이다.

수술도 잘 되고 상태가 조금 진정되자, 형의 가족들은 그 다급한 상황에서 터지지 않은 휴대폰에 대해 불평을 터뜨린다. 형은 아랫배를 움켜쥔 채 119를 눌렀지만, 연결되지 않았다고 했다. 다시 집으로 전화를 하다가 정신을 놓아버렸다고 했다. 이러한 말을 듣고 화자는 형의 가족들이 '휴대폰을 우황청심환쯤으로' 여기는 것 같다는 생각을 한다. 그러니까 화자는 휴대폰에 대해 부정적인 시각을 갖고 있는 인물이다. 기실 화자는 휴대폰 때문에 아내와 냉전 중이며 각방을 쓰고 있다. 아내는 웰빙이 화두로 떠오른 이 시대의 감각에 맞춰 '최고급 목욕문화를 창조하는 스파 산업'을 벌이고 있는데, 모든 일을 휴대폰으로 처리하는 휴대폰 만능주의자이다. 다시 말하자면 휴대폰 중독자이다. 그에 반해 '나'는 휴대폰에 거부반응을 보이는 휴대폰 혐오주의자다.

> 아내는 바쁜 와중에도 주기적으로 컬러링을 바꾸고 휴대폰 케이스나 거기에 부착할 장식품을 사 모았다. 그러다가 신기종이 나오면 어김없이 갈아치웠다. 휴대폰의 기능이 향상된 만큼 그녀도 더 바빠졌다. 바빠진 그녀는 우리 사이에 대화가 부족하다는 강박증에 시달리는 것 같았다. 아내는 틈이 날 때마다 내 휴대폰 번호를 눌렀다. 집안사람 누군가의 생일이나 제사, 갑자기 결정된 출장, 거래처 누군가의 험담, 입찰 결과 발표 직전의 초조함, 오랜만에 함께하는 저녁 외식 메뉴 결정하기……전날 밤 섹스의 느낌까지 아내는 휴대폰에 대고 얘기했다. 그러다가 막상 식탁에 마주 앉으면 우리는 할 말이 없었다. 휴대폰을 통하지 않고 직접 서로의 목소리를 듣는 일이 점점 어색하게 느껴지기 시작했다. 휴대폰을 통해 한 번 걸러진 목소리가 정말 아내의 목소리 같았다. 언제부턴가 나는 휴대폰 벨 소리에 가벼운 신경증을 보이기 시작했다. 아내는 내가 휴대폰을 갖고 있지 않을 때보다 받지 않을 때 더 못 견뎌 했다. (215쪽)

아내는 결혼 초부터 나에게 끊임없이 휴대폰 갖기를 요구했다. 휴대폰이야말로 현대인의 생존과 직결되는 것이라고 아내는 주장했다. 사업이 확장되면서 아내는 더 집요해졌다. 당신은 내가 어디에 있는지, 누굴 만나고 있는지 궁금하지 않아? 나한테 급하게 연락해야 할 때 없어? 그렇긴 하지만 휴대폰이 필요할 만큼은 아니라고 했다. 걷다가, 식사하다가, 잠깐 졸다가, 화장실에서 물을 내리다가 전화를 걸거나 받고 싶진 않다고 했다. 휴대폰을 거절한 것이었지만 자신과의 소통을 거절한 것으로 해석한 아내는 몹시 자존심 상해했다. 아내는 나를 이해할 수 없다고 했고 지독한 이기주의자라고 했다. 바깥에서 만난 사람들도 대부분 아내와 비슷한 반응을 했다. 그 사람들에게 세상은 온통 급하게 연락해야 할 일 투성이었다. 그들은 당연하다는 듯이 내 휴대폰 번호를 물어왔고 없다고 하면 고개를 갸웃했다. 일부러 번호를 알려주지 않으려 한다는 오해를 받은 적도 있었다. 휴대폰의 혜택을 모르고 사는 나를 진심으로 안타까워하는 사람도 있었다. 하지만 나는 정말 휴대폰이 필요하지 않았다. (210-211쪽)

휴대폰을 사이에 두고 이렇게 티격태격하던 이들은, 여의도 한강 둔치에서 열린다는 '세계 40여 나라에서 참가한 불꽃쇼'를 같이 보기로 약속을 하면서 화해를 시도한다. 그러나 수많은 인파에 밀린 '나'는 시간 약속을 어기게 되어 아내를 만나지 못한다. 게다가 인파 속에서 아내에게 휴대폰으로 전화를 걸다 놓쳐 버린다. 잃어버린 것이다. 집으로 돌아온 '나'는 그 정황을 설명한다.

- 잃어 버렸다구? 잃어 버린게 아니라 사람들 속에서 슬그머니 놓아버렸겠지? 당신 그것 지긋지긋해 했잖아. (220쪽)

- 당신은 늘 그랬어. 자신이 왕따당하고 있는 게 아니라 자신이 온 세상을 왕따시키고 있는 것처럼. (221쪽)

아내는 '나'에게 이러한 말을 남기고 '화장대 위의 물건과 속옷 따위를 챙겨 건넌방으로 갔다.' 그리고는 지금까지 넉 달째 각방 생활을 하고 있는 것이다. 그러던 어느 날, 경찰은 형을 칼로 찌른 범인의 윤곽을 잡아내고 얼마 후에 드디어 범인을 검거한다. 그런데 아이러니컬하게도 이 모든 과정에 휴대폰이 주요한 단서로 작용한 사실이 밝혀진다.

　　범인의 윤곽이 잡혔다. 형사의 말대로 사건의 단서는 형의 통화 내역서에 있었다. 통화시각 1월 21일 21시 07분. 구정 연휴 첫날 저녁이었다. 같은 시각에 스무 개의 번호가 일렬로 찍혀 있었다. 그날 형은 자신의 휴대폰에 입력되어 있는 번호 모두를 선택해 새해 복 많이 받으세요, 라는 문자 메시지를 보냈다고 기억해 냈다. 그중에 형이 알지 못하는 번호 하나가 찍혀 있었다. 014-247-4528. 형은 자신의 명함집과 수첩을 샅샅이 뒤졌다. 하지만 그 번호는 나오지 않았다. 대신 014-249-4528이란 번호가 형의 수첩에서 발견되었다. 형의 고등학교 동창이었다. 형은 249의 9를 7로 잘못 입력시켜 놓았다. 수사가 급물살을 타기 시작했다.
　　잘못 찍힌 번호의 주인은 김인숙이라는 여자였다. 형은 모르는 여자라고 했다. 여자도 형을 모른다고 했다. 그런 메시지를 받은 기억도 없다고 했다. 여자는 필요 이상으로 긴장했다. 여자 눈 밑의 와잠이 파르르 떨리는 것을 본 순간 형사는 어떤 느낌이 왔다고 했다. 형사가 캐 들어가기도 전에 여자는 울음을 터뜨려버렸다. 결정적인 단서였다.
　　범인은 여자의 남편이었다. 그녀의 남편은 50대 중반의 의처증 병력을 가진 사람이었다. 1월 21일 밤 9시 7분. TV 뉴스로 귀향 행렬 인파를 보다가 형은 휴대폰에 입력된 전화번호를 모두 선택한 뒤 신년 메시지를 날렸다. 잘못 입력되어 있던 여자의 번호로도 어김없이 메시지가 배달되었다. 그 메시지를 확인한 건 여자의 남편이었다. 의처증이 있는 남자는 하루에도 몇 번씩 아내의 휴대폰을 검열했다. 남자에게 아내의 휴대폰은 건수를 잡기 위한 낚싯밥 같은 거였다. 거기에 형이 걸려든 것이다. 남자는 형의 메시지를 들이

대며 다그쳤다. 여자는 모르는 번호라고 했지만 남자에게 형의 메시지는 너무나 확실한 물증이었다. 휴대폰은 절대 거짓말을 하지 않는다. 남자는 그렇게 믿는 사람이었다. 남자는 치밀하게 준비했다. 심부름센터에 넘긴 형의 휴대폰 번호 하나만으로 형에 대한 모든 정보를 알아냈다. 생년월일, 고향, 출신학교, 직장, 직위, 집 주소, 가족관계, 결혼기념일, 자동차 번호, 혈액형……남자의 수첩에는 조카의 학교 이름과 학년 반까지 적혀 있었다. 남자는 일부러 집에서 멀리 떨어진 쇼핑센터에 가 야구모자와 칼 한 자루를 샀다. 형이 잘못 누른 번호가 부메랑처럼 칼이 되어 돌아온 것이다. (222-223쪽)

형은 결국 휴대폰 때문에 일면식도 없는 한 사내에 의해 칼에 찔렸고, 또 그 휴대폰으로 하여 그 사내를 찾아낼 수 있었던 것이다. 흥미로운 이야기가 아닐 수 없다.

작품 속에 그려진 휴대폰에 빠진 인간 군상들을 묘사한 대목도 주목할 만하다.

언젠가 나는 박에게 도대체 휴대폰이라는 건 뭐냐고 물은 적이 있다. 그때도 그 문제로 아내와 다툰 후였을 것이다. 무슨 엉뚱한 질문이냐며 잠시 멈칫하더니 으음, 무기지 무기. 이것도 무기, 저것도 무기. 즉, 따발총. 박은 자신의 휴대폰과 아랫도리를 동시에 가리키며 말했다. 그러더니 형, 내 뇌는 머릿속에 들어 있는 게 아니라 이 속에 들어앉아 있는 거 같어, 라고 자신의 휴대폰을 흔들며 말했다. 그 말이 틀린 것만은 아니었다. 언젠가 박은 휴대폰을 잃어버린 적이 있었는데 다시 장만할 때까지 정말 멍해져서 무뇌아처럼 굴었었다. 박의 정의에 의하면 휴대폰은 자신의 상부구조, 아랫도리는 하부구조였다. 그의 상부구조와 하부구조는 잘 맞아 돌아갔다. 상부구조에 입력된 많은 여자들의 번호는 박의 하부구조로 긴밀하게 연결되고 있다. 삐삐를 차고 다닐 때와는 질적으로 다른 세계다. 휴대폰이 이 모든 것을 가능하게 해 준다고 그는 믿고 있다. (211쪽)

맞은편 의자는 빈자리 없이 모두 차 있다. 가운데 앉아 있는 중년의 남자는 휴대폰에 대고 상대편에게 무언가를 사정하고 있고 오른쪽 끝에 나란히 앉은 여학생 둘은 휴대폰 번호판을 정신 없이 눌러대고 있다. 어쩌면 둘은 서로에게 문자 메시지를 보내고 있을지도 모른다. 휴대폰이 점령한 뒤로 사람들은 누군가와 눈을 마주치며 얘기하는 것을 어색해한다. 나머지 네 사람은 서로 다른 우주에서 온 사람들처럼 무표정한 얼굴로 앞을 바라보고 앉아 있다. (215쪽)

맞은편 중년의 남자의 목소리가 점점 커지고 있다. 기어이 남자의 입에서 욕지거리가 튀어나오기 시작한다. 나는 눈을 뜬다. 얼굴이 벌게진 남자가 휴대폰을 집어삼켜 버릴 것 같다. 똑같은 악몽을 꾸고 있는 것처럼 전철 안의 사람들은 잔뜩 미간을 찌푸리고 있다. 남자는 아랑곳하지 않는다. 김 사장으로 불리던 전화 속 상대편은 내가 내릴 때쯤 개새끼로 변해 있다. 개새끼. 전철 문이 열린 순간 중년 남자가 내뱉은 욕이 가래처럼 내 등짝에 들러 붙는다. (216쪽)

아파트 진입로의 벚나무에는 남자가 마구 쏟아내던 욕처럼 벚꽃이 다닥다닥 붙어 있다. 노인정에서 한 떼의 노인들이 우루루 나와 흩어진다. 뜬금없이 아우슈비츠가 떠오른다. 몇몇 노인의 목에는 수인번호 팻말처럼 휴대폰이 매달려 있다. (216쪽)

이처럼 「스프링벅」은 휴대폰을 둘러싼 여러 인간들에 대한 이야기인데, '스프링벅'이라는 제목은 무엇을 의미하는가?

"남아프리카 평원에 스프링벅이라는 동물이 있어. 무리를 지어 사는데 무리 중 한 마리가 뛰기 시작하면 다른 스프링벅들도 이유를 모른 채 무작정 따라 뛰기 시작하는 거야. 앞에서 옆에서 뒤에서 뛰니까 그냥 덩달아서. 등을 동그랗게 구부리고 3미터나 되는 점프를 하면서 이유도 모른 채 그냥 미친 듯이 어디론가 달려가는 거지……"

아내와 휴대폰 문제로 다투고 나면 꼭 환영처럼 스프링벅의 무리가 보이곤 했다. 똑같은 표정으로 앞만 보고 달려온 무리가 나를 덮쳤다. 나는 그 무리의 발밑에 깔려 납작해졌다. 간신히 고개를 들어보면 저 끝에서 또 나를 향해 돌진해 오고 있는 무리가 보였다.

(211 – 212쪽)

이와 같이 한 마리가 뛰기 시작하면 무작정 따라 뛰기 시작하는 '스프링벅'이라는 동물은, 남들이 휴대폰을 사니까 덩달아 너도나도 구입하는, 줏대 없는 인간 군상을 의미한다.

의문점 하나. 작가는 휴대폰과 관련된 이와 같은 흥미로운 이야기를 어떻게 엮어 냈을까? 실제로 일어난 일을 보거나 듣고 작품화한 것일까? 아니면 순전히 자신의 상상력을 발휘하여 형상화시킨 것일까? 어쨌거나 「스프링벅」에서 전개되는 우스꽝스러운 사건은, 휴대폰이 넘쳐나는 우리의 일상 생활 속에서도 얼마든지 일어날 수 있으리라고 본다.

요컨대, 「스프링벅」은 갓 등단한(2002년 「나비」로 중앙신인문학상을 수상하면서 등단) 신인 작가의 단편소설이지만, 앞으로의 작품 활동에 남다른 기대를 걸게 하는 수작이라고 판단된다.

Ⅲ. 2005년의 소설

인간의 실존적 의미

◦ 김　훈, 「고향의 그림자」(『현대문학』, 2005년 2월호)
◦ 정미경, 「무언가(無言歌)」(『세계의 문학』, 2004년 겨울호)
◦ 편혜영, 「시체들」(『한국문학』, 2004년 겨울호)
◦ 심윤경, 「헹가래」(『실천문학』, 2004년 겨울호)

1.

인간은 누구나 이 세상에 태어나 얼마 동안을 살다가 죽는다. 따라서 인간은 누구든지 죽음 앞에서 자유롭지 않다. 우리 인간들의 일상적인 삶이 혼란스럽고 불안한 까닭은 항상 죽음을 눈앞에 두고 살아가고 있기 때문이다. 그래서 인간은 근본적으로 우울하고 고독한 존재이다. 이것이 바로 유한적 존재로서의 인간의 운명이다.

유한적 존재로서의 삶을 영위하면서도 인간은 끊임없이 자신의 존재 의미를 탐구하고자 한다. 도대체 살아간다는 것은 무엇일까? 무엇 때문에 살아가는 것인가? 인간이란 존재는 어떤 의미를 지니고 있는가? 어떻게 사는 것이 바람직하고 진정한 삶을 영위하는 것일까? 인간들은 이러한 물음들을 자신 스스로에게 던지면서 그 물음에 대한 답을 찾고자 노력한다. 또한 이러한 물음들은 사랑하는 부모·형제·친지들의 갑작스러운 죽음에 직면했을 때 더욱 절실한 의미를 갖게 된다.

철학이라는 학문은 인간의 이와 같은 근본적인 의문을 해결해 보고자 하는 의도에서 출발한 것이지만, 특히 실존주의(實存主義, existentialism) 철학은 이러한 의문들과 직접적으로 대면하고자 한다. 따라서 실존주의는 인간의 현실 존재 자체를 중시한다.('실존'이라는 용어는 바로 '현실 존재'의 줄임말이다) 주지하다시피, 실존주의 철학의 등장은 1·2차 세계대전의 참혹한 경험과 맞물려 있다. 세계대전은 인간이 얼마나 비이성적이고 잔인한 동물인가를 여실히 보여 주었다. 데카르트가 천명한 바와 같은, 인간 본질로서의 이성은 이미 사라져 버렸다. 그래서 사르트르는, 데카르트의 '생각한다, 그러므로 나는 존재한다'라는 합리주의 철학의 유명한 명제를 '나는 존재한다, 그리고 때때로 생각한다'로 바꾸어 버렸다. 나아가 사르트르는 '실존이 본질에 앞선다' '실존주의는 휴머니즘이다'와 같은 명제를 천명함으로써 실존주의 철학의 핵심을 간명한 언어로 표현하였다. 이와 같은 실존주의적 명제들은 인간의 현실 존재 자체를 중시하는 데에서 촉발된 것이다.

이 겨울에 유한한 인간의 실존적 의미를 되새겨 보게 하는 작품들에 주목하게 된 것은, 그 어느 때보다도 유난히 기승을 부리던 을씨년스러운 추위 때문이었을까? 하기야 어떤 소설이라고 하더라도 인간의 현실 존재의 모습을 그리지 않은 작품이 있을 수는 없겠지만 말이다.

2.

김 훈의 「**고향의 그림자**」는 그의 세 번째 단편소설이다. 잘 알려져 있다시피 지난해에 첫 번째 단편소설 「화장」으로 이상문학상을 거머쥔 사실은, '소설가 김훈'의 아우라(aura)를 구성하고 있는 신화 중의 하나이다.

두 번째 단편인 「머나먼 俗世」(『문학동네』, 2004년 겨울호)에 이어 발표된 「고향의 그림자」는 「화장」 못지않은 재미와 작품성을 획득하고 있다. 또한 범상한 우리 인간들의 실존적 의미를 천착하고 있어서 주목할 만하다.

주인물이자 화자인 '나'는 강력반 형사이다. '나'는 상사의 지시에 의해 열아홉 살짜리 택시 강도범인 '조동수'를 잡으려고 고향인 'P항'으로 내려온다. 현재 조동수는 선원으로 위장하여 원양어선을 타고 있으나, 그가 탄 배는 폭우를 동반한 기상 악화로 인하여 표류 중이다. 그 배가 구조되어 조동수가 살아 돌아올 때까지 하릴없이 기다릴 수밖에 없는 '나'는, 피난민 판자촌에서 비참하게 살아갈 수밖에 없었던 유년의 기억을 더듬어 본다. 칠십 노파인 조동수의 모친을 만나보고, 또한 중증 치매로 하여 요양원에 수용 중인 어머니를 찾아본다. 그 과정에서 '나'는 조동수가 옛날에 어머니가 지워버린 자신의 동생일지도 모른다는 망상에 사로잡힌다. 그래서 '나'는 살아 돌아온 그를 눈앞에 두고도 체포하지 않는다. 그리고는 상부에 허위 보고를 한다. 그로부터 몇 년 후, 계속 다른 범죄를 저지르던 조동수는 경찰에 검거되고 그의 진술로 인하여 몇 년 전의 '나'의 허위 보고가 거짓임이 드러난다. '나'는 징계위원회에 회부되고 마침내 경찰 옷을 벗는다.

이러한 스토리를 지니고 있는 이 작품은, 독자들로 하여금 새삼스럽게 인간의 실존적 의미를 생각하게 만든다. 「고향의 그림자」라는 제목이 시사하는 바와 같이, '나'에게 있어서 '고향의 그림자'는 '나'의 현실 존재의 의미를 규정짓고 있다. 우선 '나'에게 있어서 '고향은 끊어버려야 할 족쇄이거나 헤어나려고 허우적거릴수록 더 깊이 빠져드는 늪이'다. 이 족쇄와 늪을 상징하는 존재가 중증 치매에 걸린 채 비참한 삶을 영위하고 있는 어머니이다.

어머니의 방은 301호였다. 나는 망설이다가 방문을 열었다. 어머니는 아랫도리를 벗고 있었다. 대소변을 자주 지려서 관리인이 옷을 벗겨 놓은 모양이었다. 방바닥 비닐장판 위에 흘린 똥을 밟고 다닌 자리들이 말라붙어 있었다. 어머니는 방 모퉁이에 쪼그리고 앉아서 문 밖에 서 있는 내 쪽을 쳐다보았다. 나를 바라보는 어머니의 얼굴에는 아무런 표정도 없었다. 아들을 알아보지 못할 뿐 아니라 인기척을 감지하지 못하는 모양이었다. …… (중 략) ……

나는 다시 어머니의 방문을 열었다. 발 디딜 자리가 없어서 안으로 들어갈 수는 없었다. 아랫도리를 벗은 어머니의 허벅지 가죽은 길게 늘어졌다. 방바닥에 흰 머리카락인지 음모인지 터럭들이 흩어져 있었다. 악취는 맹렬했다. 어머니는 한쪽 무릎을 세우고 앉아서 가슴에 베개를 끌어안고 있었다. 자세히 들여다보니 베개의 위쪽이 찢어져 있었다. 어머니는 숟가락으로 밥을 떠서 베개의 입 속으로 밀어넣기를 계속했다. 어머니는 또 베개의 아래쪽을 더러운 천조각으로 싸매고 있었다. 어머니는 그 천조각을 들춰내면서 기저귀를 갈아주는 시늉을 했다. 베개 속에 물에 만 밥알이 가득 찼는지, 베개는 젖어서 아래로 처져 있었다. 어머니는 벽을 짚고 일어서더니 베개를 등으로 돌려 담요를 둘러서 업었다. 어머니는 몸을 흔들어 아이를 어르는 시늉을 했다.

수철아, 자자 자, 밥 먹었으니 자거라.

수철은 나의 이름이었고, 어머니의 무너진 정신 속에서 그 베개는 바로 나였다. 나는 방 안으로 들어가지 못했다. 베개를 업고 방안을 서성거리던 어머니는 다시 베개를 풀어서 방바닥에 눕히고 다독거렸다. 어머니는 베개를 끌어안고 누워서 흐느꼈다.

미즈코야 추웠지. 이리 온…….

나는 방문 밖에서 오랫동안 어머니의 행동을 들여다보았다. 어머니가 인기척을 감지하지 못했으므로 내가 어머니를 찾아온 것은 어머니에게나 나에게나 무의미한 일이지 싶었다.

미즈코야 깼니? 밥 먹을래?

어머니는 다시 일어나 베개 터진 구멍으로 밥알을 우겨넣었다. 어머니가 내 쪽으로 시선을 돌렸다. 무릎을 벌리고 벽에 기대앉은 어머니의 밑은 어둡고 메말라 보였다. 거기서 미즈코와 내가 태어

났다는 사실을 믿을 수 없었다. (181－183쪽)

6.25 난리통에 전사한 남편 사이에서 태어난 두 아들을 고생 끝에 키워낸 어머니는, 60세를 넘기면서 치매 증세를 보이다가 급기야 이처럼 극심한 정신 질환을 앓게 된다. 인용문에서의 '미즈코'는 임신 중절로 버려진, 또 다른 자식을 일컫는 이름이다.

'나'에게 있어서 두 번째 '고향의 그림자'는 유년의 기억이다. '고향에서 보낸 유년의 기억은 몽롱했으나 몽롱할수록 끈끈해서 도려내지지 않'는다. 산비탈 판자촌에서 살 때 경험한, 정월 대보름날 새벽의 난데없는 화재의 기억, 화염에 휩싸였던 그 아수라장의 장면, 들끓는 이 때문에 DDT 가루약을 차고 다니던 기억, 그래서 '고향의 냄새는 DDT 냄새'로 고착된다. '내 유년의 기억 속에서 고향은 빛의 비늘이 명멸하는 바다이거나 또는 불길이나 바람이나 잿더미처럼 인간이 거기에 발붙일 수 없는 유령의 시간이었다'는 '나'의 고백은, 고향에서의 유년의 기억이 곧 절대로 치유될 수 없는 '트라우마'(trauma)를 의미하는 것임을 알게 한다. 그래서 '나'는 '노파와 조동수는 내 유년의 동향인'으로 간주하고 결국 조동수를 체포하기를 포기하게 되는 것이다.

요컨대 「고향의 그림자」는 유년의 정신적 상처에서 자유롭지 못한 '나'의 현실 존재, 또한 남편 없이 자식들을 키워낸 고생의 후유증으로 참혹한 치매에 시달리는 어머니의 현실 존재를 통하여 우리 인간들의 실존적 의미를 되새겨 보게 한다.

사족 하나. 이 작품의 곳곳에 진술되어 있는 '나'의 어린 딸에 대한 서술이 주목을 끈다. 두 살이 지났음에도 불구하고 소변을 가리지 못하던 딸아이가, '나'의 출장 중에 제 손으로 가리게 되었다고 기뻐하는 아내의 반복되는 전화 내용 등이 그것이다. 이는 작가의 의도적이며 치밀한 서술 장치의 하나가 되리라 본다. 작가는 이제 막 소변을 가리기 시작하는 어린 딸과, 반대로 변을 가리는 능력을 잃어버린 어머니를 대비시킴으로써, 신생과 소멸의 순환이라는 자연적 질서를 강조하고 있는 것이다. 바야흐로 새로운 인생을 시작하는 어린 아이, 그리고 지금까지의 인생을 마감하고 죽음을 기다리는 어머니의 존재는 어디서나 흔히 찾아볼 수 있는 우리네 인간들의 현실 존재이다. 인간이라는 존재가 별 건가? 인간이란 어찌어찌하여 이 세상에 툭 내던져진 존재일 뿐이며, 현실 존재로서의 삶을 영위하다가 어느 지점에 이르러 그저 사라져갈 뿐이다.

사족 둘. 김 훈은 죽음을 눈앞에 둔 중증 환자들에 대한 리얼한 묘사가 탁월하다. 「화장」에서 말기암에 시달리는 참혹한 아내의 모습이 매우 사실적이어서 인상 깊었지만, 중증 치매에 걸려 정신 질환을 앓고 있는 이 작품의 어머니의 모습 또한 생생하다. 작가가 창조해 낸 이러한 인물들의 모습을 통해, 독자들은 소설에 있어서 인물의 묘사와 표현이 얼마나 중요한 요소가 되는가라는 원론적이며 보편적인 사실을 다시금 깨닫게 되리라고 생각한다.

3.

정미경의 「**무언가**」는 불운한 가족 관계로 하여 고단하고 불행한 삶을 영위할 수밖에 없는 어느 여자의 이야기이다.

「무언가」는 두 가지 이야기를 병행하면서 전개된다. 첫째는 주인물이자 화자인 '나'가 악덕 채무자로 교도소에 수감된 '엄마'의 뒤치다꺼리를 하는 이야기이다. 둘째는 사랑하지는 않지만, 가끔씩 만나 섹스를 하고 그 대가로 돈을 받는 '나'와 K라는 남자와의 이야기이다.

일찍이 남편을 여의고 두 남매를 어렵게 키운 '나'의 엄마는 그 유세가 대단한 사람이다. 자식들 때문에 자신의 인생이 쪼그라졌다고 생각하는 엄마는, 자식들에게서 자신의 망가진 인생을 보상받고자 한다. 온 동네 사람들에게 돈을 빌려 쓰면서 사치를 부리다가 결국 그 빚을 자식들이 변제하게 하는가 하면, 어떤 사기꾼 같은 남자를 만나 연애하면서 그 남자의 카드빚을 갚아주는 일까지 자식들이 도맡게 만든다. 심지어 엄마는 '나'의 결혼까지 방해하여 파혼을 하게 한다. 그래서 '나'는 '날까지 잡은 결혼이 깨진 건 결국 엄마가 이렇게 자기 곁에서 뒤치다꺼리나 하며 늙어가라고 일부러 그런 것이라는 분노'를 느끼면서 살아간다. '전혀 변제능력이나 의사도 없으면서 남의 돈을 내 돈처럼' 빌려 쓰면서 살아가던 엄마는 끝내 '악질 채무자'로 낙인이 찍혀 교도소 신세를 진다. '그 안에서 철 좀 들어서 나오라고' 외면하고 싶지만 엄마는 엄마이다. '나'는 어쩔 수 없이 남동생과 돈을 마련하여 빚을 갚아 엄마를 석방시키려고 동분서주한다.

이런 와중에서도 '나'는 가끔씩 K를 만나 식사를 하고 섹스를 하며 그에게 받은 돈으로 화풀이 쇼핑을 한다. '나'의 직업은 이른바 부동산 텔레마케터이다. '지급된 리스트의 전화번호를 끊임없이' 누르면서 '하루 종일 불특정 고객에게 회사가 기획한 부동산 상품을 홍보해야'하는 일이다. K도 불특정 고객 중의 한 사람이었다. 전화 통화에서 호의를 보인 K를 만나 자세한 상품 설명을 하자, K는 대뜸 '그렇게 섹시한 목소리는 처음이'라면서 '당신 목소리를 사'겠다고 했다. '그가 제시한 내 목소리의 비용은 나를 유혹하기에 충분했'음으로 '나'는 그의 제안을 받아들인다. 그 후 '나'는 K가 요구할 때면 섹스를 하되, 그가 사정할 때까지 그의 귀에 대고 끊임없이 무언가를 속삭여주어야 한다. 하루 종일 모니터 앞에서 증권 거래 업무와 같은 일을 하는 K는 일종의 변태 성욕자인 것이다.

> "난, 그냥은 안 돼. 구멍에서 개미들이 쏟아져 나오는 것처럼 무수한 숫자들이 내 머리 속에 바글거리고 있어서 다른 생각을 할 수가 없어. 네 목소리를 듣는 동안만 저것들로부터 잠시 달아날 수 있지. 네 노래가 끝나는 순간 머리 속은 다시 저것들로 가득 차 버려." (26쪽)

K와 '나'와의 관계를 「아라비안 나이트」에 등장하는 '술탄'과 '세헤라자드'에 비유한 대목이 흥미롭다.

> 어느 순간 땀에 젖은 머리카락을 쓸어 올리며 내 몸에서 떨어져 나가는 K를 볼 때면 다시 하룻밤의 생존을 허락받은 세헤라자드가 된 기분이다. 체온이 식어가면서 섹스의 여운은 모래처럼 바스러진다. 두 개의 허벅지가 맹목의 열정으로 서로를 찾는 간절함 같은 건 없다. 우리는 처음엔 차갑고 차츰 미지근하게 데워진다. 절정의 순간에도 나는 늘 무슨 말이든 해야 한다. 그의 머리 속에 든 숫자들을 지울 수 없게 된다면 그다음 날로 나는 해고될 것이다.
> 그리 어려운 일은 아니다. K가 원하는 건 지리멸렬한 진실이 아니라 도발적이고 화려한 허위의 진술이다. 그러고 보면 낮에 회사에서 하는 업무나 밤에 그의 아파트에서 하는 일이나 크게 다를 게 없다. (27쪽)

> 짧고 빛나며 뜨겁고 달콤한 꿈은 그러나, 오래가지 않는다. 그의 움직임이 멈추는 순간 잠시 물러나 있던 일상의 한기가 재빨리 내 살갗에 들러붙는다. 나의 술탄은 이제 눈을 감고 누워 있다. 그의 머리 속으로 다시 개미 떼 같은 숫자들이 파고들어 간다. 밤마다 낯선 곳에서 일어나는 신비롭고 놀라운 이야기를 들려주는 동안 술탄과 세헤라자드 사이엔 사랑이 싹텄다지만 그건 옛날얘기일 뿐이

다. 우리 둘의 관계가 사랑으로 변할 수 있는 게 아니라는 건 알고 있다. 다변(多辯)이란, 대개 사람들이 무언가를 감추려 할 때 쓰는 방법일 것이다. (36쪽)

이처럼 '나'의 삶은 지리멸렬하다. 낮에는 하루 종일 칸막이 방에서 생판 모르는 사람에게 전화를 걸어야 하고, 밤에는 또한 사랑하지 않는 남자와 섹스를 하면서 무슨 말인가를 계속 지껄여주어야 한다. 그리고 이렇게 밤낮으로 번 돈으로 엄마의 뒤치다꺼리를 해야 한다.

엄마, 사는 게 왜 이리 지루해? 조잡한 픽션이 없이는 한 순간도 견딜 수 없으니, 나 누구에게도, 한 번도 붉은 꽃이었던 적 없으니. 여태 살았는데 아직도 서른이라니. (37쪽)

이러한 '나'의 탄식 속에 출구가 보이지 않는, '나'의 막막하기만 한 삶의 모습이 잘 드러나 있다. 이것이 바로 '나'에게 운명지어진, '나'의 현실 존재의 모습이다. 그래서 '나'에게 있어서 '가족이란 한번 지고 나면 일생을 벗어 내려놓을 수 없는 배낭처럼 등에 들러붙어 숨통을 조이는 질기디 질긴 넝쿨'일 수밖에 없는 것이다.

「무언가」는 제목 그대로 아무 할 말도 없이 지난한 삶을 살아갈 수밖에 없는, 그러나 실제로는 역설적으로 끊임없이 말을 하면서 살아가야 하는 어느 여자의 모습을 통해 우리 인간들의 실존적 의미를 되돌아보게 하는 작품이다.

4.

　편혜영의 「**시체들**」은 제목 그대로 죽은 몸뚱아리들에 대한 이야기이다. 따라서 섬뜩하다. 엽기적이기까지 하다. 그러나 그럴 듯하다. 얼마든지 일어날 수 있을 법한 이야기라고 생각된다. 작가의 정치(精緻)하면서도 사실적인 문체로 짜여진, 흥미로운 이야기이기 때문이다.

　주인물인 '그'는 아내와 함께 지방의 'U시'에 위치한 어느 계곡으로 낚시를 갔다가 아내가 실종되는 사고를 당한다. 담당 형사는 '익사로 추정되는 실종 상태'로 결론짓는다. '그'는 할 수 없이 집으로 돌아온다. 한 달여 가량 지나 형사에게서 전화가 온다. 아내가 익사한 것으로 추정되는 계곡에서 여자의 것으로 보이는 신체 일부가 발견되었다고 한다. 발견된 것은 오른쪽 다리였다. 어느 낚시꾼에 의해 건져진 것이라고 했다. '그'는 단지 오른쪽 다리만으로 아내의 죽음을 확인해야 하는 것이다. 물에 퉁퉁 붓고 물고기들에 뜯겨 시반(屍班)이 심한 어느 다리를 보고, '그'는 당연히 헷갈려 한다. 아내의 것인지 아닌지 결론을 내리지 못하는 것이다. 집으로 돌아온 '그'에게 며칠 후 또 전화가 온다. 이번에 발견된 것은 '왼쪽 팔과 그에 연결된 손'이라고 했다. '지난번에 본 오른쪽 다리와 마찬가지로 퍼렇게 죽은 채 물에 퉁퉁 불어 있'는 팔목을 보고 '그'는 역시 고개를 가로 젓는다. 그리고는 얼마 후 이번에는 아내의 두상이 발견되었다는 연락을 받는다. 두상 또한 '형편 없이 망가져'있다고 한다. '그'는 경찰서로 가기 전에 아내가 떨어져 죽은 계곡으로 간다. 거기에서 '그'는 계곡물에 휩쓸려 떠내려가는 아내가 '머리통이 떨어지고, 다리가 찢겨져 나가고, 손목이 빠져나'가는 환각과 공포에 사로잡혀 진저리를 친다.

　「시체들」은 이처럼 단순한 이야기를 담고 있으나, 뜯겨 나간 시체들을 묘사하는 대목, '그'가 아내의 몸뚱이들을 생각하거나 바라보는 장면, 형사가 건져 올린 시체들을 설명하는 대목 등이 특히 사실적(寫實的)이어서 읽는 이로 하여금 실감나게 만든다.

U시로 가는 도중에는 예보에도 없던 비가 쏟아졌다. 그는 서둘러 윈도브러시를 작동시켰다. 윈도브러시는 둔탁하게 움직이기 시작했다. 그러다가 기어이 왼쪽 브러시가 빗물을 쓸어내리지 못하고 멈춰 버렸다. 멈춰 선 브러시를 타고 빗물이 죽 흘러내렸다. 오른쪽 브러시는 투닥투닥 소리를 내며 천천히 움직였다. 그는 깜짝 놀라 핸들을 놓칠 뻔했다. 힘들게 움직이고 있는 브러시가 여자의 오른쪽 다리처럼 보였기 때문이다. 곧 윈도브러시를 껐지만, 다시 작동시켜야 했다. 비가 워낙 세차게 내리고 있었다. 형체를 알 수 없는 아내의 오른쪽 다리가 차창에 흐르는 빗물을 닦아 주었다. (23쪽)

익사체가 발견되면 그는 다시 U시에 와야 할 것이다. 언젠가는 신원이 불분명한 사체의 머리통이나 젖가슴, 둔부를 확인하러 오게 될지도 모를 일이다. 그는 형사의 말을 듣는 내내 아내의 손에 대해 생각했다. 한때 그의 뺨을 쓰다듬고, 그에게 요리를 해주고, 그의 성기를 조몰락거렸던 손, 생선 눈알을 파내고 붉은 내장을 끄집어내던 손, 비늘이 묻어 불빛을 받으며 반짝거리던 손, 매운 양념 냄새가 밴 손, 가게 셔터를 몇 천 번쯤 올렸다 내렸다 한 손, 가게를 닫은 후 흐르는 눈물을 닦던 손, 보증금을 날리고 돌아온 그에게 주먹질을 하던 손, 구더기를 고르던 손, 그러다가 계곡물에 빠져 허우적거리던 손. 그 모든 손은 하나도 남아 있지 않았다. 경찰서에서 본 것은 단지 다 썩어 구더기마저 파먹지 않을 듯한 사체의 일부였다. (34쪽)

썩어 문드러진 것들을 볼 때마다 물 아래 가라앉아 썩어갈 아내의 몸이 떠올랐다. 아내는 깊은 계곡을 타고 내려가다가 날카로운 바위에 뼈가 부딪쳐 몸이 부서졌을 것이다. 부서진 몸으로 거센 물결에 휩쓸리다가 사나운 고기에게 몸이 갈가리 찢겼을 것이다. 청각은 사람의 감각 중에서 제일 늦게 죽는다고 했다. 아내는 물에 휩쓸리면서 사나운 물살에 섞인 자신의 비명소리와 날카로운 이빨의 육식성 물고기들이 다가오는 소리, 바위에 부딪칠 때마다 뼈에 금이 가는 소리, 죽음을 감지하고 몰려드는 쇠파리의 날갯짓소리를 모두 들었을 것이다. 계곡에 던져진 수많은 낚싯줄이 물살에 흔들리면서 내는 소리와 죽어가는 자신과는 무관하게 떠들고 있는 낚시꾼들의 웃음소리도 들었을 것이다. 팔을 뻗어 그 낚싯줄을 움켜잡고 싶었을지도 모른다. (35쪽)

그런가 하면 공포 영화의 한 장면을 연상케 하는 엽기적인 대목도 있다.

냉동고에서 생선 눈알만 담아둔 비닐봉투를 찾아냈다. 아내가 모아놓은 것이었다. 몸통과 함께 썩어가고 있는 눈알들은 시커먼 구정물을 눈물처럼 머금고 있었다. 수도를 틀어보았다. 물은 나오지 않았다. 수도도 끊긴 모양이었다. 냉장고에 남아 있던, 상한 게 틀림없는 보리차로 봉투에 담긴 눈알을 씻었다. 대부분 눈자위가 썩어 문드러져 있었다. 그나마 형체가 온전한 것을 골라 입에 넣었다. 입안에 지독한 비린내와 썩은 내가 번졌다. 숨을 쉴 때면 내장 깊은 곳에서 비린내가 올라왔다. 구역질이 일었다. 그는 어쩌면 자신의 내장이 죽어가면서 풍기는 냄새일지도 모른다고 생각했다. 그는 시간을 들여 썩은 눈알을 천천히 빨아먹었다. 그제서야 울음이 터져 나왔다. 아내가 죽은 게 틀림없다는 확신이 갑자기 닥쳐왔다. (30쪽)

그때 주방 쪽에서 무슨 소리인가가 들렸다. 검은 그림자가 어른거리는 것이 보였다. 그림자는 썩은 생선을 다듬고 있었다. 거기 있는 거, 당신이야? 오랫동안 말을 안해서인지 그의 목소리는 잔뜩 잠겨 있었다. 아내는 물고기에게 뜯겨 너덜너덜해지고 시커멓게 죽은 왼손으로 생선을 다듬었다. 한쪽 다리로 선 듯 몸이 기우뚱거렸는데, U시의 경찰서에서 본 그 썩어가는 오른쪽 다리에 의지하고 있어서였다. 아내는 뒤를 돌아보지 않았다. 왼손으로 생선의 몸뚱이를 눌러 잡고, 오른손의 엄지와 검지 두 손가락으로 눈알을 도려내는 일에 열중하고 있었다. 눈알에 달린 혈관들이 길게 달려 나왔다. 손가락 끝은 검은 피로 물들어 있었다. 그는 조리를 하지 않은 생선을, 비브리오균이나 기생충의 유충이 묻어 있을지도 모르는 그것들을 입에 넣은 채 그를 힐끗 쳐다보고는 시야 너머로 사라졌다. (35쪽)

이러한 장면들을 마치 눈앞에서 일어나는 것처럼 실감나게 묘사하고 서술해 나가는 문체적 특장(特長)은, 오로지 편혜영의 탁월한 작가적 역량에서 비롯된 것이다.

어쨌거나, 「시체들」은 우리 인간들의 육체라는 것이 한낱 부패성이 강한 단백질 덩어리에 불과하다는 엄연한 사실을 새삼스럽게 각인시키고 있다. 인간의 몸이 살아있을 때는 커다란 의미를 지니고 있는 듯하나, 죽고 나면 하나의 고깃덩어리에 지나지 않는다는, 인간의 실존적 의미를 육체적인 면에서 깨닫게 하고 있는 것이다.

사족 하나. 작가는 작품 곳곳에서 '그'가 아내를 계곡으로 밀어서 죽게 만들었을지도 모른다는 진술을 함으로써 묘한 여운을 남기고 있다.

물은 칼날처럼 날카로워 보였다. 닿기만 해도 심장을 깊숙이 찔러버릴 것만 같았다. 아내의 실종으로 그는 경찰의 추궁을 받아야 했다. 그는 계곡으로 아내를 떠밀지 않았다는 말을 계속 반복했다. 그의 말을 믿는 사람은 없었다. 아내를 혼자 두고 계곡 상류를 헤매고 다녔다는 그의 말을 증언해줄 사람도 없었다. 그가 아내를 밀었다는 증거도 발견되지 않았다. 형사는 아내가 실종된 것으로 결론지었다. 익사한 것으로 추정되지만 사체를 확인할 수 없었기 때문이다. 물 속으로 빠진 것인지, 아니면 더 깊은 계곡으로 사라진 것인지, 계곡을 떠나 그가 다시는 찾을 수 없는 도시로 떠난 것인지 알 수 없었다. 아내의 행방을 알고 있는 것은 칼 같은 물을 품

은 계곡뿐이었다. (26쪽)

　그는 쥐었던 낚싯대를 내려놓고 아내를 힐끗 보았다. 아내는 살진 구더기를 찌에 끼워 넣고 있었다. 가게가 문을 닫은 것이 아내 때문일 리 없었다. 보증금을 날린 것은 자신이었다. 그런데도 낚싯대로 아내를 후려치고 싶은 욕구가 솟구쳤다. 깊은 계곡 아래로 밀어넣고 싶은 생각도 들었다. 그는 욕구를 참기 위해 주먹을 꼭 쥐었다. 구더기를 미끼 삼아 낚시를 하는 아내를 두고 차로 돌아왔다. (27쪽)

　손가락뼈 열네 개, 손바닥뼈 다섯 개, 손목뼈 여덟 개, 그 어느 부위보다도 여린 뼈로 이루어진 손. 열이나 차가움, 따가움 같은 고통을 느끼면 수천 개에 달하는 신경이 즉각 반응을 보이며 움츠려드는 손. 그 손으로 어쩌면 아내를 계곡 아래로 떠민 것은 아니었을까. 아내의 손에서 꼼지락거리던 구더기를 보고 치밀어 오르던 그의 고통을 감지한 손이 아내를 무심결에 밀어버렸던 것은 아니었을까. (37쪽)

　독자들로 하여금 계속 생각하게 만들고 두 번 세 번 읽게끔 유도하는 작품, 다시 말하자면 불가해(不可解)하고 애매모호한 이야기로 하여 독자들을 불편하게 만드는 작품이 훌륭한 소설이라고 한다면, 「시체들」은 이에 합당한 작품이라고 판단된다.

5.

　심윤경의 「**행가래**」는 제목만큼이나 독특하면서도 재미있는 이야기이다. 상큼한 느낌이라고나 할까? 콩트적인 반전도 맛볼 수 있기 때문이다.
　주인물이자 화자인 '나'는 쌍둥이 남매로 태어났는데, 별명이 '삼대구년'이다.

아버지의 입버릇을 따라 친지들 사이에서 내 별명은 삼대 구년
이었다. 아버지는 육형제 중 둘째, 할아버지는 칠형제 중 둘째였는
데 삼대에 이르도록 딸이라고는 구경도 못하는 집안이었다. 고모도
고모할머니도 없었다. 사촌오빠들을 다 합하면 열넷이었다. 나의 육
촌들은 무려 쉰세 명에 달했는데, 그 숫자가 많아질수록 나의 희귀
성은 높아졌으므로 아버지는 육촌들까지 다 합해서 셈하기를 좋아
했다. 그러니까 나는 쉰네 명 중에 단 하나, 몸에 거추장스러운 것
을 달고 나오지 않은 존재였다. 어머니가 우리 쌍둥이 남매를 낳고
누워 있을 때, 굉장히 정정하셨던 102세의 증조할아버지가 병원에
찾아오신 것은 살아 있는 전설의 가장 중요한 피날레였다. 삼대 구
년 만에 탄생한 딸 피붙이 한 조각을 보시고 기뻐 웃으셨던 증조할
아버지는 이듬해 행복하게 세상을 떠나셨다. (174쪽)

눈에 넣어도 아프지 않을, 삼대 구년 만에 얻은 외동딸이 마냥 예쁘
기만 한 아버지는 '나'에게 '몸뚱이를 허공으로 던져 올렸다가 받는 행
가래'를 해 준다.

아버지는 사람들에게, 우리가 단순히 예쁘장한 남녀 쌍둥이가 아
니라는 사실을, 그 중에서도 애 진민이는 삼대 구년 만에 태어난
온 집안의 외동딸, 쉰네 명 사내아이들 중에 유일하게 치마 입을
수 있는 아이임을 강조했다. 그리고 그다음에는 정석과도 같이 우
리에게 아찔하게 현기증 나는 헹가래를 쳐주었다. 가끔은 우리 둘
을 모두 번쩍 들어 올려서 한꺼번에 휘돌리는 일도 있었지만 거의
대부분은 내가 먼저 아버지의 손을 잡았다. 내가 기억하기로는 아
버지가 진현이를 먼저 날려 올린 일은 없었다. (175쪽)

남동생보다도 늘 먼저 헹가래의 축복을 받던 '나'는, 그러나 결정적
인 순간에서는 남동생보다 뒷전일 수밖에 없었다. 집에 화재가 났을
때, 쌍둥이 남매 중 아버지가 제일 먼저 구조한 자식, 그렇게 귀염을
받던 '나'가 아니라 남동생이었던 것이다.

마치 방문 앞에서 아버지가 나의 기도를 엿듣고 있기라도 했던 것처럼 갑자기 방문이 열렸다. 한순간 내 마음은 희망과 기쁨으로 전율했다. 나와 아버지 사이에 텔레파시가 통한 것이라고 생각했다. 하지만 나의 간절한 기도가 아버지에게 닿았다고 여기기에는 여러 가지로 미심쩍은 정황이 많았다. 열린 방문으로는 시커먼 연기가 꾸역꾸역 새어 들어왔고 아버지는, 나의 아버지는 단숨에 달려들어 와 나를 안아올리는 것이 아니라 코끝을 거의 바닥에 댄 자세로 머리를 쑤셔 박고 엉금엉금 기어들어왔다. 아버지는 헉헉거리는 소리로 애들아, 애들아, 하고 몇 번 불렀고, 어둠 속에서 긴 팔을 아무렇게나 휘둘러 우리를 찾는 듯했다.

아버지, 아버지. 나는 있는 힘을 다해, 그러나 실제로는 모기만한 목소리로 아버지를 불렀다. 아버지가 고개를 들어 내 쪽을 바라보았다. 우리의 눈길이 마주쳤던 것인지, 어둠에 마비된 아버지의 눈길이 사실은 아무것도 보지 못한 채 얼굴만 내 쪽으로 향했던 것인지는 정확히 알 수 없다. 어쨌든 아버지는 긴 팔을 뻗어 진현의 손목을 끌어당겼다. 축 늘어져 꼼짝도 하지 않는 진현을 옆구리에 쑤셔 박고 아버지는 연기 속으로 사라졌다. 나는 온몸이 얼어붙은 듯 움직일 수도 없었고 소리조차 낼 수 없었다. 아버지, 그건 내 손이 아니라 현이 손이에요. 나를 제쳐두고 현이 손을 먼저 잡아준 일은 한 번도 없었잖아요. 아버지, 나는 여기 혼자 있어요. 삼대 구년 만에 얻은 아버지의 외동딸은 병들어 팔과 다리를 쓰지 못하는 채 혼자 남아버렸어요. 돌아오세요 아버지. 나를 안고 가주세요. 아버지의 굳세고 건장한 품안에 나를 안아주세요. 나를 혼자 두고 가지 마세요. (177 – 178쪽)

아버지는 겉으로는 딸을 예뻐하는 듯했으나, 결국은 아들을 귀하게 여겼던 것이다. 이와 같이 헹가래에 대한 유년의 상처를 지니고 성장한 '나'는 '헹가래 콤플렉스'를 지니게 되었는데, 사회생활을 하면서 '나'는 헹가래에 대한 또 다른 상처를 받는다.

회사 창립 기념일에 '나'는 '전 사원이 보는 앞에서, 단상에 올라가

칠순의 회장님'으로부터 표창을 받는다. '나'는 얼마 전에 중요한 서류와 신분증이 들어있는 가방을 잃어버리고 당황하는 일본 노인을 도와준 적이 있었는데, 그 일본인이 회장에게 감사의 편지를 보냈던 것이다. '나고야에서 대형 운송 물류업체를 운영하는 기업인'인 노인은 '본사의 대형 컨테이너 차량 석 대와 트럭 다섯 대를 구입하는 계약을 체결'한다. '9억원의 매출'보다 더 중요한 회사의 명예를 드높여 표창과 금일봉을 받은 '나'는 표창 턱을 내면서 사원들의 부러움을 받는다. 사원들은 '현금성 포상보다는 제도적이고 실용적인 포상이 곧 뒤따를 것'이라고 했다. 즉 '홍보부나 회장 비서실처럼 멋진 곳에서 훨씬 근사한 업무를 담당하'거나 '한두 계급 포상 특진을 하게 될 것'이라고들 했다. 그러나 이 년째 대리로 눌러앉은 '나'에겐 인사이동도 승진도 없었다. 회장은 원치 않은 '나'에게, 옛날의 아버지처럼 진실되지 않은 헹가래를 쳐 준 셈이었다. '나'는 어렸을 적의 헹가래의 악몽을 또 다시 경험한 것이었다.

아직도 유교사상의 지배를 받고 있는 우리나라 사람들은 남아선호사상을 버리지 못하고 있는 것이 사실이다. 여자로 태어난 죄로 집안사람들로부터, 사회로부터 당치도 않은 불이익을 받아야 하는 우리 여성들의 부당한 처지를 「헹가래」는 코믹하게 그려내고 있다. 따라서 「헹가래」는 우리나라 여성들의 정체성을, 여성의 현실 존재적인 측면에서 그려낸 수작이라고 판단된다.

읽는 소설과 읽히는 소설

○ 정 찬, 「야윈 몸」(『문예중앙』, 2005년 봄호)
○ 구효서, 「소금 가마니」(『창작과 비평』, 2005년 봄호)
○ 박상우, 「기구한 운명에 관한 리포트」(『문학사상』, 2005년 3월호)
○ 백가흠, 「구두」(『문학동네』, 2005년 봄호)
○ 박선희, 「김재이 보고서」(『현대문학』, 2005년 3월호)
○ 한수영, 「피뢰침」(『세계의 문학』, 2005년 봄호)

1.

소설은 우선 읽혀져야 한다. 다시 말하자면 읽히는 힘, 즉 가독성(readability)이 있어야 한다는 것이다. 읽히지 않는 소설을 끝까지 읽어내기란 결코 쉬운 일이 아니다.

소설에 읽어서의 가독성에 대한 논의는 곧 재미의 문제와 자연스럽게 연결된다. 사람들에 따라 여러 가지 이유가 있기는 하겠지만, 많은 사람들이 소설을 읽는 근본적인 이유는 재미를 얻기 위해서일 것이다. 재미가 없는데도 불구하고 소설 작품이 읽혀지는 경우란 매우 드물다. 끈질긴 인내심이 소설의 독서 행위를 지탱하는 주요 요인이 아니기 때문이다. 따라서 어떤 소설을 읽으면서 재미를 얻고자 하는 독자들의 기대는, 재미가 소설 읽기를 충동하고 지속시키는 결정적인 동기라는 점에서 마땅히 충족되어야 한다.

소설에 있어서 '재미란 무엇인가'라는 문제를 논할 때에 결코 간과해서는 안 될 두 가지 비평적 쟁점이 도출된다. 재미있는 소설이 과연 그에 상응할 만한 문학적 가치를 지니게 되는가라는 문제와, 소설을 읽는 재미란 지극히 주관적이며 개인적인 현상에 지나지 않는다는 사실이 그것이다. 전자의 쟁점은 소설을 읽으면서 얻게 되는 재미는 대중·통속소설이 아닌 본격소설에서 얻을 수 있는, 보편적인 재미를 의미한다는 전제를 제시한다면 어느 정도 그 윤곽이 드러나리라 본다. 후자의 쟁점은 동·서양의 고전이라고 일컬어지는 작품들은 물론이고, 이른바 스테디셀러라고 불리는 우리의 수많은 현대소설을 살펴본다면 쉽게 납득이 되리라고 생각한다. 따라서 보편적으로 재미있게 읽히는 소설 작품들은, 결국 일반 독자들의 끊임없는 관심과 사랑을 받게 되고 나아가 좋은 소설·훌륭한 소설로 자리매김하게 되는 것이다.

이러한 관점에서 볼 때, 독자들이 그저 단순하게 읽게 되는 소설보다는, 독자들에게 재미있게 읽혀지는 소설이 소설로서의 바람직한 가치를 획득하게 되는 것이라고 생각한다.

2.

정 찬의 「**야윈 몸**」은 인간의 죽음에 대한 성찰을 담고 있는 소품(小品)이다. 따라서 이야기 자체가 간단하다.

화자인 '나'는 아내와 함께 팔순의 아버지를 모시고 지방에서 살고 있다. 아버지는 지병인 천식으로 하여 체력이 쇠약해진 상태이지만, 오래 전에 암으로 돌아간 어머니의 기일을 맞아, '나'와 함께 서울의 큰

아들네가 주관하는 제사에 참여한다. 아버지에게 제사는 대단히 중요한 의식이었기 때문이다. 그러나 아버지는 제사상 앞에서 절을 올리다가 자신의 몸을 지탱하지 못하고 쓰러진다. 다시 '나'의 집으로 내려온 아버지는 체력이 급격히 저하되어 자리보전에 들어간다. 그러던 어느 날 '나'의 부축을 받아 목욕탕을 다녀온 아버지는 혼수상태에 빠진다. 119를 불러 병원으로 옮긴다. 중환자실에서 산소호흡기로 며칠을 버티던 아버지는 끝내 숨을 거둔다.

스토리는 이것뿐이다. 그러나 작가는 이렇게 짤막한 이야기를 통해, 독자들로 하여금 인간의 삶과 죽음의 의미를 곰곰이 되새겨보게 한다.

우선 주목할 만한 점은, 자연의 순리에 맞추어 서서히 소멸해 가는 인간의 육신을 인공적인 힘으로, 즉 의술의 힘으로 막아내는 부자연스러움에 대한 의문을 제시하고 있다는 것이다.

　　병원의 진단은 영양실조와 전해질의 불균형, 산소 부족과 혈압 저하였다. 오전 열한시경 응급실에서 중환자실로 옮겨졌다. 병원의 조치들을 지켜보는 내 마음은 편치 않았다. 무언가가 잘못되어 가고 있다는 느낌이 들었다. 전해질을 투여하고 영양과 산소를 공급하고 혈압을 올리는 것은 의학적 지식에 따른 조치였겠지만, 내 생각은 달랐다. 아버지가 곡기를 끊은 것은 몸의 자연스러운 요구의 결과로 여겨졌다. 말하자면 삶의 영역을 떠나 죽음의 영역으로 흘러들어가는 몸이 삶의 흔적을 조용히 지워나가는 행위의 하나가 곡기의 끊음이 아닐까, 생각했다. 그렇다면 영양실조와 전해질의 불균형, 산소 부족과 혈압 저하는 지극히 자연스러운 현상이다. 의사의 치료는 그 현상에 역행하고 있었다. 어디론가 자연스럽게 흘러가는 아버지의 몸을 의사가 억지로 막는 형국이었다. 문제는 막음의 행위가 아버지를 삶의 영역으로 끌어들일 수 없다는 데에 있었다. 의사도 그것을 알고 있는 듯했다. 그들의 치료는 죽음의 시간을 잠시 유예할 뿐이었다. 혼수 상태에서 며칠 더 산다는 것이 어떤 의미가

있을까. 그럼에도 치료의 중단을 요구하지 못한 것은 유예되고 있
는 시간의 무게를 측정하는 저울이 없기 때문이었다. (147－148쪽)

인간이 죽어갈 때가 되면 그 육신이 스스로 곡기나 물을 끊게 되어
자연스럽게 그리고 평안하게 죽음을 맞이할 수 있는데, 이를 인공의 힘
으로 막아 죽어가는 사람을 오히려 고통스럽게 만들어 버렸다는 것이다.
주된 스토리 사이사이에 인도의 전통적인 장례 풍습에 대하여 서술
하고 있는 점도 눈길을 끈다. 이 작품은 모두 9개의 장으로 나뉘어져
있는데, 홀수 장인 1, 3, 5, 7, 9장은 '나'의 아버지에 대한 이야기가
진술되어 있고, 나머지 짝수 장은 '나'가 목격한 인도의 장례 풍경에
대하여 서술되어 있다. '갠지스 강변에서 죽고, 육신을 태워 남은 재를
강물에 흘려보내면 윤회에서 벗어나 영원한 해탈을 얻을 수 있'다고
인도인들은 믿고 있다. 그래서 갖가지 끔찍한 광경이 펼쳐진다. 화장을
할 돈이 없어서 강가에 버리고 간 사람의 시체를 개들이 뜯어 먹는 장
면, 돈 만큼 장작을 주어 시신을 태우는데 장작이 모자라 채 타지 않
은 시신의 일부를 개들이 뜯어 먹거나 혹은 그대로 강물에 던져져 타
다 남은 살과 뼈들이 강물에 둥둥 떠다니는 장면, 머리 부분이 타지
않는다고 망치로 시신의 머리를 부수는 장면, 병이나 교통사고 등으로
변사한 사람과 어린아이는 화장을 하지 않고 그대로 강에 흘려보내 여
기저기에 시신이 떠워져 있는 장면 등등이 그것이다. 우리 한국 사람들
로서는 상상도 하지 못할, 괴기스러운 광경 묘사를 통해 작가는 독자들
에게 인간의 삶과 죽음이 도대체 무슨 의미를 지니고 있는가라는, 인간
존재의 근원적인 질문을 던지고 있다.
「야윈 몸」이 인간의 죽음에 대한 음울한 이야기인데도 불구하고, 그
이야기를 전달하는 문장들이 서정적이며 시적인 표현으로 이루어져 있
다는 점도 간과하지 않을 수 없다.

아버지의 목소리가 풍경 속으로 파고들었다. (135쪽)

아버지의 몸이 빚는 고요는 제사의 공간을 투명하게 만들었다. 투명함은 죽은 자를 산 자의 내부로 끌어들이는 힘이었다. (138쪽)

내가 더듬거리며 말하자 아버지는 웃었다. 흐린 웃음이었다. (140쪽)

버림받은 여자의 육신은 매혹적이었다. 위태로운 매혹이었다. 매혹 속으로 파고드는 적요는 깊고 날카로웠다. (141쪽)

어스름이 노인의 야윈 몸 안으로 스며들었다. (142쪽)

갠지스는 죽음이 흐르는 강이다. 죽음이 흐르는 강을 바라보면 삶이 그림자로 보인다. 한바탕 그림자 놀이가 삶이다. 갠지스는 그렇게 삶과 죽음의 자리를 바꾸어 놓는다. 삶이 죽음을 바라보는 것이 아니라 죽음이 삶을 바라본다. 인간이 갠지스를 바라보는 게 아니라 갠지스가 인간을 바라본다. 갠지스의 시선에 관통당한 인간의 육신은 하늘과 땅 사이에서 외로이 펄럭이는 한 조각의 천에 불과하다. (150쪽)

「야윈 몸」은 인간의 죽음에 대한 진지한 천착이라는 육중한 주제 의식을, 서정적인 묘사와 간명한 문체로 형상화한, 보기 드문 문제작이라고 판단된다.

3.

구효서의 「소금 가마니」는 소설의 본질적인 특성인 서사성이 뛰어난 작품이다. 지금의 8, 90대의 할머니들이 살아냈을 법한, 한 여인의 기구한 인생의 이야기가 파노라마처럼 펼쳐지기 때문이다. 따라서 이 작품은 무엇보다도 재미있게 읽힌다.

화자인 '나'는 고인이 된 외종형의 집에서 생전에 어머니가 읽었다던 키에르케고르의 『공포와 전율』을 찾아내고는 놀라움을 감추지 못한다. '무학인 어머니가 키에르케고르를, 그것도 일서로 읽었다'는 사실을 도무지 이해할 수가 없었던 것이다. 그러나 이러한 의구심은 책 뒷장에 씌어진 '册主 朴成顯'이라는 펜글씨에 의해 해소된다. 갑자기 그 이름과 마주치게 된 '나'는, '덮어둔 채 들춰내고 싶지 않았던, 그래서 실제로 잊고 살아왔던, 오래된 의혹'을 하나씩하나씩 회상해 낸다.

'나'의 아버지는 워낙 가난해서 '가난하긴 마찬가지였던 산 너머 처가의 소작일을 일 년간 해 주고 어머니와 혼인을' 한다. 아버지는 일하러 처가를 오가며 '잘 생긴 면내 최고 부농의 자제'로서 일본 유학까지 다녀 온 '박성현의 존재'를 알게 된다. 게다가 '어머니를 내심 사모하고 있었으나 집안의 반대에 부딪혀 있'다는 것까지도 알게 되자 길길이 날뛴다. 그래서 아버지는 마흔일곱에 실족사로 죽을 때까지 어머니에게 무지막지한 폭력을 행사하고 성적 학대를 일삼는다. 그래도 어머니는 그 모진 매와 학대를 아무 말 없이 감내해 낸다. 그렇게 살아가던 중에 전쟁이 터지고 어머니는 인민군과 국군의 엇갈린 진주로 인하여 죽을 고비를 넘긴다. 소금 가마니에서 흘러내린 간수로 두부를 만들어 생계를 꾸려가던 어머니는, 인민군과 국군 양측 모두에게 두부를 만들어 주게 되어 삶과 죽음의 경계를 드나들게 되었던 것이다. 부역자로 몰려 처형의 위기에 처한 순간에 '애국청년단'의 단장이었던 박성현의 도움으로 겨우 목숨을 연명하게 된 어머니에게, 아버지는 더욱 심한 폭력을 휘두른다. 그렇게 살아가다가 아버지는 일찍이 어이없는 죽음을 당하고 박성현도 '노루 사냥을 하다가 멧돼지 덫에 걸려 심장이 뚫려'

죽는다. '애국청년단장을 거처 한 때는 도의원까지 출마했던 그마저도 마지막은 아버지와 다를 바 없이 허망했'던 것이다. 어머니를 둘러싼 남자들의 죽음이 이렇게 허무했음에도 불구하고, 지난하기 그지없던 생에 시달려 오던 어머니는 정작 장수의 복을 누린다. '천수를 누리고 편안히 눈감은 사람은, 평생 고달프고 불행했던 어머니 뿐이었'던 것이다.

> 그렇게 살았으니 어머니의 속은 썩을 대로 썩었겠으나, 여전히 알 수 없었던 것은 세상을 떠나기 전까지 큰 병치레 한번 없었으며, 아흔일곱수를 살았다는 점이다. 운명할 때의 낯빛도 밝고 온화했다. 평생 고생이라곤 모르고 산 황후의 임종이 그랬을까. (217쪽)

아이러니컬한 우리네 사람살이의 한 단면을 이야기하고 있는 부분이다. 가난과 질곡의 삶을 영위할 수밖에 없었던 우리 어머니들의 한 초상화를 그려낸 「소금 가마니」에는, 따라서 기구하면서도 처절한 이야기가 곳곳에 서술되어 있다. 비린 것에 굶주려 있던 딸 아이가 새알을 먹으려고 대추나무에 올라갔다가 떨어져 사경을 헤맬 때, 놀라운 모성애로 아이를 살려내는 대목은 자못 비장하다.

> 걸핏하면 밑동에 떼뱀이나 꼬이는 대추나무를 잘라버리자고 했건만, 아버지는 그 잘난 조상 제상에 필요하다며 고집을 피웠다. 대추 몇알 얻으려다 자식을 죽인 꼴이었다. 도끼로 찍어내든지 불을 확 싸질러버리겠다고 외치는 어머니의 허연 입에 거품이 일었다.
> 아버지뿐만 아니라 마을사람들도 모두 가망없다고 했다. 날도 저물었고, 읍내 병원까지는 너무 멀었다. 삼십리 길을 뛰어가다 어미마저 죽느니, 닭 한 마리 잡고 계란이나 푸지게 삶아 진혼굿을 해주라고 했다.
> 어머니는 아랑곳하지 않았다. 사람들을 향해 쌍욕을 내뱉었다. 입에서 거품이 튀었다. 아이를 들쳐업고 추적추적 비 내리는 어둠

속을 쏜살같이 내닫는 어머니의 모습에 귀기마저 서렸다.

가망이 없다고 한 것은 아이의 상태에 비해 길이 너무 멀기 때문이기도 했지만, 정작은 장마 끝에 물이 불어난 용내천 때문이었다. 징검다리가 잠긴 지도 이미 오래였고, 사나운 물길은 황소를 집어삼키고도 남을 만했다. 십리도 못 가 발이 묶일 거라는 걸 아버지와 마을사람들은 다 알았다. 미친 어머니만 모르고 있었다.

날이 새도록 어머니는 돌아오지 않았다. 아이와 함께 용내천에 빠져죽은 거라 믿었다. 마을의 몇몇 사람들과 아버지는 어머니와 아이를 찾아 이른 새벽길을 나섰다. 한밤중에 용내천 가에서 피를 토하듯 절규하는 소리를 들었다는 사람이 있었다. 바람소리에 묻어오는 그 소리는 사람의 소리가 아니었다고, 이태 전 용내천에 빠져죽은 이의 혼령인 것 같다고 했다.

그날 마을사람들과 아버지는, 용내천을 가로질러 쓰러져 있는 커다란 용수버드나무를 발견했다. 금방 잘린 듯한 나무 밑동 곁에는, 손잡이에 핏물이 밴 낡은 톱 한 자루가 버려져 있었다.

그날을 회상할 때마다 어머니는 깊이 파인 손바닥의 상처를 들여다보곤 했다. 용수버드나무를 타넘어 용내천을 건넌 어미는 밤길을 내달렸다. 질척이는 시골길을 정신없이 달리던 어머니는 어둠이 부르는 소리를 들었다. 죄송해요, 죄송해요, 엄니…… 업힌 아이의 신음 섞인, 겁먹은 울음이었다. 미친 듯 겅둥거리던 어머니의 몸이 아이의 여린 횡경막을 자극했던 것이다. 아이는 꿀럭꿀럭 기침을 토하며 소생했다. 어머니는 아이를 부둥켜안고 진창에 주저앉아 이년아, 이년아, 하고 울었다. (218-219쪽)

소금 가마니에 대한 이야기는 신비롭기까지 하다.

집에는 세 개의 소금가마니가 있었다. 언제나 세 가마니였다. 부엌 뒤쪽 어두운 헛간에, 그것은 반걸음의 간격을 두고, 신방돌 모양의 단 위에 나란히 모셔져 있었다. 시간이 지나면서 조금씩 뱃구레가 꺼지는 그것은, 높이로 보나 좌대 위에 놓여 있는 모습으로 보나 영락없는 삼존불이었다. 그래서 모셔져 있었다고 말해야 하는 것이다.

내가 태어나기 훨씬 이전부터 있던 것이었다. 때로 새로운 소금가
마니로 바뀌긴 했지만 내눈에 그것들은 언제나 변함없이 제자리를
지키고 있는 것 같았다. 각각의 소금가마니 밑에는 흰 사기보시기가
놓여 있었다. 사기보시기 안으로 누런 간수가 뚝뚝 떨어져 내렸다.

헛간은 늘 어두웠다. 장독대 밑을 흐르는 수맥이 헛간을 관통하
고 있어서 습기로 가득했다. 장마철이 아니어도 소금가마니는 잘
녹아내렸다. 눈물처럼 간수를 흘렸다.

쌀가마니와는 달리 소금가마니는 묵은 짚으로 성글게 짠 것이었
다. 간수는 어둠과 습기를 한껏 빨아들여야만 얻을 수 있는 거였다.
간수는 누구나 좋아하는 맛있는 두부를 만들어냈다. 특히 어머니가
만든 두부는 근동에 유명했다. 가족을 먹여살린 것은 어머니의 두
부였다.

서늘한 어둠과 츱츱한 습기, 그리고 적막. 어쩌다 헛간에 들어가
면 그 수꿀한 기운이 목덜미를 기분 나쁘게 핥았다. 한동안 어둠과
습기에 꼼짝없이 붙잡혀 오스스 떨다 온힘을 다하여 냅다 뛰쳐나왔
다. 짜고 쓰디쓴 간수는 그런 헛간에서 나오는 거였다. 그런 간수가
매번 따뜻하고 고소하고 말랑거리며 하얗고 맛있는 두부를 만든다
는 사실이 내겐 신기했고 요상했다.

염천에도 소름이 돋는 헛간. 찌는 더위를 피해 들어갈 법도 했지
만 식구들은 좀처럼 그곳을 드나들지 않았다. 어머니만의 피서장소
였다. 오랜 시간이 흐른 뒤 헛간에서 걸어나오는 어머니의 모습은
어둠과 습기와 적막을 한껏 머금은 소금가마니였다. 아버지에게 맞
아 온몸에 멍이 들었을 때도 어머니는 그곳 헛간에서 오랜 시간을
보냈다. 그러고 나면 아닌게 아니라 어머니의 몸은 치유되는 것 같
았다. (220쪽)

소설의 본원적인 특성이라고 할 수 있는 서사성을 망각해 버린 채,
이상야릇한 요설로 독자들을 현혹시키는 일부의 현대 작가들에게 있어
서, 구효서의 「소금 가마니」는 건강한 서사성의 회복이라는 측면에서
귀감이 될 만한 작품이라고 평가된다.

4.

박상우의 「**기구한 운명에 관한 리포트**」는 메타소설(metafiction)이다. 작가가 하나의 소설 작품을 만들어내기 위해서 얼마나 고심을 하고 지난한 과정을 거쳐야 하는가를 소설의 이야기로 형상화하고 있기 때문이다. 그러니까 이 작품은 소설의 소설인 셈이다.

화자인 '나'는 물론 소설가이다. 대부분의 소설가들이 그러하듯이 '나'는 새로운 형식의 소설을 탐구하는데, 이른바 '인터뷰 소설'이 그것이다.

> 불행하게도 그것은 신화가 아니라 인간의 운명을 상징하는 이야기이다. 그러므로 프로메테우스와 시시포스의 형벌로부터 자유로운 인간은 아무도 없다. 우리가 아침마다 눈을 뜨고 세상에 나가 온갖 세상일에 부대끼는 과정은 독수리에게 간을 쪼이는 프로메테우스의 형벌을 닮아 있고, 하루가 끝날 때면 아무런 완성도 없이 지친 몸을 이끌고 원점으로 되돌아가는 도로는 시시포스의 운명을 닮아 있다. 그런 일을 죽는 날까지 되풀이하는 게 인간의 삶이다. 나는 그와 같은 운명적 요소가 두드러진 삶의 소유자를 찾고 싶었고, 그것을 새로운 형식의 소설로 써보고 싶었다. 이름 하여 인터뷰 소설.
>
> (110 – 111쪽)

'나'는 인터뷰 소설을 '작가적 상상력과 실제적 인생 경험을 섞어 문학성과 현장성을 동시에 살릴 수 있는 소설'이라고 규정하고, 인터뷰 소설의 대상이 될 만한 인물이 갖추어야 할 조건까지 생각해 놓는다. 자신의 인생에 대한 자각 그리고 진지함과 솔직함을 지녀야 하고, 자신의 인생에서 얻은 지혜와 깨달음을 가지고 있는, 즉 '자신의 인생을 타인의 눈으로 바라볼 수 있는 사람'이어야 한다는 것이다. 그런 사람은 곧 '기구한 운명의 소유자'라는 결론을 얻은 '나'는 그러한 인물을 찾아 나선다. 성공과 실패, 그리고 재기의 신화를 창조한 어느 출판사 사장을 소개받고 또한 우연히 '전형적인 미인박복 형'의 여자를 만나 인터뷰를 하게 되지만, 실망을 하고 인터뷰 소설에 대한 꿈을 버린다. 얼마 후 '나'는 우연하게 후배 문인에게 또 다른 인터뷰 소설의 주인공을 소개받게 된다. 오랜 망설임 끝에 '나'는 까페를 운영하는 오십대 초반의 여자를 찾아 간다. 그녀의 험난한 인생행로에 대한 이야기를 들어보지만, 역시 소설의 주인공은 될 수는 없었다. 게다가 그녀는 소설가인 '나'를 만나고자 했던 솔직한 이유를 밝힌다.

> "내 얘기는 절대 소설로 쓸 수 없어요. 쓸 수도 없고 써서도 안 돼요."
> "그럼 오늘 이곳에 왜 날 오라고 한 거죠?"
> "솔직하게 말해 줄까요? 점잖게 말해 줄까요?"
> "처음이자 마지막이 될 테니 솔직하게 말해 주세요."
> "좋아요. 그러죠. 솔직히 말해 요즘 손님이 너무 없어요. 매상 좀 올리려고 손님으로 모신 거예요. 그리고 소설가를 본 적이 없어서 그냥 한번 만나 보고 싶었어요. 혹시 이런 게 인연이 될지도 모르니까…… 아무튼 운명 같은 거 잊고 자주 놀러 와요. 운명 같은 거 백날 말해 봤자 아무것도 남는 게 없어요. 내 운명에 남겨진 건 같이 잔 남자들에 대한 기억밖에 없어요. 같이 자지 않으면 아무것도 안 남겨져요. 그게 내 운명이니까 다음에 오면 내가 당신을 기억할 수 있게 해줘요. 알았죠?" (126쪽)

이처럼 콩트적인 반전의 구조를 지니고 있는 이 작품에는 창작에 대한 작가들의 참담한 고뇌가 곳곳에 서술되어 있다.

> 소설가로 세상을 사는 일은 단순하고 단조롭다. 인생의 풍랑이 끝나고 고뇌의 풍파가 가라앉아야 비로소 글을 쓸 수 있으니 그것

은 사필귀정의 단순함이고 또한 단조로움일 터이다. 풍랑을 거치지 않은 인생은 소설에 이르기 어렵고, 풍파가 가라앉지 않은 정신 또한 소설에 이르기 어렵다. 요컨대 안에서 밖으로 나가는 것이 아니라 밖에서 안으로 들어오는 것이 소설의 행로라는 것이다.

역설적인 얘기가 되겠지만, 단순하고 단조로운 삶이 소설가에게는 최대의 적이다. 소설을 쓰지 않으면 소설가가 아니니 어쨌거나 소설을 쓰기 위해서는 평생 매너리즘을 경계해야 한다. 그것을 위해 어떤 소설가는 몸을 굴리고, 어떤 소설가는 정신을 굴린다. 몸을 굴리는 소설가는 소설의 현장성을 중시하게 되고, 정신을 굴리는 소설가는 소설의 실험성을 중시하게 된다. 두 가지 성향 중 어느 쪽에도 속하지 않는다고 주장하거나 양쪽에 모두 속한다고 주장하는 소설가가 있다면 그는 피해망상이거나 과대망상일 가능성이 농후하다. 진지함을 전제로 한다면, 한 몸뿐인 인간에게 신이 그렇게 엄청난 능력을 부여할 턱이 없기 때문이다. 신에게 뇌물을 먹이지 않고서야 어떻게……. (106쪽)

새로운 형식의 소설에 대한 나의 꿈은 그렇게 막을 내렸다. 인간을 품고 운명을 품는 소설, 그리하여 문학성과 현장성을 동시에 살릴 수 있는 소설은 태어나기도 전에 고사당해 버리고 말았다. 나는 소설을 잊고 시간을 견뎠다. 새로운 영토를 개간하지 못한 대가로 기나긴 침묵의 형벌을 감내해야 했다. 하지만 새로운 것이 아니라면 더 이상 내 자신을 던지고 싶지도 않았다. 새로움이 없는 건 더이상 창작이 아니고, 자기 복제는 더더욱 용서받을 수 없는 죄악이라고 나는 단정했다. 오, 자신을 끝없이 복제해 대는 무감각한 쟁이들의 죄악이여! (118쪽)

'소설가 주인공 소설'이라고 할 수 있는 「기구한 운명에 관한 리포트」는, 소설 쓰기의 방법이나 과정 등을 유머스럽게 형상화함으로써 메타 소설의 전형성을 획득하고 있다. 박상우의 작가로서의 능력과 재치가 돋보이는 작품이다.

5.

　　백가흠의 「**구두**」는 독특한 소설이다. 달리 말하자면 한 편의 영화를 보는 듯한 착각을 불러일으키는 소설이다. 서술자는 마치 영사기가 돌아가는 것처럼 사건의 배경, 인물들의 행동 등을 그대로 보여주기만 할 뿐이다. 이러한 서술 기법을 가리켜 '카메라의 눈'(camara's eye)이라고 하는데, 이는 극히 사실적(寫實的)인 서술 방식을 의미한다. 어쨌거나 「구두」의 서술자는 아무런 설명도 없이 객관적인 시선으로 인물, 사건, 배경에 대하여 그저 진술하기만 할 뿐이다. 따라서 이 작품에 등장하는 인물들이나 사건에 대한 해석은 온전히 독자의 몫이다.

　　스토리는 단순하다. 한 남자가 있다. 그는 지금 아내가 어떤 사내와 함께 여관으로 들어가는 모습을 차 안에서 지켜보고 있다. 그리고는 몇 달 전부터 생기기 시작한 몸의 변화로 인해 '매독 2기 판정'을 받았던 사실을 상기해 낸다. 자신은 다른 여자와 성관계를 가진 일이 없는데도 말이다. 남자는 아내를 죽이기로 결심한다. 남자는 우선 집으로 돌아가 치매를 앓고 있는 어머니와 잠든 아이를 차례차례 목졸라 죽인다. 남자는 얼마 후 집으로 돌아온 아내를 아무런 말도 없이 칼로 난자하여 죽인다. 남자도 죽기 위해서 밖으로 나간다. 거리를 걷다가 안마시술소 간판을 보고는 깨끗이 몸을 닦고 죽어야겠다는 생각을 한다. 남자는 그곳에서 맹인 여자에게 안마를 받는다. 남자는 그 여자에게 강한 성욕을 느낀다. 안마가 끝나고 여자가 돌아가자, 남자는 안마시술소를 나와 문 앞에서 여자가 나오기를 기다린다. 여자가 나오자 미행을 한다. 여자의 집까지 따라 들어간 남자는 여자를 위협해 자신의 욕정을 푼다. 벌거벗은 채로 여자의 방에서 나온 남자는 거실 커튼을 묶는 타이백으로 목을 매고 죽는다.

이처럼 「구두」의 주된 사건은 친족 살해와 자살이다. 끔찍한 사건인 것이다. 그럼에도 불구하고 서술자의 시선은 극히 객관적이며 사실적이다. 마치 일상적인 일이 일어나는 것처럼 그저 담담하게 서술하고 있다. 게다가 등장인물들은 이름을 얻기는커녕 생김새, 성격조차 모호하다. 철저한 익명성을 유지하고 있는 것이다. 이는 물론 작가의 의도적인 서술기법에서 비롯된 것인데, 하여튼 「구두」는 강한 흡인력을 갖고 흥미롭게 읽힌다.

사족 하나. 「구두」의 서두 부분이 발군이다.

> 남자는 아내를 죽이기로 결심한다. 남자의 좁고 왜소한 어깨가 부들부들 떨린다. 남자는 여관으로 들어가는 아내를 지켜본다. 차 안에서 멍하니 아내가 들어간 여관을 바라본다.
>
> 여관 이층의 한 방에 불이 들어온다. 가늘게 찢어진 남자의 눈이 반짝인다. 몇 달 전, 자고 일어나니 성기 끝부분에 완두콩만한 응어리가 잡혀 있었다. 남자는 대수롭지 않게 생각했다. 며칠 지나자 흔적도 없이 사라졌기 때문이었다. 병무청에 다니는 남자는 과로 때문이라고 생각했다.
>
> 한 달 전쯤, 이번엔 몸에 발진이 일기 시작했다. 처음에 손에서 시작해서 발, 머리, 온몸으로 번져나갔다. 가렵거나 아프지 않아서 이번에도 대수롭지 않게 생각했다. 그러나 이번에는 병원에 갈 수밖에 없었다. 민원이 들어왔기 때문이었다.
>
> 남자는 피부과를 찾았다. 피부병이 아니었다. 남자는 매독 2기 판정을 받았다. 남자는 어찌된 일인가 어안이 벙벙했다. 매독이라니. 처음에는 아내에게 미안해서 얼굴을 똑바로 바라보지 못했다. 남자는 술에 취했던 날들을 기억해내려고 애썼다. 자신도 모르는 사이에 감염된 것인지도 모를 일이었다. 아무리 생각해도 다른 여자와 성관계를 가진 기억이 나질 않았다. 기억하고 있는 몇 번의 일은 너무 오래전이었다. 남자는 혼자 끙끙 앓았다.
>
> 피부과에서 맞은 주사 한 방으로 발진은 금방 가라앉았다. 부스

럼은 가라앉았지만 남자의 마음속에 매독꽃이 번졌다. 계속 치료를
받아야 했지만 남자는 그 뒤로 병원에 가지 않았다. (146 - 147쪽)

위와 같은 발단 부분을 읽고 호기심이 동하지 않는 독자가 있을까?
아마도 열이면 열, 백이면 백, 이 작품을 끝까지 읽지 않고는 배기지
못하리라고 본다.

사족 둘. 남자의 아내는 자신의 욕정을 못 이겨 바람을 피운 것일까?

> 남자는 아내의 가방에서 들고 나온 통장을 펼쳐든다. 남자 이름
> 으로 된 통장엔 거의 하루도 빠짐없이 돈이 입금되어 있다. 돈의
> 액수는 일정하다. 남자는 아내가 바람이 난 게 아니라, 돈을 벌고
> 있었다는 것을 깨닫는다. 그렇다고 자신이 한 짓이 후회되지는 않
> 는다. 남자는 숫자를 센다. 일 년여 동안 아내가 잔 남자 수를 센
> 다. 전날에도 이십여만원이 입금되어 있다. 아내는 돈을 통장에 넣
> 고 오느라 다른 날보다 늦었던 모양이다. 남자는 돈이 입금된 날짜
> 도 꼼꼼히 챙겨본다. 그날들을 기억해 보려 애쓰지만 아무것도 기
> 억나는 것이 없다. 아내와 일 년 동안 어떻게 살았는지 기억해보려
> 하지만 아무것도 떠오르지 않는다. 이젠 아내 얼굴도 기억나지 않
> 는다. (159 - 160쪽)

이처럼 아내는 돈을 벌기 위해서 몸을 판 것이다. 남자는 아내를 죽
이고서야 이 사실을 알게 된다. 그러면서도 후회하지 않는다고 했다.
전혀 죄의식을 느끼지 않는 것이다. 그렇다면 남자는 아내를 왜 죽인
것일까? 자신에게 성병을 옮겨놓았다는 증오심에서? 아내가 바람을 피
운다는 배반감 때문에? 더군다나 치매를 앓고 있는 노모와 아이까지
죽인 이유가 무엇일까? 이에 대한 해답은 이 작품의 제목인 '구두'에서
찾을 수 있다.

여자는 쭈그려앉아서 더듬더듬 자신의 신발을 찾는다. 남자의 허름한 구두가 손에 잡힌다. 앞부리의 굵은 주름이 만져진다. 한 번도 닦지 않은 듯한 구두. 먼지와 때가 굳어 가죽의 일부가 되어버린 구두가 만져진다. 여자는 신발 한 짝을 찾아서 앞에 놓는다. (159쪽)

여자는 열려 있는 현관문을 잠근다. 낯선 구두가 들어서는 여자 발부리에 차인다. 여자는 쭈그려앉아 가지런히 모아져 있는 구두를 만져본다. 앞부리의 굵은 주름이 만져진다. 한 번도 닦지 않은 듯한 구두. 먼지와 때가 굳어 가죽의 일부가 되어버린 구두를 여자는 가슴에 움켜쥔다. (166쪽)

첫째 번 인용문은 여자가 안마를 끝내고 돌아갈 때의 장면이고, 둘째 번 인용문은 이 작품의 마지막 부분이다. 남자의 구두는 '한 번도 닦지 않'아서 '먼지와 때가 굳어 가죽의 일부가 되어 버린', 그래서 앞부리에 '굵은 주름'까지 생겨난 구두이다. 이러한 구두의 모습을 통해서 우리는 남자가 힘겹게 삶을 이어가고 있었다는 사실을 알아 낼 수 있다. 치매에 걸린 노모를 돌볼 수 없어 밖에서 문을 잠가 놓고 방문에 끈을 묶어 놓은 상태로 지내고 있다. 돈에 궁한 아내는 남자 몰래 몸을 판다. 아내에게서 성병까지 옮는다. 이유야 어찌되었든 아내가 다른 사내와 함께 여관에 들어가는 장면을 목격한다. 이렇게 비참하고도 절망적인 상황에서도 살아야겠다는 의지를 불태울 남자가 있을까? 아내와 남은 가족을 모두 죽여 버리고 자신도 죽음을 택하는 남자의 심정을 헤아릴 수 있을 듯싶다.

요컨대, 「구두」는 극히 사실적인 서술기법으로, 마치 눈에 보이듯이, 인물들의 행동을 하나하나 생생하게 그려내고 있어―특히 맹인 여자의 행동을 세밀하게 서술해 낸 부분은 압권이다―백가흠의 작가로서의 능력을 십분 발휘하고 있다.

6.

박선희의 「**김재이 보고서**」는 짤막한 단편으로 반전의 묘미를 즐길 수 있는 작품이다. 독자들은 작가의 능청스러운 이야기를 따라 읽다가, 결말에 가서야 여지껏 작가의 트릭에 속아왔다는 사실을 깨닫게 된다.

화자인 '나'는 도쿄 지사에 근무하고 있는 회사원이다. 어느 날 서울 본사에서 '도쿄 사건'에 대한 보고서를 작성해 보내라는 팩스를 받는다. '나'는 공적인 보고서가 아니라 사적인 기록문의 형식으로 '김재이 보고서'라는 제목의 글을 컴퓨터로 작성한다.

'나'는 아내, 그리고 네 살 된 아이와 같이 살고 있는 평범한 회사원이다. 그러나 어느 때부터인가 '머릿속에서 시계 초침 돌아가는 소리'를 듣게 된다. 그 이후로 '나'는 아내와 잠자리를 같이 하지 않게 되고 또 혼자 고립되어 있기를 원한다. 회사일도 버거워한다. 자신의 '생활과 인간관계의 형태를 단순화함으로써 편안해질 수 있기를 바랐'기 때문이다. 같은 회사에 근무하는 아내와 '홍보실 직속상관 J와의 스캔들'이 근본적인 원인은 아니었으나, 톱니바퀴가 맞물리며 돌아가는 소리는 멈추지 않는다. 결국 '나'는 3년간의 일본지사 근무를 지원한다. 일본에서의 홀가분하고 단조로운 생활은 머릿속의 소리를 없애게 한다. 이렇게 평화스러운 나날을 보내다가 '나'는 일본 친구에게서 '미유'라는 여자를 소개받고는 곧바로 동거에 들어간다. 그리고는 아주 만족해 한다.

> 휴일에는 집에서 꼼짝도 하지 않았다. 하루를 꼬박 미유와 함께 있었다. 미유의 귀를 만지작거리며 텔레비젼 쇼 프로를 보기도 했고, 둥글고 부드러운 아랫배를 베고 누워 책을 읽기도 했다. 미유와의 섹스는 만족스러웠다. 간간이 옅은 잠을 자거나 맥주를 마셔가

며 열 시간 넘게 침대에서 뒹군 적도 있었다. 2년 이상 섹스리스로 살았던 나로서는 믿을 수 없는 일이었다. (141쪽)

이처럼 회사일과 미유에만 빠져 있던 '나'에게, 아내가 휴가를 빌미로 하여 아이와 함께 도쿄로 오게 되는 일이 생긴다. '나'는 미유를 며칠 동안 아래층에 사는 여자에게 맡긴다. 휴가의 마지막 날이었다. 아내가 아이와 함께 외출을 하자 '나'는 참지 못하고 미유를 보러 간다. 그러나 이게 웬일인가? 아래층의 여자는 미유에게 손찌검을 한 것이었다.

> "안 돼요!"
> 게이코가 소리쳤을 때는 이미 거실에 발을 올려놓은 다음이었다.
> 나체로 침대에 누운 미유는 낯설었다. 내가 사준 흰 블라우스와 파란색 스커트는 게이코의 옷들과 함께 여기저기 널려 있었다. 배와 팔과 다리에 난 여러 줄의 상처가 거뭇거뭇했다. 허벅지에 걸쳐진 것은 고무 호스였다. 침대 옆 보조 테이블에 올라간 링고가 멍한 표정의 미유를 내려다보고 있었다. 나는 입이 얼어붙어 말이 나오지 않았다. 눈앞에 벌어진 사태에 대해 무엇이든 추리해보려고 했지만 머릿속이 텅 비어버린 것 같았다. 게이코는 문턱에 발을 걸치고 덜덜 떨면서 울었다.
> 나는 미유를 안을 수 없었다. 능욕당한 미유는 더 이상 신비스러워 보이지 않았다. 상처는 모두 지워냈지만 별 소용이 없었다. 게이코는 말했다. 사랑하는 메구미가 떠났다고, 메구미를 용서할 수 없다고. (150-151쪽)

아래층 여자는 레즈비언이었던 것이다. 애인이 떠나버리자 그 여자는 미유에게 화풀이를 한 것이었다. 미유를 집으로 데리고 온 '나'는 140 센티의 미유를 침대 밑에 감춘다. 그러나 얼마 후 집으로 돌아와 자동차 놀이를 하던 아이로 인해 결국 미유의 정체가 드러난다.

그 일은 아이가 엄마를 피해 자동차를 가지고 이 방 저 방을 옮겨 다니면서 터졌다.

"엄마! 여기 누가 있어!"

아이의 외침 소리를 듣고 나는 소파에서 벌떡 일어났다. 후닥딱 침실로 뛰어들어가는 나를 아내가 따라왔다. 아내는 아이가 들춘 침대 커버를 위로 젖히고는 기겁하여 소리를 질렀다.

"알고 보니 특이한 성 취향을 가지고 있었네."

침대 밑에 숨도 쉬지 않고 누워 있는 미유를 한참 들여다본 뒤 아내가 한 말이었다.

아내가 서울로 돌아간 후 나는 미유를 여섯 토막을 만들어 쓰레기봉지에 담아 버렸다. 팔 다리와 목이 잘려나갈 때 미유는 비명 한 번 지르지 않았다. 봉지는 다음 날 쓰레기 수거 차에 던져졌다. 미유가 그렇게 폐기된 다음 나는 극심한 불안감에 시달렸다. 시계의 톱니바퀴 소리가 다시 머리를 박음질하기 시작했다. (151쪽)

이렇게 해서 미유를 '폐기'한 '나'는 일본 친구에게 전화를 걸어 미유와 다른 '돌doll'을 찾아달라고 한다.

마사루에게 전화를 걸었다. 그는 수영장에서 전화를 받았다. 휴가를 잘 보내고 온 목소리였다.

"미유는 잘 있겠지?"

그는 짓궂게 웃었다. 나는 용건을 얘기했다.

"전시장에 같이 가주지 않겠어? 미유와 많이 다르게 생긴 돌doll을 갖고 싶어. 피부색도 너무 하얗지 않았으면 좋겠고."

마사루와 만나서 얘기를 하기로 하고 전화를 끊었다. 방에 들어가 곧바로 인터넷에 접속을 했다. 전시장에 가기 전에 미리 내 타입을 정해두는 게 좋을 것 같았다. www.orient-doll.com. 나는 곧 있으면 보게 될 돌doll들을 하나씩 클릭해나갔다. 알리스, 사야카, 올리비아, 토모코……. (152-153쪽)

이와 같은 결말 대목을 읽고 나서야 독자들은 비로소 이야기의 전말을 온전히 파악하게 되며 또한 작가의 속임수에 깜빡 속아 넘어갔다는 사실을 깨닫게 된다. 다시 말하자면 독자들은 '미유'를 진짜 살아 있는 여자로 인식하고 있다가, 결말 부분에 이르러서야, 미유가 실제 사람의 신체 크기를 그대로 지니고 있는, 한낱 인형에 지나지 않는다는 사실을 비로소 알게 된다는 것이다.

사족 하나. 독자들은 앞에 인용된 인터넷 주소를 컴퓨터에 띄워 보시라. 소문으로만 듣던, 사람이 지닌 피부의 고유한 감촉을 고스란히 지니고 있다는, 각종의 섹시한 여자 인형들을 손쉽게 만나 볼 수 있을 것이다.

사족 둘. 이 작품의 제목 '김재이 보고서'는, 미국의 성에 관한 보고서인 '킨제이 보고서'에서 따오지 않았을까? 이름의 발음이 유사하기도 하거니와, '김재이 보고서'도 변태적인 성을 즐기는 한 남자에 대한 보고서이기 때문이다.

7.

한수영의 「**피뢰침**」은 기이한 이야기이다. '이식증'이라는 병에 걸려 쇠붙이를 삼키는 어떤 남자에 대한 이야기이기 때문이다. 쇠를 먹은 사람에 대한 뉴스가 신문이나 방송에 종종 보도되는 것을 보면, 정말 그런 사람이 있기는 있는가 보다. 어찌 되었든, 「피뢰침」에서의 쇠를 먹는 남자의 이야기는 그럴 듯하다. 리얼리티가 있다. 한 여자를 짝사랑하는 남자가 자신의 마음을 표현하지 못하고, 고통스러운 그리움과 외로움을 달래기 위해, 그녀의 지문과 체취가 남아 있는 쇠붙이들을 먹는다는 이야기가 설득력이 있기 때문이다. 남자는 그러한 쇠붙이들을 자신의 뱃속에 가둠으로써 사랑하는 여자를 자신의 것으로 만들었다고 자위할 수 있게 될 것이다. 어느 여자에게 온 정신을 빼앗긴 남자가 그 어떤 일도 서슴지 않게 되는 일을 우리 주위에서 종종 볼 수 있다는 점에서 남자의 이러한 행동은 충분히 그럴 수 있다고 여겨진다.

스토리는 비교적 단순하다. 남자는 은행의 도우미 겸 경비를 담당하는 파견직 직원이다. 여자는 창구 담당 직원이다. 남자는 늘 여자를 바라보면서 남몰래 사랑을 키운다. 그러나 표현을 하지 못한다. 어렸을 때 '당의정을 삼키듯 청개구리나 배추벌레를 삼'킨 경험이 있는 남자는, 그녀의 손길이 닿은 쇠붙이들을 먹는다. 그래서 '남자의 위장에는 두 개의 클립, 눈썹 손질용 가위 하나, 실핀 두 개, 동전 넷, 그리고 캔 맥주 꼭지 두 개가 들어있다.' 어느 날 은행 앞에서 담배를 피우던 그에게 건물 꼭대기에 서 있는 피뢰침이 눈에 들어온다. 그 이후부터 남자는 피뢰침과 자신을 동일시하며 자신도 모를 어떤 강한 예감에 사로잡힌다.

공중에 홀로 서서 언제 올지 모르는 번개를 기다리고 있는 피뢰침의 숙명이 남자의 가슴을 쳤다. 언젠가는 불새보다 빠른 번개가 내려와 피뢰침을 데리고 가리라. 여자의 정맥을 처음 보았을 때처럼 눈물이 나오려고 했다. 피뢰침은 천장의 마지막 과정을 거치고 있는 마른 뼈다귀처럼 보였다. 피뢰침이 찌르고 있는 것은 하늘이 아니라 절대 고독을 숙명으로 안고 가야 하는 피뢰침 자신의 발부리였다. 인광처럼 빛나는 푸릇한 빛이 남자의 가슴 깊은 곳에서 파닥거리기 시작했다. 문득, 주변의 모든 건물이 일시에 쓰러지고 차들과 사람들이, 창구 너머의 여자마저 어딘가로 사라지고 오직 피뢰침과 자신만이 빈 들판에 서 있는 것 같았다. 남자는 담배를 비벼 끈 뒤 피뢰침처럼 허리를 곧추세웠다. 의연하게, 그래 의연하게. 홀로 서서 번개를 기다리는 저 피뢰침처럼 의연하게.

그날, 남자는 머리핀 하나를 삼켰다. 여자의 의자 근처에서 주운 핀이었다. 쇳내가 올라왔지만 참을 만했다. (158쪽)

예감은 현실로 다가왔다. 태풍과 번개를 동반한 폭우가 쏟아지던 어느 날 오후, 마감 업무에 쫓기던 은행에 '개머리판을 자른 칼빈'으로 무장한 강도가 들이닥친 것이다. 하필 강도가 짝사랑하는 여자에게 총구를 들이대자, 남자는 어떻게 해서든지 여자를 구해내야 한다는 일념에 사로잡힌다. 이윽고 강도가 한 눈을 파는 사이에 남자는 '대기석을 뛰어 넘어 사내의 등을 덮'친다. 강도는 엉겹결에 방아쇠를 당기고 남자는 고스란히 총알에 맞는다. 번개를 맞이하는 피뢰침처럼 남자는 자신의 몸에 '번개가 다녀갔다'고 느낀다. 남자는 서서히 의식을 잃어가면서도 그녀를 찾아보지만, 그녀는 보이지 않는다.

얼핏 보아서는 신빙성이 없는 이야기라고도 할 수 있겠으나, 「피뢰침」의 이야기가 나름대로의 개연성을 얻게 되는 것은 생생한 현실감이 느껴지는, 사실적(寫實的)인 문체가 빛을 발하기 때문이다.

남자는 숨겨둔 가위를 꺼내 화장실로 갔다. 가위에 묻어 있던 여자의 체취가 점점 희미해지고 있었다. 남자는 문을 걸어 잠근 다음 입을 벌릴 수 있는 만큼 크게 벌렸다. 그리고 목젖 근처까지 가위의 손잡이 부분을 들이밀었다. 울컥, 헛구역질이 나왔다. 가위를 받아들이지 않겠다는 몸의 신호였다. 혀에 이물질이 닿는 순간 몸은 그것을 받아들일 것인지 거부할 것인지를 즉각적으로 판단한다. 그것이 쇠붙이일 때의 몸의 거부 반응은 당연히 격렬해진다.

남자는 눈을 감고 조심스럽게 밀어 넣기 시작했다. 헛구역질과 함께 남자는 한참 동안 가위를 밀고 당기기를 계속했다. 가위의 손잡이가 목젖을 통과했다. 목젖을 넘어간 이상 몸은 가위를 받아들일 수밖에 없다. 식도의 연동 운동에 따라 가위가 아래로 내려가는 것이 느껴지는 동시에 비릿한 냄새가 훅 끼쳐 올라왔다. 가위 끝이

식도에 상처를 냈을 것이다. 뒤이어 여러 가지 감정이 뒤섞여 한꺼
번에 밀려왔다. 통증에는 아릿한 슬픔과 희열 같은 것이 섞여 있었
다. 하지만 남자가 질끈 눈을 감자 모든 것이 사라져버렸다. 남은
것은 오직 식도와 그 어두운 통로를 타고 내려가는 가위뿐이었다.

(147 – 148쪽)

읽는 사람이 직접 가위를 삼키고 있는 듯한 느낌을 갖게 하는, 실감
나는 대목이다.

우주선이라도 삼킬 수 있는 사람의 몸. 카리브 해의 어느 섬으로
여행을 다녀온 뒤 이마에 커다란 혹이 생긴 사람을 본 적이 있다.
콩알만 하던 혹이 점점 커져 밤톨만 해지더니 어느 날부터 혹 안에
서 무언가 꿈틀거리기 시작했다. 거울을 보다 혹을 가리고 있던 앞
머리가 들썩이는 걸 발견한 그 사람은 기절할 뻔했다고 했다. 혹
제거 수술을 받은 뒤, 자신의 혹 속에서 나온 걸 보고 정말 기절해
버렸다. 놀랍게도 잘린 혹 속에서 파리 유충이 나왔다. 그 사람은
휴양지에서 모기에 물린 적이 있었다. 모기는 그의 피를 빨기 직전
에 알을 밴 파리의 피를 빨았다. 양이 덜 찬 모기는 파리 알이 묻
은 침을 그의 이마에 꽂았다. (160쪽)

이러한 일도 얼마든지 일어날 수 있는 것이라고 생각된다. 따라서
한수영의 「피뢰침」은 그럴듯하게, 흥미롭게 읽힌다. 우리의 현실 생활
에서 일어날 수 있을 법한 이야기를, 기발한 상상력을 동원하여, 하나
의 흥미로운 이야기 구조로 형상화시켜 독자들에게 읽는 즐거움을 제
공해 주는 것이 소설의 주요한 역할 중의 하나라면, 「피뢰침」은 이에
충실히 부응하는 작품이다.

다양한 이야기의 성찬(盛饌)

○ 김 훈, 「언니의 폐경」(『문학동네』, 2005년 여름호)
○ 한창훈, 「올 라인 네코」(『실천문학』, 2005년, 여름호)
○ 이현수, 「부용각-신 기생뎐 7」(『한국문학』, 2005년, 여름호)

1.

김 훈의 「**언니의 폐경**」은 그의 네 번째 단편소설인데, 역시 '김 훈답다'는 느낌을 갖게 하는 작품이다. '김 훈다운 작품'이라는 말 속에는 감각적이고도 유니크한 문체, 서사성과 서정성이 아울러 버무려진 흥미로운 이야기, 현대인들의 삶에 대한 날카로우면서도 진지한 통찰 등과 같은 어구의 의미가 내포되어 있는 듯하다. 「언니의 폐경」 또한 김 훈의 이와 같은 소설적 특장(特長)들을 고스란히 담아내고 있는데, 특히 50대 자매를 화자와 주인물로 내세워 그들의 미묘한 육체의 변화와 내면의 심리 세계를 섬세하게 그려내고 있는 점이 돋보인다.

「언니의 폐경」은 50살 된 동생이 다섯 살 위인 언니의 폐경을 모티프로 삼아 이야기를 전개하고 있지만, 기실은 화자 자신의 현재의 삶에 대한 이야기가 중심축을 이루고 있다.

언니는 지방의 회사에서 근무하는, 신실한 남편을 받들면서 두 아들을 키워내 일찍이 결혼시켜 내보낸다. 평온한 나날을 보내던 어느 날,

남편은 추석 휴가를 보내고 회사로 돌아가다가 비행기가 추락하는 바람에 어이없는 죽음을 맞는다. 남편의 시신을 실은 냉동 앰뷸런스를 따라 서울로 올라가는 승용차 안에서 언니는 폐경의 전조(前兆)로 인한 생리혈을 심하게 쏟아낸다.

> 나는 갓길에 차를 세웠다. 자정이 지난 시간이었다. 나도 생리날이 임박해 있었으므로 핸드백 안에 패드를 준비하고 있었다. 나는 룸 라이트를 켜고 패드를 꺼내 포장지를 뜯었다. 내 옆자리에서 언니는 바지 지퍼를 내리고 엉덩이를 들어올렸다. 나는 언니의 엉덩이 밑으로 바지를 걷어내주었다. 언니의 팬티는 젖어 있었고, 물고기 냄새가 났다. 갑자기 많은 양이 밀려나온 모양이었다. 팬티 밑으로 피가 비어져 나와 언니의 허벅지에 묻어 있었다. 나는 손톱깎이에 달린 작은 칼을 펴서 팬티의 가랑이 이음새를 잘라냈다. 팬티의 양쪽 옆구리마저 잘라내자 언니가 두 다리를 들지 않아도 팬티를 벗겨낼 수 있었다. 팬티가 조였는지 언니의 아랫배에 고무줄 자국이 나 있었다. 나는 패드로 언니의 허벅지 안쪽을 닦아냈다. 닦을 때 언니가 다리를 벌려주었다. 나는 벗겨낸 팬티와 쓰고 난 패드를 비닐봉지에 담아 차 뒷자리로 던졌다. 언니도 나도 여벌 팬티가 없었다. 나는 두꺼운 오버나이트를 꺼내서 언니의 바지 안에 붙였다. 언니가 다시 엉덩이를 들었다. 나는 언니의 엉덩이 밑으로 바지를 치켜 올리고 단추를 채워주었다. 바지 안에 붙인 패드는 언니의 아래에 잘 밀착되지 않을 것이었다. (235쪽)

그 즈음에 '나'는 어이없게도 남편으로부터 일방적인 이혼 통고를 받고 별거를 하게 된다. 큰 회사의 전무로 승승장구한 남편은 일찍이 젊은 여자를 숨겨두고 있었다. '나'는 출장에서 돌아온 남편의 속옷에 가끔씩 여자 머리카락이 붙어 있는 것을 알면서도 모른 척하고 있었던 것이다. 남편은 교활했다. 홀로 남겨진 시어머니의 초상을 치르고 나서 한 달 후에, 외동딸이 유학을 떠나자마자 오래 기다려왔을 이혼 이야기를 비로소 꺼냈기 때문이다.

> 남편이 선택한 시점은 온당해 보였다. 부모가 모두 세상을 떠나
> 고, 자식이 눈앞에 없을 때 헤어짐으로써 혈연으로 맺어지는 관계
> 들에 대한 상처를 줄이자는 것이 남편의 헤아림이었다. 왜 함께 살
> 아야 하는지를 대답할 수 없었으므로 왜 헤어져야 하는지를 물을
> 수가 없었다. (249쪽)

법의 힘을 빌지 않고 두 사람의 합의하에 이혼하기로 결정한 두 사
람은 모든 법적 절차가 끝나기 전까지 별거하기로 한다. '나'는 언니의
집과 가까운 곳에 위치한 13평의 아파트를 구입한다. 혼자 살고 있는
언니는 가끔씩 '나'의 아파트에 들러 대화를 나누고 자고 가기도 한다.
그 무렵에 '나'는 남편의 입사동기이지만, 남편의 부하로 있는 남자와
연애를 시작한다. 딸의 유학에 필요한 서류를 부탁하면서 알게 된 것이
다. 그 남자는 얼마 후에 남편으로부터 해고 통지를 받는다. 그러자 남
자는 낮에도 '나'를 찾아와 섹스를 한다. 언니도 그 사실을 알고 있으
나 모른 척한다. 두 자매는 그렇게 살아간다. '나'는 남자가 찾아오면
낮이건 밤이건 섹스를 하고, 언니는 남자가 찾아오는 시간을 피해 '나'
의 아파트에 놀러와 이야기를 나누고 밥을 먹고 같이 잠을 자는, 그런
생활을 계속 영위해 가는 것이다.

두 자매의 이와 같은 삶의 이야기를 펼쳐내고 있는 이 작품에서 우
리가 눈여겨보아야 할 것은 무엇보다도 작가의 탁월한 묘사력, 표현력,
문장력이 되어야 하리라 본다. 「언니의 폐경」은 주인물들이 여성이므
로 당연히 여성들에 관한 삶의 항목들이 자주 등장할 수밖에 없다. 월
경, 폐경, 브래지어·블라우스 등의 여성의류, 여성들의 머리카락과 머
리 모양, 임신, 입덧, 요리 …… 등이 그것이다. 그런데 이에 대한 묘

사나 표현이 마치 여성 작가가 그려놓은 듯이 극히 사실적(寫實的)이다.

　　나이 들어가면서 언니는 점점 입맛이 까다로워졌다. 어렸을 때부
터 언니는 고기 굽는 연기를 역겨워했는데, 폐경을 맞고 나서부터
는 김치찌개에 돼지고기 한 점만 들어 있어도 찌개 그릇을 밀어냈
다. 고기를 건져내고 떠주면 언니는 국물냄새만 맡고도 육기를 알
아차렸다. 언니는 고기나 비린 생선을 거의 먹지 못했다. 나이 들면
서 언니는 겨우겨우 먹었다. 봄에는 달래와 냉이를 잘게 썰어서 반
반씩 섞고 거기에 흰 쌀밥을 비벼서 간장과 깨소금을 쳐서 먹었고
여름에는 물에 만 밥에 새우젓을 한 마리씩, 또는 파래무침을 한
올씩 얹어서 먹었다. 고추장에 찍어먹는 오이지도 언니의 여름 반
찬이었다. 언니가 까탈 없이 편안해 하는 반찬은 꽈리고추를 넣고
간장에 졸여낸 멸치볶음, 미나리를 썰어 넣은 물김치, 그리고 연근
부침이었다. (233쪽)

　　ー얘, 난 이게 올 때 꼭 몸속에서 불덩어리가 치솟는 것 같아.
먼 데서부터 작은 불씨가 점점 커지면서 다가와서 왈칵 터져나오는
것 같아. 넌 어떠니?
　　나는 어떤가. 나의 몸의 안쪽에서부터, 감당할 수도 없고 설명할
수도 없는 우울과 어둠이 안개처럼 배어나와서 온몸의 모세혈관을
가득 채운다. 물기를 잔뜩 머금은 스펀지가 물을 떨구듯이 게눈에
거품이 끓듯이 조금씩 조금씩, 겨우겨우 몸 밖으로 비어져나온다.
그런 날 나는 대낮에도 커튼을 닫고 어두운 방 안에서 하루 종일
혼자 누워 있었다. (242쪽)

　　뱃속에 연주를 가졌을 때, 목구멍을 치받고 올라오던 입덧의 기
억이 떠올랐다. 발원지가 어디인지 알 수 없는 구역질이 치솟을 때
마다 창자의 먼 쪽이 뒤집혔다. 평소에는 느낄 수 없지만, 몸의 먼
곳에서 작동하고 있는 창자라는 기관의 존재와 그것들의 반란을 구
역질이 치솟을 때는 느낄 수 있었다. 구역질이 지나가면 목덜미에
좁쌀 같은 소름이 돋았고 얼굴이 홍조로 달아올랐다. 냄새가 코끝

을 스칠 때마다 거식증과 탐식증이 한꺼번에 밀려와 먹지도 굶지도 못했다. 고기나 생선을 요리하는 누린내나 비린내, 밥이 익어가는 냄새, 끓는 라면에서 퍼지는 조미료 냄새, 욕실 하수도 구멍에서 솟아나는 썩은 냄새, 비 오는 날 옆으로 스치고 지나가는 커다란 개들의 몸 냄새에도 구역질이 치솟았다. 아침안개의 비린내는 축축하게 늘어져서 몸에 달라붙을 것처럼 무거웠다. 고기나 생선의 비린내가 느껴질 때 구역질은 몸의 안쪽을 뒤집어엎는 것처럼 강력하고 둥글었고 야채와 풋과일의 비린내가 느껴질 때 구역질은 창으로 찌르듯이 날카롭고 뾰죽하게 치솟았다. 그러다가 갑자기, 희미하고도 엷게 비린 것, 비린내의 흔적만이 멀리 남아 있는 것들이 먹고 싶어서 날옥수수나 날고구마를 깨물어먹은 적도 있었다. 날오이는 그 풋내가 너무 심하게 찔러서 깨물었다가 뱉어버렸다. (244쪽)

출장에서 돌아온 남편의 속옷에 가끔씩 여자 머리카락이 붙어 있었다. 여름 속옷에도 붙어 있었고 겨울 속옷에도 붙어 있었다. 여름의 머리카락과 겨울의 머리카락이 같은 모질(毛質)이었다. 어깨까지 내려올 정도로 길었다. 염색기 없는 통통하고 윤기 나는 머리카락이었다. 영양상태가 좋아 보였고, 끄트머리까지 힘이 들어 있었다. 여름의 머리카락은 스트레이트 파마였는데 겨울의 머리카락은 웨이브로 곱슬거렸다. 겨울 속옷의 섬유 올 틈에 파묻힌 머리카락을 손톱으로 떼어내자 더운 방바닥 위에서 머리카락은 탄력을 받고 꿈틀거렸다. 젊고 건강한 여자의 나신이 환영으로 떠올랐다. (246쪽)

이처럼 실감나는 대목들을 읽어볼 때, 우리는 작가 김 훈이 견지하고 있는, 하나의 이야기꾼으로서의 또는 장인(匠人)으로서의 자질을 충분히 엿볼 수 있다.

김 훈의 이전의 단편소설들에서 찾아볼 수 있는, 죽음(소멸)과 탄생(신생)·인간의 운명·인생의 허무함이라는 삶의 근원적인 문제들이 여전히 제기되어 있다는 점도 간과할 수 없다. 이 작품에서 죽음의 풍경은 언니의 남편 그리고 '나'의 시어머니에 의해 전개되지만, '언니의 폐경'도 사실은 죽음의 풍경의 하나로 볼 수 있을 것이다. 신생의 풍경은 언니가 손자를 어르는 대목에서 찾아볼 수 있다.

　　언니는 아기를 안고 얼러주면서 우는 아기의 입 안을 들여다보았다. 분홍빛 잇몸을 뚫고 좁쌀만한 앞니 세 개가 돋아나 있었다. 희고 작은 이였다. 언니는 손가락을 아이 입 안에 넣고 이를 꼭꼭 눌러보더니, 다시 홀린 듯이 아기의 입 속을 들여다보았다.
　　－애, 이 이를 좀 봐, 꼭 쌀알 같구나.
　　언니는, 멀어서 아득한 것들을 그윽이 바라보듯이 아기의 입 속을 멀리 보내는 시선으로 바라보았다. 언니의 얼굴에 웃음기가 번지더니, 이내 무어라고 말할 수 없는 슬픈 표정으로 바뀌어갔다. 내가 본 언니의 얼굴 중에서 가장 슬픈 얼굴이었다. (264－265쪽)

　인간은 누구나 태어났다가 죽는다. 누구도 신생과 소멸의 순환이라는 자연 질서를 거스를 수는 없다. 그러므로 인간의 삶이란 근본적으로 허무한 것이다.

　　서울로 올라가기 전에 나는 언니를 데리고 경주남산에 갔다. 삼릉(三陵)쪽에서부터 산길을 따라 올라갔는데, 바람이 불고 날씨가 쌀쌀해서 꼭대기까지 가지는 못하고 중턱에서 돌아내려왔다. 삼릉에 세워진 안내판을 보니까, 신라 8대 아달라왕, 53대 신덕왕, 54대 경명왕, 그렇게 박씨 성을 가진 임금 세 명이 묻혀 있는 능이었다. 8대왕에서 54대왕까지는 칠백 년의 세월이 흘렀는데, 무덤은 다 똑같았고 무덤 위에 내리는 가을의 햇빛도 다 똑같았다. 능 둘레에 구부러진 소나무들이 높이 솟아서 숲은 어둑시근했고, 빛들이 소나무가지 사이로 스며들고 있었다.
　　－언니, 이게 그 유명한 경주 소나무야.
　　언니는 또 먼 것들을 멀리 보는 시선으로 소나무 사이로 내리는 가을빛을 바라보았다. 나는 언니를 나무와 나무 사이의 볕바른 잔디 위에 세워놓고 사진을 찍었다. 뷰 파인더 속에서 언니의 머리와 어깨위에 가을빛이 자글거렸다. 신라 8대 아달라왕 때 소나무가지 사이로 스며들던 그 가을빛이었다. (265쪽)

인간의 운명, 숙명에 대한 문제 제기는 형부의 비행기 추락사고 대목에서 찾아볼 수 있다.

형부의 시신은 비교적 온전했고, 넥타이에 회사 로고가 찍혀 있어서 신원도 곧 확인되었다. 항공사 직원이 나누어준 탑승객 명단에, 형부의 좌석은 A-6이었다. A열에 앉아 있던 승객 여섯 명은 모두 죽었다. 그리고 그 뒷자리인 B열에서 B-4, B-5. B-6 좌석의 승객은 살아남았다. 형부의 바로 뒷자리는 B-6이었다. 사고현장에서 사망자 신원과 친족확인 수속을 마치고, 우리는 형부의 시신을 냉동 앰뷸런스에 싣고 서울로 올라왔다. … (중략) … 죽전 휴게소를 지날 무렵에 언니는 말했다.
　-애, 왜 B-6은 살고 A-6은 죽은 거니?
　나는 대답하지 못했고 언니는 거듭 물었다.
　-애, 그게 왜 그런 거야? (234-235쪽)

비행기 좌석을 어떻게 잡느냐에 따라 죽음이 왔다 갔다 하는, 인간의 운명이란 본디 그런 것이다. 인생의 허망함, 허무함을 새삼 느끼지 않을 수 없다.

「언니의 폐경」의 이야기 구조 또한 주목할 만하다. 두 자매의 대조적인 삶의 모습을 대비시키면서 이야기를 전개하고 있기 때문이다. 언니는 졸지에 남편을 잃고 그 충격으로 폐경을 맞게 된다. 여자로서의 삶은 끝난 것이다. 여자로서의 삶을 마감한다는 것은 비록 육체는 살아 있으나 정신적인 죽음을 의미한다고 볼 수 있다. 이에 반하여 동생은 비록 남편으로부터 버림은 받았지만, 다른 남자를 만나 섹스를 즐기면서 새로운 삶을 시작한다. 이와 같은 두 자매의 대조적인 삶의 모습은 앞에서 언급한, 죽음(소멸)과 탄생(신생)의 문제 제기와 그 맥을 같이 한다고 볼 수 있을 것이다.

김 훈은 첫 번째 단편소설 「화장(火葬)」(『문학동네』, 2003년 여름호)으로 권위적인 이상문학상을 수상(2004년)한 이래 활발하게 단편을 발표하고 있다. 「머나먼 俗世」(『문학동네』, 2004년 겨울호), 「고향의 그림자」(『현대문학』, 2005년 2월호), 「언니의 폐경」 등이 그것이다. 발표하는 작품들마다 화제의 대상이 되는 작가들이 드문 우리의 작단(作壇)에, 작가 김 훈은 소중한 존재라 아니할 수 없다. 그의 다음 단편소설을 기대해 본다.

2.

한창훈의 「올 라인 네코」는 '한창훈적'인 작품이다. 어떤 섬에서 생활하는 섬사람들의 삶의 한 모습을 익살맞게, 해학적으로 그려내고 있기 때문이다. 그런가 하면 '성매매특별법'이라는 정부의 시책을 은근히 비꼬는, 풍자적인 면도 엿보여 더욱 흥미롭다.

스토리는 간단하다. '돈에 떠밀려 육지와 백 킬로미터도 더 떨어진, 갈매기와 어선만 있는' 섬의 '티켓 다방'에서 일하는 '미정'은, 지금 파출소에 끌려와 소장의 취조를 받고 있다. 그녀가 새벽 여섯 시에 남몰래 여관 뒷문을 빠져 나오다가 하필 파출소장과 맞닥뜨렸기 때문이다. 그러니까 소장은 그녀가 2004년 9월23일부터 시행하고 있는 '성매매 알선 등 행위의 처벌에 관한 법과 성매매 방지 및 피해자 보호 등에 관한 법'에 위배된 행위, 다시 말하자면 성매매 행위를 했다고 추정하고 있는 것이다. 그녀는 절대 아니라고 부정하지만, 소장은 인정을 하지 않는다. 사실 그녀는 어젯밤에, 섬에 들어오고 나서부터 계속 같이 살자고 따라다니던, '철용'이라는 섬 사내이자 노총각에게 처음으로 몸을 허락했던 것이다. 이러한 이야기를 했는데도 소장이 믿지를 않자, 그녀는 아직도 여관에서 자고 있는 그를 전화로 불러낸다. 씩씩거리며 파출소로 들이닥친 그는 둘의 사랑을 입증하기 위해 다짜고짜 그녀의 입을 맞춘다. 소장이 그래도 의심을 하자 그는 자신의 어머니에게 전화를 걸어 오늘 당장 날을 잡아 결혼을 하겠다는 말을 한다. 그리고는 그녀에게 친정집으로 전화를 걸게 하고는 똑같은 말을 한다. 마침내 소장은 둘의 사랑을 확인하고는 내보낸다.

정부에 의해 새로 만들어진 '성매매특별법'이라는, 우스꽝스러운 법제도를 소재로 하여 전개되는 이 작품은, 따라서 서두부터 결말까지 우스꽝스럽다. '배꼽을 잡는다'까지는 아니더라도 읽어가는 내내 슬그머니 비어져 나오는 웃음을 참지 못하리라고 본다.

> "김 양, 아니 미안하다, 이 양. 나 이 계급장 화투판에서 딴 것 아니다, 응? 바다에서 낚은 것도 아니고." (156쪽)

> "다방 아가씨가 새벽 여섯시에 여관에서 나왔어. 여관방에는 남자가 있고. 이게 뭐여. 이것이 성매매 아니고 뭐냐고, 이 가시내야. 확 처발라버리기 전에 솔직하게 말 못해?"
> "사랑이에요."
> 소장은 순간 전진에 전진을 거듭하던 돌격대가 낭떠러지를 만난 듯한 얼굴로 변했다.
> "뭐, 뭐시여, 사아랑?" (157쪽)

> "솔직하게 까놓고 말해불자고. 그 애들한테 걸리지 마. 그 애들에게 걸리면 아가씨도, 매매했던 남자들도 좆 되지만 나도 아주 개박살이야, 알어? 그러니 정 성을 매매하고 싶으믄 특별 기간 지나

서 하고 걸리고 싶어도 나한테 걸려. 알겠지? 단단히 새겨듣고 인자 가봐."

이렇게 면담 겸 교육, 교육 겸 훈시, 훈시 겸 내사, 내사 겸 취조, 취조 겸 인물 감상을 한 지 고작 사흘 만에, 판 년도 구속이고 산 놈도 구속이라 다들 겁을 먹고 옛날부터 조선 공사 사흘이라고 우습게 보는 이들도 그러기에 이 기간만큼은 피해야 한다고 해서 도내(島內) 화류계 인력 수급과 화대 시장이 꽁꽁 얼어붙은 판국에, 행여 재수 없이 불똥 맞을까 싶어 커피 따라놓고 농담 한마디도 아끼는 형국에, 하필 이 살얼음판에, 여관에서 나오다 소장에게 직통으로 걸린 것이다. (162쪽)

미정이 대학생이라면, 대기업 총무과 직원이라면, 백화점 판매담당이라면, 화장품 방문판매원이라면, 아, 시집이나 가 이 웬수야, 다 큰 처녀가 방바닥에 붙어 있는 꼴 보자니 속에서 천불이 난다, 이런 소리 듣는 백수 노처녀라면 숫제 여관에서 산다고 한들 어떤 경찰이 뭐라고 하겠는가. 문제는 다방 아가씨라는 것 때문. 단지 그것 때문에 현행범처럼 파출소에 잡혀와 꼼짝 못하고 있고 애인까지 같은 혐의를 받고 있는 것이다. (170-171쪽)

"아니, 이보시오 소장님. 사랑하는 애인하고 잔 것 가지고 경찰이 뭔 이유로 내가 돈 주고 거시기 했다고 그러요?"

"말귀 못 알아듣는구먼. 9월23일부터 성매매 알선 등 행위의 처벌에 관한 법과 성매매 방지 및 피해자 보호 등에 관한 법이……."

닫아두었던 소장의 입이 열렸는데 곧바로 다시 닫아야 했다.

"그것은 뭔 말인지 알았으니게 더 할 필요 읎소. 우리는 애인 사이요. 결혼을 약속한 그런 사이란 말이오. 결혼 약속한 사이끼리 여관에 간 것도 국가가 잡아들이요? 그래갖고 우리나라 국민 수가 늘겠소? 요즘 툭하믄 애 좀 나라고 난리등만 이래블믄 무슨 수로 애를 놔?" (173-174쪽)

"엄니요? 나요 나. 지금 소재지에 와 있소. 이따가 갈 거요. 그 말은 이따가 하기로 하고, 그나저나 엄니, 나 결혼하요 이. 오늘 날

잡을라요, 안 마셨소, 아따, 술 안 마셨당께요, 진짜로. 내가 확답을
못 얻어서 아직까지 말은 못 했는디 결혼하기로 했소. 이따 저녁때
들어가서 날 잡습니다. 여자? 이쁘고 좋아. 엄니보다 더 이뻐, 진짜.
아부지 어디 갔소? 얼른 가서 내 말 전하시오. 그럼 끊소." (176쪽)

제목 '올 라인 네코'의 의미를 두 남녀의 정사 장면에 빗대어 이야
기하는 대목도 웃음을 자아낸다.

"올 라인 네코."
어제 노을장 401호에서, 긴 입맞춤을 하고 나서 붉은 눈으로 그
녀를 내려다보던 철용이 그 소리를 했다.
"예?"
"올 라인 네코."
"뭔 소리예요?"
"섬 밥 몇 달 먹었는디 아직도 그것 모르요?"
"항구 가시내가 섬 가시내 되긴 했지만 여기 와서 는 것이 술밖
에 더 있가니?"
"좋소, 앞으로 바다의 사나이와 살 사람이니께 잘 들으시오. 올
은 전부, 라인은 줄, 네코는 말 그대로 네코. 네코하다. 그러니까 걷
어내부러라 이 소리여."
"근데?"
"여객선 출발할 때 그런 소리 못 들어봤소?"
"여객선은 쳐다도 안 봐. 마음만 복잡해져."
"…… 하여간 배는 이런저런 밧줄로 빠지에 묶여 있잖어. 선장이
인자 배를 출발할 것잉께 줄을 다 걷어내라, 이 말이요. 올 라인 네
코가."
"근데, 그 소리를 왜 하는데?"
"다혜, 아니 미정씨를 묶고 있는 것을 다 걷어내부러라, 이 소리
여. 그러니께, 옷을 다 벗어라, 이 말이지."
미정은 손바닥으로 어깨를 쳤고 철용은 흐뭇한 얼굴로 내려다보
았다.

"뱃사람이랑 살라믄 잘 알아들어놔야 돼. 알았소?"

"몰라."

"이제부터 철용이하고 미정이는 항해를 시작한다. 이 말이요. 비바람 맞으면서도 우리 행복을 위해 거친 바다를 씩씩하게 뚫고 나간다."

"……."

"그러기 위해서 선원은 캡틴의 말을 잘 들어야 써. 아, 올 라인 네코."

"아이."

"어허. 올 라인을 얼릉 네코하랑께."

"아, 아. 알았어, 알았어."

미정은 옷을 벗었다. (169쪽)

마치 한 편의 코믹 영화를 보는 듯한 착각을 불러일으킬 만큼 실감나게, 사실적(寫實的)으로 그려진 이 작품의 미덕은 무엇보다도 재미있게, 단숨에 읽힌다는 것이다. 소설이 존재하는 본질적인 덕목 중의 하나가 독자들에게 소설 읽는 재미와 즐거움을 제공하는 데에 있다고 한다면, 「올 라인 네코」는 이에 충실히 부응하는 작품이다.

농촌, 어촌에 살면서 농민, 어민들의 소박한 삶을 해학적, 풍자적으로 그려낸 작품들을 간단(間斷)없이 발표하고 있는 한창훈은 실로 귀중한 작가라 아니할 수 없다. 그의 소설들은 김유정·채만식으로부터 비롯되어 최근의 이문구·윤흥길에 이어 작가 자신에 이르기까지, 우리 문학사의 건강한 해학과 풍자 정신을 면면히 계승하고 있기 때문이다.

3.

　이현수의 연작소설 「**신 기생뎐**」은 직업인으로서의 기생을 다룬, '기생 소설'의 처음이 아닐까 싶다. 경향 각지에는 아직도 더러 기생집이 남아 있다고 하더라도 소리와 춤을 겸비한, 전문적인 직업인으로서의 기생은 거의 멸종 상태에 이르렀다고 보인다. 이러한 의미에서 볼 때, 본격적인 '기생 소설'인 「신 기생뎐」은 작금에 보기 힘든, 희귀한 소설이라고 아니할 수 없다. 게다가 기생집에서 기거하는 여러 인물들의 고단한 삶의 이야기를 전라도·경상도 사투리로 버무려 낸, 작가의 구수하면서도 질펀한 입담은, 읽는 재미를 더한층 배가시키고 있다.

　작가의 말에 의하자면, 연작소설 「신기생뎐」은 일곱 번째 작품으로 마무리될 것이라고 한다.(『문학사상』, 2005년 3월호, 172쪽 '작가의 말' 참고) 「신 기생뎐 - 부엌어멈 편」(『동서문학』, 2003년, 여름호), 「신 기생뎐 2 - 오마담 편」(『작가세계』, 2003년, 겨울호), 「신 기생뎐 3 - 춤기생 편」(『현대문학』, 2004년, 2월호), 「신 기생뎐 4 - 기둥서방 편」(『실천문학』, 2004년, 가을호), 「집사의 사랑 - 신 기생뎐 5」(『문학/판』, 2004년, 겨울호), 「서랍이 많은 사람 - 신 기생뎐 6」(『문학사상』, 2005년, 3월호), 「부용각 - 신 기생뎐 7」(『한국문학』, 2005년, 여름호)이 그것이다. 위와 같은 일곱 편의 연작소설들은 '부용각'에 얽혀 사는 여러 식구들 - '타박네'라는 79살의 부엌어멈, '기생 어미' 또는 '마담 엄마'로 불리우는 '오마담', '화초머리' 올리는 춤기생 '미스 민', 오마담에게 빌붙은 기둥서방, 오마담을 짝사랑하면서 늙어온 부용각의 집사 - 의 고달픈 삶의 이야기가 토속적인 전라도·경상도 방언에 얽혀져 흥미롭게 전개된다.

　「신 기생뎐」의 대미(大尾)를 장식하는 「부용각」은 '부용각'의 중심

인물인 '타박네'와 '오마담'에 관한 이야기이다.

'목포 부용각'에서 잔뼈가 굵은 부엌어멈 '타박네'와 일류 소리기생 '오마담'은 '군산 부용각'을 차리고 운영을 해나간다. 그러나 어느 사이에 두 여자는 세월의 무게를 이기지 못하고 늙어버렸다. 어느 날 '검버섯이 돋은 손으로 조글조글한 턱을 쓸어내리던' 타박네는, 담배를 피우면서 '목포 부용각' 시절에 있었던 어떤 손님과의 느닷없는 정사를 떠올린다.

목포 부용각은 오 마담의 소리와 타박네의 홍어 삼합으로 이름이 나 있었다. 오연분의 소리를 듣지 않고 타박네의 삼합을 먹어보지 못했다면 목포를 다녀온 게 아니라는 말이 돌 때였다. 당연히 부용각의 교자상에는 빠짐없이 삼합이 올랐다. 어느 날 별실에서 홍어 삼합을 만든 부엌어멈을 찾는다고 했다. 타박네는 손님상에 나가지 않았다. 가지가지 못생긴 용모도 용모려니와 오기도 변죽도 없던 시절이었다. 와라, 못 간다, 실랑이 끝에 기생도 아닌 터에 손님상에 나가 턱 받치고 앉아 있으면 뭐 할 거냐며 일찌감치 이불을 쓰고 누워버렸다. 중간과 시다도 가고 없는 부엌방. 타박네는 마음 놓고 잠들 수가 없었다. 밤을 새워 고고 끓여야 하는 육수가 있었다. 이따금 부엌에 나가 국물이 얼마나 졸았나 확인해야 되기 때문에 자는 듯 마는 듯 눈을 감고 있었다. 선잠이 들었던가. …… (중략) ……

"삼합을 만든 이가 너냐? 너였어."

불을 켜기도 전에 한 남자가 다가와 타박네의 앞을 가로 막았다.

"삼합은 우리 어머니가 생전에 즐겨 해주시던 음식이었다."

"와, 와 이라요!"

"이 작은 손으로 그걸 만들었단 말이지, 용케 그 음식을."

…… (중략) ……

이쪽 솥에 든 것은 돼지고기였고, 저쪽 솥에서 솥뚜껑을 들썩이며 끓고 있는 것은 생선 뼈다귀였다. 솥뚜껑 틈새로 급하게 새어 나오는 김으로 인해 부뚜막은 뜨겁고 번들거렸으며 부엌 안에 꽉 찬 돼지고기 냄새와 생선 비린내로 후각이 마비될 지경이었다.

…… (중략) ……

전쟁을 방불케 하는 그 난장판 속에서도 남자는 계속 몸을 움직였고, 생선 뼈다귀는 아우성치며 끓어올랐고, 돼지고기는 은은한 중불에서 푹 삶기고 있었다. 술 취한 남자에겐 이런 난장판쯤이야 아무 상관도 없는 것 같았다.

"씹을수록 달큰한 수육의 맛이며 쨍하게 맵고 쫀득쫀득한 홍어와 오래 숙성이 되어 혀뿌리를 알알하게 자극하는 김치가 정녕 너의 솜씨란 말이냐…… 너는 모든 것이 …… 작고도 작구나 ……이리도 작아."

미끄러운 부뚜막에서 떨어질까봐, 돼지고기 삶는 솥에 엉덩이 살이 데일까봐, 타박네는 팔과 다리로 남자의 어깨와 허리를 잔뜩 휘어감고 있었다. 생선의 배를 따고 가르다가 물을 바가지로 퍼서 확확 뿌려내는 질척한 어선의 밑바닥에서 가랑이를 벌리고 누운 기분이었다. 부엌 천장에 맺힌 물방울이 얼굴로 떨어져 눈을 뜰 수조차 없었다. 방향을 잃고 미끄러지다가 어딘가에 부딪힌 몸의 여기저기에는 보랏빛 멍들이 수도 없이 생겨났다. 그럼에도 작은 어선은 쉴새 없이 출렁거리며 타박네를 머나먼 곳으로 실어 날랐다.

…… (중략) ……

어느덧 파도에 밀려 해안에 닿았을 때 타박네는 한바탕 꿈을 꾸었다고 생각했다. 그만큼 느닷없었고 순간적이었으며 꿈을 깬 후 멍한 상태가 지속되는 점이 같았다. 그리고 정말 꿈처럼 아이가 몸에 실렸다. (138 – 140쪽)

팔자에도 없는 어느 남정네와의 정사, 그리고 생각지도 않은 임신, 게다가 기방에서는 기방 식구들의 수태를 엄격하게 관리하던 시절이었다. 그럼에도 불구하고 '타박네'는 운 좋게도 출산을 한다.

타박네는 기생이 아니고 부엌어멈이어서 임신 초기에는 기생어미의 눈을 쉽게 피했지만 5개월로 접어들자 더 이상 부른 배를 감출 수가 없었다. 타박네는 기방의 규율대로 굵게 꼰 새끼줄에 묶여 안채의 뜰로 끌려 나갔다. 아이를 밴 다른 기생들이 그랬던 것처럼 타박네는 부용각을 나갈 각오가 되어 있었다. 목포 부용각의 기생 어미는 영리한 여자였다. 기방 안에서 아이를 낳으라 했다. 이례적 인 일이었다. 타박네를 잃으면 목포 삼합도 잃는 것이고 오 마담도 같이 잃는 것이 된다. 타박네와 오 마담이 없는 부용각은 더 이상 부용각이 아니었다. 타박네의 음식 솜씨가 타박네를 살리고 아이를 살렸다. 실력은 곧 힘이었다. (140-141쪽)

'영준'이라는 이름으로 태어난 건강한 사내아이는 온갖 기생들의 보호 속에서 자라나다가 '한창 예쁜 여섯 살'에 '부용각'을 찾아온 '영준'의 할머니에 의해 아버지 집안으로 들어가게 된다. 허리도 굽고 지지리도 못생긴 79살의 기생집 부엌어멈인 '타박네'는, 한가할 때 담배를 피우면서 늘 그 아들을 생각한다.

이 지붕, 이 마루, 이 기둥…… 영준이 넌 기억할 것이다. 부용각의 안뜰과 바깥뜰에서 철마다 피고 지던 꽃들을, 별채와 뒤채의 낮은 꽃담을, 안중문과 바깥대문의 당당한 위용을, 유년기의 기억이 사라졌다 해도 해거름이 되면 마루를 쓸며 바쁘게 오가던 기생 엄마들의 치맛자락과 향긋한 지분 냄새를 아주 잊지는 못할 게다. 이어미에게서 나던 새우젓 냄새와 양파 냄새, 마늘 냄새를 말끔히 지워내지는 못할게다. 저 깊은 곳에 복병처럼 도사리고 있다가 어느날 왈칵 밀고 올라와 적나라하게 펼쳐지는 게 우리네 추억이고 기억이지 않더냐. 부용각에 손님이 들면 영준이 네가 아닐까, 보고 또 돌아보는 마음. 나중에는 부용각에 오는 모든 손들이 영준이 너로 보이더라. 젊은 영준이, 약간 늙은 영준이, 마른 영준이, 살찐 영준이……많고도 많은 영준이들이 웃고 떠드는 것 같은데 내 어찌 영준이들에게 먹일 음식에 정성을 들이지 않겠느냐, 혼신의 힘을 다해 마련하지 않겠느냐. 제 새끼 입에 밥 들어가는 것처럼 흐뭇한 일이 세상 어디에 있으랴.
나이가 들어도 타박네의 손맛이 변함없는 비결은 거기에 있었다.
(143쪽)

'부용각'의 '타박네' 못지않은 전설적인 인물이 바로 '오마담'이다. 그녀 또한 한때는 '천하명기' 소리를 듣는 최고의 기생이었다. 그래서 오마담은 자신이 '고뿔에 걸려 앓아누우면 이 군산 바닥은 말할 것도 없고 전주와 광주, 서울까지 들썩거린다'는 말을 손님들로부터 들어왔다. 타박네가 바라보는 오마담의 자태는 그대로 한 폭의 그림과 같다.

> 어야, 햇빛 참 달다. 뒷담 아래 흐벅진 호박잎 하나 똑딱 꺾어 얼굴을 가린 오 마담, 자박자박 안채마당으로 나온다. 걷는 태 여직 고읍다. 핏속까지 기생물이 들어 행여 얼굴에 기미 앉을세라 기를 쓰고 그늘을 찾는 그녀지만 오늘따라 볕이 유독 살갑고나. 살갑기가 평양 나막신보다 더 하고나. 속저고리 바람으로는 변소 출입도 하지 않는 일패기생답게 꽃무늬 화사한 주름치마에 샌들까지 구색 갖춰 신고 치맛자락을 위로 살짝 치킨 듯이 잡은 왼손은 물일을 모르고 살아 여태도 섬섬옥수다. 빨래 바구니를 들고 나오던 타박네, 홀린 듯 오 마담의 자태를 보고 있다. 젊어도 골고루 젊어야 쓰고 늙어도 골고루 늙어야 쓸 꺼인디. 감자나 고구마도 골고루 익지 않으면 설컹거리는 법인디 항차 사람이야. 먼 빛으로 봐도 오 마담의 몸 가운데 희고 고운 손만 도드라져 보인다. (134쪽)

그러나 '천하명기 오연분'이라고 하더라도 흐르는 세월은 어쩔 수 없는 법. 본디 '소리기생'이라지만, 몸도 마음도 다 늙어버린 터에 소리인들 온전하겠는가. 그렇지만 '잃어버린 고음'을 되찾기 위해 오마담은 희한한 뜸을 뜬다.

> 살이 타는 고통 속에서 오 마담은 까무러치듯 박 기사를 부른다. 오 마담은 아랫도리를 벗은 채 이불 위에 누워 있다. 정상위 포즈를 취한 것처럼 두 다리를 들어올린 기묘한 자세로 누워 신음소리마저 흘리고 있다. 양손이 묶이고 입은 재갈을 물린 상태다. 다섯

장의 크고 작은 꽃잎에 싸인 오 마담의 성기는 부끄러움도 잊고 만 천하에 얼굴을 내밀고 있다. 젊은 한의사가 오 마담의 성기에 머리를 박고 있다. 말린 살구처럼 입을 꼭 다문 항문과 성기의 중간 지점인 회음부에 새로운 뜸을 한 장 올린다. 회음부에 얹힌 뜸에 불을 붙이자 처음에는 사향내가 그리고 쑥향이 마지막엔 살이 타는 노린내가 방 안 가득 퍼진다. 머리맡에서 오 마담의 묶인 손을 잡고 있던 타박네의 이마에 땀이 샘솟듯 한다.

인간의 신체 중 가장 예민한 부위 회음혈에 사향뜸을 뜨고 있는 것이다. 보통 뜸의 열여섯 배 정도 되는 큰 것으로 직접 뜸을 뜬다. 살이 타고 근육이 오그라 붙고 뼈가 녹는다. 오 마담은 움찔움찔 몸을 떨며 그 모든 고통을 묵묵히 견디고 있다. 수많은 남자를 받아낸 오 마담의 성기가 고스란히 드러나 있는데도 전혀 외설스럽지가 않다. 그것은 보면 볼수록 겸손하기 이를 데 없는 한 송이 붉은 꽃에 가까웠고 성기 밑에서 흰 연기를 내며 타는 뜸은 고통의 다디단 열매로 보인다. 잃어 버린 고음을 찾을 수만 있다면. 소리의 마지막 고지, 절대적인 소리를 얻을 수만 있다면 오 마담은 팔한지옥 천길 벼랑도 겁날 게 없다. 바닥을 본 자, 귀신도 시샘을 한다지만 지금 이 순간만은 설마에게 희망을 걸고 싶다. 언제나 그랬듯 설마는 미욱한 인간이 선택하는 마지막 구원의 동아줄이다. (145 - 146쪽)

이처럼 「부용각」은 읽는 재미가 쏠쏠한 작품이다. 「부용각」뿐만 아니라, 나머지 여섯 편도 마찬가지이다. 요컨대 점점 사라져가고 있는, '기생'이라는 희귀한 소재를 발굴하여 한바탕 흥미로운 이야기를 풀어 놓은 「신 기생뎐」은, 근래에 보기 드문 역작이라고 판단된다.

현대인들의 우울한 초상화

◦ 이나미, 「지상에서의 마지막 방 한 칸」(『문학수첩』, 2005년 가을호)
◦ 김중혁, 「멍청한 유비쿼터스」(『문예중앙』, 2005년 가을호)
◦ 한지혜, 「소리는 어디에서 피어나는가」(『현대문학』, 2005년 11월호)

1.

이나미의 「**지상에서의 마지막 방 한 칸**」은 일자리를 구하지 못해 이리저리 방황하는 젊은 여성의 우울한 모습을 그려낸 작품이다. 그런데 이러한 주인물의 음울한 이야기는, 그녀가 키우고 있는 애완동물의 힘겨운 생존의 이야기와 맞물려 전개되고 있어 이채롭다.

'지방 최고 명문 국립대학에서 줄곧 수석을 놓치지 않고, 석사와 박사 과정까지 마친' '나'는 취직을 하기 위해 서울로 올라온다. '가장 싼 방을 찾아 허름한 빌라 사층의 옥탑방'에서 기거하게 되지만 힘겨운 생활을 해나간다. 겨울엔 난방이 시원치 않아 추위에 떨고, 장마철엔 습기가 배어 눅눅한데다가 수돗물과 가스 공급이 제대로 되지 않아 밥도 변변히 해 먹지 못한다. 게다가 건물의 지대가 낮아 창문을 통해 지나가는 남자들이 '나'의 모습을 훔쳐보기까지 한다. 이런 와중에서도 '나'는 여기저기 이력서를 넣어 보지만 번번이 거절을 당한다. 이처럼 음울하고 절망적인 나날을 보내고 있는 '나'에게 위안을 주는 유일한 존재는 '미니'라는 이름의 작은 거북이이다. '그리스땅거북종'의 '미니'는 특히 습기에 약한데, 며칠 째 폭우가 계속 쏟아지고 있다.

급기야 녀석의 등에 곰팡이가 폈다. 검푸르게 피어난 그것이 무언지 몰라 한참 들여다보고 알았다. 습기 탓이다. 녀석은 습기에 치명적이다. 억수장마가 나흘째 계속되고 있다. …… (중략)……
"자니? 눈 좀 떠봐?"
불안해진 평형감각에도 불구하고 고집스레 감은 눈을 뜨지 않는다. 다만 두 팔과 다리를 쫙악 펴며 내려달라는 의사표시를 한다. 휴지로 곰팡이를 닦는다. 갑각 무늬가 드러나긴 했지만 윤기가 없다.
"야아, 이젠 깰 때도 됐잖아. 그만 자! 어디 아프니?"
여느 때 같았으면 진작 겨울잠에서 깨어나 상추나 배추 서너 잎을 먹어치우고 질펀하게 똥과 오줌을 쌌을 텐데. 식욕이 왕성할 때면 끊임없이 상추를 탐하는데, 몇 달째 미동도 없이 엎드려 있다 보니 곰팡이가 무생물로 알고 자리 잡았다. 나의 채근에 못 이긴 듯 힘겹게 눈꺼풀을 아래로 밀어 내린다. 깨알만 한 검은 눈동자에 빛이 없다. 그 애는 눈을 감을 때 아래 눈꺼풀이 위로 올라간다. 모든 눈꺼풀이 다 위에서 아래로 내려오라는 법은 없나 보다.
"내가 너무 무심했어. 미안해!" (248 – 249쪽)

이처럼 '나'의 유일한 말벗인 '미니'는, 마침내 계속되는 장마의 습기를 못 이기고 제대로 먹지를 못하자 그만 죽어 버린다.

"어머, 이게 뭐야?"
항문에 시커먼 고약 같은 덩어리가 말라붙어 있다. 상추잎 썩은 것과 배설물이 한데 엉겨 붙어 딱딱하게 굳어 있다. 억지로 뗐다간 살점이 떨어질 것 같다. 건드리자 녀석이 고통스러운지 사지를 쭉 뻗고 머리를 좌우로 튼다. 스프레이로 물을 뿌려 축인 후 가까스로 덩어리를 떼어내자 벌어진 항문 새로 새까맣고 단단한 똥이 꽉 들어찼다. 녀석이 그동안 먹지 못한 이유를 알 것 같다.

'그래, 그래 아프지? 조금만 참아. 금방 될 거야.'

미니의 항문을 향해 스프레이 물을 흥건히 분사하고 똥이 풀리기를 기다린다. 반쯤 풀린 눈동자가 맥없다. 다른 때 같았으면 저귀찮게 했다고 앵돌아져 투덕투덕 기어갔을 텐데 갱신 못하고 늘어져 있다. 면봉으로 항문을 쑤시자 콩알처럼 단단한 똥이 물에 개어지면서 요리저리 미끌거린다. 목을 있는 대로 늘인 채 힘을 주자 똥이 기어 나왔다가 다시 들어간다.

'조금만, 더, 좀 더 힘을 줘. 이거 꺼내야 살아!'

물에 불려진 똥이 조금씩 솜에 묻어난다. 건조했던 항문에 면봉들어갈 공간이 생겼다. 환약같은 똥이 솜에 묻어날수록 내 조바심이 커진다. 이렇게 많은 똥이 들어차고도 배설을 못했으니. 야윌대로 야윈 앞발과 뒷발이 쭈글쭈글 탄력이 없다. 막힌 항문을 뚫어주면 예전처럼 잘 먹을 수 있을까. 제발 별 탈이 없어야 할 텐데. 똑바로 엎어놨지만 일어설 힘도 없는지 배갑이 거의 바닥에 붙었다. 점점 큰 똥 덩어리가 솜에 묻어 나온다. 다 나왔나 싶어 면봉으로 항문 속을 휘젓자 새로 검은 똥이 비죽 올라온다. 미니가 사지를 뒤틀수록 나 역시 애가 타서 온몸이 비 오듯 땀이 흐른다. 등줄기와 겨드랑이를 타고 흘러내린 땀으로 반바지와 셔츠가 흠뻑 젖었다. 바지를 벗었다. 드디어 막힌 하수구가 뚫리듯 녀석이 오줌을 질펀하게 쌌다. (267-268쪽)

마치 갓난아기를 다루듯이 조심조심 '미니'를 돌보는 장면이 눈에 보이는 것처럼, 생생하게 그려져 있는 대목이다.

이 작품의 미덕은 우선 무엇보다도, 인용문에 나타나 있다시피, 사실적인 묘사와 표현이 뛰어나다는 데에서 찾아볼 수 있다. '바다거북'이라는 희귀한 애완동물의 모습을 마치 살아있는 사람처럼 그려내는 것은 작가의 원숙한 글쓰기 역량에서 비롯되었다고 본다.

어둡고 축축한 옥탑방에서 간신히 생을 이어가는 '나'의 모습을, 힘겹게 목숨을 부지하다가 결국은 죽어가는 바다거북이에 투영시킨, 독특한 작품 구도 또한 주목할 만하다. 요컨대 「지상에서의 마지막 방 한 칸」은 일자리를 찾지 못해 방황하는 한 여성의 모습을 통해, 현대인들의 우울한 삶의 한 단면을 사실적이면서 정교한 문체로 빚어낸 작품이다.

2.

김중혁의 「**멍청한 유비쿼터스**」는 제목이 암시하는 바와 같이, 전문적인 해커가 어떤 회사의 컴퓨터망을 해킹한다는 이야기이다. 다시 말하자면 컴퓨터 전문가 사기꾼이 회사 내에 잠입하여 사기를 치면서 그 회사의 컴퓨터 속에 내장된, 엄청난 양의 자료들을 훔쳐낸다는 것이다. 따라서 이 작품은 무엇보다도 재미있게 읽힌다. 해커인 주인물이 회사 안으로 들어가 밴에 앉아 있는 동료와 교신하면서 사기극을 벌이는 이야기가 시간대별로 장면화되어 있어, 마치 스릴 넘치는 한 편의 영화를 보는 듯한 느낌을 갖게 한다. 회사에 잠입하는 '10:50 AM'부터 시작하여 모든 일을 끝내고 잠이 드는 '10:50 PM'까지 모두 10장면으로 구성되어 있다. 그러니까 이 작품에서 소요되는 물리적 시간은 총 12시간인 셈이다.

'U사'의 로비에서 사흘 동안이나 회사 직원들과 회사 시스템을 면밀히 지켜 본 '나'는, '사람들의 경계심이 옅어지'고 '이성적 판단보다는 감성적 판단이 앞서게 되'는, '비가 내리는 금요일'을 택하여 거사에 들어간다. '나'는 '미국 본사의 인사관리팀'의 직원으로 사칭하여 안내 데스크의 여직원, 늙수구레한 경비원을 그럴 듯하게 속여 넘기고 회의실로 들어가 탁자 밑에 '무선 인터넷 링크'를 설치한다. '회사 내부에다 링크만 설치해 두면 방화벽은 무용지물이 되'기 때문이다. 말하자면

'트로이의 목마와 같은' 셈이다. 밴으로 돌아와 패스트푸드로 점심을 때운 '나'는, 밴에 앉아 회사의 컴퓨터망을 조작하는 동료의 도움을 받으면서 본격적인 작업에 들어간다. '파이버'라는 별명의 동료가 미리 만들어 준 가짜 직원 카드를 목에 걸고. '나'는 여러 명의 회사 직원들을 교묘히 속이면서 작업의 최종 목표인 회계 담당자의 컴퓨터에 '스파이웨어'를 깔고 무선 조종기를 부착한다. 무사히 일을 마친 '나'는 사무실을 빠져 나오다가 어떤 직원에게 제지를 당하지만, 사기꾼다운 재치와 기지를 발휘하여 위기를 넘긴다.

나는 아무런 반응도 보이지 않고 그를 지나쳐 걸어갔다. 평소보다 조금 빠른 걸음이었다. 일이 모두 끝났다는 생각 때문에 방심했던 것 같다. 다섯 발자국 정도 걸어갔을 때 그가 나를 불렀다.
"저기 잠깐만요. 그 직원 카드 좀 보여주실 수 있나요?"
"네?"
나는 고개를 돌렸다. 그가 걸어왔다.
"직원 카드가 좀 이상한 것 같은데……."
너무 빨리 걸어나오다가 가슴에 있던 직원 카드가 뒷면으로 뒤집히고 말았다. 앞쪽은 정확하게 복사를 했지만 뒤쪽의 디자인이 달랐던 모양이다. 파이버, 이 망할 녀석. 나는 몸을 돌려 그의 정면에 섰다. 그리고 가방을 열어 서류 파일과 펜을 꺼냈다. 그리고 그에게 물었다.
"어느 부서죠?"
"저요? 고객지원팀인데요?"
"빌어먹을, 보안교육 한 게 언젠데 벌써 이 모양인지 모르겠구먼."
"네?"
청년은 아무 말도 하지 못하고 가만히 서 있었다.
"내가 이 엉터리 직원 카드를 매고 다섯 시간 동안 회사를 헤집고 다녔는데 이제 겨우 알아보는군. 이렇게들 무관심해서야……. 다

섯 시간이라고요, 다섯 시간. 저는 본사 보안팀 소속입니다. 이름하
고 직급이 어떻게 됩니까?"

"이승호 사원입니다."

"입사한 지 얼마나 됐죠?"

"6개월 됐습니다."

"쯧쯧, 다들 6개월 된 사원보다도 못하군."

나는 혼잣말처럼, 그러나 그에게 확실히 들리도록 중얼거렸다.
그리고 서류 파일을 연 다음 그 안에다 그의 이름을 적었다. 목에
걸려 있던 직원 카드를 벗어서 플라스틱 팩 안의 종이를 꺼냈다.
뒷면에다 아무렇게나 사인을 했다.

"이걸 가지고 있어요. 곧 연락이 갈 겁니다."

"아, 보안 감사를 하고 계시군요."

"본사에서 지금 이곳의 보안을 굉장히 심각하게 생각하고 있어
요. 감사가 내일까지 진행되니까 내일까지는 입을 다물고 계십시오.
모레쯤 아마 대형 징계가 있을 겁니다. 이승호 씨에게는 아마 조그
만 선물도 있을지 모릅니다."

"예, 그러시군요. 감사합니다."

"감사하긴요, 오히려 제가 고맙죠. 계속 열심히 일해주십시오."

(222 – 223쪽)

007영화를 보는 것처럼 스릴이 넘치는 장면이라고 한다면 과장된 표
현일까? 어쨌거나 재미있는 대목이 아닐 수 없다.

하루의 일과를 모두 마친 '나'는 집으로 돌아와 컴퓨터를 켜고 메신
저에 접속하여 어떤 사람과 메시지를 주고받는다.

　-일은 모두 끝내셨나요?

　-예, 그럭저럭.

　-어때요? 할 만했습니까?

　-할 만했냐고요? 유치원에 다녀온 것 같습니다. 그 회사에는 꼬
마들만 입사시키나봐요. 전부 엉터리들입니다. 그래도 일을 마치니

까 피곤하군요. 푹 쉬고 싶은 생각뿐입니다.

　-돈 문제는 내일 자료를 보고 결정하도록 하죠.

　-자료를 보시면 아마 깜짝 놀라실 겁니다. 미리 겁주는 건 아니지만.

　-그 정도로 형편없습니까?

　-네, 심하게 형편없던데요.

　-음, 어느 쪽이 제일 문제던가요?

　-역시 사람들이죠.

　-그럼 회사로 직접 들어왔다는 얘긴가요?

　-네, 깊숙한 곳까지 들어갔었죠.

　-어떤 방법으로 들어오셨습니까? 직원 카드는요?

　-그런 건 내일 말씀드리겠습니다. 하지만 창의적이고 독특한 방법은 아니었어요. 해커들 사이에서는 너무나 뻔한 방법들이죠. 저만의 노하우가 없었던 것은 아니지만…….

　-그런 뻔한 방법에 대한 대처법은 미리 교육을 시켰는데…….

(224-225쪽)

　스토리가 반전되는 부분이다. 그러니까 '나'라는 인물은, 회사 내의 어떤 사람이 보안 문제의 이상 유무를 시험해 보기 위해 고용한 해커였던 것이다. 즉 '나'는 어떤 회사의 유비쿼터스 시스템에 대한 보안상의 문제점을 발견하고 분석한 뒤에 그것을 다시 그 회사에 되파는 일을 한 셈이다. 이처럼 컴퓨터 해킹을 완벽하게 해치우면서 거액의 돈을 벌고 있는 '나'는, 그러나 기실은 고독하고도 두렵다.

　와인 한 병을 모두 비우고 잠자리에 누웠지만 잠은 오지 않았다. 며칠 동안 잠들 수가 없었다. 눈을 감으면 끝을 알 수 없는 어둠이 온몸을 감싼다. 결국 다시 눈을 뜨게 된다. 졸리지만 잠을 잘 수는 없다. 잠이 들면 어떤 녀석이 내 머릿속에 들어와 그 속의 서랍을 송두리째 뒤집어엎을 것만 같다. 녀석은 머릿속의 스위치를 끄고, 문을 닫고, 번호가 달린 열쇠로 문을 잠근 다음 달아날 것이다. 나는 그 비밀번호를 절대 알아낼 수 없을 것이다. 그가 누구인지도 알아낼 수 없을 것이다. 깜깜한 어둠 속에 나는 갇힌다. 나는 무신론자가 아니다. 절대 그럴 수 없다. 나는 무엇인가가 언제나 두렵다. 그게 무엇인지 알아낼 수 있다면 좋을 텐데……. 나는 알아낼 수가 없다. (226-227쪽)

완벽하게 구축된 유비쿼터스의 세계를 조롱하듯이 뒤흔들어놓는, 천하의 해커도 사실은 두려움과 외로움에 떨면서 불면의 밤을 지새우게 되는 것이다. 따라서 우리는 이러한 이야기를 통해 최첨단의 유비쿼터스의 세계 속에서 그 혜택을 누리면서 살아가지만, 그러한 완벽한 세계 속에서 오히려 초라하고 왜소해질 수밖에 없는 현대인들의 우울한 모습을 엿볼 수가 있다.

사족 한 마디. '유비쿼터스'란 무엇인가?

　　-그렇군요. 아무튼 이번 테스트가 끝나면 보안은 완벽해지겠죠?
　　-다시 한번 말씀드리지만, 완벽한 보안이란 존재하지 않습니다.
　　-이보세요. 그럼 왜 내가 당신을 고용했겠어요? 우리 회사는 유비쿼터스 컴퓨팅을 지향하는 곳입니다. 보안이 무엇보다 중요하단 말이에요.
　　-모든 사물에 칩(Chip)을! 가정에도 사무실에도 숲 속에도 칩을! 자동차에도 시계에도 냉장고에도 칩을! 유비쿼터스 만만세!
　　-장난이 심하군요.
　　-그만큼 멍청한 말이 없죠.
　　-뭐요?
　　-유비쿼터스 컴퓨팅이라는 말만큼 멍청한 말이 없단 말입니다.
　　-도대체 무슨 소리를 하는 거요?
　　-유비쿼터스라는 말의 어원이 뭔지 아십니까?
　　-신이나 물이나 공기처럼 언제 어디서나 동시에 존재한다는 말에서 나온 것으로 알고 있소.

-그럼 그게 말이 된다고 생각하십니까?

  -당신 무신론자요?

  -하하, 절 한번 웃겨주시는군요. 맞습니다. 무신론자죠. 완벽한 보안을 꿈꾸신다니 제가 충고 하나 해드리죠. 해커들 사이에 이런 잠언이 있습니다. 가장 안전한 컴퓨터는 꺼진 컴퓨터이고, 가장 안 전한 사람은 죽은 사람이다. (225 - 226쪽)

유비쿼터스(Ubiquitous)란 라틴어로서 원래는 '편재(遍在)하다' 즉 '보 편적으로 존재하다'는 뜻을 지니고 있다. 그러나 우리가 최근에 사용하 는 유비쿼터스라는 용어는 '유비쿼터스 컴퓨팅'의 줄임말로서 '언제 어 디서나 동시에 존재한다'는 의미를 가지고 있다. 더 구체적으로 말하자 면 언제 어디서 어떤 기기를 이용하든지 온라인 네트워크 상에 있으면, 모든 서비스를 받을 수 있는 환경 또는 그 공간을 의미한다.

유비쿼터스의 대명제는 '모든 사물에 칩이 깃든다'이다. 즉 우리가 보는 모든 사물에 칩이 깃들게 된다는 것이다. 책, 침대, 의자, 보일러, 차량, 냉장고, 전등 등, 모든 사물이 디자인을 가지듯이 유비쿼터스는 모든 사물에 칩을 가지게 한다. 그 칩은 RFID라고 하며 1㎠ 이하의 크기로 만들어지는 저전력 칩이다. 칩이 깃들게 되는 사물은 모두 컴퓨 터가 되며 우리는 컴퓨터 속에서 살게 된다. 따라서 지금처럼 책상 위 PC의 네트워크뿐만 아니라 휴대전화, TV, 게임기, 휴대용 단말기, 카 네비게이션 등, PC가 아닌 모든 비PC 기기가 네트워크화 된다. 그래서 언제, 어디서, 누구나 대용량의 통신망을 사용할 수 있고, 저요금으로 커뮤니케이션을 할 수 있게 된다. 유비쿼터스는 정보 통신 관점에서 모 든 사회분야에 대한 새로운 패러다임을 창조한다. 그러므로 모든 것은 유비쿼터스적인 관점에서 새롭게 해석되어야 한다. 그 분야는 특정 분 야가 아니며 기존의 사회에 구성되어 있는 모든 분야를 포함한다. 컴퓨터가 있을 때와 모든 분야에서 컴퓨터가 적용될 때를 생각해 보면 쉽게 이해가 될 것이다. 1988년 유비쿼터스란 용어를 처음으로 사용한 미국 제록스 펠로앨토연구소의 마크 와이저(Mark Weiser) 소장은 유비쿼터스 컴퓨팅이 메인프레임, PC에 이은 제3의 정보혁명의 물결을 이끌 것이라고 주장하였다.

3.

한지혜의 「**소리는 어디에서 피어나는가**」는 범상치 않은 작품이다. 청각 장애자인 여자와 '뇌성마비로 사지가 뒤틀린 남자'와의 기묘한 섹스 이야기를 담고 있기 때문이다.

주인물인 '여자'는 어렸을 때 잠을 자다가 요란한 번개와 천둥소리에 놀라 청각이 마비된다. 졸지에 소리를 듣지 못하게 되었지만, 여전히 말은 할 수가 있다. 그래서 구화(口話)를 통해 간신히 의사소통을 한다. 즉 자신은 목소리를 내어 말을 하고, 상대방의 말은 말하는 입모양을 보고 알게 되는 것이다. 그렇지만 역시 한계는 있다. '말의 억양, 높이, 어조, 그걸로 알 수 있는 모든 감정을 들을 수 없'기 때문에 '알아듣기는 하지만 이해하거나 공감할 수는 없'기 때문이다. 마침내 여자는 가족들과 친구들로부터 소외당한다. 그 즈음에 여자는 우연히 '손과 얼굴을 사용한 대화', 곧 수화를 접하게 되고 그것을 배우기 위해 집을 나온다. 처음에는 어떤 복지관에서 수화를 배우고 허드렛일도 하지만, 결국은 어느 부잣집의 뇌성마비 장애인의 도우미가 된다. 휠체어에만 의지하여 몸을 움직일 수 있는 젊은 남자는, 젊음 때문에 끓어오르는 성욕을 주체하지 못한다. 그러나 젊고 건강한 여자를 접할 수가 없다. 그래서 그는 기묘한 방법을 생각해낸다.

남자가 가고 싶어 하는 곳은 육교나 지하철처럼 휠체어를 타고
는, 이동할 수 없는 계단이 있는 곳이다. 주로 지하철역일 때가 많
다. 그곳에서 남자는 지나가는 여자들을 구경한다. 그러다 마음에
드는 여자가 나타나면 자신을 부축해서 계단 아래로 혹은 위로 옮
겨줄 것을 부탁했다. 남자가 좋아하는 상대는 젊고 건강한, 그래서
다소 힘들더라도 자신을 부축해서 계단을 내려갈 수 있는 여자다.
남자와 일행이거나 혹은 주위에 남자가 있는 경우에 지나가는 여자
는 곤란하다. 눈치 없이 남자가 대신 도와주겠다고 나서면 곤란하
기 때문이다. 둘 정도의 여자 일행이 함께 지나갈 때가 부탁하기
제일 쉽다. 아무래도 혼자 있는 여자는 아무리 몸이 불편하다지만
비교적 체구가 건장한 남자를 혼자 부축하는 일을 버거워하기 마련
이다. 부탁을 하는 입장에서도 조심스럽다. 자칫해서 중심을 잃기라
도 하면 계단에서 구르는 수가 있기 때문이다. 물론 여자 혼자가
더 좋은 점도 있기는 하다. 양쪽 어깨를 나란히 여자들의 몸에 올
려놓으면 자세도 가장 안정적이고, 마음이 편안하지만 그들의 체취
를 가깝게 맡기는 편한 만큼 더 힘들다. 여자들을 바짝 껴안기 위해
서 양손에 힘을 주는 일도 쉽지 않다. 반면 혼자인 여자는 자세가
불안정한 만큼 별 의심받지 않고 여자의 몸에 마음껏 밀착할 수 있
다. 그것이 몸이 불편한 남자가 여자를 취할 수 있는 유일한 방법이
었다. 그 순간만은 자신도 수컷이라는 생각이 들었다. (63-64쪽)

사지가 뒤틀려 있지만 뇌의 활동은 멀쩡한, 그래서 오로지 성(性)에
만 관심이 쏠려 있는 남자의 욕구는 자연스럽게 여자에게로 전달된다.

여자 스스로도 자신의 몸에 일어나는 반응이 낯설었다. 소리가
닿는 오스스한 느낌을 견디기가 힘들었다. 특히 깊은 밤 남자가 토
해내는 신음 같은 건 더더욱 몸을 예민하게 만들었다. 하루는 저러
다 터져버리지 않을까 싶을 만큼 심하게 부풀어 오르는 소리가 벽

을 타고 넘어왔다. 터질 듯 터질 듯 터지지 않고 팽창되는 소리가 여자의 신경을 긁었다. 여자는 마침내 그 소리를 견디지 못하고 남자의 방으로 건너갔다. 바지 지퍼를 내리고 앞단을 활짝 젖혀놓아 남자의 맨살이 그대로 드러났다. 길게 부풀은 무언가가 보였는데, 콘돔이었다. 자세히 보니 성기를 삽입한 것도 아닌 빈 콘돔이었다. 그 콘돔을 바지 앞섶에 매달고 남자는 자위를 하는 시늉을 하고 있었다. (67쪽)

마침내 여자와 남자는, 비정상적인 장애인들이기는 하지만, 기묘한 섹스 체험을 하게 된다.

여자가 들어서는 걸 보고도 남자는 놀란 기색 하나 없이 빈 콘돔을 향해 이야기를 건넸다. 씹하고 싶지? 씹하고 싶지? 여자는 남자의 옆에 가만히 앉아서 콘돔을 쥐고 흔드는 남자의 손을 보았다. 그 아래 활짝 열린 지퍼 사이에 축 늘어진 남자의 성기가 보였다. 콘돔을 흔드는 남자의 숨결은 점점 가빠지는데, 미동도 하지 않는 남자의 성기가 어쩐지 이물스러워 보였다. 여자는 자기도 모르게 가만히 손을 뻗어 남자의 성기를 손에 쥐었다. 말랑하고 부드러운 느낌이 손바닥에 전해졌다. 여자의 손길이 닿았는데도 성기는 조금도 부풀거나 고개를 들지 않았다. 여자는 말 잘 듣는 아이를 쓰다듬듯 그 작고 따뜻한 것을 부드럽게 매만졌다. 그러는 동안에도 남자는 헉헉 숨을 몰아쉬었다. 그 숨결이 부드럽고 섬세한 전류처럼 여자의 몸에 흘렀다. 여자는 가만히 남자를 눕히고, 자신도 그 옆에 누웠다. 빈 콘돔을 흔들며 빠르게 혹은 느리게 호흡을 몰아쉬는 동안 남자의 눈가에 눈물 같은 게 맺혀 흐르는 것이 보였다. 오래전 소리를 잃어버린 밤처럼 무겁고 답답한 느낌이 여자의 목울대를 타고 넘어왔다. 눈물은 흐르지 않았다. 대신 여자의 깊은 곳이 조금씩 축축하게 젖었다. 남자의 숨소리가 벌레처럼 여자의 온몸을 더듬어 올라왔다. 여자의 몸을 누르는 무거운 공기를 남자의 숨이 하나둘 털어버렸다. 툭, 툭 여자를 짓누르던 무언가가 조금씩 가벼워지고 있었다. 두 사람은 나란히 누워서 숨을 몰아쉬었다. 이윽고 정점에

달한 남자가 사정하듯 꼭 쥐고 있던 콘돔을 놓아버렸을 때, 여자도 헉, 깊은 숨을 토했다. 머릿속이 아찔했다. 바람 빠진 풍선처럼 허공을 향해 솟구친 콘돔처럼 여자의 몸도 둥실 떠오르는 것처럼 가벼워졌다. 피식 손을 빠져 나가는 콘돔을 보며 남자가 키득거렸다. 그리고는 돌연 여자를 향해 고개를 돌리고 말했다. 나 씹했다. 너도 나랑 씹하고 싶지? 하지만 나는 병신하고는 안 해. 노래를 부르듯 나직나직한 목소리였다. 나도 병신하고는 안 해. 웃으며, 여자는 남자를 향해 마주 누웠다. 긴장이 풀어진 뒤의 행복한 이완이 여자의 몸을 나른하게 감쌌다. 집을 옮긴 후 처음으로 여자는 깊은 잠에 빠졌다. (67 - 68쪽)

뇌의 활동으로 인해 성욕은 정상적인 남자와 다름 없지만, 몸의 마비로 하여 발기가 되지 않는 남자, 그리고 비록 소리는 들을 수 없으나 건강한 육체를 지닌 여자와의 처절한 의사(擬似) 섹스 행위가 그럴 듯하게 그려져 있다.

이처럼 「소리는 어디에서 피어나는가」는 매우 감각적인 이야기이다. 감각적인 이야기를 이야기하는 문장과 문체도, 따라서 섬세하고 정교하다. 갑자기 소리를 들을 수 없게 된 여자가 몸에 와 닿는 공기의 흐름이나 진동으로 인해 소리를 들을 수 있게 되는 과정, 성욕은 멀쩡하지만 발기가 되지 않아 그것을 풀 수 없는 남자의 처절한 몸부림 등을 감각적인 문체를 통하여 사실적으로 그려 낸 이 작품은, 그러므로 여타의 작품들과 차별되어야 하리라 본다.

요컨대 「소리는 어디에서 피어나는가」 또한 지금 이 시대에, 어디선가 존재하는 장애인들의 우울한 삶의 모습을 그려내고 있다고 할 때, 이 글이 지향하고자 하는 논지와 일맥상통한다고 볼 수 있을 것이다.

IV. 2006년의 소설

인간의 오묘(奧妙)한 정(情)

◦ 김원일, 「오마니별」(『창작과 비평』, 2005년 겨울호)
◦ 한창훈, 「밤눈」(『현대문학』, 2005년 12월호)

1. 소설의 양산(量産), 그리고 권태

한 때에 문학의 위기·소설의 위기라는 말들이 난무하는가 싶더니만, 근래에 들어서는 여전히 많은 소설 작품들이 생산되고 있다. 이러한 텍스트들은 나름대로의 독특한 형식과 내용을 갖추고 우리들에게 어떤 소중한 메시지를 전달하고자 애쓰고 있는 듯이 보인다. 그러나 막상 그 속살을 파헤쳐 보면 별다른 맛이나 향기를 느끼지 못하게 된다. 그런데 문제는 그러한 작품들이 하나 둘이 아니라는 점이다. 다소 과장해서 말한다면 열 중에 여덟, 아홉은 그러하다. 사정이 이렇다 보니, 즐겁고 재미있어야 할 소설 읽기가 괴롭고 고통스러운 일이 되어 버린다. 그래서 이러한 소설들의 반복적 읽기는 마침내 권태를 불러일으킨다.

필자는 병술년 봄의 계간평을 준비하기 위해, 곰이 겨울잠을 자듯이, 한겨울 내내 방구석에 틀어박혀, 16권의 월·계간지에 실려 있는 80여 편의 중·단편을 읽어 치웠다. 그런데 이처럼 결코 적지 않은 작품들 중에서도 논의거리가 될 만한 것들은 7, 8편에 불과했고, 이 글의 취지에 합당할 만한 작품들은 더 줄어들 수밖에 없었다. 물론 이러한 취사

선택의 과정에는 필자의 세계관, 문학적 취향, 비평적 준거라는 다분히 주관적인 요소가 개재되어 있기는 하다. 기실 문학에 있어서 비평의 주관성에 대한 문제는 늘 제기되는 시비 거리 중의 하나이다. 그러나 따지고 본다면, 비평이란 근본적으로 주관적인 속성을 지닐 수밖에 없다. 허다한 텍스트들 중에서 비평가의 주관적인 안목에 따라 특정한 작가의 특정한 작품을 선별한다는 자체도 그러하지만, 그것에 대한 최종적인 가치 평가 역시 비평가가 견지하고 있는 문학관, 비평관, 세계관에 의해 좌우되기 때문이다. 그러나 이와 같은 일련의 비평적 작업은 여러 사람들의 공감을 이끌어낼 수 있는, 객관적인 보편성을 지녀야 한다. 여기에서 비로소 비평의 주관성과 객관성의 문제가 도출된다.

요컨대, 이번 계절에 만난 소설 텍스트들의 양산은 과유불급(過猶不及)이다. 아무런 향취와 맛을 지니지 못한 소설의 무분별한 범람은, 필경 독자들에게 따분한 권태만을 제공할 뿐이기 때문이다.

2. 끊을 수 없는 피붙이의 정

우리네 사람들의 기본적인 인간관계는 혈육에서부터 비롯된다. 자신을 낳아준 부모, 그리고 같은 피를 나눈 형제·자매에 이르기까지. 그래서 맹자는 일찍이 군자의 세 가지 즐거움을 말하면서 '父母俱存, 兄弟無故'를 그 처음으로 꼽지 않았던가? 부모나 형제를 잃어버린 슬픔을 경험한 사람들이라면, 맹자의 평범한 이 말의 의미를 뼛속 깊이 체득하였을 터이다. 이러한 측면에서 볼 때, **김원일**의 「**오마니별**」은, 우리 인간들에게 있어서 혈육의 정이 얼마나 근원적인 것이고 소중한 것인가를 새삼스럽게 일깨워주고 있는 작품이다.

'오마니별'이라는 제목에서 알 수 있다시피, 이 작품은 평안도 사람들에 대한 이야기이다. '오마니'는 '어머니'의 평안도 사투리이기 때문이다. 간단하게 말하자면, 「오마니별」은 평안도에서 평안하게 살던 한 남매가, 6.25 전쟁 중에 부모를 잃고 남쪽으로 내려오다가, 비행기 폭격을 맞아 생이별을 하게 되고, 떨어져 산 지 50여 년 만에 상봉한다는 이야기이다. 즉 우리가 익히 보고 들어왔던, 이른바 '이산가족 상봉'에 대한 그저 그런 이야기인데, 이 이야기에서 전해져 오는 감동의 파장은 범상치 않다. 오누이가 이역만리 떨어진 곳에 살다가 극적으로 상봉하여 친오누이임을 확인하는 결말 대목은 특히 비장하다.

　　─어린 동생 데리고 하염없이 걸었던 그해 겨울 추위와 배고픔을 나는 이날 이때까지 하루도 잊어본 적 없답니다. 그럼 내가 묻겠어요. 어머니가 숨을 거두었던 겨울밤은 생각납니까?
　　줄리 여사 통역을 듣던 황이장이 답답해 미칠 지경이란 듯 조씨 무릎을 흔들며 조씨 귀에 대고 큰 소리로 말했다.
　　"이 사람아, 그건 기억난다 했잖아. 꾸물대지 말구 어서 말해!"
　　"그래, 그래. 기억나." 그제야 조씨가 머리를 끄덕였다.
　　─그렇다면 어머니가 숨 거둔 그날 밤, 하늘을 보고 내가 했던 말을 기억합니까?
　　안나 리 여사도 답답했던지 프랑스말에 이어 천장을 쳐다보며, "별, 별 말입니다!"하고 분명한 한국 발음으로 강조했다. 그네는 터지려는 울음을 손수건으로 막았다. 한순간에 실내는 숙연해졌고 모두의 시선이 조씨 얼굴에 쏠렸다.
　　"별?" 조씨가 천장을 올려다보며 눈을 깜박이더니 추위를 타듯 어깨를 움츠리고 온몸을 떨어댔다.
　　"하늘에 별?"
　　"별 보구 내 뭐라 말했어?"
　　봇물이 터진 듯 안나 리 여사 입에서 자연스럽게 한국말이 터졌고 낮춤말을 썼다. 그네가 팔걸이 쥔 손에 얼마나 힘을 주었던지

휠체어가 흔들렸다.

"오마니별 거기 있어……" 허공을 보는 조씨 입에서 꿈결인 듯 그 말이 흘러나왔고 눈동자가 뿌옇게 풀어졌다.

손수건을 입을 막아 격한 감정을 다스리던 안나 리 여사의 비탄이 터진 것이 그 순간이었다.

ㅡ오마니별을 알다니! 내 동생이 틀림없어!

엄마가 숨을 거둔 겨울밤이었다. 폭격으로 반쯤 허물어진 빈집의 무너진 천장 사이로 밤하늘이 보였고, 찬 별들이 하늘 가득 보석처럼 박혀 있었다. 헌 이불을 둘러쓰고 서로 껴안아 체온으로 밤을 새울 때, 밤하늘의 별을 보며 누이가 말했다. 중길아, 저 하늘에 반짝이는 별 두 개를 봐. 아바지별과 오마니별이야. 천지강산에 우리 둘만 남기구 아바지가 오마니 데빌구 하늘에 가서 별루 떴어. 저기, 저기 오마니별 보여?

"중길아! 네 이름은 이중길이야. 여기루 오라구!" 안나 리 여사가 일어서기라도 할 듯 떨리는 두 팔을 한껏 벌리고 외쳤다. (191-192쪽)

이 작품을 읽는 독자들은 이와 같은 결말 부분에 이르러 누구나 감동의 눈물을 찔끔거릴 것이라고 생각된다.

사족 하나. 「오마니별」은 충분히 감동스럽다. 그러나 이러한 감동은 우연성에 의지한, 극적인 이야기의 전개 때문에 가능하다. 다시 말하자면, 이 작품은 우연성이 남발되었다는 혐의로부터 자유롭지 못하다는 평가를 받을 수도 있으리라 본다. 전쟁 중에 생이별하여 누이는 고아원과 해외 입양을 거쳐 스위스에 살게 되고, 남동생은 거지 행각 끝에 남의 집에 얹혀살면서 염소치기의 삶을 영위하다가 50여 년 만에 우연히 만나게 되었다는 점, 그 만남이 동생이 살고 있는 시골 분교의 어떤 젊은 선생이 우연히 인터넷을 하다가 이루어졌다는 점, 인터넷에 글을 올린 사람은 스위스 태생으로 거제도에서 20년 동안 간호사 생활을 하는 여인인데, 고국을 찾았다가 우연히 이산가족의 이야기를 접하게 되었다는 점 등이 그것이다. 그러나 이러한 우연성들은 그럴듯한 이야기의 전개에 힘입어 개연성과 설득력을 획득한다. 이른바 '소설적 진실'(reality)을 근거로 한, 사실적(寫實的)인 서사의 재미가 감동의 깊이를 더해주고 있기 때문이다.

사족 둘. 일찍이 '분단 작가'라는 에피세트를 등에 업은 작가가 또 하나의 '분단소설'을 만들어내었다는 점이 의미심장하다. '6.25와 분단'이라는 우리 민족의 절대절명의 화두는, 현재진행형으로서 문학의 주요한 모티프로 여전히 유효하다는 사실을 입증하고 있다. 하긴 언젠가 통일이 되어 우리 민족의 통한이 풀릴 그 때까지, 이러한 문학적 화두는 계속 작품으로 형상화될 터이지만 말이다. 이러한 면에서 볼 때, 이청준의 「지하실」(『문학과 사회』, 2005년 겨울호), 김원일의 「백꽃 지다」(『현대문학』, 2006년 1월호), 정지아의 「순정」(『실천문학』, 2005년 겨울호)은 모두 6.25를 소재로 한 작품들이라는 점에서 주목할 만하다. 「지하실」은 남북한 군인들이 번갈아 장악을 하던 6.25 당시 어느 농촌 마을에서 일어난 비참한 이야기이고, 「백꽃 지다」는 6.25 당시 용초도포로수용소에 수용된 북한군 포로들의 처참한 실상을 다큐멘터리 기법으로 서술한 작품이며, 「순정」은 자신의 목숨을 부지하기 위해 전향한 어느 빨치산의 고백을 통해, 그 당시의 동지들에 대한 '순정'과 뼈저린 회오를 그린 작품이다. 6.25를 겪은 지 반 세기가 지났음에도 불구하고, 6.25를 소재로 한 이야기가 간단없이 소설로 형상화되고 있다는 사실은, 우리 문학을 살찌우는 데에 있어서 퍽 고무적인 현상이라고 아니할 수 없다.

3. 내밀(內密)한 남녀 사이의 정

인간들의 여러 가지 정 중에서도 남녀 사이에 느끼는 내밀한 정은 실로 오묘하다. 흔히들 남녀간의 일은 아무도 모른다. 혹은 남녀간의 사랑은 국경도, 나이도 초월한다고 하지 않던가? 따라서 동서고금을 통하여 남녀간의 사랑을 다룬 이야기는 허다하다. 아니 어쩌면 이 세상의 이야기란 이야기는 결국 선남선녀의 사랑 이야기일지도 모른다.

한창훈의 「**밤눈**」도 그러한 이야기이다. 이 작품의 스토리 구도는 단순하다. 밤눈이 펄펄 내리는 날, 어느 술꾼이 허름한 술집에 앉아 여주인과 대작하면서, 그 여주인의 애틋한 사랑 이야기를 듣는다는 것이 스토리의 전부이다. 그런데 그 여주인의 입담이 걸쭉하면서도 재미있다.

> 정이란 것이 그런 겁디다. 아무리 단속을 해도 모기장에 모기 들어오듯이, 세 벌 네 벌 진흙 쳐바른 벼락박에 물 새듯이 그렇게 생깁디다. 말했듯이 손구락 하나 안 잡았는디, 새벽에 그 사람 갈 때까지 잠도 안 잤는디, 세상에, 한지붕 아래 한방에 누웠다는 이유로, 날밤을 같이 샜다는 똑 그것 때문에 그 사람이 남 같지가 안 합디다. (…… 중략 ……)
>
> 솔직히 그 사람 힘도 별로 없고 테크닉도 별로였소. 내가 인자 슬슬 한 걸음 나가볼까 싶으면 저는 벌써 숨을 헐떡이며 산을 내려왔응께. 나를 데리고 올라가야 할 것 아니드라고, 흐흐.
>
> 내가 한 번 불붙으면 웬만해서 소방이 잘 안 되는 체질인디, 그 사람하고는 사실 한 번도 그렇게 해보질 못했소. 하룻밤에 많아야 두 번. 한 번 올라오면 금방 내려가면서도 아주 공장 하나를 통째로 짊어진 것처럼 헐떡였으니.
>
> 그래도 그 사람이 그리 좋고 행복했었소. 뭐가 좋았을 게라우? 정력도 션찮고 대범하지도 못한 사람인디. 아마 대충 짐작하시겠지만 내가 웬만한 사내는 눈에 잘 안 차는 체질이요. 사내들 몇 놈이

뎀벼도 겁 하나도 안 나요. 그런 나가 그 사람이 그렇게 좋았단 말이요. 뭐였것소. 내가 뭣 때문에 그 사람한테 홀딱 넘어갔을게라우?

바로 말言語이였소. 그 사람이 하던 말이 그렇게나 좋았단 말이요. 밤새 나를 껴안고 조근조근 하던 그 말들. 그 여고생을 못 잊어 낙엽진 길을 몇 날 며칠을 걸었다는 그 말. 내 눈을 들여다보며 눈동자 색깔이 어떻고, 머리카락 만지며 채석강 노을빛이 어땠더라고 속닥이던 말. 술만 취하면 마누라 패고 기억도 못하는 사내가 있었는디 탁발 온 스님 말이 남편은 전생에 소였고 마누라는 주인이었다. 그때 맞은 매를 되갚으려고 그러니 홍두깨는 버리고 커다란 싸리빗자루를 만들어놓으면 싸릿대 하나씩 한 대로 쳐서 몇 번 만에 업보가 풀릴 것이다, 했다는데 우리는 서로 아끼고 사랑만 하니 전생에서도 애타게 좋아만 하다가 죽었을 것이다, 내 손을 만지며 하던 그런 말이 그렇게 좋았던 말이요. (67-68쪽)

그 사람, 내가 사랑했던 사람.

나는 우리 사랑이 성공한 사랑이라고 생각하고 있소. 헤어졌지만은 실패한 것이 아니다 이 말이요. 연애를 해봉께, 같이 사는 것이나 헤어지는 것이 중요한 것이 아닙디다. 마음이 폭폭하다가도 그 사람을 생각하믄 너그러워지고 괜히 웃음이 싱끗싱끗 기어나온단 말이요. 곁에 있다면 서로 보듬고 이야기하고 그런 재미도 있겠지만 떠오르기만 해도 괜히 웃음이 나오지는 않지 않겠서라우. 아, 곁에 있는디 뭐하러 생각하고 보고 싶고 하겠소. 그러니 결혼해서 해로한 것만큼이나 우리 사랑도 성공한 것 아니겠소. (75쪽)

나야 매인 것 없는 홀몸이지만 그 사람은 그렇지 못했지라우. 부인에 자식 둘이 있응게. 거기와 정리하고 나랑 맺을 사람도 아니고 그것은 나도 반대였소. 누구랑 또 부부로 산다는 것이 싫었응께요. 허긴 그러고 보면, 나도 물장사 팔자긴 한갑은디. 하여튼 그 사람은 자기 부인과 아이들을 겁나게 사랑했소.

사랑은 제 각각이라등만 확실히 그럽디다. 거기 사랑 따로, 나도 따로. 나는 그 마음이 이해가 되었소. 그런 사람인게 내가 좋아했던 것이겠지라우.

하여간 우리가 삼 년 연애를 했는디 들킨 것은 고사하고 의심 한 번 안 받았소. 그러니께 부인은 내 존재를 전혀 모르고 있다 이 말이지라우. 재채기하고 가난하고 사랑은 숨길 수가 읎다고도 합디 다만 우리는 숨기는 데 성공했어라우. (76쪽)

그 사람하고 나하고 첨에 붙었을 때 약속을 했소. 일주일에 딱 두 번 만나자. 회사로 전화하지 말자. 삐삐는 치되 요 옆 복덕방 전 화번호로 치자. 뭐 그런 것.
가장 큰 약속이 전근 삼 년에 이 년 반 남았으니 이 년 반만 사 귀자. 그 뒤로는 절대 만나지 말고 마음속에만 담아두자, 라는 거였 소. 그 사람하고 그것도 그렇게 했소. 정확히 이 년 반 동안 빈틈없 이 사랑했고 그 다음 그 사람은 서울로 갔소. 그 뒤로는 한 번도 안 봤소. 그래서 나는 성공한 사랑이라고 말하요. (76-77쪽)

그러니까 술집 여주인은 그 지방에 전근해서 혼자 살던 유부남과 은 밀한 사랑을 나누었던 것이고, 그 남자는 떠나갔지만, 이 여자는 그 사 랑의 추억을 마음속에 새록새록 새기면서 살아가고 있는 것이다.
이와 같은 스토리의 「밤눈」은 이상(李箱)의 「失花」에서 몇 번이나 반 복하여 서술되는, 다음과 같은 아포리즘(aphorism)을 떠올리게 한다.

사람이
秘密이 없다는 것은 財産 없는 것처럼 가난하고 허전한 일이다.

「밤눈」의 주인물들처럼 이러저러한 사정으로 인해 비록 만나지는 못 하지만, 자신들만의 내밀한 사랑의 비밀을 간직한 채, 그 사랑의 추억 을 곱씹으면서 살아가는 사람들이 이 세상에는 얼마나 존재할까? 모를 일이다. 남녀 간의 사랑은 정녕 모를 일이다.

삶의 비의성(秘意性)과 비루함

∘ 정미경, 「시그널 레드」(『문예중앙』, 2006년 봄호)
∘ 김서령, 「바람아 너는 알고 있나」(『실천문학』, 2006년 봄호)
∘ 김이설, 「순애보」(『현대문학』, 2006년 4월호)

1.

정미경의 「**시그널 레드**」는 어느 날 운명처럼 다가온 여자와 지독한 사랑을 나누다가 결국은 자살을 하고 마는, 어떤 남자에 대한 이야기이다. 그런데 그 여자가 아버지의 여자 중의 한 사람, 즉 의붓어머니라는 점에서 범상치가 않다.

K는 친어머니에 대한 기억이 전혀 없는 상태로 여러 계모들 밑에서 성장한 남자이다. '몇 년씩, 길게 혹은 아주 짧게 아버지 곁에 머물다 떠난 여자들' 중의 하나인 그 여자는, K가 고3 때 들어온 여자이다. 외항선을 타는 아버지는 출항이 길어지면 몇 달만에 한 번씩 집에 들어온다. 그런데 그 여자는 무당이었다.

> 아침 일찍 학교에 갔다 밤늦게야 돌아오던 내가, 여자가 무녀란
> 걸 안 건 여름 방학이 되고서였다. 새벽같이 일어나 집 안팎을 청
> 소하고 아버지가 있으나 없으나 내게 정갈한 아침상을 차려주고 다
> 시 부엌을 흘린 밥알도 주워 먹을 수 있게 말끔히 치우고 나면, 여

자는 거울 앞에 앉아 화장을 시작했다. 안방 문을 열어놓고 허리를 꼿꼿이 세운 채 화장을 하는 여자는 이미 아침을 차려주던 그 여자는 아니었다. 화장대 앞에 앉아 여자는 석고처럼 푸르스름한 빛이 나도록 흰 낯빛을 먼저 만들었다. (…… 중략 ……)

　여자의 화장은 늘 입술에서 끝났다. 신(神)이 얼굴에 내리기라도 한 듯 뚫어지게 거울을 바라보며, 부적을 그릴 때 쓰는 경면주사 빛의 립스틱을 꼼꼼하게 칠했다. 마지막으로 아래위 입술을 살짝 맞물었다 놓으면 여자의 얼굴은 손바닥만한 부적으로 완성되었다. 살짝 맞물렸던 입술이 더할 나위 없는 붉은 꽃으로 피어나는 순간이면 나는 갑자기 오줌이 마려워지곤 했다. (168-169쪽)

　K와 그 여자와의 심상치 않은 인연을 암시하는 대목이 될 터인데, 이들의 마약과도 같은 지독한 사랑은 K가 입대했던 해의 여름, 아버지의 출항으로 집이 비었던, 첫 휴가 동안에 이루어진다. '보름치성'을 드리러 깊은 산 속으로 향하는 여자는 K에게 짐을 들어줄 것을 부탁한다. 땀을 흘리며 목적지에 도착한 이들은 샘가에서 목욕을 하고는 운명과도 같은 정사를 나눈다.

　……하고 싶냐?
　암호 같은 그 문장의 뜻을 나는 놀랍도록 정확하게 이해했다. 내 목구멍에서 처음 듣는 낯선 자의 목소리가 흘러나왔다. 네……, 여자의 몸은 차갑고도 뜨거웠다. 그리고 지독하게 달았다. 탁한 기름에 튀겨낸 아이스크림처럼. 차갑고 달콤하고 뜨겁고도 역겨운 덩어리 속에서 나는 끝장을 보겠다는 듯 파고 들어갔다. 어머니. 마지막 순간에 왜 내 목구멍에서 그 말이 흘러나왔는지.
　일어나 저고리 고름을 야무지게 묶은 여자가 바닥에 쏟아진 쌀알과 뭉개진 종이꽃을 내려다보며 담담한 목소리로 말했다. 오늘은, 그냥, 내려가자. 부정을 타서. ……휴가를 마치고 돌아가는 날까지, 우리는, 날마다, 하루 종일, 밤을 새우며 보름기도를 드렸지. (170-171쪽)

휴가 기간인 보름 내내 여자의 육체에 탐닉한 K는, 그러나 어이없게도 붉은 색을 보는 눈을 잃어버린다.

　　귀대를 하는 날, 횡단보도 앞에서 붉은 신호등을 보며, 나는 눈을 몇 번이나 깜박였다. 신호등의 붉은빛이 묽은 번트시에나로 보였다. 시에나 지방의 철분 섞인 흙을 태워 얻는 색. 물감 튜브를 짤 때나 볼 수 있었던 탁하게 흐린, 오래된 녹물같은 색. 고장이 났나. 주위를 두리번거렸다. 마침 불자동차 하나가 신호를 무시하고 달려와 눈앞을 지나쳤다. 신호등과 같은 색이었다. 내 시야에서 시그널 레드 빛깔이 사라진 것을 아는 순간, 머릿속 어딘가에 경면주사 붉은빛이 비에 젖은 꽃잎처럼 착 들러붙었다. (…… 중략 ……)

　　그러니까, 머릿속에 경면주사 빛이, 비에 젖은 꽃잎처럼 들러붙은 순간, 모든 붉은빛을 잃어버렸어. 내 눈은. (171쪽)

그러니까 K는 15일 동안이나 그 여자의 '경면주사'(鏡面朱砂: 結晶된 朱砂, 朱砂는 광택이 있는 紅色의 광물, 염료 또는 약으로 쓰임－필자 주)빛과 같은 빨간 입술 색깔에 취해 섹스를 하다가 그만 빨간색을 보는 눈을 잃어버리게 된 것이다. 말 그대로 사랑에 눈이 먼 것이다.

이처럼 예사롭지 않은 이야기는, K와 연애를 하다가 K의 실체를 알게 되는 '나'에 의해 전개된다. '나'는 K를 사이에 두고 서로 연적 관계에 있는 '조감독'에게서 충격적인 말을 듣는다.

　　"K가 붉은색을 읽지 못한다는 얘긴 들었지??
　　나는 대답하지 않았다.
　　"물론, 제 엄마하고 눈이 멀도록 했다는 얘기도 했겠지?"
　　그렇다고도 아니라고도 말하지 않는 눈빛으로 나는 조감독을 빤히 쳐다보았다.

"그리고, 네가 그 여자하고 닮았다는 얘기도?"

조감독의 어투는, 꼭 그랬다. 그거 누구한테나 하고 다니는 이야기야. 물론 나한테도…… 모르고 있는 것 같아서. (175쪽)

K는 자신과 몸을 섞으며 연애를 하는 여자들에게 한결같이 이와 같은 자신의 비밀을 털어놓은 것이다. 자신 또한 K의 여러 여자들 중의 하나에 불과하다는 걸 깨달은 '나'는, K와의 식물적인 섹스를 떠올린다.

이제 막 시작된 연인 사이에도 섹스리스라는 말을 쓸 수 있을까. 우리 사이에 섹스가 없는 건 아니었다. 가끔 커피잔을 들고 있는 그의 섬세한 새끼손가락이 살짝 쳐들린 걸 보며, 이 남자 혹 잠재적인 동성애가 아닐까, 생각할 만큼 그는 섹스엔 별 관심이 없었다. 신체적인 문제가 있는 것도 아니었다. K와 잘 때마다 매번 절정감을 느끼면서도 몸이 두 개로 나뉘는 순간, 시트에 등이 닿는 순간, 이상한 외로움에 사로잡히는 이유가 뭘까. 굳이 말하자면, 그와의 섹스는 식물성이었다. 억지로 분석하자면 정신적인 섹스리스라고나 할까. 그를 더 이상 만나지 않게 되었을 때, 내 수첩에 그려진 하트는 열 손가락으로 셀 만큼 적기도 했지만, 배와 배를 맞대고 있으면서도 한 번도 질퍽이는 땀에 미끄러져 본 기억이 없었다. 그의 몸을 손바닥으로 쓰다듬을 때 델 것처럼 뜨거운 열기를 쥐어본 적도 없었다. 오히려 오래된 부부처럼 대형 마트에 가서 카트가 넘치도록 장을 봐오고 군것질을 하며 수다를 떨거나 비디오를 보는 게 더 편안해 보였다. (175 – 176쪽)

혼란스러움에 빠져 있던 '나'는, 우연히 K와 그 여자와의 동물적인 섹스 장면을 훔쳐보게 된다.

택시에서 내려 K의 방을 올려다보았다. 아직 돌아오지 않았을지도 모르겠다. 불이 꺼져 있었다. 키는 부드럽게 소리 없이 구멍 속으로 흘러들어갔다. 문을 열자 농익은 바나나를 으깬 듯한 냄새가 코로 들어왔다. K는 바나나를 먹지 않는데. 책상 하나가 놓인 작은 거실 옆에 샤워기만 달린 욕실이 있고 그 앞을 지나면 칸막이 역할을 하는 시멘트벽이 있다. 그 시멘트 벽 너머에 침대가 있다. 실내의 동선은 너무 단순해서 출입문에서 눈을 감고도 그 침대까지 걸어갈 수 있을 정도였다. 그러나 어둠은 눈을 감은 것보다 훨씬 묽었다. 묽은 어둠 속에서 청각은 밤의 꽃처럼 피어나 실내의 소리를 모두어 담았다. 숨소리가 들렸다.

고요하고 느린, 그의 숨소리가 아니었다. 숨소리는 가팔랐고 잠든 자의 숨소리가 아니었으며 한 사람의 숨소리가 아니었다. 숨소리와 침대의 스프링 출렁거리는 소리 위에 목이 졸리는 듯한 신음소리가, 입에 든 사탕 대신 혀를 깨물었을 때의 달콤한 고통 같은 교성이 끊길 듯 겹쳐갔다. ……그건 두 사람이 사랑을 나누는 소리였다. 나는 달아나는 대신 침대 쪽으로 발걸음을 옮겼다. K의 몸 위에 올라와 있던 여자의 얼굴을 못 보았지만 조감독의 뒤통수는 아니었다. 사내처럼 짧은 조감독의 머리 대신 어깨 길이의 머리카락을 K는 움켜쥐고 있었다. K의 배와 여자의 배 사이에서 미끈거리는 땀냄새가 상해가는 바나나 냄새로 번져왔다. 손바닥을 대보지 않아도 K의 이마가 독한 신열로 들떠 있음을 읽었다. 나는 조용히 돌아서서 걸어 나왔다. 문으로 걸어가 숨을 멈춘 채 천천히 문고리를 돌릴 때까지 두 사람의 숨소리는 집요하게 날 따라왔다. 서로의 숨소리 외엔 아무것도 듣지 못하는 그들을 위해 조용히 문을 닫고는 잠그지도 못하고 누가 쫓아오기라도 하는 것처럼 지하철역까지 쉬지 않고 달렸다. (177쪽)

K는 '나'를 비롯하여 여러 여자들과 연애를 하면서 몸을 섞지만, K가 정작 온몸을 바쳐서 사랑한 여자는 바로 의붓어머니인 그 여자였던 것이다.

오랜 시간이 흐른 뒤, '나'는 '조감독'에게서 K가 자신의 아파트에서 뛰어내렸다는 전화를 받고는 씁쓸한 추억에 빠진다.

법적으로는 엄연한 남남이긴 하나, 의사(擬似) 모자관계인 이들의 운명적이며 마약과도 같은 사랑은 인간의 비의적(秘意的)인 삶의 한 단면을 보여주고 있다. 이 세상에는 흔히들 '불륜'이라고 불리어지긴 하지만, 당사자들로 보아서는 절대절명적인 사랑이 얼마든지 존재하고 있기 때문이다.

> 사람의 운명이란 그날의 날씨 따위에도 좌우되는, 사실은 매우 불안정한, 먼 곳에서 오는 별빛 같은 건지도 모르겠다. (176쪽)

> "……자기 삶을 결정할 수 있는 인간은 그리 많지 않다. 때로 제 속에 들어앉은 욕망의 절정 앞엔 절벽이 있을 수도 있다. 살아서 체험하는 죽음 같은 욕망이다. 떨어질 줄 알면서도, 그때 사람들은 벼랑 끝에서 한 발을 내딛는다. 두 눈을 뜬 채로. 어리석은가? 그렇지만 허공인 줄 알면서도 발을 내딛게 하는 그런 순간이 꼭 있더라. 사람들이 그것에 어떤 이름을 붙이는지도, ……안다." (178쪽)

자신들의 사랑이 파멸의 구렁텅이로 떨어질 줄 뻔히 알면서도 어쩔 수 없이 그 속에 빠져드는 인간들의 모습은, 삶의 비의성을 느끼게 한다.

사족 하나. '시그널 레드(signal red)는 원색에 가까운, 표준이 되는 빨강색으로서 신호등 색깔로 쓰이는 데에서 유래한 명칭이라고 한다.

2.

김서령의 「**바람아 너는 알고 있나**」는 가식으로 위장한 채로 삶을 영위해 나가는 어떤 처녀에 대한 이야기이다.

'호주 유학 전문 컨설턴트 엘리스 박'이라는 명함을 갖고 있는 '나'

는, 어느 관광회사에서 호주 유학 전문 커뮤니티를 운영하고 있다. '엘리스'는 커뮤니티 내에서의 대화명이다. 그러나 만 명이나 넘는 회원들을 관리하는 '나'는, 아이러니컬하게도 호주를 한 번도 가본 적이 없다. 호주 여행 가이드북과 지도를 달달 외고 또한 호주 본사의 직원과 이메일을 주고받으며 호주 유학의 세세한 정보를 제공하고 있는 것이다.

'나'의 이러한 가식적인 삶은 연애로까지 이어진다. '나'는 동료들의 눈을 속여가면서 같은 회사의 직원인 '장'이라는 유부남과 열애에 빠져 있다. 어느 날 밤 드라이브를 즐기던 '나'와 '장'은, 커다란 트럭에 부딪치는 대형 교통사고를 당한다. '장'은 중상을 입고 의식을 잃지만, '나'는 가벼운 상처를 입은 채 그 자리를 빠져 나온다.

심장과 간과 위가 제멋대로 흔들려버린 듯한 충격이 한바탕 지나갔던 그때, 충격으로 인한 팔과 다리의 오싹한 경련이 멈추고 난 후에야 나는 장을 쳐다보았다. 마악 그 순간부터 장의 얼굴은 핏물이 잠기기 시작했다. 어디에서부터 시작된 출혈인지 모를 그것은 장의 허벅지로 후드득 떨어져내렸다. 바닥 매트가 질벅해졌다.

시간이 얼마나 흐른 것인지 나는 알 수 없었다. 장이 입술을 달싹거릴 때 가까이 귀를 가져다 대었지만 알아들을 수 없었다.

사랑한다고? 나를 사랑한다고?

장은 손가락을 힘겹게 움직였다. 좌우로, 움직임은 선명하지 않지만 좌우로 천천히 몇 번. 뭐라고? 응? 뭐라는 거야?

딱 한 번이었지만 장의 손가락이 거세게 움직였다. 핸들에 걸어놓은 엄지를 빼고 네 손가락을 한꺼번에 좌우로, 크게. 그리고 거짓말처럼 장의 목소리가 들렸다.

가.

나는 몸이 굳어버릴 시간을 두지 않았다. 화를 내거나 상처받을 틈도 주지 않았다. 코트와 숄더백을 챙겼으며, 뒷자리에 던져두었던 스카프도 잊지 않았다. 그리고는 트럭 운전수에게 돈을 집어준 뒤 총총히 사라졌던 것이다.

택시를 잡아타자 울음이 터지듯 다리를 타고 핏물이 흐르기 시작했다. 아무런 생각도 하지 않으려고 애를 썼다. 본 사람은 아무도 없었다. 장은 깨어나지 못할 것이다. 핏덩이가 아래로 울컥울컥 토해지면서 속옷이 묵직해졌다. 가버리라는 말, 나를 내쫓던 그의 손짓을 똑똑히 목격한 일 따위야 나 혼자 잊어버리면 되는 것이었다.

(183 - 184쪽)

'나'는 곧바로 병원으로 가서 충격으로 인해 유산된 '장'의 아기를 처치한다. 그 후 '장'은 의식을 잃은 식물인간이 되어 중환자실에 눕게 된다. 그렇지만 '나'는 오늘도 회사동료들과 함께 아무렇지도 않게 '장'을 면회하러 간다. 완벽한 알리바이가 성립된 것이다.

'문득, 도대체 엘리스는 어디에 살고 있는 것일까'라고 궁금해 하면서 가식적이면서도 비루한 인생을 살아가고 있는 '나'는, 자신의 정체성을 잃어버린 채, 갖가지 가면을 쓰고 비루하게 살아가는 현대인들을 상징한다고 볼 수 있다. 위악적이고 비루한 모습이나마 자신의 생을 이어나갈 수밖에 없는 존재, 그것이 바로 인간 본연의 모습이 아니겠는가.

3.

김이설의 「**순애보**」는 예사롭지 않은 이야기를 담고 있다. 요즘에도 이런 일이 일어날 수 있을까라는 의문이 들게 하는 이야기이다.

「순애보」의 스토리를 간단하게 요약하자면 부모에게서 버림받은 한 소녀의 처절한 성장기이다.

'나'의 아빠는 엄마의 바람기를 못 이겨 가출을 한다. 어느 날 엄마는 '나'를 데리고 커다란 트럭에 오른다. 트럭을 운전하는 사내와 엄마는 아주 가까운 사이인 것 같다. 고속도로 휴게소에서 마렵지도 않은 오줌을 누고 오라는 엄마의 말을 듣고 화장실에 갔다 오자 트럭은 사라지고 없다. 엄마에게서 버림을 받은 것이다. 엄마를 찾아 고속도로 갓길을 하염없이 걷고 있던 '나'는, 트럭을 모는 어느 남자에 의해 거두어진다. 나이가 꽤 들어 보이는 남자는 여기저기 다니면서 꿩꼬치와 꿩만두 등의 꿩고기를 판다. '나'는 그 남자를 아빠라고 부르면서 같이 '트럭 생활'을 한다. 돈을 어느 정도 모은 아빠는 꿩농장을 인수한다. 그 이후 아빠는 꿩을 키우고 '나'는 꿩을 잡아 식당일을 한다. 세월이 흘러 '나'는 아빠의 아이를 낳아 기른다. 그 때 아빠는 '치우'라는 약간 모자라면서 말을 더듬는 청년을 고용하게 되는데, '나'는 '치우'를 유혹하여 그의 동정을 빼앗는다. 그 후로 '치우'는 '나'를 짝사랑하게 된다. 그 즈음에 '나'는 밤이 오면 자신도 모르게 고속도로 갓길을 걷는 습관을 지니게 된다. 걷다 보면 어느 트럭이 서고, '나'는 그 트럭에 타서 항구로 데려가 달라고 한다. 그 대가로 '나'는 운전수에게 몸을 맡긴다. 엄마가 사내와 함께 항구로 향하던 옛날의 그 길을 무의식적으로 가고 싶어 하는 것이다. 어느 날, 아빠는 자신은 너무 늙었기 때문에 '치우'와 함께 집을 떠나라고 한다. 그러나 '나'는 아이를 병신 새끼로 키우지 않겠다며 거부를 한다. 아빠와 '치우' 사이에서 승강이를 벌이던 '나'는 칼을 집어 들고 휘두른다. 그 사이에 흥분한 '치우'는 아기의 방으로 가서 아기의 혀를 잘라 버린다.

「순애보」의 서사성이 뛰어난, 이러한 이야기는 감각적이며 사실적인 문체에 힘입어 재미있게 읽힌다.

한 손으로 날갯죽지를 꽉 잡는다. 다른 손에 칼을 쥔다. 깊고 세게, 단숨에 가슴팍에 칼을 넣는다. 놀림은 빠를수록 좋다. 미친 듯이 파닥거리던 것이 순식간에 맥을 놓는다. 그러나 아직 죽지 않았다. 고무통에 넣어 뚜껑을 닫고 스스로 숨이 잦아들기까지 기다린다. 쿵, 쿠웅, 고무통에 제 몸을 부딪친다. 마지막 몸부림이다. 그리고 정적. 뚜껑을 열면 바닥에 널브러져 있다. 그러나 여전히 할딱거리는 숨. 죽는 것도 쉬운 일은 아닐 것이다. 물기를 적신 후에 털 뽑는 기계에 집어 넣는다. 기계가 작동되면 둔탁한 소리가 들리고, 원통 하단의 구멍으로 젖은 깃털이 후두둑 떨어진다. 그래도, 벌어진 가슴으로 내장이 보여도, 온 몸의 털이 다 뽑혔는데도, 다리 하나가 발작적으로 부르르 진저리를 친다. 질긴 숨, 다시 뜨거운 물에 넣어 드문드문 남아 있는 잔털을 뽑고, 완전히 배를 가른다. 검붉은 피, 한 손에 꽉 들어차는 미끌한 내장, 솟구치듯 쏟아지는 노린내. 이제 숨이 끝났는가. 나는 칼을 내리쳐 머리와 다리를 잘라낸다.

(137 – 138쪽)

  사내는 트럭 앞에서 담배를 피우고 있었다. 휴게소에 들러 우동을 먹은 참이었다. 엄마는 나에게 화장실에 다녀오라고 했다. 마렵지 않은데? 그래도 다녀와. 이제는 쉬지 않고 아주 오래 갈 거야. 그게 마지막이었다. 나는 고속도로 휴게소에 버려졌다.
  내 이야기를 다 들은 아빠가 운전석 뒤편에서 일회용 도시락을 꺼냈다. 어서 먹어. 다 먹어도 돼. 도시락 속에는 만두 열 개가 담겨 있었다. 나는 조심스럽게 하나를 입에 넣었다. 아빠가 나를 물끄러미 바라보았다. 나는 천천히 꼭꼭 씹었다. 고기의 질감이 도드라졌고 끝맛이 달짝했다. 맛있었다. 만두를 먹는 내내 아빠가 나를 계속 쳐다봤다. 나는 다 먹기도 전에 내가 먹은 만두값을 지불해야 된다는 것을 직감했다. 항구에 가고 싶니? 아빠가 내 허벅지를 지그시 눌렀다. 선의도 반드시 대가를 치러야 한다. 나는 초경도 치르지 않은 소녀였다. 그날 나는 내 생애 처음으로 항구를 보았다.
  그 뒤로 아빠와 트럭생활을 했다. 아빠와 함께 트럭에서 먹고 일했으며 트럭에서 잤다. 아빠는 자신을 아빠라고 부르라 했다. 아빠의 귓가는 희끗했고 정수리를 속이 다 보일 정도로 훤히 비어 있었다. 누가 봐도 아빠와 딸처럼 보일 것이었다. 나는 고개를 끄덕였다. 아빠와 나는 주로 고속도로 휴게소에서 장사를 했다. (……중략……)

나와 함께 지낸 뒤로 장사가 잘된다고 했다. 나 때문에 살맛이
난다고 했다. 나는 매년 키가 자랐고, 가슴이 커졌으며, 매달 생리
를 하는 여자가 되었다. 아빠는 점점 더 많이 나를 좋아했다. (146
-147쪽)

내가 처음 죽인 건 몸집이 작은 까투리였다. 죽지를 움켜쥐며 일
부러 엄마를 떠올렸다. 나는 의식이 필요했던 것이다. 가슴에 칼을
꽂으며 사내를 향해 웃음을 흘리던 엄마를 기억했다. 털 뽑는 기계에
넣을 때는 화장실에 다녀오라고 말하던 커다란 두 눈을, 내장을 걷어
내면서는 트럭이 사라진 자리에 오도카니 있던 나를 떠올렸다. 마지
막으로 목을 내리치면서 이제는 엄마를 잊어야 한다고 다졌다. 피식,
웃음이 났다. 잊겠다고 잊혀지겠는가. 그래서 나는 엄마를 용서하기
로 했다. 시간이 많이 흘렀으니까. 나는 더 이상 떠돌이가 아니니까.
아빠도 있으니까. 무엇보다도 나는 슬프지 않았다. 그러면 됐다.
대신 나는 샛길을 따라 고속도로로 갔다. 아이를 가지고서도 갓
길을 걸었다. 밤이 되면 온몸이 욱신거렸다. 열이 오르고 질금질금
눈물이 났다. 그러나 항구를 생각하면 쑤시던 몸이 조용해졌다. 샛
길을 오르다 보면 박동 소리도 잦아 있었다. 매일매일, 하루도 거를
수 없었다. (149쪽)

일찍이 부모에게 버림받은 '나'의 비루한 삶도 그러하지만, 여타의
인물들의 삶 또한 비루하기만 하다. 지지고 볶으면서 비루하게 살아갈
수밖에 없는 것이 평범한 우리 인간들의 삶의 모습이 아닌가 싶다.
사족 하나. 다음과 같은 문단은 처음, 중간, 끝에 세 번이나 반복된다.

나는 고속도로 갓길에 서서 한쪽 가슴을 주무르고 있었다. 따끔
따끔, 마치 불꽃이 튄 것처럼 아팠다. 젖꼭지가 옷에 스칠 때마다
칼에 베인 상처가 벌어지는 것처럼 섬뜩했다. 나는 고개를 숙여 내
려다보았다. 가슴은 곧 터질 것처럼 부풀어 오를 것이다. 고개를 들
자 거대한 트럭 하나가 내 앞에 멈춰 섰다. (136쪽, 145쪽, 154쪽)

엄마에 의해 버려진, 초경을 앞 둔 어린 소녀의 엄청난 충격과 불안한 미래를 말해주고 있는 대목이다.

사족 둘. 제목 '순애보'의 의미는 무엇일까? 매일 밤 갓길을 걷는, '나'의 엄마에 대한 본능적인 사랑일까? 부모에게 버려진 '나'를 거두어 준 아빠에 대한 사랑일까? '나'를 향한 '치우'의 헌신적인 사랑일까? 독자들에게 맡겨 둘 일이다.

사족 셋. 「열세 살」이라는 작품으로 올해에 서울신문 신춘문예를 통과한, '김이설'이라는 신인 작가를 우리는 눈여겨 볼 필요가 있다. 열세 살의 어린 소녀가 어머니와 함께 지하도에서 노숙하는 이야기를 담고 있는 이 작품 역시 범상치가 않기 때문이다. 어린 소녀의 비루한 삶의 모습을 사실적으로 그려내고 있다는 점에서도 두 작품은 유사하다. 요컨대 흥미로운 이야기, 즉 건강한 서사성의 복원이라는 측면에서 볼 때 '김이설'은 주목받아 마땅한 작가라고 생각된다.

이야기의 특수성과 보편성

○ 정지아, 「봄빛」(『문예중앙』, 2006년 여름호)
○ 이기호, 「갈팡질팡하다가 내 이럴 줄 알았지」(『문학동네』, 2006년 여름호)
○ 김재영, 「십오만 원 프로젝트」(『실천문학』, 2006년 여름호)

1. '세월'이라는 괴물

정지아의 「**봄빛**」은 늙어가는 부모에 대한 자식의 성찰이 나타나 있는 작품이다. 억척스럽게 삶을 꾸려오던 부모는 세월의 흐름에 따라 늙어가고 병을 얻는다. 그리고는 죽음을 눈앞에 둔다. 인간의 이와 같은 생로병사는 지극히 당연한 세상의 이치이지만, 독자로 하여금 인간이라는 존재에 대하여 또는 세월의 의미에 대하여 다시 한번 생각해 보게 만든다는 점에서 「봄빛」은 주목할 만하다.

대학 진학 문제로 갈등을 일으킨 이래 지금까지 아버지와 '소 닭 보듯이' 살아온 '그'는, 어머니의 전화를 받고 시골집으로 내려온다. 백세까지 장수할까 봐 걱정을 했던 아버지가 치매기를 보여 병원에 가서 검사를 했다는 것이다. 오랜만에 시골집에 내려온 '그'는, 몰라보게 늙어버린 노부모를 보고 고단했던 그들의 생애를 되돌아본다. 아홉 살에 아버지를 잃고 병든 어머니와 삼남 일녀의 형제들을 떠맡은 '그'의 아버지는 자수성가하여 평생을 근면성실하게 살아왔다.

그는 아버지가 가만히 앉아 있는 것을 본 기억이 없다. 기억 속의 아버지는 짱짱한 걸음으로 늘 어딘가를 향해 바삐 걷고 있었다. 새벽 3시면 어김없이 눈을 뜨고 깜깜한 논으로 달려가던 아버지였다. 어머니의 도움이 있기는 했지만 아버지는 국민학교 교사를 하면서도 스무 마지기 논농사와 3천 평 밭농사를 농사만 짓는 다른 집보다 더 야무지게 해냈다. 아버지가 심은 고구마는 물고구마 하나 없이 쩍쩍 벌어지는 밤고구마였으며, 아버지가 키운 호박이나 고추나 감자는 다른 집보다 알이 훨씬 굵었다. 남들이 세 번 밭을 맬 때 다섯 번 밭을 매고 날이 조금만 가물다 싶으면 1킬로미터 남짓 떨어져 있는 개울에서 어깨의 피부가 다 벗겨지도록 물지게로 물을 져 나른 노고의 결과였다. (56쪽)

그러나 강철 같은 아버지도 '세월이라는 괴물' 앞에서는 어쩔 수가 없는 법이다.

대학을 포기한 것도, 다시 들어갈 작정을 한 것도 모두 아버지 때문이었다. 불과 몇 년 전까지 아버지는 그의 삶을 가로막고 있는 거대한 산맥과도 같았다. 그가 넘어서기도 전에 세월이 야금야금 그 거대한 산맥을 무너뜨리고 있었다. 한 생명을 만개시켰던 시간이라는 것이 악덕 고리대금업자처럼 제가 주었던 모든 것을 냉정하게 회수하고 있는 것이다. 모든 인간이 세월 앞에 무릎을 꿇어도 아버지만큼은 꼿꼿이 버텨낼 줄 알았다. 아버지 스스로 늘 강조했듯 아버지는 세상 그 누구에게보다 가혹했던 운명을 극복해온 사람이었다. 운명을 무릎 꿇렸듯 세월도 무릎 꿇게 할 거라고, 그는 막연히 기대했다. 그의 기대에 부응이라도 하는 것처럼 아버지는 작년까지만 해도 청력을 제외하고는 젊은이 못지않은 기억력과 체력을 과시했었다. (56-57쪽)

세월 앞에서 속수무책으로 늙을 수밖에 없는 것은 어머니도 마찬가지이다.

이상하기는 어머니도 마찬가지라고, 서로 늙어서 그런 것을 어쩌겠냐고, 그는 차마 말하지 못했다. 아니, 그런 생각조차 들지 않았다. 어머니의 변화가 그에게는 아버지보다 몇 배 더 큰 충격이었던 것이다. 어머니는 지금까지 그의 고향이었고 어머니라는 추상의 구체적인 현화였다. 어머니는 유전자조차 이기적이라는 냉정한 생명의 세계에서 유일하게 다른 존재를 위해 자신을 내던질 수 있는 희생자이며, 바로 그로 인해 누군가의 구원이 되는 사람이라고 그는 굳게 믿었다. 그에게만이 아니었다. 어머니는 아버지에게도 시집간 누이에게도 더없이 따뜻하고 순종적인 사람이었다. 문득 며칠 전에 걸려온 큰누이의 전화가 떠올랐다. 아이, 엄마가 이상해야. 인자부텀 된장이고 고추장이고 못해준다고 다 사 묵으란다. 그럼 언제까지 어머니 부려먹을 생각이었냐고 냉정하게 쏘아붙였더니 여느 때라면 니는 그 싸가지부텀 고쳐야 쓴다고 되레 큰소리쳤을 누이가 풀 죽은 목소리로 글긴 글다만은, 워째 우리 엄마 같들 않다고 긴 침묵 끝에 전화를 끊었다. 된장 고추장 사 먹으라는 어머니의 통보를 받은 누이의 마음이 이제야 짐작이 되었다. 누이의 말대로 이건 우리 어머니가 아니었다. 그는 듣는 사람이 무슨 생각을 하는지 돌아볼 여념도 없이 신세 한탄을 늘어놓으며 울먹이는 어머니가 처음 보는 사람인 양 낯설었다. 한겨울에 자기는 찬물로 설거지를 하면서도 행여 자식 발 시릴까, 꽁꽁 얼어붙은 신발을 맨가슴에 품어 녹여주던 어머니가 그는 간절히 그리웠다. 어머니를 코앞에 둔 채 그는 어머니를 그리워하고 있었다. (63–64쪽)

노부모를 모시고 병원으로 간 '그'는 의사로부터 아버지의 '뇌세포가 상당히 많이 죽었'다는 진단을 받는다. 치매 판정을 받고도 담배를 피워 무는 아버지와 이를 만류하는 어머니를 모시고 차를 운전하던 '그'는, 비로소 부모님의 고단했던 삶을 헤아리고. 나아가 세월 앞에서 늙어갈 수밖에 없는, 인간이라는 존재를 새삼 깨닫게 된다.

차에 오른 뒤에도 두 사람의 설전은 한참이나 계속되었다. 어머니의 눈물은 솔티재를 넘을 즈음에야 그쳤다. 잠잠하기에 후면경으로 흘깃 보았더니 두 사람은 언제 싸웠냐는 듯이 머리를 맞댄 채 잠들어 있었다. 이른 새벽에 깨어나 먼길을 움직였으니 여든의 나이에 피곤하기도 했으리라. 죽음보다 더한 치매 선고를 받고도 잠들 수밖에 없을 만큼 부모님의 몸이 늙었음을 깨달은 순간, 정체를 알 수 없는 물기가 촉촉이 눈에 고였다. 너무나 오랜만의 눈물이었다. 당황조차 할 겨를도 없이 한 줄기 눈물이 뺨을 타고 흘러내렸다. 입술에 닿은 물기는 짜디짰다. 치매에 걸린 아버지가 안타까워서가 아니었다. 고리대금업자 같은 비정한 세월이 자신으로부터도 수금을 시작하고 있음을 깨달은 것이다. 아버지와 어떤 세월을 보냈든 그는 아버지의 자식으로 태어나 아버지의 품안에서 하나의 인간으로 성장했다. 먼 여행을 할 때마다 어린 그가 부모님의 품에 안겨 칭얼대며 잠들었듯 어머니는, 아버지는 그의 차에서 여행의 피로를 못 이겨 잠들어 있었다. 그들이 그의 생명을 키워냈듯 이제는 그가 그들을 품어, 그들의 세월에 빚진 생명을 온전히 놓고 죽음으로 떠나는 것을 지켜보아야 하는 것이다. 받은 것은 반드시 돌려줘야 하는 것, 그것이야말로 냉정한 생명의 법칙이었다. 눈앞이 캄캄했다. 근디 이상하지야. 눈앞이 캄캄헌게 무선 것이 없드라. 아홉 살의 아버지가 그랬듯 이상하게 그 역시 무섭지 않았다. 긴 터널을 빠져나오자 흐드러지게 피었던 개나리며 진달래가 짙어가는 봄빛 속에 시들시들 말라가고 있었다. 그 꽃이 지면 산에는 봄이 농익어 사철 중 가장 찬란하게 타오를 것이었다. (67 – 68쪽)

「봄빛」은 이처럼 한 집안의 부모 자식 사이의 이야기를 통해, 별로 다를 것이 없는 우리네 인간들의 일반적인 삶의 모습을 그려내고 있다.

소설이란 것이 한 개인의 특수한 이야기를 통해 인간들의 보편적인 삶의 모습을 포착해 내는 데에 그 가치가 있다고 한다면, 「봄빛」은 이에 충분히 부응하는 작품이다.

사족 하나. 「봄빛」은 '세월이라는 괴물'에 대한 깊이 있는 철학이다. 인용문 곳곳에 나타나 있다시피, 세월은 부모와 자식과의 관계를 규정하는 매개체 역할을 한다. 세월은 아버지에게 그랬듯이 '그'에게도 노부모의 봉양이라는 무거운 짐을 지우지만, 기실 그 '짐'은 태어나 자라는 동안 자신이 부모에게 진 '빚'이기도 하다. 신·구세대가 교체함에 따라 '짐'과 '빚'은 계속 순환되는 것이다. 요컨대 「봄빛」은 세월이라는 거대한 시간 속에서 생로병사의 길을 걸어갈 수밖에 없는 인간의 모습을 그리고 있다. 이러한 면에서 볼 때, 「봄빛」의 제목을 '세월'이라고 명명했다면, 이 작품의 이야기를 좀더 효과적으로 응축해 낼 수 있지 않았을까라는 생각을 해 본다.

2. 우연적인 삶, 우연적인 소설 쓰기

이기호의 「갈팡질팡하다가 내 이럴 줄 알았지」는 『문학동네』의 '젊은작가 특집'란에 실려 있는, '자전소설'이라는 명칭이 붙어있는 작품이다. 그러니까 이 작품의 이야기는, 전부는 아니겠지만, 어느 정도는 작가 자신의 이야기라고 보아도 무방할 것이다. 이러한 점에서 이 작품은 작가의 다른 작품들보다도 우리들의 흥미를 불러일으킨다. 작가의 실제적인 삶의 모습을 엿볼 수가 있다는 호기심도 그러하지만, 무엇보다도 이 작품에는 작가 이기호가 소설을 쓰게 된 직접적인 동기를 이야기로 형상화시켜 서술하고 있기 때문이다. 그런데 그 이야기가 재미있다. '백수의 수다' '이야기의 부활' '우리 시대의 이야기꾼' 등의 평을 얻고 있는 작가답게 자신이 경험한 이야기를 익살맞게 펼쳐내고 있다. 이야기를 '메타 픽션'의 형식을 빌어 전개하고 있다는 점도 이채롭다. 「갈팡질팡하다가 내 이럴 줄 알았지」라는 작품의 제목을 붙이는 과정, 작가의 소설관, 여타의 작품들을 쓰게 된 동기 등이 작품 속의 이야기와 자연스럽게 맞물려 진술되기 때문이다.

이 작품은 작가 자신의 소설 쓰기 방식에 대한 이야기로부터 시작된다. 자신은 소설 제목을 다 쓰고 난 다음에 정하는데, 그것은 우연의 문제인 것 같다고 한다. 근대소설은 우연성보다는 필연성을 강조해야 하는데, 자신은 '종종 우연으로 소설을 끝내버리곤 했다'고 한다. '세상 사는 게 언제나 필연적이진 않'고 '논리적으로 설명할 수 없는, 그런 게 더 많지 않은가'라는 평소의 생각 때문이다. 자신이 소설을 쓰게 된 직접적인 동기 또한 우연히 이루어진 것이었다. 열여섯 살부터 겪게 된, 총 일곱 번의 '집단 린치' 때문에 자신은 장기간 병원에 입원을 해야 했고, 결국은 그것이 무서워 학교가 파한 후에 곧바로 집에 돌아올 수밖에 없었다. 컴퓨터·핸드폰 등이 없었던 시절, 그 많은 시간을 때우기 위해 자신은 자연스럽게 공상을 하고 무엇인가를 끄적거리게 되었는데 그것이 바로 소설쓰기의 출발이었다는 것이다.

> 사실, 집에 일찍 돌아온다는 것은, 그래서 집에서만 머문다는 것은, 십대인 나에겐 갑갑하기 그지없는 일이었다. 인터넷이 있길 하나, 케이블TV가 있길 하나, 핸드폰이 있길 하나, 손쉽게 시간 때울 수 있는 방법은 아무것도 없었다. 엄마와 아빠는 늘 안방에서 TV를 보다가 잠이 들었고, 재수를 하고 있던 형은 밤이 늦도록 돌아오지 않았다. 나는 내 방 책상에 몸을 웅크리고 앉아, 가만히 창 밖을, 어둑어둑해진 골목길과 가로등을, 꽃잎이 모두 떨어진 목련과 장독대를, 녹이 슨 자전거와 비 맞은 야구 글러브를, 화단 한켠에 놓인 쥐덫과 오래 전부터 비어 있던 개집을, 불 밝힌 교회 십자가와 밤하늘 카시오페이아를, 눈이 아플 때까지 쳐다보고 또 쳐다보았다. 그리고 그것들을 지켜보는 것도 지겨워지면, 수학공책 뒷장에다 무언가를 끄적끄적, 아무런 생각이나 고민 없이, 갈팡질팡, 적어나갔다.
>
> **꽃이 폈네, 꽃이 졌네. 장독대에 있는 항아리야, 어쩌자고 또 임신을**

했다더냐. 글러브가 웃는다. 글러브야, 글러브야, 어서 빨리 페달을 밟으렴, 쥐가 쫓아온단다, 쥐에게 잡히기 전에 개집으로 숨으렴, 해피는 아빠 뱃속에 들어간 지 오래란다, 아빠 뱃속에서 부활해, 저 하늘 카시오페이아가 되었단다, 카시오페이아가 내려와 목련꽃을 피웠으니, 해피가 목련이구나, 해피가 폈네, 해피가 졌네……

말도 되지 않는 그것들을 수학공책 뒷장에다 빼곡히 적어나가다 보면, 나는, 나도 모르게 얼굴이 홧홧 달아오르기도 했다. 그리고 어느 순간엔 거짓말처럼 눈물이 한 방울 툭, 공책 위로 떨어지기도 했다. 쓰고 싶지 않은데, 이딴 건 쓰고 싶지 않은데, 이이들과 당구장에서 멋진 '쓰리쿠션'이나 성공시키면서 하이파이브를 하고 싶은데, 그럴 수가 없으니……나는 계속 무언가를 쓰기만 했다. 무섭고, 쓸쓸했으니, 쓸 수밖에 없었다. 얼굴이 홧홧해지고, 눈물이 떨어져도, 그것이 무서운 것보단 나으니, 그렇게 할 수밖에 없었다. 수학공책이 다 떨어지면 화학공책에 썼고, 화학공책이 다 떨어지면 지리공책에다, 지리공책이 다 떨어지면 독어공책에다, 집에서도, 학교에서도, 버스에서도, 나는 계속 쓰기만 했다. 갈팡질팡, 무엇이 그리 두려웠는지, 참 많이도 썼다. (320-321쪽)

나는 또다시 야간자율학습에 참여하지 못하고, 혼자 집으로 돌아오는 생활을 반복했다. 집으로 돌아와서는 다시 공책에 무언가를 오랫동안 끼적거렸다. 공책에다 쓰고 또 쓰고, 나중엔 깁스를 한 석고붕대 위에도 깨알같이 작은 글씨로 무언가를 계속 써내려갔다. 쓰다보면 간간이 얼굴이 홧홧해지기도 했지만, 지난번처럼 눈물은 흘리지 않았다. 이건 그래도 무언가 내 의지라는 것이, 비록 조금은 갈팡질팡했지만, 조금은 숨어 있는 것이 아니었을까, 하는 생각이 들었다. 무언가 쓰는 것 자체도 계속 갈팡질팡의 연속이었지만, 그래도 우연은 그런 식으로 받아들일 수밖에 없지 않을까, 글이라는 것이 원래 그러니……, 하고 내 마음을 다독거리기까지 했다. 순전히 내 좋을 대로, 내 맘대로. (325쪽)

의미심장한 대목이 아닐 수 없다. 작가 이기호의 탄생을 엿볼 수 있는 장면인데, 그것이 실로 우연히 이루어지게 되었다는 점이 중요하다. 우연으로 시작된 작가의 글쓰기는 역시 우연으로 이어진다.

> 그 이후로도 난 여러 번의 우연을 만났다. 큰 도둑을 세 번 당했고(여기서 말하는 '큰'이란, 워드프로세서와 컴퓨터, 노트북을 말한다. 정말 나에겐 큰 도둑이었다). 두 번의 화재 현장에서 소방관 아저씨의 도움을 받아 빠져나왔으며, 두 번의 큰 교통사고를 당했다. 그 모든 것들이 언제나 어떤 예감이나 전조 없이, 느닷없이 나를 찾아왔다. 나는 그때마다 늘 갈팡질팡하며 어찌할 줄 몰랐다. 늘 갈팡질팡 헤매다가 겨우 간신히 그 우연들에서 벗어나곤 했다. 그것이 비록 더 좋지 않을 결과를 가져왔을 때도 많았지만, 글쎄다…… 시간이 지난 뒤, 그 갈팡질팡들을 내가 모두 글로 옮겼으니, 그래서 그 글들로 지금까지 밥벌이를 해왔으니, 그리 큰 손해라는 생각은 들지 않는다.
> 그러니 나는 이제 이 소설의 제목도 정할 수 있게 되었다.

갈팡질팡하다가 내 이럴 줄 알았지

> 버나드 쇼의 묘비에 적힌 글귀이다. 갈팡질팡하다가 내 이럴 줄 알았지. 글쎄 말이다. 나도 그럴 줄 알았다. 다 지나고 난 뒤에 보니까……, 그러니까, 그러니까 말이다. (325 – 326쪽)

다소 거칠게 말한다면, 작가 이기호의 소설 쓰기는 중학교 때부터 겪게 된 '집단 린치'에 의해 비롯되었다는 것인데, 집단 린치를 당하는 장면이 매우 사실적이고 우스꽝스럽다.

> 십대 시절엔 집단 린치를 많이 당했다. 물론 그 시절엔 그런 일들이 전(全) 사회적으로 비일비재하게 일어나기도 했다(뭐, 지금도 크게 변한 거 같진 않지만). 친구들과 즐겁게 길을 걷고 있는데 어디선가 갑자기 짜안, 하고 맥가이버 머리를 한 형님들이 나타나 허

어, 이런 귀여운 놈들을 봤나, 형들이 집엘 가야 하는데 회수권 안 갖고 나왔지 뭐냐, 니들이 좀 꿔줘야겠다, 하는 일들 말이다. 그러다가 회수권에 나이키 운동화, 아식스 점퍼까지 꿔주고, 덤으로 **빰** 몇 대와 말도 안 되는 훈계(공부 열심히 해라, 효도해라, 밤늦게 다니지 마라 등등)까지 들어야 하는, 그런 일들.

한데, 나의 문제는 그것이 단순히 **빰** 몇 대와 훈계 몇 마디로 끝나지 않았다는 데 있었다. 맞았다 하면 꼭 전치 사 주요, 전치 육 주였다(전치 팔 주가 내가 가본 최대치였다). 기어이 경찰서까지 가고 마는 린치, 맞다보면 아무 생각도 나지 않는 린지, 린치도 아닌 린치, 그 린치 덕에 십대 시절, 나는 총 일곱 번 경찰서에 가야만 했다.

나에게 첫번째 집단 린치를 가한 조직은 '단구동 무지개'라는, 이름도 어여쁜 십대 폭력 서클이었다. 뭐, 이름만 들어도 대강 눈치챌 수 있듯이 단구동에 거주하는 십대 아이들이 모여, 어둠의 세력으로부터 단구동을 지켜내고, 더 나아가 원주 시내마저 평정하자는, 그런 원대한 포부로 동네 오락실에서 결성된 조직이었다. 빨주노초파남보, 형형색색, 각자 자신의 색깔에 맞는 티셔츠를 입은 아이들, 그 아이들이 조직을 결성하고 나서 제일 처음 만난 사람이(그러니까 골목길에서), 바로 나였다.

당시 나는 열여섯 살이었다. 일요일 저녁이었고, 혼자 목욕탕에 가던 길이었다. 다음날 신체검사가 있었기 때문이었다. 일찌감치 저녁을 먹고, 천원짜리 지폐 한 장 주머니에 쑤셔넣고(당시 학생 목욕비는 육백원이었다. 사백원은 언제나 그렇듯 딸기우유 값이었다). 슬리퍼에 목욕가방을 들고, 마이클 잭슨의 노래를 흥얼흥얼거리며 동네 골목길을 지나가고 있었다. 아, 내일 가슴둘레가 적어도 구십은 나와야 할텐데, 남자는 역시 '가빠'가 있어야 하는데. 그런 생각을 하며 괜스레 가슴에 빡, 힘을 줘보기도 했다. 그러다가 다시 '삐릿!' 마이클 잭슨의 노래를 부르고……그렇게 골목길을 걸어가다가, 바로 그 문제의 빨주노초파남보들을 만난 것이었다. 형형색색 티셔츠를 입은 아이들이 짜잔! 독수리 오형제처럼 내 앞에 나타난 것이었다. 그러니까, 다시 말해 골목길에 무지개가 뜬 것이었다.

그런 경우, 일반적으로 천원을 **뺏기고**, **뺨**을 몇 대 맞고, 돈 좀 갖고 다녀라 인마, 하는 잔소리를 들은 다음, 풀려나는 것이 정식 플레이인데…… 앞에서 말했다시피 그날은 '무지개'가 처음 골목길에 뜬 날이었다. 즉, 내가 그들 조직의 개시 손님, 마수걸이였던 것이다. 개시 손님이 돈 천원에, 나이키 운동화도 아닌 슬리퍼에, 달랑 목욕가방 하나 든 친구였으니, 빨주노초파남보들 또한 자신들에게 닥친(혹은 걸린) 이 우연이 원망스러울 법도 했으련만…… 웬걸, 무지개들은 전혀 낙담하지 않았다. 낙담은커녕 그들은 넘쳐나는 에너지를 주체하지 못하는 것 같았다(이제 막 결성되었으니 이해할 만도 하다). 마치 내가 단구동의 평화를 위협하는 어둠의 세력이라도 되는 양, 돌아가면서 힘껏, 최선을 다해, 주먹을 내지르고 또 내질렀던 것이다. 내지르고 또 내지르고, 그러고도 분이 풀리지 않았는지 인근 신축건물 공사장 지하실까지 끌고 가 다시 정권 지르기를 반복했다(지금도 그 지하실의 시멘트 냄새가 생생하다. 불도 들어오지 않아 촛불 여러 개를 대신 밝혀놓은 채, 제법 운치 있는 분위기 속에서…… 나는 맞았다). 맞으면서도 나는 좀 어안이 벙벙했다. 암만 때려도 나에겐 정말 천원밖에 없는데, 이게 뭔가…… **나의 경운 왜 일반적이지 못한가**……(308 – 310쪽)

초등학교 시절이나 중·고등학교 시절, 누구나 한번쯤은 경험해 본, 무섭고도 창피했던 '집단 린치'의 한 장면을, 전혀 무섭지 않고 창피하지 않게, 오히려 해학적으로 익살맞게 그려내고 있는 것은 바로 작가 이기호의 특장이다.

해학적인 장면은 이 작품 곳곳에서 얼마든지 찾아볼 수 있다.

하나님과 부처님의 연이은 들배지기 공격 덕분에 친해진 사람들도 몇 명 있었다. 간호사 누나가 그랬고, 형사 아저씨가 그랬고, 나를 때린 씨름부 선수가 그랬다(알고 봤더니 씨름부 선수 중 한 명은 나와 초등학교 동창생이었다. 서로 신나게 맞고 때리고 보니까 동창 사이였더라, 일이 다 끝난 뒤에 보니까 동창이었더라, 가 된 것이다). 간호사 누나는 내가 입원할 때마다 매번 무슨무슨 실수를 저지르곤 했는데, 그 때문에 늘 수간호사 선생님한테 눈물이 쏙 나올 정도로 훈계를 듣곤 했다(그것도 환자 앞에서 그랬다. 나는 늘 '절대 안정'이 요구됐지만, 절대로 안정할 수가 없는, 그런 병원이었다). 마스카라가 번진 눈으로 링거를 거는 모습이 안쓰러워 내가 몇 번 위로의 말(그러니까 '누나, 힘내요'라든가, '누나, 내 친구들이 다 누나 팬이에요' 등등)을 건네기도 했는데, 그때마다 누나는 무표정한 얼굴로 나를 빤히 내려다 보다가 이런 말을 했다.

"너한테 그런 말을 들으니까…… 더 힘 빠진다, 얘……" (315쪽)

그런 내 정신적 내상을, 그래도 같은 반 친구들이 따뜻하게 감싸 안아 주었다, 라고 말하고 싶지만…… 오히려 그 반대였다. 같은 반 친구들은 늘 이런 식이었다.

"야, 너 덕만이 형 알지? 그 형이 너 조심하래."

"덕만이? 그게 누군데?"

"아 왜 있잖아. 야생마 4기."

"이름이 덕만이야?"

"너 시내 나오지 말래. 밤길도 조심하래. 이번에 걸리면 정말 끝장이래."

"너…… 그 덕만이 형이란 사람, 잘 알아?"

"나? 난 잘 모르지."

"근데?"

"덕만이 형 동생이 덕진이거든. 걔가 내 친구 근배하고 중학교 동창인데. 걔가 그랬대."

"덕진이가……?"

"아니, 근배가." (319쪽)

그런 내 공책을 우연히 보게 된 같은 반 짝꿍은, 공책에 씌어진 글들을 찬찬히 읽어나가다가 조용한 목소리로 이렇게 말했다.

"야, 네가 좆나 맞더니 이젠 정말 슬슬 미쳐가는구나. 야, 씨발 불쌍해서 어쩌냐?"

그러곤 다정하게 내 어깨를 토닥거려주다가, 다시 아이들을 향해 내 공책을 흔들며 큰 소리로 말했다.

"야, 이 새끼 미쳤어! 이것 봐! 이 새끼 진짜 돌았다니까!"
그러니까 친구들은 매사에 도움이 안 되었던 것이다. (321쪽)

요컨대, 「갈팡질팡하다가 내 이럴 줄 알았지」는 자신의 소설 쓰기의 기원을 이야기하되, 학생 시절에 누구나 한 번쯤은 겪어보았음직한 '집단 린치'의 이야기를 통해 재미있게 풀어가고 있다. 이 작품의 이야기가 특수성과 아울러 보편성을 획득하게 되는 것을, 우리는 바로 이러한 작품적 특성에서 찾아 볼 수 있다.

3. 처가살이 프로젝트

김재영의 「십오만 원 프로젝트」는 달리, 한 마디로 말하자면, 처가살이 프로젝트이다. 처가살이를 원만하게 하기 위해, 홀아비 장인 영감의 비위를 맞추려고 애를 쓰는, 어느 백수 가장의 눈물겨운 이야기이다. 그런데 그 이야기가 읽는 이로 하여금 슬며시 웃음을 짓게 만든다. 재미있기 때문이다.

병원 냉동 창고에서 시신을 지키는 일을 하던, 계약직 사원인 '나'는, 일당 인상 문제로 시위를 하는 간호조무사들에게 자판기 커피를 빼서 돌렸다는 이유만으로 해고된다. 그 과정에서 간호조무사인 아내를 만나 결혼을 한다. 남들처럼 정규직에 도전해 보기로 한 '나'는 공무원 시험 공부를 시작한다. 아이도 생겨나고 아내의 쥐꼬리만한 월급으로 생활이 어려워진 '나'는 고민 끝에 처가집으로 들어간다. 고시원으로 들어가 공부하기를 삼 년째이지만, 만만치가 않다. '젊으나 늙으나 너도나도 덤벼들어 시험을 치르는 판'이기 때문이다. 게다가 조그마한 정육점 가게를 운영하는 홀아비 장인 영감은 걸핏하면 신세타령이다. 생활비조차 제대로 내지 못하면서 처자식을 얹혀놓고 살아가는 '나'의 처지로서는, 이러한 장인 영감을 때때로 위무해 주어야 한다. 우선 급할 때 써먹는 '일만 원짜리 프로젝트'가 있다. 장인을 사우나로 모셔가 열심히 때를 밀어 드리고 맥반석 달걀 세 개와 사이다 한 병을 사드리면 '딱 만원이 깨진다.' 그러면 '보름에서 한 달간은 처가살이가 제법 녹녹하게' 되는 것이다. '십오만 원 프로젝트'는 육 개월의 효과를 지니고 있다. 가을철의 단풍놀이와 봄철의 봄꽃놀이가 그것이다. 올봄에도 막노동 아르바이트로 '거금 십오만 원'을 겨우 장만한 '나'는, 장인 영감과 가까운 노인들 셋을 모시고 승용차에 태워 때늦은 봄나들이를 간다. 출발 전에 다방에서 마신 쌍화차값, 기름값, 명승지 입장료, 점심값, 온천입장료, 특산품인 새우젓갈 네 통 값에 꼬불쳐 둔 비상금 만 원까지 훌쩍 달아난다. 그렇지만 '나'는 '처가살이 차후 육 개월은 발 뻗고 잘 수 있겠'다고 생각하면서 만족해한다.

　　해본 사람만이 안다. 노인들의 주름진 갈피갈피마다 숨어 있는 속 때가 얼마나 많은 지를. 한 달에 한 번 있는 날을 기다리기라도 한 듯이 때들이 국수 가락처럼 몰려나온다. 게다가 어깨며 허리, 장딴지까지 살이란 살은 다 마른 북어처럼 단단하게 굳어 있어 그 근육들을 말랑말랑한 젤리처럼 만든다는 건 결코 만만한 게 아니다. 한 시간 넘게 온몸이 땀투성이가 되도록 힘을 써봤자 장인영감 입에서 겨우, 힘들 텐데 그 정도만 해 둬, 라는 은근히 더 해주길 바라는 미묘한 투의 한마디가 나온다. 그래도 그 말을 곧이듣고 그대로 안마를 했다가는 그날 사업은 성공하지 못한다. 적어도 세 번 이상은, 무신 말씀입니까,라며 펄쩍 뛰고는 아직 멀었다는 듯이, 나는 조금도 지치지 않았다는 듯이 콧노래를 불러가며 권해야 한다. 그러면 장인영감은 어허, 이사람 참, 정 그렇다면 쪼깨만 더,라며 봄날 담장 밑에 앉아 볕을 쬐는 병아리처럼 눈을 지그시 감는다. 연부운홍 치마아가 봄바아람에 휘나알리이더라아~ 왜 하필 이 노래라야 하는지는 잘 모른다. 어쨌거나 그 노래를 불러주었을 때 장인의 서비스 만족도가 최고로 올라간다. 그렇게 두세 번 간곡히 더 부탁해서 안마를 해 주다 보면 장인영감 어느 새, 쿨쿨 잠에 빠진다. 그제야 막간을 이용해 나도 잠깐 쉴 수 있는데 대신 노래만은 계속 불러야 한다. 그사이 내 몸도 뜨거운 물에 담그고, 얼른 비누칠까지 마친다. 그러고 나서 은근한 말투로 장인 귀에 입을 대고 속삭인다. 저, 시장하실 텐데 맥반석 달걀이라도 좀……. 잠에서 퍼뜩 깨어난 장인은 조금 민망해한다. 나는 수면 직후의 어리벙벙한 순간을 놓치지 않고 얼른 장인영감을 일으켜 밖으로 모시고 나간다. 물론 어깨와 팔을 부축해 거의 안다시피 해서. 목욕을 너무 오래해선지 어째 어질어질하네,라며 은근슬쩍 내 어깨에 머리를 기대는 장인영감한테 나는 달걀 세 개와 사이다 한 병을 안긴다. 그러면 딱 만 원이 깨진다. 해질 무렵 밖으로 나와 시장을 가로질러 장인어른을 정육점까지 모셔다 드린다. 절대로 그냥 집으로는 가지 않는다. 그래야 어물전 송 영감이며 순댓국집 박 영감, 나물전 나주 할매까지 어딜 다녀오는데 그리 신수가 훤하냐고 물어올 테니까. 아니 그들이 꼭 묻게끔 해야 한다. 그게 이 이벤트의 하이라이트다. 때때로 사람들이 알아채지 못하면 일부러 내가 먼저 말을 건다. 아저씨, 오늘따라 혈색이 좋으십니다, 하고 먼저 상대를 띄워주면, 그들은 그제야 나와 영감을 번갈아 보며 눈을 크게 뜨고 칭찬을 답례하는 것이다. 장인영감은 아, 싫다는데도 사위놈이 자꾸 목욕탕엘 가자 해쌓아서, 어찌나 꼼꼼히 닦아주던지 살갗이 다 얼얼하네 그려, 하고 수염 없는 턱을 만진다. 그러면 시장 노인네들 이구동성으로 떠들어댄다. 아따, 어데서 그리 훌륭한 사위를 골랐소. 하모 거저 자네마치 가깝게 데불고 사는 사위가 최고인기라. 우리 자석들은 공부 갤쳐노니까네 얼굴 코빼기도 보기 힘들다 안 카나.

시장 노인들한테 사위 칭찬을 잔뜩 듣고 나면 장인 얼굴에 비로소 만족의 미소가 떠오르고 나의 만 원 이벤트도 완전히 막을 내리는 것이다. 비로소 나는 보름에서 한 달간은 처가살이가 제법 녹록하겠지, 생각하며 회심의, 그러나 꽤나 지친 미소를 몰래 짓는다.

그날따라 장인영감이 돼지 목살을 잘라 줬다. 아주 드문 경우지

만 그래도 일 년에 두어 번은 그런다. 특별히 만족했다는 뜻일 거다. (423 - 424까지)

장인 영감의 눈치를 보고 비위를 맞추면서 처가살이를 해야 하는 백수 가장의 이와 같은 눈물겨운 행동들이, 그러나 비굴하거나 슬퍼 보이지 않고 오히려 건강해 보이고 우스꽝스러워 보이는 것은 왜일까? 익살과 해학으로 승화시키고 있기 때문이다. 따라서 김재영의 「십오만 원 프로젝트」는 김유정의 「봄·봄」을 떠올리게 한다. 처가살이하는 사위와 장인의 갈등이라는 주제 의식, 해학적인 어조와 문체가 극히 유사하다.

요컨대 「십오만 원 프로젝트」는 처가살이하는 백수 가장이라면 누구나 겪고 있음직한 이야기를 풀어내고 있다는 점에서 볼 때, 보편적인 재미와 감동을 지니고 있는 작품이라고 하겠다.

사족 하나. 올해에는 유난히도 '백수'라는 소재가 문학적 화두의 하나로 부상된 느낌이다. '오늘의 작가상' 수상작인 박주영의 『백수 생활백서』, '문학동네 작가상' 수상작인 이상운의 『내 머릿속의 개들』의 주인물은 한결같이 백수이다. 2000년대 젊은 소설을 대표하는 박민규의 소설집 『카스테라』, 이기호의 소설집 『최순덕 성령충만기』도 '백수 문학'의 대표작이라고 평가된다. 이러한 소설들에 대하여 어느 평자는 '백수들의 위험한 수다'라고 명명한 바 있다. 「십오만 원 프로젝트」도 이러한 문학적 상황의 연장선상에 서 있는 작품이다. '소설은 그 시대의 사회적 특성을 반영하는 거울'이라는 점에서 볼 때, 백수가 넘쳐나는 요즈음, '백수 소설'들이 우후죽순격으로 등장하는 문학적 현상은 당연한 귀결이라 할 것이다.

신인 작가들의 새로운 소설

° 김윤영, 「내게 아주 특별한 연인」(『문학수첩』, 2006년 가을호)
° 박형서, 「<사랑손님과 어머니>의 음란성 연구 – 달걀을 중심으로」(『현대문
학』, 2006년 9월호)

1. 신인 작가들에 대한 단상(斷想)

이 가을에, 매 계절마다 써내야 하는 이 글을 위해, 필자는 20여 권
의 월간지와 계간지에 실려 있는 74편의 중·단편을 읽어치웠다. 낮에
도 읽고 밤중에도 읽었다. 그러나 언제나 그렇듯이, 이러한 소설 읽기
는 즐겁기보다는 괴로웠다. 재미와 전율을 안겨주기보다는 권태로움과
식상함을 느끼게 하는 작품들이 많았기 때문이다. 어쨌거나 '괴롭지만
그래도 약간은 즐거운 소설 읽기'를 통해 이 계절에 필자는 두 편의
소설에 주목하게 되었는데, 공교롭게도 그것들은 신인 작가들의 작품이
었다. 그래서 꼼꼼하게 되짚어보니 필자가 읽은 74편 중에, 문단에 얼
굴을 내민 지가 10년이 되지 않은, 신인 작가들의 작품이 딱 절반인
37편이었다. 중견 작가들이나 아직도 노익장을 자랑하는 노작가들이 건
재하는 작금의 문단 상황에 비추어 볼 때, 이는 실로 신인 작가들의
잔치판이라고 아니할 수 없다. 그런데 그 잔치판을 눈여겨보았더니 기
실은 잔치판이 아니었다. '질보다는 양'이 되어 버린, 외화내빈격의 '그

들만의 잔치'가 되어버렸다는 느낌을 지울 수가 없었던 것이다. 환상적이고 몽환적이기만 한 이상스러운 이야기의 전개, 한껏 멋을 부리기는 하였으나 내용 연결이 되지 않는 부자연스러운 문장과 문체, 모호한 이야기 구조와 주제 의식 등, 습작 수준의 작품들이 비일비재하게 눈에 띄었다. 물론 필자의 이러한 재단 역시 어설픈 소설관, 비평관의 잣대에서 비롯된 것이긴 하지만 말이다.

그럼에도 불구하고 김윤영, 박형서의 작품들은 소설 읽기의 신선한 즐거움을 안겨 주었다. 참신한 이야기의 서술과 소설 형식의 새로운 가능성을 보여 주었기 때문이다.

2. 신세대의 쿨한 연애 경제학

김윤영의 「내게 아주 특별한 연인」은 새로운 이야기의 소설이다. 요즘 젊은이들의 연애 풍속도를 시니컬하게 그려냈기 때문이다. 그래서 무엇보다도 재미있게 읽힌다. 소설적 반전도 뛰어나다.

여기 스물여덟 살의 한 커리어 우먼이 있다. 잘 나가는 증권 회사의 대리이다. '학벌과 직업, 집안 등은 그저 소시민을 면할 정도의 수준밖에 안 되'지만 세련된 외모를 지니고 있다. 또한 이 여성은 확고한 남성관·연애관·결혼관을 갖고 있다. 어떤 남자한테도 쉽게 반하지 말자, 남자를 바꾸는 건 오일 교환과도 같다, 불같은 연애는 절대 하지 않겠다, 연애도 곧 전략이다, 여전히 사랑은 믿지 않는다, 성공적인 결혼을 못하면 5년 이내에 하향곡선을 그리게 될 것이므로 지금부터의 3년간이 내 인생에서 가장 주요한 시기이다, 따위의 생각을 견지하고 있는 이 여성은 남자를 고르는 까다로운 기준도 세워 놓고 있는 인물이다.

1. 브랜드에 집착하는 남자는 실격이다. 다시 말하면 BMW, 벤츠, 구찌, 까르띠에, 테그호이어 등 누구나 다 아는 명품 브랜드를 노골적으로 드러내는 사람들이다. 고급차도 요즘 얼마든지 리스할 수 있다. 정말 하이클래스라면 브랜드를 신경 쓰지 않는다. 밋밋한 아르마니 슈트나 발리 구두, 쿠페나 재규어, 소형차 큐브 등 명품이라도 요란하지 않은 클래식을 더 선호하는 법이다.
2. 그의 직업이 무엇이든 영어 구사가 자유롭고 고급 정보가 줄줄 흘러야 한다.
3. 프로야구나 온라인 게임에 취미가 없어야 한다.
4. 5분 동안 말을 하면서 '내가'라는 주어를 열 번 이상 구사하는 사람은 위험하다. 이런 빈도수가 여러 번 포착되면 이기적인 사람일 가능성이 짙다.
5. 주식거래나 경제동향, 세계정세, 자기 마이너스통장 한도 등에 대한 경제 감각이 확실한 사람이어야 한다.
6. 길을 잃거나 약속이 어긋났을 때 대처하는 자세를 살핀다. 남에게 아쉬운 소리를 어떻게 하는지 살피면 그가 자기 인생을 대하는 태도를 알 수 있다.
7. 마마보이인지 여부를 늘 체크한다. 조금이라도 낌새가 있으면 무조건, 무조건 실격.
8. 여자 외모가 뭐 중요한가요……따위의 뻔한 거짓말을 천연덕스럽게 하는 사람도 결격사유다. (235쪽)

　　그녀는 마침내 이와 같은 기준에서 한 치도 어긋남이 없는 멋진 남자를 만난다.

　　이 기준에만 보면 그 남자, 이진호는 하나도 결격사항이 없었다. 그의 회사가 유명한 다국적기업이고 누나와 형까지 모두 아이비리그 출신 유학파라는 것까지 감안하면 더욱 그랬다.
　　그런 그가 왜 아직까지 혼자인지는 계속 의문시되었다. 그의 설명에 의하면, MBA를 따고 한국에 돌아와 보니 알던 여자들은 다 결혼했고 부모님은 막내인 자신에게 별로 재촉하지 않는 편이고,

자신도 맞선 같은 건 촌스러워 관심이 없었다고 했다. 그의 취미를 보면 이해가 갔다. 그는 그림에만 조예가 있는 게 아니라 수영과 록클라이밍, 등산, 번지점프, 그리고 스킨스쿠버에 이르기까지 활동적인 취미가 많았다. 그건 도리어 다행스럽게 느껴졌다. 클림트의 그림을 걸어놓지 않거나 바흐나 바그너를 틀지 않으면 밥이 안 넘어가는 남자라면 내가 감당하기 힘들었을 것이다. (235－236쪽)

그녀는 이 남자와 본격적인 연애를 시작한다. 다른 연인들과 마찬가지로 시일이 흐르자 둘은 키스도 하고 애무도 한다. 다투기도 한다. 그렇지만 남사는 그녀를 기분 나쁘게 만들지 않는다. 그래서 그녀는 '이 남자, 어쩌면 나보다 급이 높은지도 몰라' '이 정도 강적은 나도 대면한 적이 없다'고 생각한다. 그러던 어느 날, 그 남자는 자신의 친구를 데이트 장소에 데리고 온다. 그리고는 은근슬쩍 자리를 비운다. 그 때 그 친구가 술이 취해 하는 말이 실로 가관이다.

"진호를 알게 된 지 벌써 7년쯤 돼가는데……그 친구의 페이스에 말려들수록 뻐져나오기 힘든 것 같아…… 그게 이제 싫어서요. 그 친구의 머릿속은 지은씨가 절대 알 수 없을 겁니다. 그 친구에겐 경계선이란 게 없지요. 꼭 돈을 벌기 위해서 그런 것만도 아니고 ……자기 딴엔 기발한 일을 벌여서 성취해내는 데 중독되어 있는 것 같아요. 지금까지 진호는 제게 여러 명의 여자를 소개시켜 줬어요. 일 년에 한 스무 명? 물론 직접 데리고 나온 경우는 많지 않았죠. 다 보통 이상은 되는 아가씨들이었죠. 제가 지은씨를 보면 볼수록 지금 놀라고 있는 건요, 제가 지금까지 진호에게 말한 이상형에 너무 가깝기 때문입니다. 말투나 음성, 얼굴형이며 분위기, 머릿결이며 몸매, 걸음걸이, 하다못해 피카소를 좋아하는 취향까지……아시겠습니까?

저는 진작부터 만남들이 더 이상 의미가 없다고 생각해왔어요. 그래서 그만둘란다고, 몇 달 전부터 말해왔죠. 그랬더니 그 친구가

조금만 기다려달라고 계속 졸랐죠. 제게 딱 맞는 여자를 곧 보여주
겠다고요. 아까 화장실 가셨을 때 제가 물었습니다. 지은 씨가, 너
한테 대체 어떤 사람이냐고요. 그 친구, 웃기만 하더군요. 아주 특
별한 여자라는 말만 반복하구요. 정말로 지은 씨를 자기 애인이라
고 데리고 온 거라면요, 이 정도 되는 여자 얼마든지 소개시켜줄
수 있다, 하고 저한테 유세하는 의미일 수 있겠죠. 좋게 해석하면
요. 설사 그렇다 하더라도 그건 지은 씨한테도 실례가 되는 거 아
닌가요……그리고 전 그 친구가 더한 짓도 꾸밀 수 있다는 걸 알기
때문에……제 말이 잘 안 믿기시겠지만……그렇게 당해왔으면서도
요. 만일 말입니다, 혹 제가 지은 씨를 너무 맘에 들어한다면 그 친
구는 어쩌면…….”

　나는 더 이상 듣기 싫어 자리에서 일어났다. 일체 진호와의 연락
을 끊겠다는 말을 남기고 그는 허둥지둥 먼저 나갔다. 재밌다는 듯
우리를 훔쳐보는 건방진 웨이터의 얼굴을 쏘아보며 나도 그곳을 나
왔다. (247-248쪽)

비로소 남자의 실체를 알게 된 그녀는, 그러나 당황하지 않는다.

　나는 아무 일 없다는 듯이 다음 주에 그와 스킨스쿠버를 즐기고
올지도 모른다. 그리고 어쩌면 그와 결혼을 하고 그를 똑 닮은 아이
들을 여럿 낳아 키우게 될지도 모른다. 일생 동안 그의 검은 뱃속을
비웃으면서 여러 명의 애인과 밀회를 즐기고 그러면서도 늙어 죽을
때까지 함께 살아갈지도 모른다. 아니면 그저 좋은 공부한 셈치고,
가볍게 그를 차버리고 더 물좋은 남자를 찾으러 떠날 수도 있다.

　남자를 바꾸는 건 오일교환과도 같다. 독자적 상품으로 키워볼
만한 상대인지 그 여부가 윤리적 결함을 좌우할 수 있다. 내 경쟁
우위가 지속되는 한, 즉 내 상품성을 해치지 않는 한도 내에선 난
아직도 게임을 즐길 수 있다. 나는 연애의 경제학을 신봉한다 아주
철저히.

　나는 행복을 꿈꾸지 않는다. 그래서 실패도 하지 않을 것이고 이
렇게 되기까지 많은 시간이 걸렸다.

그의 중고 폰티악이 미끄러져 들어오고 있었다. 그의 차 앞에 놓인 스노우빌이 어슴푸레 보였다. 지금쯤 흔들리는 차체와 함께 푸른 산호초엔 하얀 기포가 덮여 있을 것이다. 진짜 산호초를 보면 어떤 기분일지 문득 궁금해졌다.

나는 천천히 그의 차로 다가갔다.

이제 선택을 해야 될 시간이다. (248－249쪽)

그녀가 어떠한 선택을 할 것인지 확실치 않은, 여운을 남기는 결말 부분이다.

이와 같은 스토리의 이 작품은, 그러니까 연애에 대한 '선수'가 더 급이 높은 '선수'에게 어이없이 당하는 이야기이다. 경제학적으로, 눈꼽만치도 자신이 손해 보지 않는 연애를 하는 요즘 젊은이들의 쿨한 사고방식에서 비롯된 이야기인 것이다. 그래서 이 작품은 재미있다. 주인물인 이 여성의 연애에 관한 수다를 따라 읽노라면 슬그머니 웃음까지 비어져 나온다.

지난 번에 만났을 때엔 1시간 반 동안 엎치락뒷치락한 끝에 그는 내 브래지어 선까지 공략했고 그 이상은 내가 거부해 서로의 속옷 취향을 확인하는 정도에서 마무리됐다. 그의 스킨십 지수를 매기자면 B+정도다. 크게 나쁘진 않지만 아쉬움도 많은 점수다.

실전에서 점수가 더 내려갈까 봐, 은근히 그게 걱정이 되었다. 다른 건 다 좋은데 테크닉이 엉망인 경우, 즉 전혀 싹수가 없어 보이는 경우, 이 케이스가 딱 한번 있었는데 난 눈물을 머금고 정리했다. 난 밝히는 여자가 아니다. 그러나 몇 십 년 동안 섹스파트너가 될 텐데 그 정도는 체크해야 서로의 정신건강에 좋은 것 아니겠는가. 차라리 입냄새가 심한 남자라면 어떻게든 해볼 텐데. (238쪽)

……야 넌 뭘 그렇게 재냐……네가 그렇게 똑똑한 줄 아냐……너 사람 이렇게 갖고 노는 거 아냐……내가 집에서 어떤 아들인 줄

알아? 나 따라다니는 여자 줄 섰어……네가 아직도 꽃띠인 줄 아나 본데……그리고 말야 ……너 그 코 성형했지?

비속어 남발과 인신공격, 허위사실 유포 들이 결합된 이러한 작태가 얼마나 저질인지 당사자들은 정작 모르는 경우가 많다. 의사니 하는 일부 족속들이 가끔 이런 겁대가리 없는 말을 서슴지 않는데 물론 나는 뒤도 돌아보지 않고 끝을 낸다. 집에 와서 소금까지 뿌린다. (240쪽)

"지은이 넌 정말 정말 특별해."

그가 날 안고 이렇게 속삭였다. 난 쉽게 감동하지 않는다. 물론 실망하는 일도 드물다. 이 성격은 감성의 문제가 아니라 호르몬의 문제일지도 모른다.

호르몬 과잉의 인간들은 골프 경기를 보면서도 훌쩍이지만 나는 혼자 중절수술대에 올라가 다리를 벌리고 있는 그 순간에도 초연했다. 빈속으로 오라고 해서 배가 좀 고팠을 뿐이다. (241쪽)

그가 내 몸의 치수를 물은 건 지난주였다.

우와, 자기가 정말 48kg이나 나간다고? 난 훨씬 가벼운 줄 알았는데…….

그가 느물거리는 빈도수가 점점 늘어가고 있지만 그리 싫진 않다. 만난 지 4개월, 여자 친구에게 와코루 속옷 세트나 야한 수영복을 선물하기에 딱 좋은 시점이다. 100일째 되는 날은 연애의 정석대로 심플한 14k 목걸이 세트를 받았다. 그게 약간 김이 새긴 했지만 그날 매우 낭만적이고 이국적인 밤을 함께 보냈기에 눈감아주기로 했다. 역시 애들은 유학 정도는 보내놓고 봐야 한다. 아는 게 있어야 따라할 거 아닌가. (244쪽)

등단한 지가 10년이 되지 않은 (1998년 '창작과 비평' 신인소설상 수상) 신인 작가로서는 드물게 영악하면서도 시니컬한 입담을 보여 주고 있다. 앞으로 눈여겨보아야 할, 신세대 작가임에 틀림없다.

사족 하나, 김윤영은 최근에 두 편의 작품, 「그린 핑거」(『창작과 비평』,

2006년 여름호), 「모성의 재발견」(『한국문학』, 2006년 가을호)을 선보였는데, 「그린 핑거」가 주목할 만하다. 「내게 아주 특별한 연인」과 같이 반전의 묘미를 즐길 수 있기 때문이다. 「그린 핑거」는 선천적 언청이 여자라는, 이른 바, '믿을 수 없는 화자'(unreliable narrator)의 이야기를 통해 사건의 반전을 보여 주는 작품이다. 역시 필독을 권한다.

3. 고전적인 소설 형식의 전복

박형서의 「〈사랑손님과 어머니〉의 음란성 연구—달걀을 중심으로」를 읽는 재미는 각별하다. 제목 자체도 도발적이거니와, 재치가 넘치는 작가의 기발한 착상이 단연 압권이다.

제목에 그대로 나타나 있다시피, 이 작품은 논문 형식을 고스란히 차용하고 있다. 서론, 본론, 결론의 구조를 지니고 있으며 서론에는 문제 제기·연구사 검토라는 소제목의 내용도 있다. 물론 각주도 있다. 학술 논문 형식을 그대로 패러디하여 유쾌한 재담을 펼쳐 보이고 있는 것이다. 내용은 간단하다. 주요섭의 〈사랑손님과 어머니〉의 이야기는, 기실은 사랑손님과 어머니가 아닌, 사랑손님과 옥희 사이의 성애를 그려낸 작품이라는 것이다. 작가는 텍스트에 무려 스물한 번이나 등장하는 달걀의 의미 분석을 통해 이러한 사실을 천연덕스럽게 증명해 보이고 있다. 학술 논문의 형식답게 작가는 구조주의와 형식주의, 신화비평의 이론들을 바탕으로 하여 사랑손님과 옥희 사이에 오고가는 달걀이 성적 상징물임을 주장한다. 그래서 결국은 '식민지 지식인 주요섭의 엉큼한 내면과 독창적인 세계관'을 밝혀낸다. 작가 박형서의 이러한 주장은 실은 너스레에 불과하다. 그렇지만 그럴 듯하다. 본론의 소제목인

'숨겨진, 그리고 발각된 키워드로서의 달걀, '알로의 접근'의 서술 내용
은 어느 논문의 내용 못지 않게 깊이가 있고 진지하다. 그래서 독자들
은 이 글이 진짜 논문이 아닐까라는 착각에 빠지면서 읽게 될 것이다.
어쨌거나 독자들은 시치미 떼기·너스레 떨기의 서술 기법을 바탕으로
한, 유쾌한 재치와 익살을 한껏 즐길 수 있으리라고 본다. 말하자면 이
런 식이다.

시대적, 문화적 선입견으로 인하여 그간 우리는 뛰어난 작품에게
응당 바쳐야 할 존중에 인색했다. 특히 표면에 드러난 줄거리와 몇
몇 묘사에 집착한 나머지 음란물이라는 누명을 씌워 버린 일이 잦
았는데, 이런 좆같은 처사는 상대주의가 널리 퍼지고 자유정신이
옹호되는 현대에 들어와도 별로 달라지지 않아 D.H 로렌스의 『채
털리 부인의 사랑』, 제임스 조이스의 『율리시즈』, 마르키 드 사드1)
의 『소돔:120일』, 윌리엄 버로우즈의 『벌거벗은 점심』, 헨리 밀러의
『북회귀선』, 아이니스 닌의 『마틸다』, 바르가스 요사의 『궁둥이』,
알리시아 스테임베르그의 『아마티스타』, 장정일의 『내게 거짓말을
해 봐』 등이 그런 대접을 받았다. 그 반대, 즉 음란한 작품이지만
한없이 서정적으로만 해석했던 경우도 드물지 않다. (128-129쪽)

오늘날 필자가 주요섭의 대표작 중 하나인 「사랑손님과 어머니」
에 대한 새로운 시각을 제기하는 건, 말하자면 우리의 세계를 구성
하는 한 요소의 이름을 애정으로 발음하는 것과 같다. 그간 우리는
이 요소를 보지 않았거나, 보더라도 간과했거나, 애써 외면해왔다.
필자 역시 마음이 되게 섬세한 문학연구자로서 이러한 죄책감에서
자유롭지 못했다. 그것이 본 연구의 동기다. (129쪽)

성급히 단언한다면, 바로 이 '달걀'에 대한 역사주의적 관점과
형식주의 혹은 구조주의적 관점의 상호보완적인 접근이야말로 좁게
는 「사랑손님과 어머니」의 진정한 이해에 이르는 길이며, 넓게는
주요섭의 작품세계와 1930년대 한국사회를 돌이켜 가늠해볼 수 있
는 잣대가 되는 것이다. 필자가 요새 좀 바쁘긴 하지만 이런 대의

를 위하여 본격적으로 논의를 진행하도록 한다. (132쪽)

이제 우리는 '달걀'에서 시작된 생명에 대한 화학적, 언어적, 원형·신화적, 생물학적 고찰을 아울러 특별히 성적 상징을 탐구할 지점에 이르렀다. 놀랍게도 달걀은 암·수 양쪽 모두를 아우르는 성적 상징이다. 우선 달걀은 생명의 토대인 난자와의 기능적·형태적 유사성으로 인해 수태와 여성성을 상징한다. 또 성교시 남근에서 뿜어져 나오는 정액과 주성분이 동일하기에 남성성을 상징한다. 달걀이 남성성을 상징한다는 것은 이러한 성분적 유사성뿐 아니라 고환과의 형태적 유사성으로도 설명될 수 있다. 사실 의학적으로 널리 알려져 있다시피 남성의 성에 있어서 가장 중요한 것은 남근이 아니라 고환이다. 남성의 성욕과 성행위 능력은 남근에서 나오는 것이 아니라 고환에서 나온다. 진정한 남성은 무식한 고대인들의 조각에서처럼 야구방망이를 사타구니에 달고 다니는 게 아니라 핸드볼 공 두 개를 사타구니에 차고 다닌다. (138쪽)

'과부'란 무엇인가? 남편이 죽은 부인을 말한다. 인간은 누구나 죽고, 또 죽는 타이밍이란 마음대로 되는 게 아니므로 남편이 일찍 죽을 수도 있고, 또 반대로 아내가 먼저 죽을 수도 있다. 그런데 홀아비는 궁상맞고 처량하고 안쓰럽게 보는 반면 과부에 대해서는, 특히 「사랑손님과 어머니」의 경우처럼 스물넷밖에 안 된 젊은 과부에 대해서는 동서고금을 막론하고 음탕의 누명을 씌워버린다. 한국에만 국한시켜 놓더라도, 우리는 수절하는 과부는 가지로 자위한다는 뜻인 "과부집 가지밭에는 애가지가 안 남는다"는 속담을 알고 있다. "과부가 마음이 좋으면 동네 시아버지가 열둘이다"는 속담은 마음 약한 과부의 절개는 무너지기 쉽다는 의미이고, "복 있는 과부는 넘어져도 요강 꼭지에 앉는다"는 속담은 불행도 오히려 행운으로 변할 만큼 운 좋은 사람을 이르는 말이다. 이런 속담들이 공통적으로 제기하고 있는 과부에 대한 시각은 유감스럽게도 정조개념이 희미하고 성행위에 자유분방한 의식을 가진 존재라는 것이다. 그렇다면 우리는 「사랑손님과 어머니」의 도입부에서 작중화자가 굳이 위와 같은 통속적인 진술을 한 까닭을 이해할 수 있을 것이다.

"어머니"로 호칭되는 저 여인은 "세상에서 둘도 없이 곱"게 생겼고, "스물네 살"로 젊으며, 게다가 "과부"다. 작품 내에서 그녀가 차지하는 역할을 강조하는 데 있어 이밖에 어떤 문장이 더 필요할 것인가? 더불어 서사의 구조상 위의 진술은 여인 앞에 혜성처럼 등장할 불알 중심적 인물을 강하게 예고한다. (139쪽)

마지막으로 그간 주요섭 혹은 「사랑손님과 어머니」 연구자들에 의해 철저히 외면당해온 옥희의 '외할머니'가, 이 소설의 치밀하게 감춰진 순환구조를 드러내는 데 있어 가장 중요한 인물임을 밝히고자 한다. 표면적으로는 역할이 극히 미미한 주변인물이라 도대체 이 소설에 왜 얼굴을 들이밀고 지랄인지 의아할 정도지만, 다음과 같은 옥희의 진술 하나만으로도 작품의 미적구조를 위해 필수불가결한 존재임이 드러난다. (142쪽)

각주의 내용도 재미있다.

9) 소란은 44g, 중란은 44-52g, 대란은 52-60g, 특란은 60-68g이고 68g을 초과하면 왕란이다. 성인의 불알은 한쪽이 평균 12g가량인데 17g은 소불알, 22g 이상은 왕불알이라 한다. (134쪽)

13) 유진용은 1999년 출간된 『알의 기원』에서 "세대교체를 통해 끊임없이 번식하는 인간의 기원을 에덴 동산의 사과 한 '알'에서 찾을 수 있다. 인간은 여호와의 뜻을 거스르고 사과 한 '알'을 먹음으로써 끝없는 번식의 고통을 자초했다. 더불어 트로이전쟁의 단초가 된, 패리스 왕자가 불화의 여신 에리스로부터 받은 사과 한 '알'도 우리는 간과해서는 안 될 것"이라고 하였다. 하지만 수량을 나타내는 그 '알'과 논의의 초점인 이 '알'은 전혀 다른 개념의 알이다. 나이도 지긋하신 분이 왜 이런 헛소리나 하고 자빠졌는지 이유를 모르겠다. (137쪽)

14) 젊고 부유하고 아름다운 배우자는 그렇지 않은 배우자에 비

해 동료 인간들의 보호를 더 잘 받을 수 있고 따라서 계승된 DNA 의 숙주, 즉 자식을 보다 안전하게 키울 수 있기 때문이다. 이를 뒷 받침하는 흥미로운 실험이 있었다. 외모에 대해 공정해야 할 대표 적인 직종인 의사와 판사 Male를 대상으로 한 실험에서, 젊고 아름 다운 여성은 동일한 위급 상황에 처했을 때 늙고 추한 여성보다 먼 저 의사의 응급처치를 받았으며 판사로부터는 동일한 범죄에서 낮 은 형량을 선고받았다. (단, 자신의 매력을 이용해 남성을 농락한 범죄에 한해서는 터무니없는 중형이 선고되었다). 이 실험에 의하면 늙고 추한 여자는 젊고 아름다운 여자에 비해 감옥에 오래 갇히거 나 제때 치료를 받지 못해 죽을 확률이 높다는 결론이 나온다. 비 슷한 개념으로 심리학에서 사용되는 후광효과 Halo effect가 있는데, 신체적인 매력이 타인의 평가에 긍정적인 영향을 미치는 현상을 일 컫는다. (138쪽)

요컨대 「<사랑손님과 어머니>의 음란성 연구—달걀을 중심으로」는 고전적인 소설 형식을 전복하여 독자들에게 소설 읽기의 신선한 즐거 움을 안겨주고 있다. 첫 번째 소설집 『토끼를 기르기 전에 알아두어야 할 것들』(문학과 지성사, 2003년)에 이어 최근에 두 번째 소설집 『자정 의 픽션』(문학과 지성사, 2006년)을 선보인 작가 박형서의 존재 위치 는, 따라서 확고하다. 기괴함과 엽기 또는 익살과 재치로 버무린, 황당 한 입담을 바탕으로 소설 문단에 새로운 숨결을 불어넣은, 이 신세대 작가의 행보를 우리는 눈여겨보아야 할 것이다.

| 이중재(李重宰) |

· 강원도 원주 출생
· 동국대학교 사범대학 국어교육과 졸업
· 동국대학교 대학원 국어국문과 졸업
· 문학박사, 문학평론가
· 동국대학교 교육대학원 겸임교수

·『<九人會> 소설의 문학사적 연구』(국학자료원, 1998)
·『문학의 이해』(공저), (형설, 2000)
·『우리 소설을 읽는 즐거움』(새미, 2002)
·『우리 소설의 세계』(새미, 2003)

즐거운 소설 읽기

인쇄일 초판1쇄 2007년 5월 28일 / **발행일** 초판1쇄 2007년 6월 5일
지은이 이중재 / **발행처** 새미 / **등록일** 1980. 12. 15 제17-423호
총무 한선희, 손화영 / **영업** 정구형 / **편집** 이초희, 박지혜, 김나경
물류 박지연, 김종효, 박홍주

서울시 강동구 암사동 463-25 2층 / Tel : 442-4623~4 Fax : 442-4625
www.kookhak.co.kr / E-mail : kookhak2001@hanmail.net
ISBN 978-89-5628-274-9 *93080 / 가격 28,000원